조선국왕 이야기

조선국왕 이야기

임용한

도서출판 혜안

책을 펴내며

　역대 국왕의 일대기를 한 번 복원해 보자는 생각을 한 지가 벌써 5년이 되었다. 힘들었지만 재미있는 작업이기도 했다. 왕들의 개성을 추구하다 보니 논문을 준비하며 사료를 읽을 때에는 느끼지 못했던 일들이 많았다. 생각 외로 국왕들은 개성이 다양하고, 강렬했으며, 대체로 자신의 왕국에 대한 책임감과 사명감이 강했다.
　그러나 가장 놀라웠던 일은 나 자신을 포함하여 우리가 일반적으로 생각하던 왕들의 이미지가 이상할 정도로 하나같이 사실과 다르다는 점이었다.
　지나칠 정도로 두뇌회전이 빨랐던 태종은 수단 부리기를 좋아하고 의외로 장기적이고 진지한 면모가 부족하다. 세종은 장점만큼이나 단점도 많고, 후기에는 상당히 자기중심적이고 독선적인 지향조차 보여준다. 문종은 병약한 서생이 아니었고, 단종은 당돌하고 오기가 강한 소년이었다. 세조는 드라마에서는 자주 구국의 결단과 인정, 양심의 가책 사이에서 갈등하는 인물로 등장하지만 역사상의 세조는 그런 고민으로 인생을 소모하지 않았다. 그는 아주 단순하고 거칠며 자신에게 편리한 성품의 소유자였다.
　이런 개성을 찾아내기란 사실 쉽지 않았다. 실록에서 왕이 등장하는 장면은 거의가 공적인 토론 석상이며, 그나마 왕의 개인적인 생각이나 심정에 대해서는 여간해서는 지면을 할애하지 않는다. 그렇기 때문에 작은 개성 하나를 잡아내려고 해도 시대의 전체적인 분위기와 대인관계, 각종 정책에 대한 태도, 처리 방식 등을 종합적으로 고려해야만 했다.

그러나 더 어려운 문제는 이들의 고민과 정책을 전달하는 일이었다. 왕들의 인물전을 써야겠다고 생각했을 때부터 약력과 업적을 나열하거나 숨겨진 비화나 사생활을 들추어내는 책을 구상한 것은 아니었다. 나름의 의욕으로는 조선시대에 국정의 중심에 서서 살았던 인물들의 생각과 행동을 통해서 우리 사회의 흐름과 우리 역사상의 중요한 정책과 제도, 사건들의 실체를 보다 쉽고 생생하게 전달해 보았으면 하는 바램이 있었다.

역사 공부는 인간 자신과 인간들이 운영해가는 사회의 구조 및 현상에 대한 지식을 높여가는 데 그 효용성이 있다고 생각한다. 이 부분이 잘못된다면 현실분석이 어긋나고, 미래를 찾고 만들어가는 방법이 잘못되게 된다.

그런데 우리 사회에서 회자되는 일반적인 역사상이나 관심사는 사실과 동떨어지거나 엉뚱한 과제에 지나치게 집착해서 역사의 교훈을 사장시키고, 우리의 사고를 경직시키는 경우가 적지 않은 것 같다. 그래서 이 책에서는 국왕의 생각과 행동이란 부분에도 많은 비중을 두었고, 그 배경이 되는 정책과 제도도 함께 고찰하여 그런 것들이 우리 역사에서 행한 역할과 의미를 재평가해 보려고 시도하였다.

일반 독자들을 위하여 가능한 한 재미나고 특이한 일화들을 뽑고 치세 중의 사건이나 정책은 일반의 관심이 높거나 오해의 정도와 폐단이 심하다고 생각되는 것들을 추려 보려고 노력했지만, 얼마나 성공했는지는 모르겠다. 또 옛날의 어투가 길고 지리한 부분이 많고 용어도 지금과 다른 것이 많아 원문을 인용할 때는 적절히 의역을 하거나 줄이기도 했고, 날짜는 별도로 표기하지 않는 이상 모두 사료에 있는 대로 음력을 사용했다. 이 점 독자의 양해를 바란다.

이 책을 쓰는 과정에서 많은 분들에게 폐를 끼치고 도움을 받았다. 함께 토론하고 원고를 교정해 주기도 한 선후배들과 동료 여러분, 단종·세조, 연산·광해군 편을 촬영했던 EBS의「역사 속으로 기행」제작팀, 선뜻 출판을 결정해 주신 혜안 출판사의 오일주 선배님과 식구들에게 감사를 드린다. 그리고 무엇보다도 지금까지 지켜주신 주님께 감사드리며, 뒷바라지를 위해 고생한 아내와, 함께 놀아주지 않는 아빠 때문에 떼도 많이 쓰고 혼도 많이 난 예빈이에게 미안함과 고마움을 전하고 싶다.

1998년 4월 20일
임용한

차 례

책을 펴내며 5

태조 북방의 고동소리 11

1. 야망의 세대 12
2. 동북면의 호랑이 27
3. 피바위의 전설 34
4. 용장(勇將)과 강병(强兵) 42
5. 용상을 향하여 46
6. 건국의 아침 56
7. 영웅의 길 66

정종 얼떨결에 앉은 보위 73

1. 야반도주 74
2. 권력 앞에서 80

태종 낙천정의 웃음소리 89

　　1. 백룡의 등장 90
　　2. 역전의 밤 96
　　3. 정치 9단 술수 9단 103
　　4. 토사구팽(兎死狗烹)의 정치학 117
　　5. 다시 시작한 그러나 어딘가 이상한 개혁 123
　　6. 대마도에서 생긴 일 131
　　7. 지존무상 140

세종 신화에 도전하다 145

　　1. 인간 세종을 위하여 146
　　2. 세자와 대군 148
　　3. 학자왕의 고민 157
　　4. 거인의 행보 175
　　5. 고독한 군주 183
　　6. 마지막 시도 189
　　7. 삭풍이 부는 계절 198

문종 세종을 위한 변주곡 209

　　1. 사모곡 210
　　2. 세 명의 아내를 둔 홀아비 217
　　3. 안개 속의 거인 225

단풍 자규새의 전설 239

1. 슬픔의 땅 240
2. 운명에서 전설로 246
3. 에필로그 262

세조 제왕의 꿈 267

1. 경회루의 곤장소리 268
2. 한여름의 화롯불 275
3. 공신의 시대 279
4. 만령(蔓嶺)의 검은 달 291
5. 올미부를 멸하다 320
6. 미완의 죽음 323

예종 죽음으로 죽음을 329

1. 부전자전 330
2. 팡파레는 울렸지만 333

태조

북방의 고동소리

　1335(충숙왕 복위 4)~1408(태종 8). 재위 1392~1398. 조선의 제1대왕. 본명은 이성계이나 왕이 된 후 이름을 단(旦)으로 고쳤다. 자는 중결(中潔), 호는 송헌(松憲). 동북면의 천호였던 이자춘의 둘째 아들로 함흥에서 태어났다. 모친은 최씨. 시호는 지인계운성문신무대왕(至仁啓運聖文神武大王)이다. 비는 신의왕후 한씨(韓氏)와 신덕왕후 강씨(康氏)이다. 고려 말에 장군으로 여러 전투에서 맹활약을 했으며 1362년 밀직부사가 되고 단성양절익대공신(端誠亮節翊戴功臣)이란 호를 받았다. 1388년 최고재상인 수문하시중에 올랐다. 이 해 위화도 회군으로 정권을 획득하고 창왕을 세웠다. 다시 창왕을 폐하고 공양왕을 세운 후 영삼사사(최고 재무부서인 삼사의 장), 삼군도총제사(최고사령부인 삼군도총제부의 장)가 되었다. 1392년 7월 왕으로 즉위하여 조선을 개창했다. 1394년 한양으로 천도하고 도성을 건설했으며, 조선의 기틀을 마련하기 위한 개혁을 시행했다.
　장수로서 영웅적인 면모와 왕조의 개창자란 이유 때문에 온갖 전설과 민담의 주인공으로 인기가 높으며 그와 관련된 장소와 전설은 멀리 남해까지 퍼져 있다. 말년은 불행하여 재위 7년 만에 아들 이방원이 난을 일으켜 실권을 상실했다. 곧이어 정종에게 양위하고 상왕이 되었다. 그 후 소요산 회암사, 함흥 등지에서 지내다가 1402년에 서울로 돌아왔다. 1408년 5월 24일 74세로 사망했다. 능은 건원릉(乾元陵)으로 현재 구리시 동구릉 안에 있다.

1. 야망의 세대

1398년 음력 8월 26일 밤 반란군이 경복궁 안으로 진입했다. 궁궐 여기저기서 불길이 솟고 비명소리가 들렸다. 긴박한 상황임에도 수비측의 대응은 매우 굼떴다. 마침 병상에 누워 있던 태조의 침상 주변에서 대책회의가 열렸다. 태조의 사위 이제는 검을 뽑아 흔들며 시위군을 풀어 반격해야 한다고 소리쳤으나 종친 이화(이성계의 이복동생) 등은 골육상쟁을 이유로 들며 병력동원을 만류했다.

병상에 누운 채 고뇌하는 이성계에게 심복대신들이 피살되고 수비대 상당수가 투항했다는 소식이 전해졌다. 당직 지휘관이 배신했다는 소식과 함께······. 몽고의 기병대에서 왜구, 여진족, 홍건적, 그리고 고려군, 육십 평생 동아시아 최강의 군대들을 골고루 격파했던 불패의 명장에게 닥쳐온 처음이자 마지막 패배의 밤이었다.

이 날 밤 이성계는 무슨 생각을 했을까? 피와 땀으로 얼룩진 육십여 년의 삶, 아니면 그보다 더욱 파란만장하게 엮어진 그의 선조들의 야망과 시련? 사실 이성계의 성공은 중세의 역사책에서 말하듯이 하늘의 선택도 아니고, 그렇다고 자신의 힘만으로 이룬 것도 아니다. 한편의 대하드라마처럼 재능이 탁월했던 한 무인 가문의 5대에 걸친 노력과 투쟁의 산물이었다. 여기서 잠깐 이 모든 일의 시작 부분으로 되돌아가 보자.

1231년에 시작한 몽고군의 침입은 이로부터 40여 년 간 이 땅을 전란으로 몰아넣었다. 불행한 시대에 태어난 백성들은 산성으로, 섬으로 몽고군과 정부관리에 쫓겨다니며 한평생을 보내야 했다. 오늘날 군사정권 시절에 교과서에 자랑스럽게 거론되었던 최씨정권의 끈질긴 대몽항쟁은 그들이 무인이었기 때문에 가능했던 것은 아니다. 그들의 정권이 부당한 정권이었기 때문이다. 조정 내부에서도 화친론이 거론되고 있었으나 소수 독재체제를 유지하던 최씨정권은 그렇게 되면 자신들이 제거될 것을 두려워했다.

　최씨정부는 몽고가 이 나라를 직접 통치할 수 없다는 사실을 잘 알고 있었다. 몽고족은 이미 자신의 인구에 비해 지나치게 팽창해 있었다. 그럼에도 불구하고 넘치는 전의와 약탈욕을 주체할 수 없었던 이들은 이때도 남송(南宋)과 중앙아시아를 동시에 공략하고 있었다. 그러므로 이 땅에 장기적으로 주둔시킬 병력이 없었다. 게다가 씨족·부족 조직을 기반으로 편성된 몽고군은 어느 지역에 장기적으로 주둔하면서 복잡한 정치에 참여해서는 그들의 군사력을 유지할 수 없었다. 그들의 놀라운 전투력과 지칠 줄 모르는 에너지는 종족적 결속력과 유목민 체제, 끊임없는 모험과 약탈, 그리고 노획물의 공평한 분배를 통해서 유지될 수 있었다.

　따라서 몽고군은 새 왕을 세워 괴뢰정권을 만든다거나 지배층을 교체해 버리는 그런 고급스런 작업은 처음부터 생각이 없었다. 말 그대로 침략과 약탈이 있을 뿐이었다. 항복을 받는다면 기존의 지배층을 그대로 인수하여 이 지역을 복속시키는 것만이 필요하였다. 그래서 몽고군은 한 번 침략하면 그저 한 3, 4개월 동안 빼앗고 부수고 불태우며 돌아다녔다.

　이런 사실을 지나치게 잘 알고 있던 최씨정부는 왕실과 귀족을 모두 강화도로 몰아넣고 여차하면 자폭하겠다는 기세로 버텼다. 강화도의 지형요건이 탁월하고 몽고군이 물을 무서워해서 강화도를 공격하지 못했다는 얘기가 있다. 이런 해석은 이미 조선시대부터 성행하여 왔지만 조금만 생각해 보면 이런 해석이 얼마나 엉성한지 알 수 있다.

　강화도가 여러 모로 훌륭한 요새이기는 하다. 사면의 바다는 좁고 조류가 빠르고 급하다. 특히 한강으로 들어오려면 강화도와 김포군 사이의 협로를 통과해야 한다. 이 곳은 물살이 대단히 빨라서 물때를 놓치면 이 수로를 거슬러 올라갈 수가 없었다. 또 초지진 앞쪽 바다 한가운데 유명한 암초가 있었다. 이 곳 지형에 웬만큼 익숙하지 않은 배들은 곧잘 좌초하였고, 수로가 좁아 바람과 물살이 센 날에는 불가항력으로 암초와 부딪혀 좌초하기도 했다. 지금은 강화도의 관광자원이 된 동쪽 해안의 성벽과 포대들은 바로 이런 이유 때문에 건설된 것이다.

또한 『택리지』에 의하면 해안은 모래사장이 거의 없고 대부분이 허리까지 빠지는 질펀한 갯벌과 늪지였다고 한다. 여기에다 섬 자체가 분지처럼 해변지역에 산과 언덕이 솟고 가운데는 평야가 펼쳐져 있어서 해안진지를 구축하기가 용이하다. 그래서 배를 댈 곳이 없고, 배를 대도 상륙군이 병력과 물자를 집결시키거나 신속하게 전진하기가 힘들다(지금 강화도 해변에 가보면 갯벌과 늪지가 그렇게 두드러져 보이지는 않는데, 조선 후기 이후로 많이 메워졌기 때문이다).

아무리 훌륭한 요새라도 물자와 식량이 고갈되면 싸울 수 없다. 이 점에서도 강화도는 탁월한 조건을 갖췄다. 임진강과 한강, 예성강의 하구여서 경기평야와 황해도 지역으로 통하는 수로의 요충이다. 아래로는 호남으로 통하는 서해안 연안항로가 열려 있다. 그러므로 몽고가 전 국토를 점령하지 않는 이상, 경기·황해·충청·호남 평야 어느 한 쪽의 식량은 지속적으로 조달할 수 있었다. 강화도 내지의 평야도 훌륭한 편이어서 자체적으로 조달할 수 있는 식량도 제법이었다.

이쯤이면 천혜의 요새라고 할 수 있다. 그러나 좀더 눈을 들고 생각을 넓혀 보자. 몽고의 기병대는 지구의 반쪽을 누볐다. 이 곳에는 우리가 상상도 할 수 없는 엄청난 지형과 요새들이 있다. 삼국지에도 등장하는 함곡관과 호곡, 병풍 같은 절벽 사이로 구름다리가 이어지는 촉산, 이보다 더 엄청난 아프가니스탄, 파키스탄 지역의 협곡과 산들, 이런 곳들도 몽고군뿐만 아니라 역사상의 수많은 군대에게 유린되었다.

자고로 훌륭한 요새는 있어도 난공불락의 요새란 없다. 아무리 강화도가 훌륭한 요새라도 몽고군이 공격할 엄두조차 내지 못하는 그런 곳은 아니다. 몽고군이 해전에 약했다고 하지만 그것도 따져 보면 설득력이 약하다.

강화도에서 김포군 사이는 말이 바다지 폭이 마포대교가 있는 여의도에서 마포나루 정도밖에 되지 않는다. 몽고군은 황하와 양자강같이 건너 편 강기슭 대신 수평선이 보이는 강을 포함하여 세계 각처에서 거대한 강들을 수없이 건넜다. 실은 한강 정도의 폭이면 배도 필요 없었다. 이들은 말가죽에 공기를 채워 물 위에 띄운 후 기병을 돌격시킬 수 있는 부교 건설기술이 있었다. 그래도 익숙한 수군이 필요하다면 항복한 송나라 군이나 고려군을 사용할 수도 있었다.

이쯤이면 잘못된 선입견에 대한 설명은 충분하다고 생각된다. 이제 본론으로 다시 들어가 보자.

강화도로 들어간 정부는 그저 버티고만 있었다. 격퇴도 아니고 화해도 아니었다. 정부는 몽고군이 침략하면 마치 장마철을 지내듯 그렇게 보냈다. 군대를 파견하지도 않았고 여러 지역의 군대를 모아서 방어선을 펴거나 반격을 시도하지도 않았다. 최정예병이라는 삼별초는 정권보호와 강화방위에 주력하여 대몽전쟁에는 거의 참전하지 않았다. 그러나 민중이 반란을 일으키면 신속하게 출륙하여 진압작전을 벌였다.

강화정부의 전쟁 수행정책이 아주 없었던 것은 아니다. 몽고군이 쳐들어오면 산성별감이니 방어별감이니 하는 무관을 파견하여 향토군과 주민을 인솔, 지휘하고 경우에 따라서는 청야전(淸野戰 : 주민을 소개시키고 물자를 태워버려 적으로 하여금 보급물자나 식량의 현지조달을 막는 전술)을 수행하여 주민을 섬과 산성으로 소개시키고, 논밭을 불태웠다.

이 행동 자체를 나무랄 수는 없다. 당시 몽고군과 맞대결해서 이길 수 있는 군대는 세계 어느 곳에도 없었다. 이렇게 강한 상대를 대적할 때 정면대결을 피하고, 물자와 병력의 현지조달을 어렵게 하는 청야전과 게릴라전을 수행하는 것은 전략·전술의 기본이다.

그러나 전략이 옳았다고 해도 이 전략을 수행하는 자세와 방법에는 분명히 심각한 문제가 있었다. 별감을 지휘관으로 파견하기는 하지만 정부는 어떤 지원이나 조직적인 관리도 하지 않았다. 모든 것이 지역주민의 몫이고 의무였다. 사실 별감을 파견하는 정부의 가장 큰 목적은 이 지역과 주민에 대한 관리·통제를 상실하지 않으려는 목적밖에 없었다. 케네디 대통령의 유명한 말과는 반대로 국가에 대한 의무는 있으되, 국민에 대한 국가의 의무와 지배층의 책임의식은 상실된 시대였다.

갖은 노역을 시키고 조세와 물자를 거둬가던 그들은 막상 전투가 시작되면 달아나기 일쑤였고, 승리한 후에는 거꾸로 용사들을 모함하고 처단하는 사건도 있었다. 전란중에도 강화의 귀족들은 호사스러운 생활을 하며, 세금은 꼬박꼬박 거두어갔다.

곡식과 군인을 징발할 때도 힘없고 가난한 사람을 털어가고, 권세가의 농장은 특별한 보호를 받았다. 몽고군이 물러가면 문관이 나타나 불탄 밭 앞에서 징세서류를 내밀었다. 거만하고 무책임한 정부관리와 자주 마찰이 일어났고 반란도 발생했다. 전쟁 후기로 접어들면서 주민들은 차라리 몽고군을 환영했다는 기록도 나온다. 많은 사람과 군현이 항복하여 몽고군으로 편입되었고 이 중 일부는 노력과 능력을 인정받아 세력가로 성장했다.

이 모든 일이 한참 진행되고 있던 13세기 중엽 장수 이안사(李安社)는 전주 방위전에 소집되었다. 그의 집안은 전주의 유력한 토호로 상당한 내력을 지닌 가문이었다. 이 지역에서 오랫동안 기반을 닦아오던 이들은 고려 중기에는 무반직을 얻어 중앙관계에도 진출했다. 최초의 무신란을 주동했던 이의방이 그의 큰할아버지였고, 이의방의 동생 이린이 그의 할아버지였다. 무신란 하면 세상에서는 정중부가 유명하지만 사실은 그는 나중에 포섭된 사람이고 반란의 진짜 주동자는 이의방과 그 형제들이었다. 따지고 보면 오늘날 세상이 이렇게 된 데는 그의 할아버지들의 공이 컸다.

이의방은 대단히 거친 인물이었다. 쿠데타가 성공한 후 의종을 죽이고 첩을 겁탈했으며, 공주를 협박하여 간통했다. 이외도 약탈과 폭행이 끝이 없었다. 혁명동지인 형도 보다 못해 날을 잡아 그를 꾸짖었다. 이의

방은 벌컥 화를 내더니 칼을 빼들고는 죽여버리겠다고 달려들었다. 형이 겨우 도망치자 이의방은 제 성질을 못 이겨 펄펄 뛰다가 자기 가슴을 찌르고 쓰러졌다. 이쯤이면 더 이상의 설명이 필요 없을 것이다.

한때 딸을 태자비로 들이며 최고의 권세를 누렸으나 이런 공포정치가 오래 갈 리 없다. 은인자중하던 정중부가 자객을 파견하여 그를 암살했고, 형제와 부하도 일거에 몰살시켜 버렸다. 권세의 절정에서 나락을 경험한 유족들은 후일을 기약하며 전주로 낙향했다. 이처럼 그의 가계는 야심과 무력으로는 내력있는 집안이었다.

할아버지로 인해 시작된 정치적 혼란은 최씨정권이 들어서며 진정되었으나 이번에는 몽고의 침략이라는 외란이 닥쳤다. 난세가 다시 시작된 것이다. 하지만 언제나 난세는 어떤 사람들에겐 기회가 된다. 어쩌면 새로운 모험이 시작될지도 몰랐다.

그 기회는 예상 외로 핍박과 불행이란 형태로 다가왔다. 사건의 발단은 많은 드라마가 흔히 그렇듯 여자 때문이었다. 전주에 파견된 산성별감이 이안사가 사랑하던 관기를 상관인 주(州)의 관리에게 상납했다. 화가 난 이안사와 관리 사이에 다툼이 생겼고 급기야 관병을 동원하여 이안사를 체포하려는 사태로까지 발전했다. 그러나 정보를 입수한 이안사는 화를 피하여 자기 외가가 있던 강원도 삼척으로 도주했다. 이 때 함께 간 일가와 심복, 노비만 170여 호, 적당히 잡아도 1천 명은 되는 대엑소더스였다.

정확히 무슨 일이 일어났는지는 알 수 없는데, 이에 관한 흥미있는 얘기가 하나 있다.

목조(穆祖 : 이안사)는 전주의 대성(大姓)으로 평소에 용기를 자부했다. 사랑하는 관기가 있었는데, 관찰사가 그녀를 수청들게 했다. 밤이 되자 목조는 곧장 객관 서쪽채 방으로 가서 그 기생을 나오라고 했다. 그 기생이 다리를 떨며 일어났다. 관찰사가 크게 노하여 급히 소리를 쳐서 종자를 부르면서 도둑이 문 밖에 왔으니 빨리 잡으라고 했다. 목조는 곧장 장막 속으로 달려들어가 검으로 관찰사를 찌르고 기생을 안고 말을 채찍질하여 나왔다. 밤에 백여 리를 달려가다 영북(嶺北)으로 달아났다.

이 얘기를 수록한 『오산설림초고(五山說林草藁)』는 조선 중기인 선조 때 차천로가 지은 책이다. 이 책에는 고려 말의 고승 나옹화상과 당시 그의 종자였던 무학대사가 이안사 부모의 묏자리를 잡아 주었다는 등 유달리 태조에 관한 전설이 많다. 그러나 책을 지은 시기가 건국 초기와는 백 년 이상 떨어져 있고, 내용도 황당하고 전설적인 것이 많아 아무래도 신빙성이 떨어진다.

위의 이야기도 뒷부분은 이안사가 여진족을 피해 도주하는 길에 바다가 갈라졌다는 얘기와 두 용이 싸우는 데 개입하여 한 용을 쏘아 죽였다는 얘기로 채워져 있다. 이것은 『용비어천가』와 실록에도 나오는 얘기이기는 하지만 목조의 일화가 아니라 그의 아들과 손자의 일화이다. 그나마 용을 죽인 얘기는 고려 태조 왕건의 가계전설을 차용한 것이다. 그래도 있는 얘기 앞에 붙어 있는 걸 보면 어딘가 근거가 있어 수록했을 가능성도 있다.

정부는 도망자 이안사를 추격하여 섬멸하기보다는 삼척의 토호로 자리잡게 했다. 당시가 전시체제였고, 원래 고려의 법에 지방관에게 저항한 향리는 그의 세력기반인 고향에서 축출하여 전 일가를 변방으로 강제 이주시키게 되어 있었으므로 결과적으로는 마찬가지라고 생각했던 것 같다.

도주한 이안사는 강원도 삼척 두타산 기슭에 정착했다. 현재의 삼척군 미로면 활기리가 그가 살던 곳이라고 한다. 지금 이 곳에 그가 살았다는 집터가 있고, 근방에 양친의 무덤이라는 준경묘와 영경묘가 있다. 하지만 두 묘는 사실 여부가 확실하지 않다. 이 곳이 이안사 양친의 무덤이라는 이야기는 이미 조선 전기부터 돌았던 듯하다. 그래서 성종 때부터 이 곳을 단장하려는 시도가 몇 번 있었으나 아무래도 미심쩍다고 중단하곤 했었다. 사실 고려 말에 이색이 이성계의 부친인 이자춘의 묘지명을 쓴 것이 있는데, 이 글에도 전주의 선산을 위시하여 이안사 이전의 조상 묘지는 찾을 수 없다고 되어 있다.

그럼에도 불구하고 마침내 이 곳을 단장한 사람은 의외로 조선의 마지막 국왕이나 마찬가지였던 고종이다. 고종은 이 곳만이 아니라 이안사가 원래 살던 곳이며 그들의 선산이었다고 전해지는 전주의 이목대와 오목대에도 자신의 친필 비석을 세우는 등 선조의 유적에 각별한 관심을 보였다.

이목대와 오목대는 태조의 사당인 경기전 뒷산에 있다. 사당이 서 있는 장소로 보아 그럴 개연성이 없는 것은 아니지만 불확실한 전설 외에는 전혀 근거가 없다. 태조 자신도 찾을 수 없었던 유적을 마지막 왕이나 다름없는 고종이 억지로라도 찾아 놓은 것도 이상한 일이다. 고종 자신이 왕조의 운명을 예감했기에 왕조에 대한 기억과 기념물을 빠짐없이 단장하여 남겨 두려고 한 것이 아니었을까?

삼척에서도 이안사의 활약은 활발했다. 그가 배를 건조하여 왜구를 대비했다는 기록으로 보아 해안까지도 세력을 뻗쳤던 모양이다. 1253년 몽고의 5차 침입 때는 주민을 인솔하고 두타산성으로 들어가 농성했다.

그런데 재수없게도 전에 자신과 싸웠던 산성별감이 이 지역의 안렴사로 승진하여 부임하게 되었다. 이안사는 용단을 내려 훨씬 위험한 지역인 북방의 함경도 의주(지금의 원산) 용주리로 이동했다. 전에 이 곳 수령을 지낸 적이 있으므로 이 곳 사정을 잘 알았던 것 같다. 전주에서부터 따라온 170여 가는 이 때도 그를 따랐고, 여기에 삼척에서 포섭한 주민이 추가되어 그의 세력은 훨씬 커져 있었다. 이들이 전쟁을 두려워하지 않고 끝까지 이안사를 따른 것을 보면 그가 능력있는 지도자였음은 분명하다. 또한 이들이 이렇게 용감하고 단결된 모습을 보인 점으로 보아 자기 집단의 전투력에도 상당한 자신이 있었던 것 같다. 정부도 이들의 능력을 인정하여 이안사를 의주병마사로 임명했다.

1254년에 몽고군이 또 쳐들어왔다. 그런데 이건 지금까지의 침략과는 양상이 사뭇 달랐다. 이 때부터 몽고는 약탈전에서 고사작전으로 전략을 바꾸었다. 장마가 찾아오듯 한 번 들이쳐서 휩쓸고 돌아가던 이전의 행태와 달리 몽고군은 5년 동안 전국을 횡행하며 국토를 유린했다. 사로잡혀 간 사람만 20만 명이 넘는 대참사가 일어났다.

동북면의 상황은 더욱 안 좋았다. 전쟁이 시작되기 전에 몽고의 침입을 눈치챈 고려는 전에 하던 대로 청야전을 펴서 주민을 섬으로 소개시켰다. 그러나 오랜 전란으로 백성들도 지친데다가 병마사의 정책 집행이 너무나 혹독했다. 이런 와중에 조휘와 탁청이란 두 인물이 반란을 일으켜 동북면 병마사를 살해하고 원에 투항해 버렸다. 이 사건으로 함경남도 지역이 원에 넘어가 원의 쌍성총관부(쌍성은 지금의 함흥)가 되었다. 원과 쌍성총관부 양쪽에서 압박을 받게 된 이안사는 저항을 포기하고 몽고군의 투항요구를 받아들였다. 이 때 이안사의 세력은 더 커져서 휘하의 민호만 1천 호였다.

이 투항 때문에 조선의 국왕이 민족반역자 집안에서 나왔다고 말하는 사람도 있다. 무슨 변명으로도 이런 행위를 정당화할 수는 없을 것이다. 하지만 꼭 그런 식으로 표현하기는 어려운 그리고 어느 정도 동정을 받을 여지는 있다.

오늘날과 같은 국가와 민족개념이 생긴 것은 근세에 들어서의 일이다. 중세의 충이란 엄격히 말하면 민족이 아닌 국왕에 대한 충이다. 충의 의무도 무조건적인 것이 아니라 관작을 매개로 발생한다. 고려의 충신 길재는 이성계의 부당함을 공표하려고 은거한 것이 아니다. 자신이 고려 왕실에서 한 번 벼슬했으므로 두 왕조를 섬길 수 없다는 것이었다. 그러므로 자신의 아들이 조선에서 벼슬하는 것에는 반대하지 않았다.

또한 이들이 생각하는 가(家)란 전체주의의 세례를 다분히 받은 우리들이 생각하는 것처럼 국가와 민족을 위해 기꺼이 날려 보낼 수 있는 것이 아니다. 일례로 유럽의 중세사회에서 봉건영주와 기사의 관계는 절대적인 충성관계가 아니라 다분히 쌍무적인 계약관계이며 사적인 주종관계이다. 만약 왕이나 영주가 그의 작위와 봉토를 몰수한다면 혹은 일가에게 상해를 가한다면 충성의 서약은 자연스럽게 복수의 맹세로 바뀔 것이다.

하여간 이 시대에 국가와 가문과 개인의 관계는 오늘날과 같은 것은 아니며 민족이란 개념도 종족적인 배타성으로 존재했다는 사실을 염두에 두었으면 한다.

이렇게 어려운 얘기는 그만두고 당시 정황을 보자. 백성은 오래 전부터 정부로부터 버림받고 있었다. 국왕과 대신들도 화친을 생각하고 있었고, 민중은 정부군과 반란군, 고려군과 몽고군으로 나뉘어 동족상잔의 전투를 벌이고 있었다. 전쟁이 남기는 가장 큰 폐단은 당장의 참상보다도 인간의 가치기준을 상실시키는 것이라고 했던가? 이안사가 살았던 시대는 이처럼 선과 악을 판단하기가 쉽지 않은 시기였다.

그렇다고 그에게 동정만을 보낼 필요는 없다. 이제부터 나타나는 그의 모습은 고뇌하고 죄책감에 사로잡힌 우울한 사나이는 아니기 때문이다. 결과만으로 보면 그는 상황판단과 결단력이 뛰어나고 모험을 할 줄 아는 인물이었다. 시대상황을 이용하여 자신에게 떨어진 고난을 반전의 기회로 만드는 데 성공했고, 그 일을 하는 데 주저하지 않았다.

투항한 이안사는 원의 영내로 깊숙이 북상하여 지금의 함경북도 경흥 부근인 오동으로 이주했다. 이 지역 사정을 잘 아는 그는 나름의 판단과 계산이 서 있었다. 원은 언제나 투항한 지역에 대해서는 기존의 지배질서를 존중하는 정책을 사용했다. 그런데 당시 이 지역에는 고려인과 여진인이 섞여 살았다. 동서고금을 막론하고 통치의 제일원칙은 'Divide & Rule'(분열시켜 다스린다)이며, 이를 제국경영에 응용한 원리가 중국의 전통적인 외교정책인 이이제이(以夷制夷)이다. 이 지역의 미묘한 세력균형을 누구보다 잘 알고 있던 이안사는 원에게 자신이 어떤 존재가 될 수 있는지도 충분히 파악하고 있었다.

그는 투항하자마자 몽고군 총사령관 산길에게 친척의 딸을 주어서 동맹을 맺었다. 산길은 그 보답으로 8명의 백호(百戶)와 그들이 거느린 주민을 이안사의 관하로 보내주었다. 또 아마도 산길의 적극적인 추천이 있었겠지만 원은 이안사에게 천호(千戶) 벼슬을 주고 다루가치로 삼았으며 오동 주변 다섯 천호 중에서 그를 선임 천호로 삼았다.

이안사는 오동을 본거지로 하여 고려민을 모아 주변지역을 개발하고 성도 쌓으면서 자신의 기반을 탄탄하게 굳혀갔다. 물론 혼인을 통해 조휘 가문 및 주변의 여진족들과 친목을 다지는 것도 잊지 않았다.

1274년에 이안사가 사망하자 아들 이행리(李行里 : 翼祖)가 부친의 관직과 유업을 그대로 이었다. 이씨 가문의 세력이 커지자 불안을 느낀 주변의 여진족은 내륙의 부족을 끌어들여 그를 제거하려 했다. 수천 명의 여진족이 남하하여 오동을 습격했다. 이행리는 정면대결을 피하여 백성을 끌고 경흥 앞바다에 위치한 적도로 도피했다. 대단히 현명한 판단이었다. 맞아 싸웠다면 이겼더라도 타격이 컸을 것이고 주변 여진족과도 누대의 원수가 되었을 것이다. 사실은 이런 사태를 대비하여 이미 부친 때부터 적도에 주거지를 개발하고 선박도 마련해 두었었다. 실록과 『용비어천가』에서는 이 장면을 더욱 키워 이행리가 섬으로 도피할 때 바다가 갈라지는 기적이 일어났다고 했다.

이행리는 무력이 아닌 정치적인 방법으로 사태를 원만하게 수습했다. 후원자였던 원나라를 개입시킨 것이다. 비 온 후 땅이 굳는다고, 이 사건은 그의 정치적 입지를 재확인시켜 주는 역할을 하였다. 남은 인생 동안 그는 왕성하게 활동하여 경흥에서 함흥 혹은 강원도 양양 지역까지 곳곳에 직할의 촌을 건설하고 주민을 이식했다. 특히 그는 고려유민들을 함흥에 모아 이 곳을 크게 부흥시켰다. 지금도 함흥 본궁이 보존되어 있지만 이후 함흥은 그의 후손들의 중심지가 되었다.

그의 아들 이선래(李宣來 : 度祖) 때에는 안변 이북 땅을 거의 차지했다는 소리를 들었다. 이선래는 근거지를 함흥으로 옮기고, 쌍성총관 조휘의 딸과 결혼하여 동북의 실세끼리 혼인을 맺었다. 그는 원과 고려의 일본원정을 계기로 고려왕실에도 정식으로 조회했다. 이제 이들은 확고한 자기기반을 쌓았으며, 조씨 집안과 함께 동북면 최대의 군벌가문으로 자리잡았다.

1343년 이선래의 둘째 아들 이자춘(李子椿 : 桓祖)은 형의 죽음으로 야기된 상속권 분란을 수습하고 부친의 땅과 지위를 세습했다. 하지만 이자춘의 기쁨은 잠깐이었다. 이 때부터 대륙에서 원나라 쇠망의 징조가 곳곳에서 나타나기 시작한다. 여진족과 고려의 틈바구니에서 원에 의존하여 세력을 유지하고 있는 그에게 원의 패망은 위협이 아닐 수 없었다.

동북면 지역은 고려와 같이 농민층 위에 국가와 행정조직이 지배하는 그런 사회가 아니었다. 여진족은 부족을 기초단위로 하는 사회였고, 지배층들은 직할의 농민 겸 병사집단을 거느렸다. 고려인들은 부족은 아니어도 유사한 체제를 유지하여 역시 가별치라는 직할의 집단을 거느리고 혹은 여진부족과 연합하여 그 일부로 지내기도 했다. 이씨 가문은 그 중에서 큰 세력이었지만 동북면 전토를 직접 지배하는 존재는 아니었다. 이 집안이 거느리는 부대도 여진족 부대를 포함한 여러 단위부대의 연합체였다. 결국 그들은 크고 작은 군벌세력과 이민족의 연합 속에서 원으로부터 유력한 대표자의 하나라는 지위를 얻고 있을 뿐이었다.

같은 시기 고려 내부의 상황도 급변하기 시작했다. 1352년에 원에서 귀국하여 즉위한 공민왕은 문제의식이 뚜렷하고 예리한 젊은이였다. 3대에 걸쳐 계속된 원황실과의 혼인정책으로(공민왕은 충렬왕의 증손자이다) 사실상 고려인의 피는 상당히 희석되어 있었음에도 불구하고 그는 과감하게 기황후(奇皇后 : 고려인 궁녀 출신으로 원나라 순제의 제2황후가 되었다) 일족을 제거하고 반원정책을 추진하면서 원 제국에서의 일탈을 선언했다. 이 젊은 왕은 두 가지 사실을 명확하게 인식하고 있었는데, 즉 원나라는 곧 망할 것이라는 점과, 고려사회는 개혁이 필요하다는 사실이었다.

그런데 아이러니컬하게도 공민왕의 반원정책은 스스로 고려왕실 최대의 보호자를 버리는 셈이 되었다. 그래서 공민왕은 스스로 자기의 힘의 원천을 제거해 버리고 수백 년 간 고려국가를 장악해 온 문벌귀족의 특권을 개혁한다는 모순적인 상황에 빠져 버렸다. 일단 귀족세력과 타협하여 기황후 일족 같은 부원배부터 제거하고 조심스럽게 개혁을 추진하면서 자기 세력을 만들어가는 방법도 있었겠으나 이 방법도 쉽지는 않았다. 권문세족의 뿌리는 너무 깊었으며, 권문세가가 부패했다고는 해도 바보는 아니었다.

공민왕을 조급하게 만든 또 하나의 요인은 긴박하게 돌아가는 국제정세였다. 원이 쇠퇴하면서 동아시아의 국제질서는 크게 흔들렸다. 중국 내부에서는 전란과 도적이 발생하고, 변방의 부족에 대한 군사적 통제권이 약화되었다. 하필 이럴 때에 바다 건너 일본에서도 그 동안 일본열도를 통제해 온 가마쿠라 막부가 쇠퇴하면서 각지에서 봉건영주격인 다이묘(大名)들이 할거하는 무정부 상태가 지속되었다. 일본 정부가 통제력을 상실하자 왜구가 성행하여 고려뿐만 아니라 중국과 동남아시아를 온통 들쑤셔 놓았다.

이처럼 혼돈과 전란은 예고되어 있는데, 고려의 토지와 인민은 전보다 더 심하게 권문세족의 손아귀에 장악되어갔다. 여기에는 기막힌 사정이 있었다. 몽고와의 오랜 전란으로 수많은 사람이 죽거나 외지와 섬으로 떠돌게 되었다. 고려의 탐욕스런 지배층들은 전란의 와중에서도 이렇게 발생하는 수많은 빈 땅을 자기 것으로 집어삼켰다. 아울러 땅도 없고, 끼니도 해결할 수 없는 몰락농민과 유랑민들을 불러들여 이런 땅을 경작하는 노비로 삼았다.

여기에는 여러 가지 방법이 있었다. 가장 쉬운 방법은 주인 없는 땅에 자기 노비를 파견하여 경작시키는 것이다. 그러면 그냥 자기 땅이 된다. 소송이 일어난다 해도 이 시대에 명문가의 고관이 한낱 농민에게 패한다는 것은 있을 수 없는 일이었다.

　빈 땅을 찾거나 자기 땅이 있다고 해도, 가난한 농민들은 당장 농사지을 종자도 농기구도 없고, 추수 때까지 먹고 살 양식도 없었다. 권세가들은 이런 약점을 이용하여 이들에게 식량과 종자를 지원해 주고, 그 대가로 땅을 차지하고 그들을 자신의 노비로 삼았다. 대신 자신의 권력을 이용하여 자기 땅과 노비에 대해서는 각종 조세와 군역징발에서 빼주었다. 이를 투탁(投托)이라고 하는데, 권세가들은 공공연히 이를 선전하면서 땅과 사람을 불러모았다.

　이 방법은 대단히 쉬울 뿐만 아니라 여러 가지로 부대효과를 가져왔다. 중세에는 정기적으로 토지와 인구를 조사하는 것이 사실상 불가능하다. 그러므로 토지와 인구변동에 따라 조세액이 연동하지 않고 대개 지역별로 조세액을 고정시킨다. 그러므로 한 지역 안에서 면세지와 군역면제자가 증가하면 남아 있는 배경 없는 사람, 혹은 불의에 항거하는 용기가 있어 권세가의 농장에 투탁하기를 거부한 사람에게 빠져나간 사람의 조세액까지 전가된다. 두세 사람의 조세와 부역까지 감당하다 보면 이들도 연쇄적으로 파산하게 되고, 권세가에게 찾아가지 않을 수 없게 된다.

　이처럼 이 구조는 참으로 희한해서 국가운영과 사회제도가 엉망이 되면 될수록 권세가 땅과 재산을 늘리기는 더욱 쉬워진다는 공식이 성립한다. 그러니 이 악순환이 한 번 시작되면 스스로 멈추는 것은 불가능하다. 사회가 궁핍해질수록 권세가의 토지와 노비는 계속 증가하고, 민은 더욱 가난해진다. 국가는 국가대로 세금을 걷을 땅과 부역을 부과할 양민이 감소하고, 군인으로 징발할 사람이 없으므로 재정·군비 모든 것이 엉망이 되어간다.

　군대가 없어 백성이 도망하면 그 빈 땅은 또 누구 차지냐 말이다. 자기 농장에는 사병을 길러 배치하고, 전국으로 사람을 보내 이런 땅을 찾고 확보한다. 이 단계까지 가면 집권층은 탐욕에 눈이 멀어 지배층으로서의 최소한도의 의무와 양심조차 상실해 버린다. 양심적인 관료와 개혁의 소리를 탄압하고, 이런 상황을 더욱 조장하고 즐기게 되는 것이다. 거짓말 같지만 이것이 14세기 고려사회의 현실이었다.

이렇듯 국제정세는 다급하고 내정도 엉망인데, 개혁을 뒷받침해 줄 세력도 없고, 전쟁을 대비해서 재정과 인력을 충당할 방법도 없었다. 불안한 공민왕의 눈에 북방의 이자춘이 들어왔다. 공민왕은 쌍성총관부 수복작전을 계기로 위험을 무릅쓰고 이자춘을 끌어들였다.

이자춘으로서는 원의 쇠퇴에 불안을 느끼고 있던 터였고, 세습과정에서 조씨 집안과도 틈이 생겼다. 이런 때에 조씨는 고려에서 도주해 온 기황후 일족과 결탁하여 고려에 대항하려 했다. 상황을 저울질하던 이자춘은 현명하게 그간의 동맹자를 버리고 명과 고려를 새 파트너로 선택했다. 이 선택의 결과 고려는 쌍성총관부를 얻었고 이자춘은 조씨와 탁씨가를 몰아내고 동북면의 패권을 차지했다. 이의방이 이렇게 잘난 후손들만큼 정치적 감각이 있었다면 이씨가는 2백 년 앞서 패업을 이루었을 것이다.

갑자기 고려의 영웅으로 탈바꿈한 그는 22세의 젊은 아들을 데리고 개경으로 이주했다. 의혹의 눈초리를 풀 수 없었던 고려의 대신들은 이 기회에 그의 지역기반을 해체할 것을 건의했다. 하지만 공민왕은 그를 이 지역의 군사책임자격인 삭방도(함경도 지역의 다른 이름) 만호(萬戶) 겸 병마사로 임명하여 그의 지배권을 공인하여 주었으며, 이 위험한 동맹자에게 개인적인 신뢰를 여러 차례 확인하여 주었다.

1361년 이자춘은 이번에는 고려의 관직을 가지고 동북면으로 떠났다. 공민왕이 신하들의 반대를 무릅쓰고 이자춘을 돌려보낸 데는 이 지역의 정세가 급속히 악화되기 시작했다는 사정도 있었다. 대륙의 지배가 느슨해지자 여진족이 동요했고, 홍건적도 남하하고 있었다. 만주로 달아난 기황후 일족은 다시 심양(봉천)의 원나라 장수 나하추를 충동하여 고려 공격을 꾀하고 있었다.

그런데 이렇게 중요한 시기에 이자춘이 임지에 부임하자마자 병사해 버렸다. 후계자인 이성계는 겨우 27세의 젊은이였다. 실록에서는 나라의 사대부가 이 소식을 듣고 모두 놀라면서 말하기를 "동북면에 사람이 없다" 하였다고 한다. 이 말은 이제 "이안사의 가문은 끝났다"는 안도의 소리이기도 했다.

2. 동북면의 호랑이

이성계의 화려한 등장은 이렇게 모든 사람의 의표를 찌르면서 시작되었다. 관례에 따라 부친의 관직까지 모두 세습한 그는 이 해 10월 반란을 일으킨 독로강(흑룡강) 만호 박의를 처단하는 것으로 첫 싸움을 시작했다. 데뷔전이었지만 전투는 싱겁게 끝났다. 이성계 부대가 출동하자 박의는 싸움을 포기하고 달아나다 체포되어 살해되었다.

이 해 홍건적 10만이 침입하여 개성을 함락시켰다. 반격에 나선 고려는 20만의 대군을 동원하여 개경을 탈환했다. 이성계는 친병 2천을 거느리고 참전하여 동대문을 제일 먼저 돌파하는 공을 세웠다. 겨우 이 정도 병력으로 공을 세워야 얼마나 세웠겠느냐고 반문할 수 있겠으나 이는 순 전투병력이므로 적은 숫자가 아니다. 홍건적은 가족까지 거느린 집단이었다고 생각되므로 순수한 군사는 이보다 훨씬 적었을 것이다. 옛날 이야기에 나오는 100만이니 10만이니 하는 병력 수는 엄밀히 말하면 전투원의 수라기보다는 전쟁을 위한 연동원 인원수라고 해야 한다. 여기에는 군대의 이동과 보급에 필요한 치중대(수송대)와 사역병의 숫자까지 포함되어 있다. 그러므로 실제 전투병력 수는 변하지 않아도 이동거리가 길어질수록 병력 수는 늘어난다. 그리고 반은 전략적인 이유로 언제나 과장법을 사용한다는 사실도 염두에 두어야 한다. 고려군 20만도 이런 경우일 터이므로 실 전투병력은 훨씬 적었을 것이다. 이성계의 2천 병력도 이렇게 생각하면 적어도 1만 명 이상의 부대에 맞먹는 숫자였다.

다음 해 7월 드디어 나하추가 침공해 왔다. 위기였다. 나하추는 원 제국 내에서도 서열이 높은 장수였다. 원나라가 명 태조 주원장의 군대에 패하여 중원을 상실하고 몽고고원으로 도주하자 나하추는 심양을 거점으로 스스로 승상이 되어 산해관 동편 지역을 지배했다. 그는 명나라의 근심거리라고 불렸으며 명에 침입하여 명군 5천을 살해하고 곡식 10만 석을 탈취하는 전과를 올리기도 했다. 나중의 일이지만 명은 중원을 석권한 후에도 여러 해를 고생한 후 1387년에야 그의 항복을 받아냈다. 명 태조는 그를 용서하고 중용했다.

처음에는 정휘가 지휘하는 고려군이 맞아 싸웠으나 번번이 패했다. 정휘는 중앙에 이성계 파견을 요청했다. 그러나 이성계가 멀리 가기도 전에 나하추 군은 이미 북청을 거쳐 함흥의 북쪽에 연접한 홍원에까지 진출하여 달단동에 진을 쳤다.

홍원과 함흥 사이에는 차유령과 함관령이란 두 개의 험준한 고개가 있다. 홍원과 함흥을 연결하는 주도로는 지금도 함관령을 지나고 차유령은 함관령 약 20리 북쪽에 있다. 달단동은 현재의 홍원군 운학면 지역인데, 홍원쪽에서 차유령과 함관령을 바라보는 바로 전 지점이다. 그러니 나하추는 홍원에서 함흥 경계로 들어오는 어구에 진을 친 것이다.

김정호가 그린 지도책인 『청구도』를 보면 함관령은 바위와 계곡이 깊고 험하며 길이 가파르고 구불구불하다고 특별히 주를 달아 놓았다. 이 책에서 이런 표현을 쓴 고개는 많지 않다. 제천 박달재에도 이런 언급은 없고, 황해도 자비령 정도나 되야 '험하기가 비길 데가 없다'라는 정도로 적어 놓았다. 함관령이고 자비령이고 가 볼 수가 없으니 이런 표현이 어느 정도로 일관성과 엄밀성을 지니고 있는지 확인할 수가 없으나 꽤 험한 고개임에는 틀림없는 것 같다. 상대적으로 차유령이 함관령보다는 덜 험하지만 북쪽으로 우회해야 하는 단점이 있다.

나하추는 만호 나연티무르에게 1천 명의 병사를 주어 선발대로 파견했다. 나연티무르의 임무는 고려군이 함관령을 차지하고 방어진지를 설치하기 전에 고갯길을 점거하여 함흥으로 진격하는 교통로를 확보, 제압하는 것이었다고 생각된다.

나연티무르는 기병대를 몰아 급하게 진군을 재촉했다. 다행히 고려군은 얼씬도 하지 않았다. 쉽게 함관령을 확보한 나연티무르는 고개를 넘어 덕산 벌판까지 진출했다. 적의 진군로와 야영 지점을 예측한 이성계는 병사를 모아 대기하고 있다가 행군으로 지친 티무르 부대를 공격하여 패주시켰다. 쫓는 자보다는 도망치는 자들이 먼저 지친다. 허겁지겁 도망치는 나하추군 앞에 험준한 고개가 버티고 섰다. 이성계의 기병대는 허덕이는 적군을 악착같이 추격하여 섬멸하고는 재빨리 철수했다.

노한 나하추는 전군을 몰아 일거에 덕산으로 진격했다. 그러나 덕산 들녘까지 오니 날이 저물고, 이성계군은 이미 싸움에 불리한 평야지대를 버리고 동남쪽으로 20리나 후퇴하여 사음동 산골짜기로 들어가 수비대형을 갖추고 있었다. 수적으로 우세한 적의 본대가 왔으니 유리한 지형에서 농성전을 펴려는 것이었다. "그래봤자 우리 공격을 막아낼 수는 없을 걸." 나하추는 결전을 대비하여 군사를 쉬게 했다. 그 날 밤 벌판에서 노숙하는 나하추에게 이성계는 야습을 감행했다. 속수무책으로 당한 나하추는 다시 달단동으로 후퇴했다.

패배의 대가로 지형을 파악한 나하추는 제일 신임하는 장수를 파견하여 이번에는 차유령에 전진기지를 설치했다. 이번에도 이성계는 고개에서 방어전을 펴지 않았다. 병력이 적은 그로서는 지세를 믿고 여기저기에 방어망을 폈다가는 오히려 병력이 분산되어 효율성이 떨어지고, 각개격파를 당할 위험이 있었다.

정반대로 그는 불리한 지형에서의 공격이라는 작전을 택했다. 이성계는 정예 기병 600기를 뽑아 과감한 기습을 감행했다. 고개의 진지를 소탕하자 영 아래의 본대가 전열을 정비하여 쳐올라왔다. 이성계는 겁먹지 않고 10여 기를 뽑아 위에서 아래로 돌격했다. 언덕을 오르는 적군은 대형을 유지할 수 없고 행동은 굼뜨다. 돌격대는 이들을 비집고 돌격하여 목표를 포착했다. 목표는 단 한 사람, 붉은 기꼬리를 단 장수였다.

처음에 태조가 이 곳에 이르러 여러 장수들에게 여러 번 싸워서 패배한 형상을 물으니 여러 장수들은 말하기를 "매양 싸움이 한창일 때 적의 장수 한 사람이 쇠갑옷에 붉은 기꼬리로 장식하고 창을 휘두르면서 갑자기 뛰어나오니 여러 사람이 무서워 쓰러져서 감히 당적하는 사람이 없었습니다" 했다. 태조는 그 사람을 물색하여 혼자 이를 당적하기로 하고, 거짓으로 패하여 달아나니 그 사람이 과연 앞으로 따라나와 (뒤에서) 창으로 찔렀다. 태조는 몸을 뒤쳐 말다래에 붙으니 적의 장수가 중심을 잃고 창을 따라 거꾸러졌다. 태조는 즉시 안장에 걸터앉아 쏘아 죽였다.

대장을 잃은 적은 뿔뿔이 도주하여 달단동의 본진으로 들어갔다. 두 번이나 당한 나하추는 병력을 집중하여 일대 결전을 노렸다.

나하추가 총공격을 준비하는 동안 이번에는 이성계가 영을 넘어 달단동 앞까지 쳐들어갔다. 역전의 노장은 고개를 흔들었다. "제법이다 했더니 몇 번 이겼다고 자만하는군." 제발로 찾아와 준 적을 고맙게 생각하며 나하추는 몸소 10여 기를 끌고 앞으로 나왔다. 고대와 중세의 전쟁에서만 볼 수 있는 멋진 장면처럼 양군 대장끼리의 일전이 벌어졌다. 말 위에서 싸우는 것은 몽고군을 당할 자가 없다. 그러나 이상한 일이 벌어졌다. 이성계는 창과 활을 자유롭게 사용하며 나하추를 호위하던 장수를 쏘아 죽이고 나하추가 탄 말을 세 번이나 쏘아 죽였다. 나하추는 부하의 도움으로 가까스로 본대로 도주했다.

하지만 싸움은 끝나지 않았다. 나하추는 병사들을 출동시켜 이성계군을 공격했다. 정면대결이라면 나하추군이 질 수가 없다. 저녁이 되자 이성계는 군대를 거두어 후퇴했다. 이번에는 후퇴하는 이성계군 앞에 험한 함관령이 버티고 섰다. 청년 장군의 자만과 방심의 대가일까? 며칠 전에 나하추군이 당한 그대로 자신들이 당하게 되었다.

구불구불 산을 칭칭 감아 도는 좁은 고갯길, 쫓기는 자와 쫓는 자가 하나의 긴 줄이 되어 이어졌다. 드디어 선두의 장수가 이성계군의 후미를 따라잡았다. 창을 들어 살육전을 시작하려는 찰나 고개 위에 있던 이성계가 비탈을 내리달려 호랑이처럼 뛰쳐나왔다. 연달아 두 발을 쏘아 선봉의 두 장수를 죽이고 뒤따라오는 적병 20명을 차례로 쏘아 넘겼다. 좁은 고갯길이니 병력이 많은 것은 소용이 없었다. 이성계는 크게 소리쳐 공격명령을 내리고 긴 종대를 이루고 있는 적군 속으로 뛰어들었다.

한 적병이 태조를 쫓아 뒤에서 창을 찔렀다. 태조는 몸을 한 쪽으로 돌려 떨어지는 것처럼 하면서 그 겨드랑이를 쏘고는 즉시 말을 탔다. 또 한 적병이 앞으로 나와서 태조를 쏘았는데, 태조가 말에서 일어서서 피하니 화살이 사타구니 밑으로 지나갔다. 즉시 말을 달려 적병을 쏘아 무릎을 맞췄다.

냇가까지 내려가니 갑옷으로 무장한 장수가 나타났다. 쏠 곳이 없었으나 입을 벌린 틈에 입 안으로 화살을 박았다. 이어 세 명을 연달아 사살했다. 싸움을 이끌어야 할 장수들이 모두 죽으니 군사들은 몸을 돌려 달아나기 시작했다. 내리막길을 죽어라고 달려 도망치니 넘어지고 쓰러지고 아수라장이 되었다. 동서양을 막론하고 기병대의 가장 큰 효능은 바로 이런 상황, 즉 대열이 깨져 도주하는 적을 추적하여 살육할 때에 발휘된다. 도주하는 적의 뒤에서 고려의 철기병이 짓쳐 내려가니 엄청난 숫자가 죽고 돌진하는 기병대의 뒤로 처진 적군은 다 포로가 되었다.

나하추와의 싸움에서 이성계는 항상 자신이 선두에 서서 결투를 벌여 적의 장수를 쓰러뜨렸다. 역시 젊을 때여서 그랬는지 이후의 그 어떤 전투에서보다도 맹활약을 해서 자신이 살해한 적장이 10여 명이 넘었다. 중세의 전쟁에서 장수나 비장을 잃는 것은 보통 사람이 생각하는 이상으로 큰 타격이다. 전업적인 무사가 앞에서 길을 뚫어야 일반 병사가 뒤

따르며 싸울 수 있다. 아무리 뛰어난 무사라도 50명, 100명이 한꺼번에 달려들면 당할 수 없다고 하겠지만 일단은 누가 그와 맞상대를 해야 뒤에서 찌를 수라도 있는 것이다.

나하추는 큰 손실을 입었지만 포기하지 않았다. 양군이 며칠 휴식한 후 나하추는 다시 영을 넘었다. 당할 만큼 당했으니 더 이상의 실수는 용납할 수 없다. 신중하게 진군하여 나하추는 함흥평야까지 진출하는 데 성공했다. 그로서는 고대하고 고대하던 평원에서의 전면전이었다.

나하추군과 함흥 들판에서 대적했다. 태조가 단기로 용기를 내어 돌진하면서 적을 시험해 보니 적의 날랜 장수 세 사람이 한꺼번에 달려 곧바로 전진하여 왔다. 태조는 거짓으로 패하여 달아나자 세 장수가 다투어 뒤쫓아 가까이 왔다. 태조가 갑자기 말의 속도를 줄이니 세 장수의 말이 흥분하여 미처 고삐를 당기기 전에 앞으로 튀어나가다 태조를 앞질러 지나쳤다. 태조가 뒤에서 그들을 쏘니 모두 활시위 소리가 나자마자 넘어졌다.

그러나 이 곳은 벌판이다. 나하추는 전군을 움직여 이성계군을 공격했다. 이성계는 부대를 나누어 도주하여 적을 분산시킨 후 자신은 적의 주력부대를 맞아 이곳 저곳으로 끌고 다니면서 싸웠다. 그 수법은 여기서는 큰 효과를 거둘 수 없었다. 나하추는 신이 나서 집요하게 이성계를 쫓았다. 그러나 그것이 함정이었다. 다른 길로 진군해 온 두 부대가 본대와 합세하면서 삼면에서 나하추를 공격했다. 복병전술에 혼비백산한 나하추의 주력은 회복불능의 타격을 입었다. 나하추는 비로소 자신의 완패를 시인하고 도주했다.

이 전쟁이 이성계의 진짜 데뷔전이었다. 기록에 과장이 있는 것은 사실이지만 청년 장군 이성계는 전술과 무예 양면에서 그의 부하들이 평생에 잊지 못할 화려한 활약을 보여주었다. 동요하던 동북면 지역도 그냥 잠잠해졌다. 패한 나하추조차도 진한 인상을 받았다. 1376년에 고려에서 나하추에게 사신을 보내자 그는 먼저 이성계의 안부부터 물었다고 한다.

내가 본디 고려와 싸우려고 한 것이 아닌데, 빠이엔티무르왕(공민왕)이 나이 젊은 이 장군을 보내어 내가 거의 죽을 뻔하였소. 이 장군께선 평안하신가? 나이 젊으면서도 용병이 신과 같으니 참으로 천재요! 장차 그대 나라에서 큰 일을 맡을 것이오.

1364년 원은 배신한 공민왕을 대신하여 덕흥군(충선왕과 궁녀 사이에서 난 아들로 충선왕의 셋째 아들)을 고려왕으로 책봉했다. 덕흥군 일파는 요양 군사 1만을 빌려 고려로 침입했다. 고려군은 서전에서 패했다. 뒤늦게 도착한 이성계는 역시 혈기방장할 때여서 그랬는지 용감하게 싸우지 않는다고 최영 이하 고려의 장수들을 질책했다. 화가 난 장수들은 내일은 잘난 너 혼자 싸워보라 하고는 그의 부대를 단독으로 전선으로 내몰았다.

이성계의 친군은 1,500명 정도에 불과했다. 이 날 밤 이성계는 무척 고민했다고 한다. 전투도 전투지만 고려군과의 불화도 무척 후회스러웠을 것이다. 근심하던 이성계는 최후의 방법을 썼다. 적의 편제에 맞추어 부대를 셋으로 나눈 후 주력인 중군은 자신이 맡고 좌우의 두 부대는 선조 때부터 종군해 온 두 명의 노장에게 맡겼다. 이씨 가문을 위하여 목숨을 버릴 각오를 하고 선두에서 싸워달라는 뜻이었다. 아마 그 날 밤 두 사람을 불러 술을 따라주며 김유신이 대백제전에 나서는 비령자에게 하였듯이 비장한 분위기를 연출했을 것이다.

다음 날 세 장수는 각각 적의 부대를 하나씩 맡아 선두에서 적과 충돌했다. 이들은 죽을 작정을 한 듯 좌우의 상황은 돌보지 않고 무조건 맹렬하게 적과 부딪쳤다. 생과 사를 돌보지 않는 격렬한 접전이었다. 이성계도 진창에 빠져 하마터면 목숨을 잃을 뻔했다. 마침내 이성계가 대적한 적의 중군이 먼저 도주했다. 그제야 이성계가 좌우를 살펴보니 달아나는 적군으로 먼지가 자욱한데, 두 장군은 그 때도 미친 듯이 적을 쫓아 치고 있었다고 한다.

이 때 이성계가 동북면을 비운 틈을 타서 여진족으로 그의 외종형제가 되는 삼선·삼개가 동북면에 침입, 고려군을 격파하고 함흥까지 함락시켰다. 고려군이 약했던 탓도 있지만 동북면의 사회구조상 이성계가 없으면 현지인과 여진부족의 도움을 얻을 수 없었기 때문이었다. 다음 해 2월에 이성계는 동북면에 돌아와 쉽게 그들을 몰아냈다. 이 해에 그는 밀직부사가 되고 공신으로 책봉되었다.

1369년 기씨 일족이 동녕부를 점거하고 고려를 위협하자 이성계는 이곳까지 원정하여 이들을 제거했다. 무리한 출정이었으므로 고려군은 바로 회군했는데, 당당하게 사면이 노출된 들판에 유숙하고 병사들로 하여금 변소와 마구간까지 짓게 했다. 이 때 나하추가 추격해 왔으나 군대가 유숙한 자리를 보고는 "군대의 행진이 정제하니 습격할 수 없다"고 하고는 돌아가 버렸다. 이 전쟁에서 고려유민이며 이 지역 토호였던 이원경이 휘하 300호를 끌고 이성계에게 귀순했고, 중국인 장수 처명이 생포되어 부하가 되었다. 이후 두 사람은 여진 추장 출신인 이두란과 함께 이성계의 제일 가는 심복으로 맹활약을 했다.

3. 피바위의 전설

북방의 전쟁도 심각하였지만 고려사회를 동요시킨 진짜 주역은 왜구였다. 고려 말의 왜구는 해적떼의 수준을 훨씬 넘어 있었다. 당시의 일본 사회는 자기 영지를 소유한 수많은 영주와 무사가 할거하는 봉건사회 체제였다. 그런데 이 시기 일본의 내정이 혼란해지면서 국가는 통제력을 잃었고, 동남해안 지역에는 식량결핍이 심해졌다. 기회를 잡은 이들 군사집단들은 해적이 되어 바다로 나갔다. 왜구의 전투력과 활동력은 엄청나서 중국, 대만을 비롯해 동남아시아 지역까지 약탈하였다.

고려군은 용감하게 싸웠지만 남북으로 전쟁이 너무 많았다. 한 번 약점을 파악하자 왜구는 더욱 대규모로 대담하게 쳐들어오기 시작했다. 그 피해가 얼마나 컸던지 14세기 말이면 해안가에서 30리 지역은 아예 인적이 끊겨 군현을 폐할 정도였다. 해안 방어선이 무력해지자 왜구는 용감하게 내지까지 들어왔다. 그리하여 충청도 내륙 도시인 청주를 유린하고, 개성의 턱 밑인 교동도를 점거하여 고려군과 접전을 벌이기도 했다.

사태가 이렇게까지 진행되자 왜구에 대한 공포가 전국을 휩쓸었다. 연안뿐만 아니라 내륙에 사는 사람들도 고향을 버리고 안전한 지역으로 도피했다. 그래도 땅 있고 연고가 있는 향리나 사족들은 다른 지역이나 내륙의 사찰로 피신할 수 있었지만, 일반 백성들은 사방으로 유리하거나 산속에 들어가 토굴을 파고 살아야 했다.

점차 자신을 얻은 왜구는 마침내 대규모 침공을 계획한다. 1380년 가을 추수기를 맞이하여 500척(300척이란 설도 있다)이란 유래없는 대선단이 금강어구의 진포에 상륙했다. 그들은 배를 전부 동아줄로 묶어 해상진지를 구축해 놓고 상륙하여 내륙으로 진격했다. 왜구의 숫자는 알려지지 않았지만 당시 배 한 척에 승선하는 인원이 배의 크기에 따라 50명에서 20명 정도였다고 하니 대선을 100척, 나머지는 중·소선으로 잡아도 1만 명은 가볍게 넘어가는 대병력이었다.

이들의 학살과 약탈은 대단하여 곳곳마다 참상이 벌어졌다. 마을에는 시체가 더미를 이루고, 배로 운반하면서 흘린 곡식이 한 자나 쌓였다. 왜구는 2, 3세 되는 여자아이를 잡아 하늘에 제사지내는 야만적인 행위를 일삼았다. 제물로 선택한 아이는 머리를 깎고 배를 갈라 속을 씻어냈다고 한다.

그러나 고려군도 이 때 비밀병기를 하나 마련하고 있었다. 화포였다.

화약제조의 공로자인 최무선이 직접 참전한 고려 수군은 고맙게도 배를 꼭꼭 묶어놓고 기다리고 있던 왜선에 화포세례를 퍼부었다. 선단은 일순간에 타버렸고 300여 명 정도만 살아 육지의 부대로 달아났다.

대승리였으나 문제는 이미 육상으로 진출한 부대였다. 퇴로가 끊긴 왜구는 약탈을 자행하며 경상도까지 진출하여 상주, 경산, 함양을 차례로 유린했다. 함양에서는 고려의 9원수가 이끄는 삼도(三道) 군사를 대파하여 2명의 원수와 고려군 500명이 전사했다. 여기서 낙동강으로 따라 남해안으로 진출했으면 퇴로가 열렸을 텐데, 웬일인지 이들은 해안으로 남하하지 않고 방향을 돌려 지리산 팔량치를 넘어 인월로 들어갔다.

왜구는 다시 남해안 진출을 시도하여 남원산성을 공격했으나 공략에 실패하자 운봉현을 불태우고 인월로 후퇴했다. 이 때 왜구는 호남으로 가 금성(광주)을 점령한 뒤 북쪽으로 진군한다는 요란한 소문을 흘렸다.

하지만 이것은 계략이고, 본국에서 선단이 올 때까지 이 곳에서 버티려는 전략이었다고 생각된다. 아마 어떻게든 일부는 본국으로 빠져나가 연락을 했을 것이고, 본국에서 다시 선단을 마련해 올 때까지는 시간이 필요했을 것이다.

인월·운봉 지역 하면 지리산 산중의 험한 지형을 연상하기 쉽다. 하지만 막상 가 보면 저만치 남쪽에 지리산 중심부가 벽처럼 막아선 것을 제하면 의외로 널찍한 들판이 포진한 평퍼짐한 고원 분지이다. 그러므로 식량조달이 쉽고, 외곽은 산과 험한 고개로 둘러졌으므로 방어에도 유리하다. 교통도 좋아 여기서 남원, 구례 지역으로 나가면 바로 섬진강 하구와 남해가 열린다. 또한 인월은 지금도 지리산 관광의 거점이지만, 험난한 지리산 중심부로 들어가는 계곡로의 입구여서 여차하면 산속으로 들어가 지리산을 횡단하여 하동쪽으로 나갈 수도 있다.

이성계의 동북면 군사를 포함한 고려군은 남원에 집결했다. 장군 중에는 적과 대치하여 장기전을 펴자고 주장하는 사람도 있었으나 이성계는 단호하게 거절했다. 그는 오는 동안 왜구가 쓸고 간 마을을 보았고,

그 참상은 그대로 이놈들을 섬멸해야 한다는 분노로 바뀌어 있었다.

이성계는 운봉으로 진군하여 황산 서북쪽에 진을 쳤다. 황산은 현재의 운봉면 화수리에 있는 산이다. 지도상의 높이는 695미터. 허나 주변이 원래 고지대라 눈으로 보기에는 150~200고지 정도나 될까? 서울의 아차산보다도 낮아 보인다. 간단하게 말해서 운봉과 인월이 둥근 타원형의 분지라면 그 서북에서 동남으로 가운데를 비스듬히 가로지르는 산줄기가 황산이다.

운봉·인월의 들판 가운데 서북쪽에서는 50미터 정도 높이로 보이는 얕은 구릉이 긴 꼬리를 드리며 완만하게 이어지다가 남쪽 끝에서 갑자기 돌출하여 급경사의 뾰족하고 둥근 봉우리를 이룬다. 이 봉우리 아래 남천(지금의 광천)이 흘러 협곡을 만들고 남천을 건너면 바로 땅이 다시 천천히 융기하여 지리산을 이룬다. 남원에서 지리산 관광을 가자면 반드시 지나야 하는 운봉-인월 간 24번 국도는 남천이 만들어 놓은 이 계곡을 통과한다.

운봉으로 진격한 이성계는 운봉의 평원을 가로질러 정산봉에 도달했다. 황산전투를 복원하려면 이 정산봉의 위치가 관건이 된다. 옛날 지리지와 지도에 이에 관한 설명이 있기는 하지만 막상 현장에 가 보면 잘 들어맞지를 않는다. 김정호의 『대동지지』에 의하면 정산봉에 비와 비각이 있다고 했다. 그렇다면 현재 황산대첩비가 있는 얕은 야산이 정산이다. 현지에서는 이 산을 당산이라고 부르는데, 사투리를 감안하면 발음도 유사하다고 생각된다.

그러나 『여지도서』를 보면 또 그렇지도 않아서 비각이 있는 곳을 화수산이라고 하였다. 정산은 지도에 표기하지 않고 다만 현의 북쪽 7리에 있다고 했는데, 이것은 운봉의 서쪽 경계인 버들고개[柳峙]에 붙여 놓은 설명과 똑같다. 그렇다면 정산봉은 이 고개 주변의 어느 지점이 된다.

이 비각이 정확하게 격전지에 세운 것이라면 정산봉은 보다 서쪽에 위치했을 것이고, 이성계 부대는 이 비각쪽으로 진격하면서 왜군과 부딪히게 된다. 하지만『여지도서』에서는 친절하게 매복처라는 지점도 고증하여 표시해 두었는데, 이 위치에 따르면 전투지점은 비각 근처가 아니라 더 동쪽 지점이다. 그런데 매복처의 한 곳은 개울 건너편 산지로 되어 있는데, 현장에 가서 보면 두 지역의 거리가 너무 멀다.

 원래 옛날 기록은 사건의 장면에 초점을 맞출 뿐 공간과 시간의 변동에 대해서는 매우 불친절하다. 현장을 보지 못한 사관들이 전황 보고서나 증언을 토대로 개요만 옮겨 놓기 때문에 이렇게 된다. 하여간『여지도서』의 기록과 실록의 표현을 종합하여 보면 정산봉의 위치는 불안정해도 이 날 전투의 중심지는 비각에서 시작해서 동쪽 끝 산봉우리, 지금의 24번 국도가 지나고, 피바위란 곳이 있는 지점 사이가 제일 유력하다.

 비각과 황산이 있는 곳은 운봉의 평야가 끝나고 산자락이 시작되는 곳이다. 비각이 있는 얕은 야산 바로 앞으로 해서 협곡쪽으로 남천이 흐른다. 왜구가 이 곳을 결전장으로 택한 것은 몇 가지 이점이 있기 때문이다. 황산은 인월-운봉의 도로 가운데 쯤에 있으므로 양쪽 방향에서 오는 적을 모두 감제할 수 있다. 산 아래로 개울이 흐르고 야산도 많아 공격군이 넓게 포진하기 불리하다. 무엇보다 황산이 융기한 부분은 좁고 둥근 봉우리로 삼면의 경사가 급하다. 그러므로 병사를 밀집시켜 방어대형을 구성하기가 좋다.

 반면 맞은편 지리산 자락은 산이 지나치게 크고 대합조개를 여러 겹으로 쌓아놓은 것처럼 완만하고 펑퍼짐한 봉우리들이 첩첩이 쌓여 올라간다. 그러니 방어선이 무한정 넓어져 방어하기에 불리하다.

 이성계는 정산봉에 올라 지형을 살폈다. 이 곳에서 그는 오른쪽으로 난 작은 길을 보고 적은 반드시 이 길로 진군하여 아군의 후미를 기습할 것이라고 판단하고는 자신의 부대를 이 길로 돌렸다고 한다.

 이 때 고려군은 넓은 길로 진군했다는 것으로 보아 주도로인 남원에서 여원재를 거쳐 운봉관아에 이르고 다시 지금의 24번 국도길을 따라 황산쪽으로 진출했던 것 같다. 이 길은 널널한 운봉 평원 가운데로 난

길로 왼쪽에 황산, 오른쪽에는 멀리 지리산 자락을 보며 뻗어 있다.

그러나 이성계는 본대와 떨어져 좀더 북쪽인 버들고개쪽으로 가서 지형을 살펴보고는 왜구가 황산에서 벌판을 종단하여 도로쪽으로 진출, 아군 행렬을 측면이나 후방에서 기습할 것이라고 예측했던 것 같다. 황산 줄기와 24번 국도 사이에는 조그만 야산들이 조금씩 있고 개울들도 있는데, 왜구는 이런 지형지물을 이용하여 중도에 잠복해 있었던 것이다.

왜구의 전략을 예측한 이성계는 고려군과 평행선을 그리며 북쪽 산기슭 즉 산지와 평야가 만나는 부분을 따라 비각이 있는 야산과 지금은 콘도와 음식점이 자리하고 있는 협곡쪽으로 계속 진군했을 것이다. 영화에서 경찰이 반드시 2인 1조가 되어 서로 엄호하는 것과 같은 이치이다.

진군하는 도중에 매복했던 왜구가 정예병력으로 돌진해 왔다. 얕게 서북쪽으로 뻗은 황산의 꼬리 중간부분 쯤이 된다. 그러나 이 때 함께 24번 도로를 따라 진군했어야 하는 고려군은 지레 겁을 먹고 후퇴해 버렸다. 이미 날이 어둑어둑해지기 시작하는 때에 이성계 부대는 단독으로 물러설 수 없는 결전을 벌이게 되었다.

이성계는 선두에서 그가 자랑하는 대우전(大羽箭) 20발을 연속해서 쏘았다. 어떤 사냥감도 꿰뚫어 버린다는 화살이었다. 괴성을 지르며 돌격해오던 왜구는 가까이 이르지도 못하고 쓰러졌다. 그러나 왜구도 녹녹하지 않아서 화살을 무릅쓰고 계속 돌격해왔다. 왜구가 근거리로 접근하자 유엽전(柳葉箭)을 뽑아 쏘았다. 1발에 1명씩, 30발에 30명이 나동그라졌다. 이렇게 세 번을 부딪힌 후 왜구는 돌격을 중지하고 높은 곳에 의지하여 방어전을 폈다. 협곡쪽 황산의 돌출부분으로 올라간 것이다.

황산의 둥근 봉우리는 협곡쪽으로는 경사가 너무 급하다. 반면 운봉쪽으로 향한 사면은 정상에서 바위 능선이 좌우로 뻗어 그 사이로 상대적으로 넓고 완만한 경사면이 노출된다. 기록에는 아군이 개미처럼 붙어서 올라갔다고 한다. 3부능선까지는 경작지로도 이용될 정도로 더욱 완만하게 상승하는데, 기병이 자유롭게 활동했다는 것으로 보아 전위는 비각에서부터 이 부분이 끝나는 지점에 진을 치고 후위는 뒤의 높은 사면에 웅크리고 대항했을 것이다.

이성계는 부대를 나누어 이곳 저곳을 공격했다. 막다른 길에 몰린 왜구는 결사항전을 벌였고, 이성계군은 이를 뚫지 못하여 물러났다. 이성계는 군대를 불러모아 정돈한 후 작전을 바꾸어 어느 한 지점으로 집중공격을 시켰다. 전투는 대단히 치열했다. 혼전 중에 적장 한 명이 이성계의 뒤로 뚫고 들어왔다. 이두란이 발견하고 말을 달리며 뒤를 보라고 소리를 쳤으나 이성계는 듣지 못했다. 선택의 여지가 없다고 생각한 이두란은 말을 달리며 활을 쏘았다. 다행히 그 화살이 적장에 명중하여 이성계는 목숨을 건졌다.

당시 왜구는 봉건적인 사회체제 속에서 전문무사 집단이 있고, 늘 전투를 경험하며 살아온 집단이라 실전에 대단히 강했다. 뛰어난 장교와 무사가 많을 뿐 아니라 고참병들이 많아서 부분전술에 능하고 상황판단과 전술운용 능력이 뛰어났다. 이 날도 왜구는 혼전 중에 일종의 스크린 플레이를 펼쳐 이성계를 분리시키고 포위하는 데 성공했다.

이성계가 탄 말이 두 번이나 화살에 맞아 죽었고 그도 끝내 허벅지에 화살을 맞았다. 어느 새 왜구는 그를 몇 겹으로 포위했다. 결정적인 승리의 계기를 잡은 왜구는 적의 사령관을 노리고 악착같이 달려들었다. 위기의 순간, 노장 처명이 이성계의 앞을 막고 죽기로 싸웠다. 그의 분전으로 이성계는 겨우 수기를 끌고 포위를 돌파할 수 있었다. 그러나 적은 악착같아서 한 무리가 끝까지 그를 노리고 돌격해 왔다. 이성계는 그 자리에 서서 침착하게 활시위를 당겼다. 순식간에 8명이 차례로 쓰러지니 적이 더 이상 이성계에게 덤비지 못하고 물러섰다.

살아나온 부장과 병사들이 겨우 한숨을 돌리는데, 이성계가 검을 뽑아 쳐들더니 해를 가리켜 맹세하며 소리쳤다. "겁이 나는 사람은 뒤로 물러가라. 나는 또다시 적을 죽이러 가겠다." 주위의 장수와 부하는 모두 감동하여 이 사나운 군대에 다시 맹렬하게 부딪쳤다.

실록에서는 이 때 적병 수가 아군의 10배나 되었다고 하였다. 아래에서 위로 공격하는 공격측의 병사가 더 적었다는 게 상식적으로는 이해가 가지 않는다. 그러나 왜구라고 다 정예군사는 아니고 비무장 병력도 있었다고 생각하면 아군과 비등하거나 좀 많았다고 해도 이상할 것은 없다. 아마 정예군사는 전위에 집중적으로 포진해 있었을 것이다. 또 왜구도 여러 개의 독립된 집단으로 구성되어 있으므로 이들 간에 호흡이 일치하지 않았을 것이다.

　처음 공격에서 이성계는 그 정예병의 규모와 포진을 알아차린 것 같다. 또한 적군의 심리상태도 정확하게 집은 것 같다. 퇴로가 없다는 생각이 군사들을 악에 받치게 할 수도 있지만 전투력이 약한 군사들일수록 마음 한 구석에는 더 큰 두려움을 쌓게 한다. 따라서 한 번 무너지거나 주력이 패배하면 이들은 더 쉽게 무너진다.

　전위의 왜군에 눌리지 않고 이성계군이 맹렬하게 싸우자 후방의 높은 곳에 도사리고 있는 왜구는 움츠러들어 감히 전선으로 나오지 못했다. 위기를 느낀 왜장 아기바투(아기는 아이란 뜻이고 바투는 몽고말로 용사란 뜻. 그의 본명은 아니고 이성계의 군사들이 붙인 호칭이다)는 전세를 역전시키기 위해 목숨을 건 투쟁을 하기로 결심했다. 그는 백마를 타고 창을 휘두르며 진을 뛰쳐나왔다. 그는 이 곳의 왜구 중에서 신분도 높고, 무예도 출중한 최고의 용사였다고 한다. 그런 그가 목숨을 걸고 돌격해 오니 그 앞에서 당할 자가 없었다. 그가 달리는 곳에 순식간에 공백이 생기고 군사들은 다투어 그를 피했다.

　공격대형이 무너지고 이 시간을 이용하여 후위의 군사가 진출하면 적은 방어대형을 재편성할 것이고 병력이 부족한 이성계로서는 이렇게 희생이 크고 어려운 공격을 반복하기는 곤란해질 것이었다. 또 타 부대와 떨어진 상태에서 물러서다가는 큰 타격을 입을 수도 있었다. 이성계는 아기바투를 사로잡을 생각도 했으나 이두란이 그랬다간 희생이 너무 클 것이라고 반대하였다.

아기바투는 갑옷과 투구를 목과 얼굴을 감싼 것을 입었으므로 쏠 만한 틈이 없었다. 태조가 말하기를 "내가 투구의 정자(頂子)를 쏘아 투구를 벗길 것이니 그대가 즉시 쏘아라" 하고는 말을 달려 접근하여 투구를 쏘아 정자를 맞히니 투구의 끈이 끊어져 기울었다. 아기바투가 급히 투구를 바로 썼으나 태조가 연달아 사격하여 정자를 맞히니 투구가 떨어졌다. 두란이 곧 쏘아서 죽이니 이에 적군의 기세가 꺾였다.

아기바투 이하 정예군사가 소멸하자 왜구는 걷잡을 수 없이 무너졌다. 기록에서는 고려군이 기세를 타 산으로 올랐다고 했다. 아마 전방 방어선이 무너진 틈을 타 주력은 그 사이로 돌진하고, 고려군 일부가 서북쪽, 즉 전투가 벌어진 좌측의 완만한 기슭과 능선으로 해서 정상으로 올랐을 것이다.

왜구는 위, 아래에서 공격을 받으며 남쪽의 협곡쪽 가파른 곳으로 내몰릴 수밖에 없었다. 삼면으로 포위되고, 가파른 지형에 제대로 운신을 할 수 없던 적군은 마구잡이로 몰살을 당했다. 이들의 시체와 피는 경사를 굴러 남천으로 떨어졌다. 계곡물은 피로 물들어 6, 7일이나 붉었다. 지금 이 곳 봉우리 아래의 국도변에 황산대첩지와 피바위라는 표석이 서 있어 그 날의 장면을 회고한다. 왜구는 겨우 한 70여 명만 살아 남아 남천을 건너 지리산 속으로 도주했다. 노획한 말만 1,600필이었다. 이것이 역사상 유명한 황산대첩이다.

4. 용장(勇將)과 강병(强兵)

이성계는 지금까지 언급한 전투 이외에도 굵직굵직한 싸움을 몇 번 더 치렀다. 누가 뭐라고 해도 무장으로서 이성계는 대단히 매력적인 인물이다. 우리 역사에 그가 살았던 시대만큼 커다란 전쟁이 많고 치열한 전투가 벌어졌던 시기가 없으며, 육전에서 그렇게 화려하고 다양한 승리를 거둔 장군도 없다.

그가 이렇게 혁혁한 승리를 거둘 수 있었던 원인은 무엇이었을까? 실록의 기자가 간결하고 명확하게 표현한 대로 이성계가 탁월한 무장이었고 그의 병사들이 뛰어나게 우수했기 때문이다. 이 두 요소 중 어느 쪽을 비하하거나 과장할 필요는 전혀 없다.

이성계의 활솜씨는 대단하지만 빈 활줄만 당겨도 촛불이 꺼졌다는 식으로 전설과 과장이 많아서 오히려 회의를 불러일으킨다. 그의 실력을 객관적으로 전해 주는 이야기는 다음의 기록이다.

> 찬성사 황상(黃裳)이 원나라에 벼슬할 때 활 잘 쏘기로 세상에 알려져서 순제가 친히 팔을 잡고 관찰하기까지 했다. 태조가 동렬들을 모아 덕암에서 활을 쏘는데, 과녁을 150보 밖에 설치했다. 태조는 쏠 때마다 명중을 시켰는데, 정오가 되자 황상이 도착했다. 여러 재상들이 태조와 황상이 겨루기를 청했다. 두 사람이 모두 수백 번을 쏘았는데, 황상은 연달아 50번을 맞춘 후에 혹 빗나가는 살이 있었으나 태조는 한 번도 명중하지 않은 적이 없었다.

실록 기록은 과장은 해도 아예 없는 이야기는 잘 하지 않는다. 과장이 있다고 해도 하여간 두 사람 모두 기마와 활로 세계를 제패한 몽고제국기에 최고 수준의 궁사였다고 평가할 수 있을 것이다.

그의 활은 조선왕가의 보물로 함흥 본궁에 보존되어 왔으며, 지금까지도 북한에 있는 것으로 알고 있다. 직접 볼 수 없어 유감이지만 기록에 의하면 그는 대나무살이 아니라 광대싸리로 만든 화살을 썼다. 광대싸리는 통이 굵고 속이 빈 싸리나무의 일종이다. 번식력이 좋아 봄에 싹이 돋으면 여름까지 한 발이 넘게 곧게 자란다. 함경북도 이북지역이 주산지로 화살재료로는 일품이어서 말갈・여진족도 이 나무를 화살로 썼으며, 공물로 중국에 바치기도 했다.

이성계는 편전·유엽전 등 온갖 화살을 다 잘 쏘았지만 카리스마적인 기질이 풍부하던 그는 특별히 자기에게 맞춰 제작한 대초명적(大哨鳴鏑)을 좋아했다. 대초명적이란 효시(嚆矢) 즉 소리내며 날아가는 화살의 일종으로서 활촉 뒤에 속이 비고 표면에 작은 공기구멍들을 낸 럭비공 모양의 깍지를 붙인 것이다. 살이 날면 거기서 바람이 소용돌이를 일으켜 소리가 난다. 이성계는 이 깍지를 고라니 뿔로 만들었는데, 크기가 배만 했다고 한다. 옛날 배는 요즘 배처럼 크지 않았으니 작은 사과나 귤 크기 정도를 생각하면 되겠다. 화살 깃은 학의 깃으로 넓고 길게 붙였으며, 촉은 무겁고 살대는 보통 살보다 훨씬 길었다. 어릴 적에 부친 이자춘이 이를 보고 사람이 쓸 수 있는 것이 아니라 하고 내던졌다는 일화가 있는 화살이다. 로켓포처럼 길고 날카로운 음향을 토하며 날아가 한 발로 사냥감을 꿰뚫는 모습은 특별한 쾌감을 주었을 것이다.

활 이야기에 눌려 버렸지만 실전에서의 사격은 모두 기사(騎射)이므로 기마술도 함께 뛰어나야 한다. 정사에는 그의 기마술에 관한 일화도 활 못지않게 많다. 국왕이 된 후에도 말을 타고 하는 격구를 즐겼으며, 일흔이 넘은 나이에 몸을 가누지 못할 정도로 취했으면서도 가마를 물리치고 말을 가져오라고 소리쳤다는 일화도 있다.

화살로만 적을 죽였다면 좀 비겁하게 느껴지기도 하는데, 이성계는 무술도 뛰어나 나하추, 호바투와 일대일 대결을 하기도 했다.

그는 무예와 용병술 외에 카리스마적인 기질과 리더십도 갖추고 있었다. 적과 아군을 막론하고 병사들의 심리를 잘 파악했으며, 적절한 말과 행동으로 카리스마적인 분위기를 능숙하게 연출했다. 그는 싸움 직전에 오늘의 일진을 본다고 하면서 병사들 앞에서 투구나 나뭇가지를 쏘아 명중시키는 행동을 곧잘 했다. 특히 자기의 친병 이외에 고려군사도 함께 통솔할 때는 빠짐없이 이 일을 했는데, 나뭇가지나 투구같이 평소에 자신이 쏘던 표적보다 결코 작거나 어렵지 않은 그러면서도 극적인 효과를 주는 표적을 선택했다. 또 고려군의 모든 부대는 신호도구로 각

(角 : 뿔피리)을 썼지만, 그의 부대만 유일하게 소라를 사용했다. 그리하여 피아를 막론하고 소라 소리를 들으면 그의 부대가 나타난 것을 알았다고 한다.

실록의 편찬자들은 이성계의 이미지를 평소에는 말이 없고 지긋이 눈을 감고 있는 즉 조용하며 근엄한, 그러면서도 겸손하고 남을 생각하는 인물로 그리기 위해서 무척 노력했다. 하지만 가능한 한 일화를 많이 수록하려다 보니 그 작업은 성공하지 못했다. 여러 에피소드를 통해 보건대 그는 자부심이 강했으며, 겸손하게 자신의 재주를 감추기보다는 적절하게 자신감과 무예를 과시하고, 전투가 끝나면 "전투는 이렇게 하는 것이다"라든가, "내가 아니면 이렇게 말을 다룰 수 없다" 하는 식으로 자신을 표현하는 데도 인색하지 않았던 인물이다.

그리고 당연히 그는 무섭고 엄한 지휘관이었다. 자신이 선두에서 싸우는 만큼 용감하지 못한 장수를 싫어하였으며, 거짓말을 둘러대며 내빼는 부하를 미워했다. 이두란과 같이 신임하는 부하장수를 파견할 때도 "승전하지 못하면 다시는 내 얼굴을 볼 생각을 말라"고 엄하게 각오를 세워서 보냈다.

그러나 당시의 많은 무장들처럼 함부로 처형을 하거나 치졸하게 혹형을 가하면서 억지 권위를 세우려 하지 않았다. 중세의 군대는 아주 험악해서 정말 목도 잘 달아났고 명령을 위반했다고 돛대에 매달고 항해를 하거나, 팔이나 다리를 잘라 조리돌리는 일도 많았는데, 이성계는 그러기보다는 챙기고 보살펴 주면서 경외감과 충성을 유도하는 스타일이었다. 상대적인 자신감의 발로였고, 자신의 능력과 판단에 대한 믿음의 결과였다. 물론 여기에는 그의 부대가 힘없는 농민을 강제로 징집해 온 고려군과는 질적으로 달랐다는 점도 감안해 주어야 한다.

앞서 말했듯이 동북면의 사회조직은 여진족의 부족적인 사회구조와 유사했다. 천호·백호로 불리는 수장은 부족의 지도자이며 장군이 된다. 이들은 각각 직할의 유목민과 농민을 거느리면서 가별치라는 반군사적인 집단을 양성했다. 이성계 부대는 이런 유민집단과 여진족 부대의 연합군이었다.

현대의 용병들처럼 이들은 다른 집단과 섞이길 싫어하고 자신의 지휘관 혹은 자신들이 인정하는 지휘관이 아니면 복종하지 않는 단점이 있지만 최고 지휘관이 중간급 지휘관의 신뢰와 충성만 이끌어 낸다면 이것은 문제가 되지 않았다. 대신 병사들 개개인과 병사와 지휘관 사이에는 강한 연대감이 있었다. 또 반유목적인 사회였기 때문에 우수한 기병을 조달할 수 있었다. 이런 사회는 전체적으로는 후진사회일지 모르나 이미 몽고군이 증명한 대로 화약무기가 개발되기 이전 사회에서 군사적인 면에서는 최강의 효용을 가진 체제였다. 이것이 이성계가 불패의 부대를 거느릴 수 있었던 근본요인이었다.

5. 용상을 향하여

1371년 공민왕은 그를 문하부사로 임명했다. 이성계는 재상이 되어 오늘날의 국무회의격인 문하부에 참여하게 되었다. 이 날 공민왕이 기대하는 신흥 유신세력의 총수격인 이색도 함께 문하부에 들어왔다. 격동의 세월을 겪으면서 자기 세력의 부재로 줄타기와 양다리 걸기, 약간의 배신을 반복하던 공민왕은 이 날 대단히 득의만만해 하였다고 한다.

남북을 오가는 종군의 결과로 이성계는 드디어 최고의 벼슬을 얻었고 개경의 귀족들과 어깨를 나란히 하는 명문가가 되었다. 이성계의 급속한 성장은 그와 사돈을 맺은 가문들을 보면 잘 드러난다. 큰 아들 진안대군 방우는 지윤의 딸과 결혼했다. 지윤은 당시 이인임·임견미와 함께 최고 권세가의 한 명이었지만 집안은 미미해서 모친은 무당이었고 본인은 사병 출신이었다. 3남 방의부터는 격이 높아져 고려 후기 10대가문의 하나이며 최영의 집안인 철원 최씨가에 장가갔고, 4남 방간과 방원(태종)은 역시 10대가 소속인 여흥 민씨가의 딸을 맞았다. 7남인 방번에 가서는 드디어 고려왕족인 왕우의 딸을 며느리로 들였다.

이 같은 지위와 명성을 얻었지만 그의 개경 생활은 편안치만은 않았다. 오랫동안 개경에서 자기들만의 생활과 관습을 지켜오던 명문귀족들은 갑자기 나타난 이 위험한 촌뜨기 장수를 몹시 경원했다. 사실 옛날의 관료생활이란 것이 좋기만 한 것은 아니다. 의관과 복식이 복잡해서 관복 하나 제대로 걸치기도 쉽지 않고, 각종 제사와 의례는 외울 엄두가 안 날 정도로 복잡하다. 노상에서 왕족이나 관리를 우연히 만났을 때도 자기보다 높은가 낮은가, 높고 낮아도 몇 품 차이가 나는가, 무슨 벼슬인가, 말을 탔는가 걷는가, 공무수행중인가 산책중인가에 따라 모두 예절이 다르다.

그러니 어릴 때부터 이런 생활이 배지 않은 사람은 궁궐 안에 넣어줘도 문 밖을 걸어나갈 엄두조차 낼 수 없었을 것이다. 조선시대의 사례를 보면 이 때 아차 잘못했다가 대간의 탄핵에 걸려 고생하는 사람이 적지 않다. 특히 무관들이 잘 걸렸는데, 이런 걸 외우는 게 끔찍했던 무관들은 그냥 못 본 척하고 가거나 옆길로 도망가다가 적발되어 자주 곤욕을 치렀다.

게다가 사소한 일 하나를 하려고 해도 인맥과 연줄이 없으면 되지를 않았다. 조선 건국 후에 이성계가 과거의 신세를 갚는다고 포상한 사람들을 보면, 지위가 높아진 나중까지도 그와 친했던 집은 그리 많지 않았다. 귀족들은 단체로 그를 따돌렸다. 심지어 그에게 포상으로 토지를 내릴 때도 쓸모없는 돌짝밭을 주었다. 그의 일가와 부하들도 이런저런 사건과 다툼에 자주 휘말렸다. 국가의 전투를 도맡다시피 하는 그들이었지만, 그럴수록 귀족들은 자존심이 상했다. 귀족의 생리상 평소에는 엄하게 다스려 남아 있는 위엄을 잃지 않아야 한다고 생각했을 것이 뻔하다.

1376년에 이성계의 큰아버지의 아들인 천계가 사람을 죽여 옥에 갇혔다. 어떤 사람이 이천계의 부하와 혼인한 아내를 뺏자 노한 이천계가 그를 때려 죽였던 것이다. 동북면 식의 부하 챙기기였다. 이성계는 그를 구하려고 힘써 청했으나 끝내 실패했다. 이천계가 이전에 어떤 재상을 꾸짖고 욕한 적이 있었는데, 이 재상이 그 보복으로 이천계를 처형시켜 버렸던 것이다. 살인자를 처형했는데 무엇이 문제냐고 말할지 모르지만 이 시대는 중세이고 중세의 법이란 기본적으로 차별적이다. 원칙적으로 사족이란 반역, 역모 외에는 여간해서 사형을 받지 않는다. 당시의 법률관행이나 또 이성계의 공훈을 참작해 볼 때 이천계에 대한 처사는 이성계의 원망을 사기에 족한 것이었다.

　무식한 무장 집안이란 소리도 꽤 들었던 것 같다. 그래서인지 이성계는 자신의 아들들을 모두 전쟁터로 끌고 다녔지만, 다섯째 방원부터는 어릴 때부터 글을 익히게 했다. 방원이 과거에 급제하고 문사 중에서도 학문이 높아야 가능한 제학에 임명되자 이성계는 사람을 시켜 그 사령장을 몇 번이고 읽게 했다고 한다. 어떤 사람은 이런 장면에서 순박한 아버지의 모습을 발견할지도 모르지만, 그의 마음 속의 소리는 개경의 귀족들을 향해 있었을 것이다.

　고려의 집권층은 아무래도 이성계를 곱게 볼 수 없었다. 그뿐 아니라 연속되는 전란으로 인해 군부의 세력은 날로 커져가고 있었다. 우왕 때의 수상 이인임은 최영에게 이성계가 언젠가 임금이 될 것이라고 말하기도 했다. 우직한 최영은 이 말을 두 사람을 분열, 대립시키려는 음모로 이해했다. 정말 그런 의도였는지도 모르지만 이미 모든 사람의 눈에 그것은 하나의 가능성으로 비쳤다. 이성계는 지나치게 커져 있었다.

　하지만 혼돈한 사회, 부패할 대로 부패한 지배층, 기회만 되면 자신을 괴롭히고 제거하려는 귀족세력, 이런 것이 충순한 무장에게 혁명의 생각을 품게 했다고 말하고 싶지는 않다. 판단력과 야심, 이것이 전란의 시기에 이민족의 틈바구니에서 5대를 버텨온 이 집안의 내력이었다.

　이성계는 자신의 세력기반이 무엇인지 정확히 알고 있었고 끊임없이 목표를 세우고 자신을 단련한 인물이었다. 그의 특기인 기마와 활쏘기도 중년이 넘어서까지 연습을 게을리하지 않았다.

  태조는 짐승을 쏘면 평상시에는 꼭 오른쪽 안시골을 맞혔다. 하루는 "오늘은 모두 등골을 맞힐 것이다" 했다. 이 날 사슴 40마리를 쏘았는데 정말로 모두 등골을 맞혔다. ……사람들은 보통 짐승을 쏠 때 짐승이 왼쪽에 있으면 오른쪽을 쏘고, 짐승이 오른쪽에서 가로질러 왼쪽으로 달아나면 왼쪽을 쏘는데, 태조는 짐승이 비록 오른쪽에서 왼쪽으로 나오더라도 바로 쏘지 않고 반드시 말을 달려 그 짐승이 왼쪽에서 달아나게 하고는 그제야 쏘는데 또한 반드시 오른쪽 안시골을 맞혔다.

이성계의 이 버릇은 기벽이라기보다는 활쏘기와 마술단련을 위해 만들어 놓은 규칙이었다.

무인이었지만 동북면 선비인 유경을 평생교사로 삼아 사대부의 기초교양이라 할 수 있는 『대학』과 『통감』을 배우고 토론했다. 문관의 경지에는 가지 못했어도 당시에 무관으로서는 괜찮은 소양이었다. 실록 기록처럼 진중에서도 창을 놓으면 책을 읽는 그런 정도까지의 학구파는 아니었겠지만, 자신을 가다듬는 노력을 게을리하지 않았던 것은 사실인 것 같다.

그는 분명히 자신의 전부를 투자해서 최고를 향해 돌진했다. 언제부터 그의 심중에 있는 최고의 실체가 용상으로까지 형상화되었는지는 알 수 없는 일이다. 이성계가 서까래 세 개를 지고 가는 꿈('王'자를 뜻 함)을 꾸었고 석왕사에 있던 무학대사가 이를 해몽해 주었다는 이야기는 유명하지만, 그건 민간전설 속의 이야기이다. 조선 건국 당시에 정식으로 실록에 기록하고 노래로도 만든 이야기는 어떤 사람이 지리산 동굴에서 '목자(木子)가 돼지를 타고 내려와서 삼한의 경계를 바로잡는다'는 글을 얻었다는 이야기와 꿈에 신선이 나타나 금척(金尺)을 주었다는 이야기다. 진안 마이산에는 그 꿈을 이 산에서 꾸었다는 전설이 있다.

처음 이야기의 목자(木子)는 '木'과 '子'를 아래 위로 붙이면 '이(李)'가 되므로 이씨를 뜻하고, 돼지는 이성계가 돼지해인 을해년에 태어난 것을 상징한다. 두번째 이야기의 금척은 나라를 재단한다는 상징으로 둘 다 이성계가 왕이 된다는 이야기이다.

원래 왕은 하늘이 내는 것이라 하여 기이한 징조가 나타난다는 게 동양사회의 정설이다. 그래서 조선 건국 후에 용비어천가를 비롯하여 이런 유의 이야기를 노래로 만들어 보급했다. 그러니 정말인지 참모들의 발빠른 창작인지 모르지만 꿈을 꾼 시기가 우왕 원년에서 6년 사이의 일로 되어 있는 것은 의미심장한 일이다. 또 『고려사』에는 우왕 2년에 동북면에서 뿔난 망아지가 태어났다는 기록이 있다. 뿔난 망아지란 지방세력이 중앙의 권위에 도전한다는 징조를 뜻한다.

그러나 꿈을 품었다 하더라도 현실은 만만치 않았다. 혁명이란 궁궐을 점령한다고 되는 일이 아니다. 지배층 특히 대신층의 지지와 협력을 얻지 않고는 버틸 수 없다. 2백 년 전에 자신의 선조가 바로 그렇게 실패했다. 수백 년 동안 혈연으로 얽혀온 배타적이고 오만한 귀족들, 어떻게 그들을 신하로 거느릴 것인가? 역설적이지만 개경의 귀족들이 이성계를 따뜻하게 맞아주고 복종했다면 이성계는 더 쉽게 혁명을 추진했을지도 모른다.

1383년(우왕 10) 가을 어느 날 엄두를 낼 수 없던 일이 갑자기 가시권 내로 들어오는 사건이 발생했다. 갑자기 침입한 호바투 군과 싸우기 위해 함주(함흥)에 주둔하고 있던 이성계의 막사에 배가 몹시 나오고 풍채가 우람한 40대의 사나이가 불쑥 찾아들었다. 뛰어난 식견과 능력을 보유했으면서도 빈약한 가문과 진보적 성향 때문에 관료세계에서 따돌림 당하고, 갖은 핍박을 받던 문사 정도전이었다.

그는 당시 사회가 근본적인 개혁이 필요하다는 사실을 알고 있었다. 많은 정부대신들이 그들의 기득권은 꽉 붙들어 잡고 되지도 않는 시시콜콜한 정책만 내세우고 있을 때, 그는 정치·법제·사회·군사 등 국가의 모든 제도에 대한 개혁안을 연구했다. 정도전은 어쩌면 지금까지도 제대로 된 평가를 받지 못하고 있는 인물인데, 그 후 500년이란 세계사적으로도 드물게 오래 지속한 국가제도의 기본틀이 그의 머리 속에서 탄생했다. 또한 그는 이 개혁은 국가와 사회 전반에 대한 개혁이므로 기존의 정치가들로서는 도저히 이룰 수 없다는 사실도 체득하고 있었다.

그는 이성계에게 현 사회의 모순구조와 새로운 국가체제에 대한 자신의 구상과 가능성을 설명해 주었을 것이다. 이는 곧 이성계에게 그가 살고 있는 시대가 혁명이 가능한 시대이며, 새로운 정권이 어떻게 자기 기반을 만들어갈 수 있는가를 가르쳐 주는 것이기도 했다. 군사령부의 작전참모들밖에 없는 이성계의 인맥으로는 도저히 불가능한 일이었다.

이성계는 이 반가운 손님을 데리고 나가 그의 군대를 사열시켰다. 군사에도 정통했던 정도전은 그가 바라던 힘을 확인했다. "훌륭합니다. 이 군대로 무슨 일인들 성공하지 못하겠습니까!" "무슨 일이라니?" "아 왜구를 동남에서 치는 일 말입니다." 두 사람은 더 이상 말을 나누지 않고 고개를 돌려 행진하는 군대를 바라보았다. 자신들의 심중을 직접적으로 표현하지는 않았지만 그들의 가슴 속에는 벅찬 어떤 느낌이 꿈틀거리고 있었으리라. 이 때부터 정도전은 이성계의 모사가 되었고 혁명은 이렇게 시작되었다.

정도전의 개인적인 불만이 아니어도 고려사회는 수술을 요구하고 있었다. 수십 년 간의 전란으로 국토는 피폐할 대로 피폐했으나 당시 집권층들은 국가를 재건하기는커녕 이런 혼란기를 자신의 재산과 권력을 증식하는 기회로 활용했다. 왜구가 내륙 산간 지방까지 제 집 드나들듯 횡행해도 이를 막을 군사가 없다는 때에, 장정이란 장정은 호적에서 빼내어 자기 노비나 농장의 농부로 충당하느라고 혈안이었다. 군사를 징발하러 관원을 보내면 이놈 저놈 힘있는 집 노비와 농장사람은 다 봐주고 세금낼 여력도 없는 가난한 백성만 뽑아서 올렸다. 혹 의식 있는 수령이 있어 권세가의 농장으로 쳐들어갔더니 재상의 노비가 수령을 두들겨 패서 쫓아 버렸다는 세상이었다. 자기의 땅과 재산을 보호할 무사는 양성해도 군대에는 일반 사병 하나 내줄 수 없다는 게 이들의 행태였다.

그나마 공민왕의 개혁정치가 실패하고 그가 암살된 후 우왕대에는 문벌귀족에 의한 일종의 반동정치가 시행되었다. 이렇게 되니 개혁의 강도와 내용에 차이가 있지만, 신진 사류이든 권문세가의 후손이든 간에 뜻 있는 선비들 사이에서는 비판과 개혁의 목소리가 높아졌다. 예나 지금이나 집권층이란 자신의 입장이 궁벽할수록 사소한 일에도 과도한 알레르기 반응을 보이기 마련이다. 권세가들은 양심적이고 개혁적인 인사들을 추방하고, 자신들과 이해를 같이하는 탐욕스런 인척과 친위세력으로 정가를 메웠다. 훗날 개혁파 사류의 쌍두마차가 된 정도전과 조준도 이 때의 숙청에 내몰려 정가에서 쫓겨났다.

명문 재상가 출신인 조준은 그래도 그냥 은퇴로 끝났지만 이전부터 시골 출신이고, 선조에 천인의 피가 섞였다고 조롱받던 정도전은 전라도 나주의 거평부곡으로 유배되었다. 이후 근 3년간 그는 가족과도 떨어져 산간 벽촌의 초가에서 직접 농사를 지어가며 살아야 했다. 유배가 풀린 후에도 개경으로 들어가는 것은 금지되었으므로 약 6년간 재야생활을 했다.

서당 훈장이나 하며 살아가는 그에게도 권세가들은 감시와 탄압을 늦추지 않았다. 겨우 남경(서울)으로 진출하여 삼각산 밑에 터를 잡은 그는 초가집을 짓고 제자들을 길렀다. 어느 재상이 불온한 사상그룹이라고 단정하여 집을 헐고 이들을 내쫓았다. 뭐 아주 틀린 말은 아니지만 그렇더라도 이렇게까지 박대할 필요는 없었다. 군사독재 시절에 비판적인 개혁론자를 좌익·폭력 혁명세력이라고 매도한 것과 유사한 행태라고나 할까. 이들은 부평으로 이주했으나 땅 주인인 어느 왕족이 자기 별장을 짓는다는 핑계로 또 초가를 헐고 내쫓았다. 정도전은 다시 김포로 이주해야 했다. 당시 그 심정을 「이가(移家)」(『삼봉집』)라는 시에서 이렇게 읊고 있다.

오년간 세 번 이사하고
금년에 또 집을 옮긴다
들은 넓고 초가는 작으며
산을 길으나 고목은 성기다
밭가는 사람과는 서로 통성명을 하지만
옛 친구는 편지를 끊었다
천지가 능히 나를 용납하리니
표표히 가는 대로 맡겨 두노라

말과는 달리 정도전은 자신의 운명을 하늘에 내맡기지 않았다. 대신 그는 스스로 운명을 선택했다. 자고로 두고 보자는 놈보다 마음대로 해보라는 사람이 더 무서운 법. 파멸을 향해 달려가는 지배층의 작태를 지켜보던 그는 어느 날 미련없이 짐을 꾸려 북방으로 떠났다. 가진 자들은 소아병적인 행태로 말미암아 이렇게 이성계와 정도전이 결합하는 역사적인 만남을 이루게 했고, 자신들의 몰락을 재촉했던 것이다.

혁명파에게 기회는 보다 일찍 그리고 고려정부의 자기 폭발이라는 형태로 다가왔다. 1388년(우왕 14) 1월 10세의 어린 나이에 즉위하여 이제 20대 중반이 된 우왕은 자기 나라를 자신이 통치하고 싶어했다. 그러나 당시 사대부는 모두 이인임이 추천한 자라고 할 정도로 이들의 세력은 강했다. 우왕은 외할아버지격인 최영과 이성계를 끌어들여 이인임은 추방하고 임견미·염흥방·지윤을 죽였다. 이로써 군부 지도자 두 사람이 국정의 최고책임자가 되었다. 하지만 이것은 부친 공민왕이 이자춘을 끌어들인 것보다 훨씬 위험한 모험이었다.

여기서부터의 기록은 워낙 주의깊게 채색되어 있어서 사건의 전말을 알기가 상당히 어렵다. 숙청은 성공했지만 국내 정치는 아직 안정되지 않았는데, 엉뚱하다 싶을 정도로 갑자기 요동정벌 논의가 발생하고 숙청 3개월 만인 4월에 5만의 군대가 출동한다. 일부 기록에는 3만 8600명이었다고 하는데, 고려정부는 대외적으로는 십만대군이라고 부풀렸다.

고려의 국력을 기울인 대원정이었던 만큼 우왕은 만약의 사태를 방지하기 위해 나름대로 인선에 신경을 썼다. 이 때 지휘관을 보면 최고 사령관은 최영, 좌군 지휘관은 조민수, 우군 지휘관은 이성계였다. 조민수는 이인임 일파로 정통 특권 귀족층 출신이고, 최영은 이인임파를 제거한 사람이고 이성계는 제3세력이었다.

『고려사』는 우왕을 그저 놀기만 좋아하는 방탕한 국왕으로 묘사했다. 여기에는 아무래도 조선 건국자들의 각색이 작용했다고 보여진다. 그러나 우왕에게는 확실히 젊고 좀 제멋대로인 성격이 있다. 주변의 우려에도 불구하고 우왕은 원정군의 인선이 아주 절묘하다고 생각했던 것 같다. 그래서 그는 오히려 최영을 견제했다. 총사령관인 최영이 전군을 직접 통솔하는 것을 반대했고 자신이 몸소 최영과 함께 평양까지 와서 군무를 결제했다.

우왕의 예상은 빗나갔다. 설득에 넘어갔는지, 어떤 계략에 넘어가 체포되어 협박을 당했는지, 아니면 이인임 일파의 숙청과 이 혈기 넘치고 경박한 왕에게 처음부터 불만이 있었는지 하여간 조민수가 이성계에게 전격적으로 협력하여 전군이 진격의 방향을 돌렸다. 이것이 유명한 위화도 회군으로 이성계가 정권을 장악하고 결국은 새로운 왕조를 여는 결정적 계기가 되었다.

많은 사람들이 이 때 요동정벌이 좌절된 데 대해 상당한 미련과 아쉬움을 토로한다. 그러나 이것이 요동을 점령하여 우리 국토로 하려는 시도는 아니었던 점은 명확히 밝혀야 할 것 같다. 사건의 발단은 명나라에서 철령 이북 땅이 원래 원나라 땅이었으므로 이 지역 주민은 모두 요동성에 소속시키겠다고 주장한 데서 비롯한다. 만일 명나라가 침략을 시도한다면 요동성의 군사를 출동시킬 것이므로 선제 공격을 가하여 요동의 군사력에 타격을 가한다는 작전이었다. 이것이 요동 점령으로까지 이어질 가능성이 없는 것은 아니지만, 아무래도 점령이라기보다는 철령 이북의 고려 영역에 대한 침공위험을 제거하자는 의도가 컸다고 보여진다.

대략은 그렇지만 구체적으로 들어가면 이 요동정벌과 위화도 회군은 의문투성이다. 우선 기록을 믿을 수가 없고, 사건과 내용들은 앞뒤가 매끄럽지 않다.

명의 침공위험은 그렇게 급박한 것이었을까? 정작 동북면을 상실하면 가장 큰 타격을 입는 사람은 이성계였다. 그럼에도 그는 원정에 반대했다. 그렇다면 명의 위협이 급박하지는 않았다는 말이 된다. 물론 명의 침공위협이 사실이었을 수도 있다. 다만 이성계는 과거의 수많은 전투에서처럼 적이 침공하면 그 때 홈그라운드에서 싸우는 것이 유리하다고 생각했던 것인지도 모른다.

한편으로 지금까지 내내 선제공격보다는 수비형 전술을 채택해 온 고려에서 왜 갑자기 선제공격이란 강수를 사용했을까도 이상하긴 이상하다. 게다가 우왕과 최영은 무리한 출병을 강행하면서, 정작 총사령관 최영은 뒤에 남겼다.

한편, 우왕과 동행하던 이성계의 장남 방우와 차남 방과(정종), 이두란의 아들 화상은 회군이 시작되자마자 신속하게 탈출하여 한바탕 액션 활극을 연출하고는 혁명군에 합류했다. 이것도 수상한 부분으로 기록 그대로 우왕이 잔치에 빠져 보고를 늦게 받는 바람에 살아났을 수도 있고, 사전에 모의가 되어 있었을 가능성도 있다.

이성계가 처음부터 이 출병을 혁명의 호기로 판단했을까? 아니면 기록대로 무리한 원정이었고 장마가 지고 도망병이 속출하여 회군을 결심한 것일까? 반대로 우왕과 최영 쪽에서 이 기회에 그를 제거하려는 음모를 꾸민 것은 아닐까? 양쪽 모두 가능성과 개연성이 충분하기 때문에 현재의 자료로서는 결론을 내리기가 곤란하다.

분명한 사실은 하나뿐이다. 위화도 회군은 어떤 형태로든 이미 이성계의 마음 속에 준비되어 있었고, 심복들도 벌써부터 기회만 노리고 있었다. 만들었든지 굴러 들어왔든지 간에 이성계는 위화도 회군으로 고대하던 정권을 잡았다.

1388년 6월 초하루 갑자기 밀어닥친 군대에 놀라 집안에 숨어 있던 개경 주민들은 남산에 세워진 황색깃발과 그 곳에서 울려 퍼지는 고동 소리를 들었다. 긴 세월을 북방에서 달려온 승자의 함성이었다.

6. 건국의 아침

 위화도 회군 후 이성계는 이색, 조민수와 연합하여 우왕의 어린 아들 창왕을 세웠다. 창왕의 모친은 이인임의 조카딸이었다. 이렇게 보수파를 안심시킨 후 바로 조민수를 탄핵하여 추방하고 점진적인 개혁론자인 이색을 수반으로 하는 정권을 만들었다. 그러나 우왕의 이성계 암살음모를 계기로 이성계 일파는, 우왕은 공민왕의 아들이 아니라 신돈이 반야와 간통하여 낳은 아들이라고 주장하여 창왕을 폐하고, 이색파의 핵심인물들을 귀양보냈다. 이어 우왕과 창왕을 강릉과 강화에서 각각 살해했다.
 혁명파는 창왕을 대신하는 새로운 왕으로 종친인 정창군 요(瑤)를 간택했다. 그가 고려의 마지막 왕인 공양왕이다.
 공양왕 4년에 이성계가 해주에서 사냥하다가 말에서 떨어져 중상을 입는다. 이 틈에 정몽주는 공양왕을 설득하여 정도전·조준 등 이성계 일파의 핵심인물들을 귀양보냈다. 그러나 이성계의 부상은 심각할 정도는 아니었다. 이성계는 신속히 개경으로 귀환했고, 이방원의 발빠른 노력으로 정몽주는 암살되었다.
 당황한 공양왕은 이성계에게 그와 동맹을 맺는다는 희한한 교서를 만들게 된다. 왕과 신하가 동맹한다는 게 무엇을 어쩌자는 것인지 감이 잡히지 않는데, 그 교서에도 해답은 없다. 교서의 요지는 그저 자신이 이성계를 저버린 것을 사과하니 자자손손 서로 해치지 말자는 것이었다.
 공양왕이 몸소 식장을 차리며 이 역사적이고 이상한 동맹의식을 준비하고 있을 때 대비전(공민왕의 부인 정비, 최영의 딸)에서 공양왕을 폐하고 이성계에게 양위한다는 교서가 내려왔다. 순진하게 따지자면 이것도 월권이고 위법이지만 사실 힘으로 하는 일에 그런 것은 따져서 무슨 소용이랴.

이렇게 고려는 종말의 날을 맞이했다. 폐위된 공양왕은 나중에 삼척에 유배되었다가 살해되었다. 왕이 되기 전에 공양왕은 정치에는 관심도 없고 상대적으로 재물에 관심이 많아 일찍부터 치부에만 주력했던 사람이었다. 아이러니컬하게도 이것이 장점이 되어 왕으로 선택되었으나, 결국 그 때문에 비참한 죽음을 당하니 세상일은 정말 알 수가 없는 것이다. 이성계는 나중에 친하게 지내던 고려의 한 왕족과 격구를 하다가 "공양왕이 쓸데없이 욕심이 많아 저렇게 되었다"고 말했다. 자신의 처지와 대세를 모르고 자기가 할 일을 제대로 못했다는 뜻이리라.

1392년 7월 17일 이성계는 개성 수창궁에서 국왕으로 즉위했다. 그의 나이 58세였다. 이상할 정도로 그 동안 이성계의 국왕으로서의 활동은 별로 주목받지 못했다. 아마도 국초라 모든 상황이 어수선했고, 국초의 개혁과 정치는 정도전이 이끌어갔다는 다시 말하면 그는 이런 개혁이나 정치에는 좀 무지했을 것이라는 선입견 때문인 듯하다. 또 막상 개국 과정에서는 정몽주 살해를 위시하여 태종 이방원이 큰 역할을 한 것으로 되어 있고 이성계는 소극적이고 우물쭈물하는 모습을 보여주는 것도 큰 원인이 된 것 같다.

하지만 그는 식견과 소신이 분명한 사람이었다. 꼭 떠밀려서 왕이 되는 듯한 모습은 예로부터 즐겨 쓰는 수법, 즉 '개인적으로는 욕심이 없었는데, 국가와 민족을 구하기 위하여 정말 어쩔 수 없었다'는 식의 채색에다 태종의 왕위계승의 정당성을 강조하기 위하여 태종의 역할을 부풀려 놓은 결과이다.

그의 치세에 추진한 개혁은 대단한 포부를 지닌 것이었다. 그는 정도전과 또 한 명의 개혁파 사류의 기수인 조준을 등용하여 위화도 회군 직후부터 개혁법령을 쏟아놓았다. 이 법령들은 토지·조세·재정·군사·중앙관제·관료제·과거·법제·지방제·구휼제·교통·노비, 나아가 사회신분제도와 상제(喪制)·의례·결혼제도까지 포괄하고 있었다. 한마디로 국가제도 전부에서 사회제도, 생활방식과 관습에까지 미치는 대단한 것이었다.

개혁안 하나하나의 내용도 대단히 획기적이어서 성종 때 만든 『경국대전』보다 훨씬 진보적인 내용들로 꽉 차 있다. 예를 들자면 전국의 사전을 몰수하였던 과전법은 20세기 이전 우리 역사에서 다시는 경험하기 힘든 토지개혁이었다.

고려시대에는 왕족, 국가기관과 관료, 사원에게 수조지를 지급했다. 이것은 토지의 소유권을 주는 것이 아니라 그 토지에서 세를 거둘 수 있는 권한을 주는 것으로 이런 토지를 사전(私田)이라고 불렀다. 수세의 권리만 주었다고 하지만 실제로는 세금을 받아내는 권리, 세금을 못 내는 자나 도망한 호 및 빈 땅에 대한 관리권까지 주는 것이므로 사전주의 지배력은 단순한 징세권 이상의 것이었다. 게다가 이 토지는 특별한 인물의 지배를 받는 토지이므로 국가에서 행하는 부역징수나 군인징발 등에서 빠지거나 특혜를 받았다. 이런 토지들 때문에 세금은 힘없는 지역과 주민에게 더 많이 떨어지게 된다. 세가 불공평해져서 농민이 살기 어려워질 정도가 되면 주변의 농민이나 몰락하여 유리하는 사람들은 이런 토지로 도망해 들어오기를 좋아했다. 그러면 사전주들은 이들을 노비로 삼거나 대규모로 모아 새 토지를 개간하기도 했다.

앞서 말했듯이 이 구조에서는 조세가 불합리하고 군대와 치안이 엉망이 될수록 권세가의 땅과 노비는 더 증가했다. 이러하니 뜻있는 인사들이 나라가 망할 지경이 되었다고 아무리 떠들어도 지배층은 끄떡도 안 했다. 오죽하면 군사력이 동이 나 저 위험한 군벌 집안을 끌어들여 나라의 전쟁을 도맡게 하면서도 개혁이라면 손 하나 대지 않았을까?

사정이 이런 만큼 정상적인 각료의 의결을 거쳐 토지제도 개혁을 실시한다는 것은 불가능했다. 위화도 회군 후 개혁파는 대다수 관료들의 반대를 무시하고 기존의 토지문서를 꺼내어 개경시내에서 불살라 버렸다. 역사적인 과전법의 시행이었다. 이를 지켜보던 공양왕은 고려왕조의 멸망이라고 한탄하며 눈물을 흘렸다.

　과전법 시행에 따라 전국의 사전은 몰수했고 이후로 수조지는 경기도에만 주게 했다. 과전법의 효과는 여기에만 그치지 않았다. 수조지를 폐지함에 따라 국가재정의 집중적인 관리와 운영이 가능해졌다. 온갖 인간들이 조각조각 나누어 지배하고 운영에 간섭하던 지방통치도 이제는 외관들을 통해 일원적으로 관리할 수 있게 되었다. 그리하여 태조의 치세에 능력있고 의욕에 찬 관리들이 대거 발탁되어 전국의 수령과 군지휘관으로 파견되었다. 이들은 단기간 내에 황폐해진 군현을 재건하고, 군사제도와 방어시설을 정비하여 왜구의 침략을 진정시키는 데 크게 공헌했다.

　관료제도 개혁했다. 과거제를 위시한 관료선발제도와 인사제도를 개혁하여 중앙의 소수 권력가가 국정을 장악하는 체제를 지양하고 전국의 사족과 양민의 자제를 교육하고 선발하여 관료로 충당하려고 했다.

　대신 지방의 양반자제들이 군역을 지지 않고 놀고 먹는 행태를 쇄신하기 위하여 이들도 모두 군역을 지게 했다. 단 일반 병사로는 아니고 가능하면 지방군의 장교로 복무하게 하고, 이들 중 능력이 있는 자는 중앙군으로 선발하여 경기의 땅을 수조지로 주고, 도성과 궁성을 지키는 친위부대로 삼았다. 여기서 또 능력을 보이면 중앙관료로 출세할 수 있는 통로를 열어 주었다.

　정도전은 이렇게 함으로써 정계개편을 달성하고, 전국의 사대부의 지지를 지속적으로 획득함으로써 과거의 소수 명문대가가 국가운영을 장악하는 폐단에서 벗어날 수 있다고 생각했다.

　이것은 국왕 편에서도 매우 바람직한 것이었다. 흔히 정도전을 재상권을 강화하고, 국왕을 약화시키려 한 인물로 이해하고 있지만 이것은 충분히 재고해 보아야 할 문제이다.

　이론적으로 볼 때 혈맥과 의리로 뭉친 세력이 집단을 관료로 거느리고 있는 것보다는 능력과 국왕에 대한 개인적인 충성을 무기로 하는 관료집단을 거느리는 것이 오히려 국왕의 절대권을 강화시킨다.

　조선은 말로는 사대부 국가지만 사실은 처음부터 끝까지 중앙의 공신세력과 명문대가들이 권력을 장악하도록 되어 있었다. 만약 이 때 정도전의 시도가 성공했었다면 조선의 정치와 관료제는 훨씬 건전한 양상을 보여주었을지도 모른다.

　태조는 이런 개혁안들을 창작할 능력은 없었지만 그렇다고 자기의 신하들이 밀어붙이는 정책이 무엇인지도 모르는 사람은 아니었다. 사실 지도자에게 제일 중요한 능력이 사람을 발탁하고 그가 제시하는 정책을 이해하는 능력이 아닌가? 그는 당시 사회에서 최대의 이론가였던 정도전과 조준을 찾아 등용했고, 그들의 활동을 적극적으로 밀어주었다. 정도전과 조준도 그렇게 설득했겠지만 태조는 자신의 정부를 족벌과 학연으로 얽혀 있는 집단보다는 능력있고, 헌신적인 관료로 채우기를 원했고, 그것이 보다 강력한 국가와 왕권을 만들어 준다는 사실을 알았다.

　이런 점들을 고려하면 그는 자신이 세운 왕국에 대한 청사진과 책임감이 분명한 사람이었다고 할 수 있다. 자기 아들은 한 명도 공신으로 책봉하지 않은 것을 보면 대국적인 도량도 있었다.

　소수 가문의 전횡과 문벌과 학연, 인척관계로 얼룩져온 정치사에 이것은 분명한 메시지요 자기과시였다. 그는 가족주의가 강한 군벌집단의 총수였음에도 불구하고, 과거의 폐단을 일소하고 새로운 정치문화를 형성하겠다는 강한 의지를 이렇게 표현했다. 이것은 아직 정계에 남아 있는 고려 구신과 기존 관료에 대해서도 왕가와 자신의 친위세력으로 정치를 전단하지 않고, 공신과 관료를 우대하며 이들을 통해 국가를 운영하겠다는 메시지로도 의미가 있었다.

　국왕으로서의 이성계가 정도전 등 재상들에게 놀아난 듯한 인상을 주는 글들이 여기저기 있다. 그러나 실제로 그는 정국 운영에서도 자신의 주관이 뚜렷했다. 오히려 지도력이 너무 강해서 탈이었다.

그의 정치 스타일을 한 마디로 말하자면 역시 군벌 장군 스타일이었다. 국왕으로 등극하던 날 아침에도 물에 만 밥을 먹었다고 할 정도로 소박하고 질박했으며, 솔직한 풍모가 있었다. 연회 석상에서 자신의 공덕을 찬양하는 노래를 듣고는 과장이 지나쳐 이 노래를 들을 때마다 부끄럽다고 말하는 사람이었고, 새벽 조회시간에는 번거로운 의례는 버리고 국가 운영에 대해 할 말이 있는 관원은 지금 바로 내 앞에 나와 이야기하라고 하는 사람이었다. 그렇지만 자기 몸에 밴 군대식 잣대를 가지고 문관을 무시하거나 의례를 비웃는 그런 사람은 아니었다. 언행은 투박했으나 국왕으로서 제대로 행동하려고 무척 노력했으며 자신의 언행에 대해 자주 재상들에게 평가를 구하고 충고도 잘 받아들였다.

항상 그랬던 건 아니지만 자신의 의사와 틀리더라도 상식선에서 그럴 수도 있다고 생각되거나 직분에 충실한 행동은 용납하는 편이었다. 이런 판단의 기준이 되는 상식과 판단력도 현실적이고 공정한 편이었다. 하지만 도저히 상식선에서 말이 안 되는 일이라고 생각하거나 꼭 해야 한다고 결심한 일을 간하려면 상당한 용기와 말재주가 필요했을 것 같다.

일례로 태조 2년 6월에 젊은 환관 하나를 베고, 세자빈을 내쫓은 사건이 있었다. 묻지 않아도 뻔한 일인데 대간들이 들고 나왔다. 국왕의 모든 행동은 공개적이어야 하니 이 일도 공개재판을 거쳐 처리해야 한다는 것이었다. 아주 옳은 말 같지만 사형(私刑)이 통하던 시대이고 보면 양반가문 자신들조차도 절대로 이런 일을 법정에 내놓아 웃음거리가 되게 하지는 않았을 것이다. 국가적·정치적 관행보다는 자신의 상식을 신뢰했던 그는 불같이 화를 내고 대간을 모두 파면하여 귀양보냈다.

그는 선이 굵고 화통했다. 결단이 빠르고 일단 결심이 서면 밀어붙였으며, 필요하면 희생도 감수했다. 장군 시절에 "내가 가능한 한 사람을 죽이지 않으려고 한 지 오래 되었다"는 말을 한 적이 있는데, 자신이 독실한 불교신자였고 전쟁을 많이 했던 것이 불필요한 살생을 꺼리게 한 것 같다. 하지만 이 말의 의미는 잘 새겨야 한다. 그런 노력을 한 진짜 이유는 그가 희생이 필요하다고 판단했을 때는 얼마든지 감내할 수 있는 사람이었기 때문이다. 그것이 전장의 논리였다.

재위 3년에 유배시켰던 고려 왕족들을 모두 수장시켰고, 기왕에 일이 이렇게 되자 남아 있던 왕씨들도 모조리 색출하여 죽이고 왕족이 아닌 왕씨는 성을 갈게 했다.

수도 한양을 건설할 때도 공사에 반대하는 대간들을 내쫓으면서 공사를 강행했다. 항상 놀랍게 생각되는 것이 궁과 도성, 4대문과 4소문, 관아와 창고, 기타 도시 기본시설의 건설을 불과 3, 4년 만에 해치웠다는 사실이다. 조선 후기의 경우 임진왜란 때 불탄 관아건물을 복구하는 사업만 해도 종전 후에 바로 시작한 것이 영조 때에 가서야 완성되었으니 150년 이상이나 걸렸다.

국초에 이렇게 신속한 역사를 이룰 수 있었던 동인은 엄청난 희생을 각오한 강제노동이었다. 도성 축조 작업에서만 공식적으로 보고된 사망자 수가 수백 명이었으니 실제는 훨씬 많았을 터이고, 다치고 불구가 된 사람은 그 10배가 넘었을 것이다. 추운 겨울에도 공사를 강행하여 오고 가는 길에서도 수많은 사람이 굶주림과 추위로 죽어갔다.

그는 중요하다고 생각하는 일에 대해서는 진두지휘하지 않고는 못 배기는 성미였다. 새 도읍지 선정을 위해서 재상과 병사를 끌고 쉴새없이 답사를 다녔다. 특히 부하 관리는 자기가 직접 챙기고 신경도 많이 썼다. 스스로 말하기를 "나는 신하에게 비록 칭찬하는 사람이 있더라도 반드시 살피며, 훼방하는 사람이 있더라도 반드시 살펴서 꼭 그 실상을 알아낸 뒤에 상벌을 시행한다"고 했다. 개국공신을 뽑고 위차를 정하는 일도 자신이 직접 했다.

그는 무인들의 충성을 끌어내는 방법을 잘 알았으며, 이렇게 형성된 의리를 중요시했다. 그래서인지 이 부분에 있어서는 자부심이 강했다.

측근의 일부가 정도전, 조준이 병권과 정권을 모두 쥐었다고 비판하자 "이들은 모두 나의 수족과 같은 신하들이다. 이들을 의심한다면 믿을 사람이 누구냐?"고 화를 내었다고 한다.

　이런 사례는 꽤 많다. 창왕 때 대마도를 정벌한 장군 박위는 정몽주파로 한때 이성계를 제거할 생각을 했던 인물이었다. 태조는 그의 재주를 아껴 중용했는데 어쩌다 박위가 역모사건에 연루되었다. 그러나 태조는 박위는 위험하니 제거해야 한다는 주장을 일축했다. "그 때도 능히 어찌지 못했는데, 지금 그런 마음을 먹은들 어찌겠는가? 또 내가 높은 작위를 주고 대우했는데, 어찌 감히 변고를 도모했겠는가?" 그리고는 조사를 위해 수감되어 있는 박위에게 술을 보내 위로했다. 정말로 박위는 진심으로 충성하여 왕자의 난 때 항복을 거부하고 태종에게 대항하다가 살해되었다.

　또 민여익이란 인물이 있었다. 그는 고려의 구귀족으로 개혁파는 그를 싫어했다. 꼬투리를 찾은 끝에 그가 정몽주 피살 소식을 듣고 죽어서 안 될 사람이 죽었다고 중얼거렸다는 사실을 찾아냈다. 탄핵문이 올라오자 이성계는 "신하가 임금의 허락도 받지 않고 대신을 제 마음대로 죽였는데 그런 말을 하는 것은 당연하다"라고 거부했다. 정몽주 살해에도 반대했고, 모사 정도전의 부탁에도 불구하고 고려 구신과 보수파를 처형하지 않았다. 이 모든 것이 자기 방식과 능력에 대한 자신감의 소산이었다.

　이런 스타일의 인물은 평소에 그의 기준과 판단이 탁월한 것이 오히려 함정이 될 수 있다. 그가 확신하고 있는 영역에 대해서는 감히 말할 수 없는 부분이 생기기 때문이다. 더욱이 그 기준은 수십 년 간 전쟁이라는 강렬한 경험 속에서 체득한 것이다. 사람이 가장 극복하기 힘든 것이 자신이 경험으로 체득한 진리이다. 그것이 강렬하고, 유효했던 경험일수록 더욱 극복하기 힘들다. 장군으로서 이성계는 신뢰가 가고 매력적인 인물이다. 하지만 상황이 바뀌면 인간관계의 양상도 바뀌기 마련이다. 정치가란 때로 말 안 되는 얘기도 고개를 끄덕이며 받아넘길 필요가 있다. 하나의 상황은 여러 가지 가치와 얼굴을 지닐 수 있기 때문이다. 그러나 사령관은 그러지를 못한다. 옳고 그름과 순간의 판단이 생명을 좌우하기 때문이다.

또한 정치적 관계와 전투부대의 의리는 다르다. 지휘관이 모든 걸 챙기거나 확인할 수 없고 의리와 믿음이 통하지 않는 세상이 온다. 그는 장수 개인에 대한 충성과 국왕과 정책에 대한 충성을 혼동했다. 그것은 실수라기보다는 불행이었다. 그는 정도전과 조준의 개혁안을 도저히 수긍할 수 없었던 권문세족과 보수파를 다 거느리고 개혁을 추진했으며, 그의 부하들이 현재의 권세와 지위에 모두 만족할 것으로 생각했다.

가족 문제에 있어서도 두번째 부인인 강씨와 그 자식들을 편애했고, 개국하자마자 강씨의 소생으로 막내인 방석을 세자로 삼았다. 첫부인 한씨는 공양왕 3년에 사망했는데, 생존 시에도 젊은 강씨의 우세가 절대적이었던 것 같다. 강씨와 자식들 간의 불화도 아주 노골적이었는데도 '제 놈들이 저러다 철들겠지' 하는 식으로 생각한 것 같다.

더 본격적인 문제, 즉 당시의 정국으로 눈을 돌려 보자. 태조의 개혁정치는 역사적으로 볼 때는 대단히 뜻깊고 획기적인 것이었음에도 불구하고, 여러 사람에게 불안감을 안겨주었다.

권문세가와 그들과 줄이 닿아 있는 기존의 관리들은 예고된 정계개편과 자신들의 특권을 제한하려는 토지와 노비제도 개혁에 몸서리를 쳤다. 이것은 태조와 자신의 문제가 아니라 그의 가문에 있어 누대의 운명을 결정하는 문제였다.

친군의 용사들은 태조 이후를 생각하고 있었다. 그들이 평생 모시던 지휘관이 드디어 국왕이 되었지만, 그의 위대한 개혁정책은 세습적 군벌과 자신들의 토호적 기반을 해체하는 것으로 나타났다.

개혁이란 점진적이고 온건한 방식이 항상 좋은 것은 아니다. 그렇게 해서 될 게 있고 안 될 게 있다. 즉위교서에서 이미 핵심적인 법제를 반포하여 개혁의 청사진을 제시한 상황에서 태조는 구세력의 회유와 안정에 2, 3년을 보내고 또 한양 천도와 수도 건설로 2년 이상을 허비했다. 이 과정에서 전국에서 재지 사족들을 뽑아 올려 정계를 개편하려는 시도는 차일피일 미루어졌다. 반대로 이 기간 동안에 정가의 물밑에서는 활발한 짝짓기가 진행되었으며, 이방원은 고려 구신들과 관료, 심지어는 태조의 친군 중에서도 몇몇을 자기 인물로 만드는 데 성공한다.

결국 정계개편을 이루지 못한 상태에서 태조 6년 후반부터 1년도 안 되는 사이에 정계개편 작업을 비롯하여, 노비제 개혁, 동북면의 행정개혁 등 여러 조치가 순서와 단계를 무시하고 급박하게 쏟아졌다. 개혁을 추진할 세력기반을 확보하지 못한 상황에서 태조의 친군까지 해체하여 일반 군대로 재편했다. 그것은 사병조직을 뺏긴 종실·왕자들의 불만만 야기하는 것이 아니었다. 앞서도 말했듯이 태조의 친병은 동북면의 부족적 제도에서 기원한 크고 작은 개별 집단의 결합체였다. 그런데 그 조직을 해체하고 고향에 있는 농민과 노비는 관에 접수시키고 각기 일반 부대에 배속되어 낯선 지휘관 밑에서 장교나 하사관으로 복무하라는 명령이 내려왔다.

장교와 병사들은 군대라는 공기구 속에서 타지방 사람들과 섞이고 재조직되었다. 이런 군대는 전처럼 서로를 잘 아는 동질적인 집단들이 의리와 팀웍으로 싸우는 전술을 사용할 수가 없었다. 따라서 이를 대신할 공적이고, 순수하게 조직과 조직으로 운영하는 전술체제가 필요했다. 그래서 만든 것이 정도전의 진법(陣法)이었다. 태조와 정도전은 진법훈련에 대단한 관심을 보였고, 진법훈련에 참가하지 않거나 이를 숙지하지 못한 사관에게는 엄한 처벌을 내렸다.

그러나 병사들은 불안하기만 했을 것이다. 그들은 낯선 인물들과 어울려 이런 방식으로 싸워 본 적이 없었다. 이러한 때에 정도전의 요동정벌 주장에 따라 요동으로 출전한다는 소문이 돌았다.

이 결과는 냉혹하게 나타났다. 믿었던 부하의 배신으로 궁은 허무하게 점령당했다. 분노와 자책으로 괴로워하는 그에게 이방원은 세자를 바꾼다는 교서를 만들어 들여보냈다.

임금이 시녀로 하여금 부축해 일어나서 도장 찍기를 마치자마자 돌아와 누웠다. 병이 심하여 토하고자 했으나 토하지 못하고 말했다. "어떤 물건이 목구멍 사이에 있는 듯하면서 내려가지 않는다."

이어 다음 달 5일에 그는 세자로 책봉한 둘째 아들 방과에게 양위하고 은퇴했다. 그는 상왕이 되었으나 사실 정치적 실권은 상실했다.

7. 영웅의 길

그의 가슴에 걸린 한이 자식을 잃은 슬픔만이 아니었을 것이다. 그는 자부심에 큰 상처를 입었고, 일생의 목표와 자신이 지녀왔던 가치관, 그의 왕국에 대한 꿈을 모두 잃었다. 그가 세웠던 법령이 폐기되고 그가 무시하던 신하와 자신을 배반한 부하들이 중용되는 것을 보아야 했다. 정종이 송도로 다시 천도했을 때는 "내가 한양으로 도읍을 옮겼다가 왕비와 자식을 잃고 이리로 되돌아왔으니 진실로 송도 사람들을 볼 면목이 없다"고 말했다. 송도 사람이란 다름 아닌 고려의 구귀족과 그 일가 노비들이니 그들은 천벌을 받았다고 쑥덕거렸을 것이다.

송도로 돌아온 이성계는 사람을 잘 만나지도 않았다. 새벽 미명에 홀로 말을 타고 궁 밖으로 뛰쳐나와 관음굴로 달려갔다는 일화도 있다. 아무래도 종교가 위로가 되었는지 소요산 회암사에 즐겨 거주했고 금강산 유점사도 좋아했다.

양위 후 잠깐 반연금 상태에 빠지기도 했으나 정종과 태종은 그래도 잘 섬기고 구속하지 않으려고 노력한 것 같다. 태조에게 덕수궁을 지어주고 재정을 전담하는 기구도 마련해 주었다. 태종은 억불정책을 펴다가도 태조의 부탁을 받아서 사원의 전지를 돌려주고 하던 정책을 완화하기도 했다.

태조도 어차피 자기의 자식들이었던 만큼 그들을 용서하려고 노력했다. 하루는 정종이 백관을 이끌고 태조에게 문안했는데, 이 자리에서 태조는 자신이 차고 있던 황금요대를 끌러 정종에게 주면서 "아비가 죽으면 자식이 아비의 물건을 가지는 게 상례이다. 그러니 아비가 살아 있을 때 직접 전해주는 것이 더욱 정다웁지 않겠느냐"고 말했다. 황금요대는 곧 왕위의 상징이었던 만큼 이는 그들에 대한 자신의 심정을 표현한 것이었다. 정종은 머리를 땅에 부딪쳐 절하며 감사했다. 태종은 감격하여 울었고 좌우의 신하들도 모두 눈물을 흘렸다.

태종이 왕위에 오르자 태종을 불러 밤새도록 그의 집안의 이야기와 자신이 국왕이 되기까지의 과정을 얘기해 주었다. 아마도 태종의 그간의 잘못을 질책하고 기왕에 사명을 받았으니 조상과 자신의 뜻을 받들어 대업을 잘 이어가라는 이야기를 했을 것이다. 그러나 태종에 대해서 감정의 앙금이 완전히 풀릴 수는 없었다. 태종 스스로 부친에게 환심을 사지 못하는 것이 한이라고 말했고, 덕수궁에 찾아가 문안을 드려도 접견하지 못하는 날이 많았다고 한다.

그는 독실한 불교신자였고, 이를 통해서도 많은 위로를 받았다. 그는 이 모든 것이 자신과 그의 가문에 던져진 업보라고 생각했는지도 모른다. 망자를 위하여 자주 불사를 거행했는데, 먼저 간 부인과 자식, 조상과 함께 고려 왕씨들을 위해서도 재를 올렸다.

하지만 그가 받은 마음의 상처는 끝내 가시지 않았다. 비명에 간 아들과 과부가 된 딸이 있기 때문이었다. 살해된 사위 이제에게 시집간 경순공주(강비의 딸)는 1399년(정종 1) 10월에 자신이 출가시켰는데, 삭발식에서 눈물을 줄줄 흘렸다. 야사에서는 태조 자신이 직접 머리를 깎아 주었다고 하였다(『해동악부』). 그녀도 슬픔이 컸는지 오래 살지 못하고 1407년에 사망했다.

어느 날 법운사의 노승 신강이 위문하러 오자 "두 아들 방번과 방석이 다 죽었다. 내가 잊으려 해도 잊을 수가 없다"고 했다. 1401년(태종 1)에는 회암사에서 귀경을 권하는 태종을 앞에 두고 "내가 불사를 좋아해서 하는 것이 아니라 두 아이와 한 사위를 위하는 것이다" 하고는 갑자기 공중을 쳐다보며 "우리들은 이미 서방정토로 향했다"고 소리쳤다. 그는 강비를 무척이나 사랑했던 것 같은데 먼저 간 강비에 대한 죄책감까지 어우러진 듯하다(강비는 왕자의 난 이전인 태조 5년에 사망했다).

1400년 이번에는 한씨의 아들들끼리 왕위를 놓고 시가전을 벌이는 장면을 보아야 했다. 이 때부터 그는 강력하게 고향으로 돌아가고 싶어했다. 세상을 다시 산다면 자신도 알지 못하는 미래를 향해 전력을 다하던 그 시절에서 멈추고 싶었는지도 모른다. 1401년 그는 홀연히 한양을 떠나 금강산을 거쳐서는 동북면으로 가 버렸다.

여기서 생겨난 전설이 함흥차사 얘기다. 함흥차사 전설에 등장하는 사람은 성석린, 무학대사, 박순 세 사람으로 각기 꾀를 내어 태조를 설득하는 것으로 되어 있다. 하지만 실제 역사를 보면 태조는 사신을 죽이지 않았고, 그렇게 당당할 수도 없었다. 이제 그는 국왕이 아니었고 힘도 없었다. 사건의 진상을 보면 오히려 태조에게 인간적인 비애감을 느끼게 된다.

이 때 태조는 함흥에 있은 것은 아니고 동북면 일대를 유람하고 조상들의 묘도 참배하면서 지냈다. 그가 동북면에 있는 것이 껄끄러웠던 조정은 마침내 태조가 총애하던 성석린을 파견하여 귀경을 설득하게 했다. 오랜만에 옛 친구를 만난 태조는 웃으면서 곧 귀향할 테니 염려 말고 먼저 돌아가라고 했다. 그러자 성석린은 "주상전하께서 날마다 귀향을 고대하고 계십니다"라고 대답했다. 문구상으로야 아들이 아버지를 걱정한다는 평범한 말이지만 외교 용어란 말 속의 뼈마디를 잘 건져야 한다. 국왕이 신속한 귀경을 바라고 있으니 정 안 되면 비상수단을 쓸 수도 있다는 뜻이었다. 그 뜻을 알아들은 태조는 더 이상 아무 말도 않고 선뜻

"좋다! 가자우"라고 대답하였다고 하는데, 그 속이야 비참하기 이루 말할 수 있었을까. 함경도를 떠나기는 했지만 그는 개경에 들어오지는 않고 소요산 회암사에 거주했다.

다음 해 또 갑자기 동북면으로 떠났는데, 그가 떠나자마자 함경도에서 안변부사 조사의의 반란이 일어났다. 조사의는 강비의 인척으로 세자 방간과 태조의 원한을 갚기 위해서라고 명분을 내걸었다. 조사의의 난과 태조의 관계는 분명하지 않다. 나중에 세종이 이 사건을 '인륜의 변'이라는 말을 했고, 이 때 태조를 수행하고 간 모씨가 조사의 군의 고위직에 취임하였다는 이야기가 공식적인 사건보고서나 재판기록에도 누락되고, 세종 때에 대신들 간에 비로소 회자되는 것을 보면, 당시의 공식기록부터 은폐되고 정리된 것은 분명한데, 그렇다고 태조와 조사의의 관계가 꼭 깊었다고 단정하기도 곤란하다. 하여간 태조는 동북면 사람은 모두 내 형제라고 할 정도로 그 쪽에 인맥과 정보망을 갖고 있었다. 그러므로 조정에서 걱정했던 대로 동북면에 갈 때부터 교류가 있었거나 최소한 심상치 않은 기운을 감지하고 있었는지도 모른다. 조선의 국가지배가 강화되면서 이 지역 토호나 농민들의 불만도 고조되고 있었던 것이다.

함흥차사로 유명한 박순도 바로 이 때 역사상에 등장한다.

그 당시 문안하러 보낸 사신이 한 사람도 살아 돌아온 이가 없었다. 아무도 자원하는 자가 없는데, 태조의 옛 친구였던 판승추부사 박순이 자청하여 갔다. 하인도 딸리지 않고 오직 새끼 달린 어미말을 타고 함흥에 들어가서 태조가 있는 곳을 바라보고 일부러 그 새끼말을 나무에 매어 놓고 어미말을 타고 갔다. 태조가 말의 하는 짓을 보고 괴이하게 여겨 물었다. 박순은 "새끼말이 길가는 데 방해가 되어 매어 놓았더니 어미말과 새끼말이 서로 떨어지는 것을 참지 못합니다. 비록 미물이라 하더라도 부모 자식의 정은 있는 모양입니다"라고 말했다. 태조가 슬퍼하고 그를 머물러 있게 하여 보내지 않았다.

하루는 태조가 순과 함께 장기를 두었다. 마침 쥐가 새끼를 안고 지붕

모퉁이를 지나다가 떨어져 죽을 지경이 되었는데, 서로 떨어지지 않았다. 박순이 장기판을 제쳐놓고 울면서 간절하게 아뢰니 태조가 서울로 돌아갈 것을 허락했다. 박순이 곧 그 자리를 하직하고 떠나니 태조의 측근들이 극력으로 그를 죽일 것을 청했다. 태조는 그가 용흥강을 이미 건너갔으리라고 생각하고 "이미 강을 건넜거든 죽이지 마라"고 했다. 그러나 순은 도중에 병으로 지체했다. 사자가 도착하니 막 배에 오르는 참이라 허리를 베어 죽였다. 이 때 그의 몸은 반은 강 속에 있고 반은 배 속에 있었다고 한다. (『노봉집(老峰集)』)

이 얘기는 후손의 문집에 실려 있는 것으로 조금씩 각색되어 널리 알려졌다. 그러나 실록의 기술은 전혀 달라서 박순은 이 때 상호군(上護軍)이었고, 난이 발생하자 함경도로 주민을 회유하러 갔다가 주민에게 맞아 죽었다고 되어 있다.

실제 역사를 보면 조사의의 난이 발생했을 때 태조의 동정을 보고받은 조정은 상당히 놀랐다. 의논 끝에 무학대사를 파견하여 태조를 귀경시켰다. 이 때도 전설과는 다르게 주도권을 쥔 쪽은 태종이었다. 태종은 전과 마찬가지로 상당히 강압적인 메시지를 전했던 것 같다. 나중에 태종 스스로 이 일을 회고하면서 그 때 태조를 맞이하기 바빠 잘못된 일을 했고, 지금 가뭄이 든 것은 그 때문인지도 모른다고 말했다. 무학대사도 이 일이 상처가 되었는지 회암사에 머물며 태조와 함께 지내달라는 태종의 청을 거절하고 금강산으로 들어가 버렸다.

야사에는 또 이 때 태조가 마중나온 태종에게 활을 쏘아 죽이려 했다거나, 가슴에 철퇴를 품고 태종을 만났는데 번번이 하륜의 선견지명으로 실패했다는 얘기도 있다. 그러나 그것은 지나친 이야기다. 앞서도 말했듯이 태조는 태종을 좋아하게 되지는 않았으나 현실을 인정하려고 노력하며 살았다.

어느 날 왕과 종친이 함께 모인 자리에서 그는 다음과 같은 말로 자신의 일생을 정리했다. "내가 젊었을 때에 어찌 오늘날이 있을 줄 알았으랴, 다만 오래 살기를 원하였더니 이제 70이 넘었는데도 아직 죽지도 않는다." 해석하기에 따라서는 부귀와 영화가 극에 달했다는 뜻도 되고, 못 볼 것을 보고 살아간다는 뜻도 되는 것 같은데, '공즉시색 색즉시공 (空則是色 色則是空)'이란 불교의 논리대로 이 둘을 함께 일컫는 것인지도 아닐지? 그것이 자신이 체득할 수밖에 없었던 세상의 순리였다.

한양으로 돌아온 후 이 철의 노인도 건강이 많이 나빠져 밖으로 나가는 일이 점점 드물어졌다. 1407년 8월에 남아 있는 강비의 유일한 혈육인 경순공주마저 사망하자 그는 더욱 의지할 곳을 잃었다. 마침내 1408년 1월에 그는 중풍으로 쓰러졌다. 몸을 가누지 못하고 병석에 누워 살던 그는 5월에 사망했다. 실록은 이 영웅의 최후를 다음같이 전해준다.

> 태상왕이 담이 심하여 기대어 일어나 앉았다. 소합향원을 복용했으나 병이 심했다. 왕(태종)이 도보로 달려와 청심원을 올렸으나 태상왕은 삼켜 넘기지를 못했다. 눈을 들어 왕을 다시 쳐다보더니 이에 승하했다.

구리시 동구릉 안에 있는 태조의 능인 건원릉은 한때 그의 근접 경호원이었다가 출세하였던 박자청이 주관했다. 봉분 아래쪽은 화강암으로 대석을 두르고 봉분의 흙은 함경도의 흙으로 덮었으며, 위에는 잔디가 아닌 고향의 갈대를 심었다.

이 투박한 능 앞에 설 때마다 그 어떤 어진(御眞 : 초상화)보다도 그의 이미지를 잘 전달하는 것이 이 능이라는 생각이 든다. 조선시대 사람들하면 항상 딱딱하고 어떤 정형에 맞추려고 하는 사람들로 느껴지는데, 여기서만은 있는 그대로의 그의 이미지를 사랑하고 자랑하고 싶어했던 인간들의 정이 느껴진다. 그만큼 그의 이미지가 강하고 공통적이었다는 뜻도 되리라. 우리들은 한 가지 단어에 너무 많은 의미를 다는 경향이 있다. 소박한 의미에서 그는 영웅이었다. 그리고 플루타크 영웅전의 주인공들처럼 말년의 비극이 그의 삶을 더욱 영웅답게 만들어 준다.

정종

얼떨결에 앉은 보위

　1357(공민왕 6)~1419(세종 1). 재위 1399~1400. 조선의 제2대왕. 태조의 둘째 아들로 신의왕후 한씨 소생이다. 이름은 방과(芳果). 부인 정안왕후는 김천서의 딸이다. 고려 말에 부친을 따라 여러 차례 종군하였다. 조선이 건국하자 영안군(永安君)이 되었다. 왕자의 난에 개입하지 않았으나 태종의 정치적 배려로 왕이 되었다. 즉위 후 바로 개경으로 천도했고, 1400년 2월 2차 왕자의 난이 발생한 후 정안군(태종)을 세자로 책봉하고 11월에 양위했다. 재위기간의 업적으로는 집현전 설치, 사병 혁파, 수군 군적 작성, 의정부와 삼군부를 분리하여 정권과 군권을 분리한 것 등을 들 수 있다. 그러나 사실 자신은 정책 결정에 큰 역할을 못했다. 양위 후 상왕으로 지내며 유유자적하게 살다 1419년 9월 26일 63세를 일기로 사망했다. 사망 후 공정온인순효대왕(恭靖溫仁順孝大王)이란 시호를 받았으나 묘호는 받지 못했다. 1681년(숙종 7)에 비로소 정종이란 묘호를 봉헌했다. 능은 후릉(厚陵)으로 경기도 개풍에 있다.

1. 야반도주

지금의 삼청동 입구에 있던 소격전(도교의 제사를 맡아보던 관청).

늦은 밤까지 부친의 쾌유를 빌고 있던 영안군 방과는 갑작스런 병사들의 함성과 말발굽 소리에 놀라 일어났다. 밖을 내다보니 군사들이 궁궐 담을 에워싸고 있었다. 반란이었다. 그는 시중들던 하인 하나와 함께 성벽을 넘어 뒤도 돌아보지 않고 무조건 달아났다. 반란의 주역이던 정안군(태종)은 한참을 수소문한 끝에 그가 자기 부하였던 김인귀의 집에 숨어 있는 것을 알고 사자를 보내 그를 궁으로 불렀다.

광화문 밖에서 형제가 만나자 이방원은 정중하게 장자인 영안군이 세자가 되어야 한다고 말했다. 영안군은 둘째 아들이었지만 장자 방우는 술을 너무 좋아하다가 태조 2년 12월에 폭음으로 사망했으므로(『연려실기술』에는 이성계가 왕이 되기 전에 사망했다고 하는데, 그것은 잘못이다) 이 때는 그가 집안의 맏형이었다.

방우에 대해서는 이성계의 큰아들치고는 알려진 사실이 너무 없다. 무장으로 자라나 태조를 따라다니며 일찍부터 종군하였던 것은 분명하다. 아마도 정종과 비슷하게 우직한 무장 스타일의 인물이었던 것 같다. 그의 장인이 이인임파의 거물이던 지윤이었는데, 우왕 14년에 최영과 이성계의 친위쿠데타로 그의 처가는 멸문의 화를 입는다. 어쩌면 그 사건이 마음에 병이 되었는지도 모르겠다.

영안군은 "처음부터 개국을 주창한 것이나 오늘의 일이 다 너의 공인데 내가 세자가 될 수 없다"고 말하며 사양하였다. 정치적 감각이 동생보다 훨씬 못한 그였지만 정안군이 진심으로 왕위를 양보할 인물이 아니라는 것을 모를 위인은 아니었다. 잘못하다가는 공양왕 꼴이 되기 십상이란 생각도 했을 것이다. 그래도 태종이 계속 설득하자 영안군은 "정 그렇다면 내가 어떻게 처리할 수 있을 것이다"라는 묘한 대답을 하고는 제의를 수락하였다. 실제 실록의 원문은 더 애매하게 되어 있다. 이것도 그나마 의역을 해서 이 정도이다. 두 사람의 대화가 처음부터 지극히 외교적이고 암시적인 언어로 행해졌기 때문인지, 기록자가 무언가를 감추려고 애매하게 표현했는지는 모르겠지만 처음부터 영안군이 자기가 온전한 국왕이 되리라고 기대하지 않았던 것은 확실하다.

　방원이 굳이 그를 내세운 이유는 신하들보다는 부친과 남은 형제들을 의식한 행동이었다고 생각된다. 반란에 성공했다 해도 태조의 심복과 힘은 아직 남아 있었고, 형제, 종친들은 각기 친군의 장교와 병사들을 거느리고 있었다. 이런 때 자신이 혼자 전면에 나선다면 스스로 표적이 되는 행위이고, 특히 태조의 행동을 예측할 수 없었다. 그러니 그는 이 정변 이후 한씨 소생 형제들을 공동운명체로 묶어놓을 필요가 있었다.

　이런 목적에서 볼 때 영안군에게는 여러 가지 장점이 있었다. 우선 그는 맏형의 지위에 있으니 명분이나 서열상으로 무리가 없다. 그러나 그것만이었다면 방원은 그를 왕으로 추대하지 않았을지도 모른다. 영안군은 15명의 아들과 8명의 딸을 두었으나 정실부인에게서는 자식이 없었다. 게다가 서자들은 거의가 천첩 소생이었으므로 자신의 아들을 세자로 책봉하기가 쉽지 않았다. 이것은 대단한 장점이었다.

　인간됨을 보아도 성격이 순박하고 충실하여 부친과 형제간에 정이 깊었다. 이력만으로 보면 고려 말에 차관급인 판밀직사사와 판삼사우사까지 역임했으나 실제로는 무인으로 평생 군사일만 보았으므로 별도의 정치적 기반이 없었고, 야심을 가질래야 가질 수 없는 인물이었다.

　세자직을 수락하긴 했지만 영안군으로서는 맘이 편치 않았을 것이다. 특히 방원의 심복들은 기세등등했다. 영안군이 세자가 되었다는 소리를 듣자 방원의 심복 남재는 대궐 뜰로 뛰어들어서 안채에 있는 영안군에게 "즉위하면 바로 정안공을 세자로 삼으십시오. 시간을 끌어서는 안 됩니다"라고 소리쳤다. 반 협박인 셈이었다. 이 얘기를 듣고는 방원도 남재를 몹시 꾸짖었다.

　세자가 된 지 한 달 후 태조의 양위를 받아 국왕으로 즉위했다. 즉위할 때 발표한 정책을 보면 태조 때 추진하던 정책들을 거의 그대로 계승하고 있다. 그러나 물밑에서는 개혁의 방향을 수정하는 작업이 시작되어 원년 11월에 태조 때에 만든 법제 전반을 수정하기 위한 위원회가 설립되었다. 여기에는 방원이 몸소 참여했다.

사실 정종의 입장에서는 괜히 국정에 열정을 보여 봤자 의심만 사기 딱 좋았다. 그는 매일같이 격구와 사냥, 수박희(택견같이 맨손으로 싸우는 무술) 등을 하며 보냈다. 그것이 꼭 방원을 안심시키기 위한 보신책만도 아니었다. 사람이 원래 답답한 생활을 못 견디는 성격이었다. 자신이 제대로 된 국왕이라면 적응해 보려고 노력이라도 했겠지만 그것도 아닌 판에 매일 조회하고, 결제하고, 이 핑계 저 핑계로 꽤 빼먹기는 했지만 아침·점심·저녁으로 경연(국왕의 학습장. 중요한 회의와 정책토론도 많이 행했다)에 나가 문신한테 강연을 들어야 하는 생활이 보통 고역이 아니었을 것이다.

사정을 뻔히 알면서도 대간들은 격구와 사냥을 말리는 상소를 계속 올렸다. 그러면 정종은 자신은 원래 손발에 병이 있어 격구를 해서 기를 순환시키지 않으면 안 된다거나, 답답한 궁중생활을 오래 했더니 몸에 병이 생겼다고 핑계를 댔고, 수시로 밖에 나갈 기회만 노렸다. 즉위 5개월 만에 도읍을 송도로 다시 옮겼는데, 태조는 송도가 싫어서 한양이나 주변 사찰로 자주 행차했다. 부친이 행차하시는데 아들이 방안에 앉아 있는 것은 예가 아니다. 정종은 태조가 행차할 때마다 반드시 자신이 몸소 나가 전송했다. 궁문이나 도성문에서 전송해도 되었지만 소문난 효자답게 그는 꼭 교외까지 따라 나갔는데, 이 때마다 사냥도구를 챙겨가는 것도 잊지 않았다.

그래도 자신의 이미지가 걱정되었는지 경연에는 역사기록을 담당하는 사관이 들어오지 못하게 했다. 그는 책을 보기만 하면 머리가 아픈 학생이었고 경서와 역사서에 대해서는 거의 아는 바가 없었다. 하루는 갑자기 사관을 불러 왕이 격구하는 것도 역사책에 다 기록하느냐고 물었다. 사관은 기회다 싶었는지 그뿐만 아니라 국왕의 거동은 모조리 다 적어야 한다고 대답했다. 정종은 그의 말이 미심쩍었는지 역사책을 한 번 보자고 했다. 그래서 경연에서 『고려사』를 가르치게 되었다고 한다.

그가 놀기를 좋아했다고 해서 경박하고 방탕한 사람이었다고 할 수는 없다. 그의 행동은 당시에는 일반적인 무관의 행동이었고, 문관이라고 해도 비슷하게 사는 사람은 많았다.

오히려 그는 국왕으로서는 드물게 인간미가 넘쳤던 사람이다. 고려시대에는 첩이 아닌 정실부인도 여럿을 둘 수 있었다. 그는 적자가 없었지만 젊은 시절부터의 정 때문에 부인을 더 얻을 수 없다 하여 김씨 부인과 끝까지 해로했다. 비록 첩은 여럿 두었지만 첩은 거의 시녀나 몸종 출신으로 이들을 첩으로 삼는 것은 당시의 관례였다. 반대로 일부다처를 허용했던 고려사회에서 자식이 없음에도 끝까지 다른 처를 두지 않은 것은 참 드문 일이다. 부인은 먼저 사망했는데, 태종이 상처한 그를 위로하기 위해 잔치를 벌인 적이 있었다. 한창 잔치가 무르익었을 때 정종은 갑자기 먼저 간 부인 모습이 떠올라 혼자 즐기지 못하겠다고 하여 잔치를 파하고 돌아가 버린 일도 있었다.

또 시녀 출신의 첩인 기매라는 여인이 있었다. 바람기가 대단해서 꽤 여러 남자와 바람을 피웠다. 아들을 낳았지만 아버지가 의심스러워서 정종이 아들로 대우하지 않았다고 한다. 마침내 정종이 상왕으로 있을 때 가짜 내시와 바람을 피우다가 들통이 났다. 국왕의 첩과 간통했으니 내시는 당연히 사형이었다. 모든 중신들은 기매도 처형할 것을 주장하면서 정종도 당연히 찬성할 것이라고 하였다. 그러나 정종은 태종에게 힘써 부탁하여 그녀를 살렸다.

여담이지만 기매가 낳은 아들은 계속해서 왕자대접을 받지 못했다. 기매는 틀림없이 정종의 아들이라고 주장했지만 정종은 인정하지 않았다. 그녀에 대한 서운한 마음이 컸고 인간적으로 그것까지 용서할 수는 없었던 모양이다. 정종은 그러면서도 이 아이를 끝까지 돌보아 주었다.

그러나 이처럼 보기 드문 관용을 베풀면서도 끝내 감정의 벽을 넘지 못하여 마지막 용서를 하지 않은 것이 문제가 되었다.

정종이 사망하자 기매 모자에게 불행과 곤경이 닥쳤다. 결국 그 아들은 출가해 버렸는데, 종교에 귀의하여 세속을 떠나려고 한 것이 아니었다. 법명은 지운이었는데, 승려의 모습으로 돌아다니며 여기저기서 왕자라고 대접을 받고 권세를 누렸다. 그러니 왕족 사칭죄가 된다.

태종은 할수없이 이 곤란한 문제아를 체포했다. 태종을 위시하여 왕실가족들도 내심으로는 정종의 아들이 맞을 가능성이 높다고 생각은 했던 것 같다. 하지만 아버지가 이를 공증해 놓지 않았으니 어찌할 수가 없었다. 태종은 지혜를 짜내서 왕족에 준하게 의식을 공급해 줄 테니, 대신 앞으로 절대로 왕자라는 소리는 하지 말라고 명령을 내렸다. 그러나 지운은 자신이 정당한 지위와 대접을 받지 못한다는 한을 끝내 지울 수가 없었다. 하긴 화려함과 부와 여자를 옆에 두고 사는 형제들의 삶이 얼마나 부러웠겠는가? 세종 6년 끝내 그의 행적이 다시 문제가 되어 체포령이 내렸다. 이 때도 그는 반항하여 추종자 하나를 자신으로 위장하여 체포시키고 도주했다. 세종은 가능하면 정상을 참작해 주려고 했지만, 태종이 내린 왕명을 어겼고, 왕을 속이려 했다는 것이 문제가 되어 참수되고 말았다.

본론으로 돌아가자. 동서의 정치사를 볼 때 정종과 태종의 관계는 사실 위험한 관계였다. 권력 앞에서 의리나 우애가 어디 있는가. 역사상에는 부친을 살해하고 즉위한 왕도 적지 않다. 태종 자신도 그에 약간 못 미치는 행동으로 권력을 잡지 않았는가? 이런 상황이었던 만큼 두 사람 사이에 한때 서먹한 관계가 형성되기도 했다. 그러나 절대적으로 정종의 노력과 품성 덕분에 두 사람은 우애를 회복했고 노년까지 두터운 신뢰를 이어갔다. 나중에 태종은 정종을 평하여 "우리 상왕은 고금에 만나기 어려운 분이다"라고 말한 적도 있는데, 그만큼 그가 정치적 욕심이 없고 우애와 의리가 두터웠다는 의미였다.

이런 그였기에 가족의 불행에 가슴아파했고, 특히 부친에 대해서는 더욱 그러했다. 자신은 가능한 한 부왕에게 잘하려고 했으나 태조 문제는 예민한 사안이었으므로 태종과 그 심복들의 눈치를 보아야 했다. 그는 이 틈바구니에서 태조를 위하여 많은 노력을 했다.

하루는 밤에 바람이 심하게 불고 큰 비가 내렸다. 다음 날 왕이 여러 공후와 재상 이거이, 이무, 조영무를 불렀다. "어제 밤의 비와 바람은 하늘이 왕인 나에게 내리는 경고이다. 그러나 내가 무슨 일이 하늘의 도리에 어긋났는지는 알지 못했다. 그런데 오늘 부왕께서 내게 사람을 보내 말하기를 '내게 붙인 시위군은 말이 시위지 죄수를 지키는 간수나 다름없다. 내가 이런 일을 당하니 항상 마음이 아프다'고 하셨다. 부왕의 심정이 이와 같은데, 나와 경들이 어찌 부끄럽지 않겠는가. 나는 오늘로 일체 시위를 철거하려고 한다. 경들의 생각은 어떠한가?" 왕은 말을 마치자 눈물을 흘렸는데 옷깃이 다 젖었다.

반란의 주역들도 따지고 보면 다 태조와 깊은 관계가 있던 사람들이고 태조의 후계 문제로 난을 일으켰지, 태조 개인에게 원한이 있는 사람들은 아니었다. 그러니 이런 분위기 앞에서 "전하 뜻대로 하소서"라고 할 수밖에. 정종의 노력으로 시위가 풀리자 태조는 눈물을 흘리면서 말하기를 "왕은 성격이 본래 순후하여 이전에도 내 가슴을 아프게 한 적이 없었다"고 하였는데, 이 말이 정종의 인간됨에 대한 가장 명확한 정의라고 생각된다.

즉위 초에 대간에서 격구를 간하는 상소를 올렸는데, 태조가 간신과 환관의 꾐에 빠져 격구를 궁에 도입했다는 말이 있었다. 정종은 그를 불러 화를 내면서 왜 내 허물을 가지고 부친을 욕되게 하느냐고 화를 냈다. 사냥을 나가서 짐승을 잡으면 항상 중도에 사람을 시켜 태조에게 갖다 바치게 했다. 상황이 좀 호전된 후에는 정승을 임명하는 문제나 정안군을 세자로 책봉하는 일에 대해서 부왕을 찾아가 자문을 구하기도 했다. 부친을 위해 잔치도 자주 열었다. 그는 잔치를 열면 늘 취하고 취하면 일어나 춤을 추었다. 대간들은 국왕으로서 체통을 지키라고 난리였지만, 태조도 그가 흥을 돋굴 때면 일어나 함께 춤을 추었다고 한다.

이런 일화들을 보면 비록 국가를 운영하는 안목과 정략은 부족했다 해도 속이 깊고 삶의 지혜를 갖춘 사람이었다. 그래서인지 실록의 편찬자도 정종을 평하면서 놀기를 좋아했다거나 정사를 게을리했다는 말은 일체 하지 않고 성품이 따뜻하고 인자하며 항상 관용하였다고 기록하였다.

2. 권력 앞에서

후대의 어떤 책에 정종의 부인 정안왕후가 태종이 정종을 알현할 때마다 정종에게 말하기를 "전하께서는 그 눈을 어찌 못 보십니까. 속히 위를 전하시어 마음을 편하게 하시오" 하였다는 기록이 있다. 막상 지존의 자리에 오르니 욕심이 생기는 것은 인지상정이다. 즉위한 지 1년이 가도록 정안군을 세자로 책봉하지 않은 것도 이런 의심이 들게 한다.

그러나 가능성이 있다고 다 사실이 되는 것은 아니다. 이방원이 어떤 사람인가? 정안군은 국왕자리를 양보하면서 충분한 안전조치를 했다. 내각의 간판격인 삼정승에는 김사형, 조준, 성석린 같은 기존의 인물을 두었지만, 자기 자신이 재상이 되어 도평의사사에 참여했고, 자신의 장인이며 보수파의 리더이던 민제, 자신의 심복으로 반란의 주역인 하륜, 이거이, 조영무, 조온, 마천목을 다 재상이나 군지휘관으로 등용하였다. 그리고 반란 주역 중에서도 성질이 제일 악착같았던 이숙번을 왕의 비서관인 우부승지로 삼아 측근에 붙였다.

정종 원년 11월에는 사병을 혁파한다는 미명 아래 방의, 방간, 방원

형제와 이거이와 이저 부자, 조영무, 조온, 이천우(이성계의 형 원계의 아들) 8명만이 병력을 거느릴 수 있게 하였다. 이거이 이하는 태종이 일으킨 쿠데타의 핵심 주역들이다.

일반인들이 잘 모르는 사실이 하나 있는데, 중국의 천자는 환관을 비롯하여 자신이 직할로 거느리는 친위군을 가진다. 그러나 조선의 국왕은 형식적으로는 군대의 동원을 명령하는 명령권이 있으나 이것도 대신과 부서 모르게 혼자 명령을 내릴 수는 없다. 전란이 아니라 수십 명을 풀어 역모 혐의자를 체포하거나 할 때도 승정원과 의정부, 소관부서를 거치는 공식적인 절차를 밟아야 하고, 수족처럼 거느리는 직할 부대를 거느리고 있지는 못하다.

몸소 군대를 지휘하는 법도 없으며, 소수의 경호원은 있지만 자신이 직할하는 친위대나 근위대를 두지 못한다. 궁궐을 경비하고 주둔하는 군대는 모두 왕실 종친이나 대신, 그들의 자제가 지휘권과 장교직을 차지한다. 태조는 자기 친병을 거느렸지만, 그 이후의 국왕들은 그런 특권을 누리지 못했다.

그러므로 군지휘관이 태종의 막하들로 채워졌다는 것은 정종이 명령할 수 있는 군대는 하나도 없다는 것을 의미한다. 이러니 정종이 다른 생각을 먹을래야 먹을 수가 없었다.

이런 사전조치에도 불구하고 태종은 얼마나 조심스러웠는지 궁에서 왕을 만날 때도 항상 병력을 풀어 자신을 보호하였다. 나중에 세자책봉을 받은 후에도 그러했다. 이를 본 문신 정이오가 세자가 되었으면 이미 부자가 된 것인데, 이렇게 병력을 풀어 경계하는 것은 부당하다고 상소했다. 그러자 조온이 무슨 불순한 의도가 아니냐 해서 그를 잡아 가두고 심문했다. 오늘날 식으로 비유하면 보안대나 안기부로 끌려간 꼴이다. 당시 분위기가 얼마나 살벌했는지 잘 보여주는 일화이다.

열 살이나 어린 동생에게 이런 대접을 받았으니 정종으로서도 왕위에 오래 있고 싶지 않았을 것이다. 그는 이 소식을 듣자 자고로 병권은 세자가 담당하는 것이라며 형식적이나마 보유하고 있던 병권 즉 군대동원을 명령할 수 있는 명령권을 아예 정안군에게 주어 버렸다고 한다.

그런데 태종의 이런 경계심도 이유가 없는 것은 아니었다. 군대를 장악한 8명의 지휘관 중에 태조의 셋째 아들인 방의는 무슨 병인지는 모르지만 지병이 있었다. 성격도 부드럽고 언제나 조심하여 손님이 정치 얘기를 꺼내면 피하였다고 한다. 문제의 인물은 넷째 아들이며 정안군의 바로 위인 방간이었다. 그도 무장으로 오랫동안 군을 지휘해 왔다. 그러나 그는 정안군처럼 정계의 동향을 파악하여 대신과 문신을 포섭하거나, 자신의 정략을 제시할 능력이 없었다. 참모 중에는 쓸 만한 정략가나 문신도 없었다. 유일하게 그에게 가담한 공신이 무장 박포와 장사길이었다. 박포는 1차 왕자의 난 후 자신에게 내린 포상에 불만을 품고 방간에 붙어 난을 충동질했다. 그러나 그 이상은 아무도 가담하지 않았다.

방간은 자기 세력을 넓히려고 무척 노력한 모양이나 잘 되지 않았다. 그의 부인의 양아버지였던 환관 강인부는 방간의 얘기를 듣고는 손을 붙잡고 말렸다. 그는 또 처조카 이래를 포섭하려 했으나 모의를 들은 이래는 이 사실을 스승 우현보에게 알려 정안군에게 통지하게 했다.

객관적으로 이렇게 세가 딸렸지만 부나 권력이 눈앞에 아른거리면 인간의 이성은 마비되기 마련이다. 성공할 수 없는 만 가지 이유를 제시해도 한 가지 가능성만 있으면, 그것이 훨씬 그럴듯해 보이는 게 인간이다. 방간도 이 함정에 말려들었다. 그는 방심할 때 기습한다는 작전을 세우고 호시탐탐 기회만 노렸다.

정종 2년 1월 21일 군사들을 동원하여 나라제사에 필요한 짐승을 사냥하라는 명령이 내려왔다. 조영무가 자신이 거느린 군사를 끌고 먼저 출발하자 방간은 아들 이맹종을 정안군에게 보내 자기도 사냥을 나간다고 거짓보고를 하고 빨리 군사를 무장시켰다. 방간은 절호의 기회가 왔다고 생각했으나 이미 모든 것이 누설되어 있었다. 방간을 끌어내기 위한 정안군의 계략이었을 가능성도 없지 않다.

방간은 수백 명의 군사를 동원하여 태종의 집으로 진격했다. 동시에 정종과 부친 태조에게 이 사실을 통보했다. 다시 자기 아들 간에 전투가 벌어진다는 소식을 들은 태조는 "너와 방원이 아버지가 다르냐 어머니가 다르냐 이 소같이 미련한 놈이 어찌하여 이 지경에 이르렀느냐"고 절규하였다고 한다.

정종은 보다 현실적이었다. 그는 대로하면서도 도승지 이문화를 시켜 방간에게 통지하기를 빨리 병사를 해산시키고 궁궐로 와야 네가 살 수 있을 것이라고 전하게 하였다. 정종은 맏형으로서 어떻게든 방간을 보호하려고 했으나 이문화가 도착하기 전에 방간이 출동해 버렸다. 이문화도 태종의 심복이었으니 그렇게 열성적으로 서두르지는 않았을 것이다. 중도에 이문화와 방간이 만나기는 했지만 이미 방간의 군대는 선죽교를 건너 내성(內城) 동대문으로 향하고 있었다.

정안공이 말하기를, "우리 군사가 한 곳에 모여 있으면 적의 화살에 큰 피해를 입을 것이다. 이전에 돌싸움 하는 것을 보았더니 한두 사람이 작은 옆 골목에서 갑자기 소리를 지르며 뛰쳐나오니까, 적들이 모두 놀라서 무너졌다. 지금 작은 골목의 복병이 심히 두려운 것이다" 하고, 이두란에게 명하여 군사를 나누어 가지고 활동(闊洞)으로 들어가 남산을 타고 이동해서 태묘 동구에 이르게 하고, 이화는 남산에 오르게 했다. 또 파자반·주을정·묘각 등 여러 골목에 모두 군사를 보내어 방비하였다. ······방간이 선죽교로부터 가조가에 이르자 군사를 멈추고, 양군이 교전하였다. 방간의 보병 40여 인은 마정동 안에 서고, 기병 20여 인은 전목동구에서 나왔다. 정안공의 휘하 목인해가 얼굴에 화살을 맞고, 김법생이 화살에 맞아 즉사하였다. 이에 방간의 군사가 다투어 이숙번을 쏘았다. 이숙번도 10여 살을 쏘았으나 모두 맞지 않았다. ······상당후(上黨侯) 이저가 경상도 시위군을 거느리고 검동원을 거쳐 묘련점을 통과하였다. ······(포위한 이화, 이두란, 이저 등의) 대군이 각을 부니, 방간의 군사가 모두 무너져 달아났다.

실록은 이 날 전투의 양상을 전투가 벌어진 동 이름까지 하나하나 언급하며 꽤히 어렵고 복잡하게 기록하고 있다. 이 또한 태종의 위기를 과장하고, 자신이 피해자이며 어쩔 수 없는 대응이었다는 분위기를 주려고 한 것이다. 그러나 내용을 자세히 뜯어보면 기실 상황은 아주 간단하다. 의기양양하게 쳐들어가던 방간군은 사방에서 튀어나오는 군대에 포위되었다. 이숙번이 기회다 싶어 맹렬하게 뛰어다녔고, 태조의 용장 이두란을 비롯하여, 이화, 이천우, 마천목, 권희달, 조온 등 당대의 제일 가는 무장들이 방간군을 둘러쌌다. 방간군은 금방 궤멸되었고, 방간은 홀로 달아나다가 성균관 부근에서 붙잡혔다.

실록에서는 이 때 이방원의 태도를 감동적으로 묘사해 두었다. 정안군은 방간의 거사 소식을 듣고 차마 형과 싸울 수 없으니 방어만 하겠다고 울부짖었다. 이화와 이천우 등이 달려와 그래서는 안 된다고 붙잡고 끌어내다시피 해서 갑옷을 입혔고, 정안군은 할수없이 울면서 응전 명령을 내렸다고 되어 있다.

이것은 정말 침도 안 바른 거짓말이다. 다음 태종편에서 보겠지만 그는 이렇게 감상적인 사람이 아니다. 오히려 이미 방간의 거사 계획을 알았고, 이 날 사건도 일부러 허점을 보여 도발을 유도한 인상이 짙다. 실록에서는 조그만 언질도 없지만 이 날 전투에 참전한 양쪽 군대의 장군들을 보면 방간측의 군사력이 절대 열세이다. 태종쪽에는 당시 조선 정규군의 최고 무장들이 줄지어 섰고, 방간쪽은 가신, 가동의 무리라 내세울 만한 지휘관도 없다.

어쩌면 실록의 기록과는 반대로 태종측에서 방간을 조만간에 제거할 것이라는 압력과 암시를 은연중에 흘렸을 가능성도 있다. 방간으로서는 이래도 죽고 저래도 죽는다는 마음에 기습만을 노렸을 것이고, 태종은 그 수를 예상하고 허점을 보여 도발을 유도한 것이다. 태조나 정종이 전투 소식을 듣자마자 방간의 패배를 예측하고 그를 살리기 위해 노력했다는 사실이 이를 간접적으로 증명한다.

태종이 방간의 공격을 기다린 일차적인 이유는 그에게 분명한 죄상을 씌워 제거하려는 것이었다. 그러나 겨우 그 때문이었다면 친형을 반역자로 만들어 죽을 지경에 몰아넣고 이렇게 피를 흘려가며 수고할 필요는 없었을 것이다. 그 배면에는 보다 고도한 목적이 있었다.

이런 혼란상황을 야기함으로써 정종의 통치능력에 결정적인 회의를 제공할 수 있었다. 견물생심이라고 아무리 욕심없고 힘없는 정종이라고 하여도 왕위에 오래 있으면 있을수록 언제 어떻게 마음이 바뀔지 알 수 없는 일이었다. 그러므로 하루빨리 그를 끌어내릴 수 있는 명분을 만들어야만 하였고, 혹 그가 방간과 제휴하여 힘을 획득할 가능성을 사전에 잘라내야만 했다.

또한 정국 안정이란 명분을 내세워 자신의 세자책봉을 합리화하는 명분으로 사용할 수도 있었다. 그래서 난을 진압하자마자 하륜은 정안군을 세자로 책봉해야 한다는 상소를 올렸다.

정종은 유혈 사태가 벌어지자 몹시 당황하였다. 대간에서는 기다렸다는 듯이 즉시 방간을 처형하라는 상소가 올라왔다. 정종은 어떡해서든 방간을 구하려고 굉장한 노력을 했다. 희생양을 찾기 위해 방간은 죄가 없고, 순진한 방간을 꼬드겨 사건을 주동한 자는 박포라고 몰아세웠다. 그러나 정작 박포는 이 날 전투에 참가하지도 않았다.

정종은 상소를 작성하고 있는 대간에 편지를 보내 "법대로 하면 처형하는 것이 마땅하지만 어떻게 내 골육을 형장으로 내몰 수 있겠는가", "차라리 내가 피해를 입을지언정 어떻게 한 어머니에게서 난 동생을 죽이는가"라고 인정에 호소하기도 했고, 군사를 보내 대간의 모임 자체를 금지시키려고도 했다. 그 심정은 이해하지만 두 방법 모두 논리로도 힘으로도 씨도 안 먹힐 방법이었다. 여기서도 정치적인 지혜와 언사는 부족하지만 순수하고 우직한 정종의 성품이 드러난다.

이어 2월에 바로 정안군을 세자로 책봉하여 이들을 회유하였다. 태조도 정안군을 불러 함주로 귀양보낸 박포를 빨리 죽이라고 얘기하였다.

그에게 책임을 지워 죽임으로써 방간을 살려 보려는 의도였다.

태조와 정종의 이런 눈물겨운 노력 덕분에 그나마 방간은 유배로 결정되었다. 정종은 그에게 전답을 마련해 주고, 고을의 주민 50호를 주도록 조치하고 그에게 편지를 보냈다. "이들은 네가 편한 대로 임의로 부리면서 살아라. 그렇게 살면서 천수를 다하기 바란다. 정월 초하루면 혼자 말을 타고 서울로 들어올 수 있게 하겠다. 그 날은 서로 그립던 정을 마음껏 펴 보자꾸나." 방간은 이 편지를 받고 땅에 엎드려 통곡하였다.

하지만 초하룻날이 되어도 방간은 도성을 밟을 수는 없었다. 태종이 즉위한 후에도 그를 죽이라는 상소는 심심치 않게 올라왔다. 하루는 견디다 못한 태종이 상왕이 되어 있던 정종을 찾아가 상의했다. 실제야 어땠는지 모르겠지만 기록상으로 보면 태종이 정종에게 무얼 물어보는 것은 이게 유일한 기록이다. 정종은 이 잘나고 냉철한 동생 앞에서 한참 하늘을 쳐다보더니 "어려울 때 의지할 수 있는 것은 그래도 가족뿐이다"라고 대답했다. 이 가족의 불행한 역사를 알고 있는 사람의 입장에서 보면 간결하지만 여러 가지 감정과 의미가 담긴 말이었다. 잠자코 듣고 있던 태종도 눈물을 흘렸다.

여담이지만 이런 노력 때문에 방간은 끝내 목숨을 부지하기는 했다. 그러나 그는 계속 형 집행이 연기되는 사형수와 같은 그런 고통의 삶을 살아야 했다. 그나마 세종이 즉위하자 방간의 아들 이맹종은 끝내 죽임을 당했다.

정안군을 세자로 책봉했으니 남은 수순은 뻔한 것이었다. 정안군은 이 때 너무 신이 나서 파티장에서 만취하여 쓰러지기까지 했다. 정종은 이 무서운 동생을 부축해 주면서 이것이 "나의 진정이다"라고 속삭였다고 한다. 나는 다른 마음이 없고 오직 너를 도와주고자 한다는 뜻이었다.

이 해가 가기 전에 그는 태종에게 왕위를 넘겨주고 상왕이 되었다. 실록에서는 병이 있어서 양위했다고 기록해 두었다. 약간의 중풍기가 있었던 것은 사실이지만, 이후로도 근 20년을 더 살았으며, 사망하기 2년 전까지도 사냥과 격구를 즐길 정도로 건강했다.

이로써 정종은 역사의 뒤편으로 물러난다. 뭐 처음부터 주역이 되 본 적은 없지만 말이다. 상왕이 된 그는 지금의 연세대학교 자리에 있던 인덕궁에서 살았다. 상왕으로서의 그의 삶에 관해서는 잔치를 했다거나 사냥을 했다는 식으로 단편적이고 판에 박힌 기록만 나타난다. 그러나 개인적으로는 행복한 삶이었을 것이다. 그저 철마다 사냥·격구·온천·불공 등으로 소일하며 살았다. 소문난 효자답게 태조의 능도 자주 찾았다. 노는 것 외는 하는 일도 없었지만 의례는 물론이고 진상하는 음식, 기물 등에서는 거의 왕과 똑같은 대접을 받았다. 특별한 정치적 음모나 복잡한 현실과 연계된 적도 없었다. 나중에는 태종이 거꾸로 그의 생활을 부러워할 정도였다.

태종도 재위 10년이 지나서는 유람과 잔치를 하는 일이 잦았다. 노년에는 서로 간에 명이 얼마 남지 않았음을 느꼈는지, 아니면 인간이 그리워졌는지 더 자주 함께 어울려 놀았다.

정종은 세종 1년 9월 26일(음력)에 사망했다. 애처가답게 먼저 간 부인의 무덤에 합장하라는 유언을 남겼다.

그저 섭섭한 일이라면 조카인 세종은 끝내 그에게 묘호를 추증하지 않았다. 정종이란 묘호는 숙종 때에 비로소 정해 올린 것이다. 그래서 『정종실록』은 실은 『공정대왕실록』이라고 표기되어 있다. 큰아버지는 임시 왕이었고 대통은 태조에서 태종으로 왔다는 의미이다. 여기에 그치지 않고 정종의 후손들은 국왕의 직계임에도 불구하고 태종·세종의 후손에 비해 계속 차별을 받았다. 성종조에 이를 고치자는 건의가 있었으나 성종 또한 거부하였다. 예나 지금이나 높고 높은 분의 사고방식은 일반인의 정서와 인정을 뛰어넘는다.

태종

낙천정의 웃음소리

1367(공민왕 16)~1422(세종 4). 재위 1401~1418. 조선의 제3대왕. 이름은 방원(芳遠), 자는 유덕(遺德)이다. 태조의 다섯째 아들로 태어났다. 시호는 공정성덕신공문무광효대왕(恭定聖德神功文武光孝大王). 비 원경왕후는 민제의 딸이다. 1383년(우왕 9) 문과에 급제하고 고려조에서 제학을 거쳐 밀직사 대언(왕의 비서관)까지 지냈다. 정몽주 암살을 주도했고, 개국 후 정안군으로 책봉되었다. 1398년(태조 7)에 왕자의 난을 일으켜 실권을 잡고, 1400년(정종 2) 11월 정종의 양위를 받아 즉위했다.

태종은 태조대에 정계에서 소외되었던 보수파와 중도파를 등용하여 중단된 국가체제 정비작업을 다시 시작하였다. 의정부와 육조를 중심으로 관직체제를 정비하고, 사병을 혁파했다. 전국 토지를 측량했으며, 고려 말부터 끌어오던 노비소송을 정리하고, 불교를 정리하여 많은 토지와 노비를 국고로 귀속시켰다. 이 외에도 군현제 정비, 호패법, 인보법, 저화, 상공세, 신문고, 보충군 제도 등을 시행했다. 일부일처제를 제정하고, 서얼차별법도 만들었다. 1413년 2월에는 그간의 개혁작업을 정리하여 『경제육전속집상절』을 간행했다.

1418년 세종에게 양위하고 상왕이 되었다. 상왕이 되어서도 중요한 정사와 병권을 장악하여 도성 중건과 대마도 정벌을 시행했다. 원경왕후에게서 4남4녀를 낳았고, 후비들에게서 8남 13녀를 두었다. 1422년 5월 10일 56세로 사망했다. 능은 서울특별시 서초구 내곡동에 있는 헌릉(獻陵)이다.

1. 백룡의 등장

　　기묘년(1399, 정종 1) 9월 어느 날 새벽 미명 송도의 추동에 있던 태종의 집 침실 동마루 위에 갑자기 흰 용이 나타났다. 크기는 서까래 만하고 비늘이 있어 광채가 찬란하고 꼬리는 꿈틀꿈틀하고, 머리는 바로 태종이 있는 곳으로 향했다. 시녀 김씨가 처마 밑에 앉았다가 이를 보았는데, 김씨는 경령군 비(裶)의 어머니다. 달려가 집사 김소근 등 여덟 사람에게 알려 소근 등이 나와서 이를 보았다. 조금 있다가 운무가 자욱하게 끼더니 간 곳을 알 수 없었다.

　　이 얘기는 『태종실록』 첫 머리에 있는 태종의 약전에 수록한 일화이다. 용은 왕의 상징으로 백룡의 출현은 하늘이 그가 왕이 될 인물임을 공증했다는 뜻이 된다.
　　사실성을 강조하려고 목격자까지 들어 놓았다. 글쎄 정작 김소근은 자신이 이 곳에 등장하는 줄이나 알았을까? 아니면 "글쎄요 그런 일 없었는데요"라고 말하거나 "아! 그 일이요, 그건 구렁이였는데 잡으려고 달려가니까 재빨리 도망가더군요, 그 날 그놈 찾느라고 온 집안을 들쑤셨어요, 근데 그 얘기가 왜 이렇게 됐죠"라고 할지도 모르겠다. 이유야 간단하다. 태종의 집권이 정상적이 아니었기 때문이다. 그렇기 때문에 실록 편찬자들은 태종의 즉위를 정당화하기 위해서 몇 가지 복잡한 작업을 해야 했다. 첫째가 이런 신화만들기였고, 두번째가 태종의 공 부풀리기, 그리고 마지막으로 그가 일으킨 반란을 정당화하는 작업이었다.
　　실록에서는 태종이 조선 건국의 최고 공로자라고 한다. 반대로 정도전은 깎아내려서 실제로는 별로 한 일도 없다고 서술한 곳도 있다. 그러면 태종의 공로란 어떤 것일까? 정부측 사서(史書)에서 말하는 태종의 공로란 이런 것들이다.
　　정몽주를 살해하여 위기에 몰린 혁명파를 구했다. 혁명에 확신이 없고 우물거리는 태조를 설득하고, 대비전을 통해 공양왕도 모르게 국왕의 양위교서를 받아낸 것도 다 그의 계책이었다. 태조도 중대사를 늘 그와 의논했다고 한다.

이렇게 태조까지 깎아가면서 그의 공을 치켜세우는 이유는 태종이 창업의 군주에 준하는 공을 세웠고, 따라서 그는 왕위 계승자격이 충분하다고 강변하기 위한 것이다. 태종의 쿠데타에 대해서도 정도전파가 정권을 농단하기 위해 어린 방석을 세자로 세웠고, 이방원은 공신책봉도 받지 못하게 했다. 그래서 왕권의 위기를 구하기 위해서 혹은 자신의 공로를 인정받지 못해 화가 나서 거사를 일으켰다고 한다.

글쎄 정말 이방원을 개국 일등공신으로 책봉했다면 그가 왕자의 자리, 공신의 지위에 만족했을까? 사실 태조가 대신들의 의견에 놀아나서 아들들을 공신책봉에서 제외했다는 이야기도 억지이다. 태조는 공신책봉 대상에서부터 1등, 2등 등의 공신 위차까지 손수 꼼꼼하게 챙겼다. 상식적으로도 그것은 당연한 이야기다. 그는 오랜 세월 친병집단을 거느리고 종군하였다. 이런 인물의 기본적인 미덕이 부하 챙기기다. 국왕이 된 후에 이것을 남의 손에 맡긴다는 것은 말이 되지 않는 이야기이다.

그러면 도대체 이 정변의 배후에 놓인 진상은 무엇일까? 진실에 다가가기 위하여 먼저 혁명전야의 이방원의 활약상부터 살펴보자.

이방원은 태조의 아들들 중 유일한 과거급제자요 문관이었다(아래 동생인 방연도 문관이었으나 젊어서 죽었다). 학식과 문장력은 보통 문관 이상이어서 문관 중에서도 일류 선비들을 채용하는 예문관 제학까지 지냈다. 이런 재능 때문에 그는 이성계 집안에서 유일하게 똑똑한 아들로서 다른 아들이 할 수 없는 일을 할 수 있었다.

이성계가 고관이 되면서 고려의 명사들과 연회를 할 때가 많아졌다. 옛날 유식한 사람들의 잔치에는 여러 사람이 돌아가며 시를 읊조리는 행사가 있다. 이방원이 과거에 급제한 후 이성계는 잔치 때마다 그를 불러 이것을 담당하게 했다. 태종의 문장력이 뛰어났던 데는 이씨 집안의 이런 사정도 한 몫을 했을 것이다.

창왕 즉위년 그는 이색을 수행하여 명나라에 갔다. 이 때 이색은 노령에도 불구하고 사신을 자원했는데, 명 황제에게 이성계 집권의 부당함을 호소하여 고려왕실을 지키려는 속셈이 있었다. 그러나 이성계 쪽에서 그 속셈을 눈치채지 못할 리가 없다. 그러나 아직 이 집단에는 정도전과 태종을 제외하고는 이색을 견제할 수준으로 신뢰할 만한 문관이 없었다. 또 1394년 명나라와의 외교분쟁이 생겼는데, 명은 왕자를 파견하라고 요청했다. 이 일도 당연히 그의 몫이었다.

이러한 면모만으로도 그는 확실히 여러 형제 중에서 차별적인 인물이었다. 하지만 문관이라는 이유만으로 그가 형제들과는 비교도 할 수 없는 탁월한 존재가 될 수는 없었다. 고려시대에는 문무의 경계와 문무의 차별이 조선처럼 심하지는 않았다. 또 고려 말기는 전란의 시대여서 상대적으로 무장의 지위가 높았고 정승의 자리까지도 차고 올랐다. 당장 이성계나 최영이 그런 인물이었다. 무관이지만 이성계의 다른 형제들도 당당하게 고려 조정에서 고관을 지냈다. 문관이라는 사실만으로는 가장 적절한 왕위계승자가 될 수 없는 시대였다.

그런데 이방원은 문관의 자질만 지닌 인물이 아니었다. 그에게는 누구보다도 뛰어난 리더십과 추진력이 있었다. 위화도 회군이 일어났을 때 보여준 그의 신속하고 확신에 찬 행동에는 확실히 비범한 면모가 서려 있다.

(위화도 회군이 일어났을 때) 신의왕후는 포천 재벽동의 농장에 있고 신덕왕후는 포천 철현의 농장에 있었다. 그 때 태종이 전리정랑으로 개경에 있었는데, 사변이 일어난 것을 듣자 집에도 들르지 않고 바로 포천으로 달려가 두 왕후를 모시고 동북면으로 떠났다. 철원을 지나면서 관리가 체포하려 한다는 말을 듣고는 밤을 새워 길을 가되 인가에 들어가지 못하고 풀밭에서 자곤 하였다. 이천 한충의 집에 이르러 장정 백여 명을 모아 놓고 부서를 나누어 변고에 대비하게 하면서 말하기를 "최영은 일을

모르는 사람이니 반드시 나를 추격하지 않을 것이다. 설사 오더라도 나는 두렵지 않다"고 하며 7일 동안이나 머무르고 있다가 사변이 평정된 것을 듣고 돌아왔다. (『태조실록』)

1392년(공양왕 4) 이성계가 해주에서 사냥하다 낙마하여 중상을 입었다. 수상이던 정몽주는 이 때가 마지막 기회라고 생각하고 바로 조준·정도전·남은 등 이성계파의 핵심인물들을 귀양보냈다. 그러나 불행하게도 이성계는 정몽주의 바램만큼 중상이 아니었다. 그는 가마를 타고 급히 귀향하여 개성의 집으로 돌아왔다.

『고려사』에 의하면 이 때 이성계는 예성강변에 있는 벽란도에서 요양하며 머무르려고 하였는데, 이방원이 말을 타고 달려와 상황을 설명하고는 강요하다시피 하여 이성계를 가마에 태워 귀경시켰다고 한다. 하지만 이런 상황에서 이성계를 위시하여 측근들이 이 정도 생각도 못했다는 것은 심한 억지이다.

하여간 이성계가 멀쩡하게 돌아오자 정몽주의 입장만 난처해졌다. 혁명파를 제거하지도 못하고 오히려 그들의 분노와 공격을 촉발하게 되었으니 말이다.

강경파인 이방원, 이화, 이제는 태조에게 정몽주 살해를 건의했다. 이성계는 반대했고 이 사실이 이성계의 서형(庶兄) 이원계의 사위이던 변중량을 통해 정몽주에게 알려졌다. 불안해진 정몽주는 태조의 의사를 확인하기 위하여 이성계를 위문하러 갔다.

정몽주는 이성계의 분노가 지나쳐 반대파들에 대한 격렬한 숙청작업을 감행할지도 모른다는 우려를 했을 가능성이 높다. 그는 이성계를 만나 적절한 타협책을 제시하거나 설득하여 이를 막아보려고 했던 것이라고 생각된다. 그러나 이성계는 대권을 눈앞에 두고 그런 어리석은 앙갚음을 할 인물은 아니었다. 그래서 그는 평소와 다름없이 정몽주를 대했고, 정몽주는 안심하고 돌아갔던 것이다.

이 때 이방원이 정몽주를 살해하자고 강력하게 주장했으나 태조는 허락하지 않았다. 이방원은 이두란을 끌어들이려고 했다. 그러나 이성계에게 충실하고, 나름대로 처신술도 뛰어났던 이두란은 태조의 허락없이 감히 그런 일을 할 수 없다고 거부하였다. 이방원은 그래도 포기하지 않고 무단으로 자기 심복 조영무를 시켜 정몽주를 도중에서 살해하였다.

아이러니컬하게도 이 살인극은 가해자와 피해자를 모두 영웅으로 만들어 정몽주는 만고충신이 되고, 이방원은 건국의 수훈자가 되었다.

그런데 문제는 이 때 꼭 정몽주를 살해할 필요가 있었냐는 것이다. 정몽주 때문에 혁명이 불가능했다면 그 이유는 무엇이었을까? 이 문제는 좀 냉정하게 살펴볼 필요가 있다.

당시 정몽주는 수상이긴 했지만 직할의 군사를 지니고 있지는 않았고, 단독으로 정규군을 동원하여 이성계를 공격할 수 있는 권한도 없었다. 고려에서도 그렇고 조선에서도 설사 국왕이라 하여도 재상들이나 담당부서 모르게 단독으로 군병력을 동원할 수는 없었다. 그러니 그런 시도를 했다가는 당장 비밀이 누설될 것이 뻔했다. 이성계의 부상을 틈타 개혁파 숙청을 시도했을 때도 핵심인물들을 바로 처형하지 못했고, 이성계의 가족을 체포하거나 친군의 지휘부를 제거하려는 시도도 하지 못했다. 이 자체가 그의 힘의 한계를 보여주는 것이다. 그리고 이성계가 개경으로 돌아온 것으로 이미 정몽주의 시도는 실패한 것이었다.

그러면 그는 관료들의 행동을 좌지우지할 수 있는 정가의 보스였던가? 그렇지 않다. 요즘도 그렇지만 정가에서의 힘이란 외형적인 지위와 반드시 일치하지는 않는다. 정몽주는 수상이긴 했지만 전통적인 권문세가 출신도 아니고 자신이 거느린 계파도 없었다. 그는 정도전과 마찬가지로 지방의 향리 가문 출신으로 자신의 능력과 성리학에 대한 학문적 소양을 무기로 출세한 전형적인 신진사대부였다. 그러므로 수상이긴 했지만 그의 정치적 비중과 정가에서의 영향력은 분명한 한계가 있었다.

그러면 어떻게 이런 중대한 시기에 그가 수상이 되고, 또 이성계로부터도 꾸준한 손짓을 받는 인물이 되었던 것일까?

　사회불안은 극도에 달하고, 개혁파가 집권하고 전통적인 문벌세력에 대한 비판이 가중되자 귀족세력들도 이젠 수구적인 입장만을 취할 수가 없게 되었다. 근래 영국 보수당이 그들의 본류와는 전혀 출신이 다른 구멍가게 집 딸이나, 철도 노동자 집안의 아들을 당수로 내세우는 것과 똑같은 이유로 고려의 권문세가들도 자신들처럼 전통의 명문세가 출신이 아니고, 개혁에 긍정적이면서도 정도전처럼 몰상식하게(?) 땅을 몰수하고 정가를 개편해야 한다고 주장하지는 않았던, 온건한 진보주의자 정몽주를 수상으로 밀었다.

　같은 이유로 이성계파도 정몽주에게 큰 관심을 보였다. 과도기에는 가능하면 보다 많은 인물들을 포섭하는 것이 좋고 그러자면 자기 파가 아니면서도 중도적이고, 개혁성향의 인물을 전면에 세우는 것이 정치의 정석이다. 정 혁명파에 동조하지 않으면 유배하거나 낙향시키면 되는 일이었다. 굳이 정몽주를 살해하여 공포정치를 조장하고, 뒷골목에서 대신을 살해했다는 오명을 남길 필요는 없었다. 그게 중세의 정치원리였다.

　이방원이 살해를 주장한 진짜 이유는 첫째는 자신이 공을 세우고 싶은 마음이 급했고, 두번째로는 자신들에게 대항하는 자에게는 이렇게 본보기를 보여야 한다는 것이 아니었나 싶다. 또한 그것은 이성계파가 공양왕과 신하들에게 보내는, "우리는 더 이상 기다릴 수 없다. 더 큰 희생, 더 강수를 두기 전에……"라는 강력한 메시지로도 의미가 있었다.

　마지막으로 결정적이고 중요한 이유가 또 하나 있다. 서글픈 사실이지만 정몽주가 명문세가 출신이 아니고, 중앙정계에서의 혈연관계가 미미한 인물이었기 때문이다. 그래서 그를 살해해도 고려 구신들의 집단적인 원한을 우려할 필요가 없었다. 그것이 정몽주가 선택된 중요한 이유였다. 만약 그가 성주 이씨나 파평 윤씨 같은 당대의 명문가 소생이었다면 이방원은 절대로 자객을 파견하지 않았을 것이다.

　마침내 이방원은 이성계의 반대에도 불구하고 무단으로 정몽주를 처치해 버렸다. 하지만 이는 큰 실수였다. 후계자리를 의식하고 있던 그로서는 공을 세우려는 욕심이 지나쳤던 것이다. 이성계는 몹시 화를 냈다. 이 사건은 오히려 태조와 중신들에게 야심차고 냉혹한 인물이란 인상만 남겼을 가능성이 높다. 방원이 왕위계승전에서 탈락한 데는 이 사건도 적지 않게 작용했을 것이다.

그는 최고의 공로자는 아니었다. 하지만 정치가로서는 태조의 아들 중에서 최고의 능력자였던 것은 사실이다. 그는 그것을 증명했으나 불행하게도 그것만으로 세자책봉을 받을 수는 없었다. 그러자 그는 새로운 방법으로 자신의 능력을 증명한다. 절묘한 방법으로 쿠데타를 성공시킨 것이다.

2. 역전의 밤

동서고금을 막론하고 반란을 선한 행위로 인정해 주는 경우는 없다. 반란을 일으킨 자도 일단 성공하면 새로운 반란을 원치 않기 때문에 저항권을 인정하거나 반란의 정의를 바꾸려 하지 않는다. 대신 자신의 반란은 반란이 아닌 특별한 거사였다고 주장하는 방법을 사용한다. 그 논리도 동서고금을 막론하고 거의 똑같다.

첫째 방법은 시대적·역사적·민족적 위기에서 나라를 구하기 위해서 비상수단을 쓸 수밖에 없었다고 하는 것이다. 두번째 방법은 희생양을 세우는 것으로 저놈이 나를 죽이려 해서 어쩔 수 없이 대응했다고 하는 것이다. 조선 건국의 논리가 첫번째에 해당한다면 태종이 일으킨 정변은 전형적인 후자의 형태로 채색되어 있다. 우선 실록에 기재된 공식적인 사건의 전말부터 살펴보자.

태조는 개국한 후 바로 자신이 총애하던 강비의 둘째 아들 방석을 세자로 책봉했다. 이렇게 된 데는 물론 강비의 노력이 절대적이었다. 첫째를 버리고 어린 둘째를 택한 것은 첫째 방번이 거칠고 방탕해서 대신들이 거부했기 때문이다. 이후 태조의 최측근인 정도전·남은 등은 방석의 정치적 안정을 위하여 한비 소생의 아들들을 제거하려는 불순한 생각을 품게 되었다.

태조 7년 8월 마침내 이들이 노리던 기회가 왔다. 태조의 병이 위독해지자 왕자들은 모두 대궐로 입시하여 대기하라는 명령이 떨어졌다. 정도전 등은 쾌재를 불렀고 26일을 거사일로 약정하였다.

그러나 종친 이화와 정도전파에 속해 있던 이무의 제보로 이방원에게 정보가 흘러 들어갔다. 그러나 입궐명령을 거절할 수는 없었다. 운명의 26일 이방원이 입궐하자 남편 걱정으로 잠을 이루지 못하던 부인 민씨는 자기가 배가 아파 병석에 누웠다는 거짓 통보를 내어 이방원을 궁에서 빼내는 데 성공한다. 이방원은 준수방(경복궁 바로 좌측, 지금의 종로구 통인동 부근)에 있던 자신의 집으로 돌아와서 처남인 민무구·민무질 형제와 안산 수령이었던 이숙번을 불렀다. 여기서 그는 만약의 사태에 대비하여 무장하라고 지시하고 형제들을 구하기 위해 다시 궁으로 들어갔다.

대궐에 들어가니 한 내시가 전하기를 "전하께서 병세가 위중하여 다른 곳으로 거처를 옮기고자 하오니 모든 왕자는 다 들어오시오" 하였다. 왕자들이 이동하면서 보니 평소와 달리 궁문의 등불이 다 꺼져 있었다. 왕자들은 자못 의심스러웠지만 이런 때 명령을 어기면 정말 역모로 몰릴 수 있었다. 사람들이 근심반 의심반으로 마지못해 안으로 들어가는데, 이방원은 뒤가 마렵다는 핑계를 대고 뒷간으로 들어갔다. 좌변기가 없던 시대였던 만큼 그는 대단히 불편한 자세로 제한된 시간 내에 이것이냐 저것이냐를 결정해야 했다.

음모가 틀림없다고 확신한 그는 용단을 내려 형제들을 데리고 궁을 탈출했다. 이렇게 된 이상 남은 행동은 한 가지뿐이었다. 집으로 돌아온 그는 기다리고 있던 민씨 형제와 합세하여 급하게 사람들을 모았다. 이숙번이 갑옷을 입고 장사 두 명을 데리고 왔고, 민씨 형제와 이거이, 조영무, 신극례, 서익, 문빈, 심귀령 등이 모였다. 그러나 이들이 거느린 병력은 다 합쳐야 기병 10명과 보병 9명. 이에 앞서 내린 사병혁파령으로 이들이 거느리던 군사는 다 뺏겼고, 무기도 태웠던 것이다. 그러나 다행히 현명한 부인이 감춰둔 게 있었다. 부인은 숨겨두었던 쇠창을 꺼내서 절반씩 꺾어 군사들에게 나누어 주었다. 이외 하인과 대군에게 배당된 호위병들이 10여 명 있었으나 김소근 1명만 칼을 들고 나머지는 모두 몽둥이를 든 한심한 상태였다.

운명은 하늘에 맡기고 겨우 이 병력을 거느리고 궁으로 쳐들어갔다. 세자 방석은 변란 소식을 듣자 곧 척후 한 명을 궁전 남문에 올려보내 적의 상황을 보게 했다. 여기서 기적이 일어나는데, 척후의 눈에 광화문에서 남산까지 말탄 군사가 가득 찬 풍경이 들어왔다. 보고를 받은 방석은 무서워 감히 공격할 엄두를 내지 못했다. 당시 사람들은 이를 신의 도움이라고 했다고 한다.

궁 앞에서 대치상태를 이룬 후 반란군은 다시 병력을 빼돌려 송현(지금의 한국일보사 앞에서 안국동으로 넘어가는 고개)으로 이동한다. 이곳에 남은의 첩이 살고 있었는데, 이 날 이 집에서 정도전파의 핵심인물들이 잔치를 벌이고 있었던 것이다. 이방원 등은 기습을 감행하여 먼저 불을 지르고 튀어나오는 이들을 사살했다.

이 날 밤 정도전과 그의 두 아들, 심효생, 이근, 장지화는 현장에서 살해되었고, 정도전의 맏아들은 이 소식을 듣고 자살했다. 남은은 도망쳤으나 나중에 자수했다가 처형되었다. 이무는 눈 먼 화살에 다칠 뻔하기는 했으나 무사히 태종편으로 탈출해 나왔고, 이직만이 하인으로 위장하여 불을 끄는 척하다가 달아났다. 그는 나중에 태종에게 중용된다.

다시 궁문 앞으로 오자 소식을 듣고 여러 정승과 대신들이 모여들었다. 이방원은 자기의 세력이 적으므로 만약 궁궐의 군사들이 공격하면

당해낼 수 없다고 판단하여 이들이 궁안의 도평의사사에 들어가지 못하
게 하고 지금의 광화문과 종로가 만나는 부근에 있었던 예조 건물로 모
이게 했다.
　이어 궁궐 수비대의 지휘관을 설득했다. 이 날 당직 지휘관은 조온과
고려 말 대마도 정벌을 지휘한 박위였는데, 조온은 수하의 군사들을 데
리고 투항했다. 박위는 거부하다가 마지못해 투항했다. 그런데 막상 투
항하고 보니 방원측의 군사가 몹시 허약했다. 그는 날이 밝으면 처리하
자고 거짓말을 하고 궁으로 돌아가려고 했는데, 방간이 눈치채고 사람을
보내 죽여 버렸다. 이로써 근정전 남쪽의 갑사들은 다 투항하였다.
　날이 밝았을 때 근정전에 있는 태조의 주변에는 강비 소생인 방번·
방석 형제와 사위 이제, 종친과 중추원의 재상들이 모였고, 환관과 궁의
노비들이 완전무장을 하고 집결했다. 이제는 남아 있는 군사를 끌고 싸
워야 한다고 주장했으나 이성계는 망설였고, 이화는 내부에서 일어난 일
이니 싸워야 할 것까지는 없다고 하며 이성계의 판단을 교란시켰다. 이
제는 이화를 의심하여 칼을 뽑아 들고 노려보기까지 했으나 그는 태연
하게 앉아 위기를 모면했다.
　얼마 후 방원측에서 세자를 바꾸자는 교서를 작성하여 근정전으로 들
이밀었다. 항복문서와 마찬가지였다. 태조는 비통한 심정으로 결재를 했
다. 이 때서야 비로소 정안군은 군기시(軍器寺) 무기고를 장악하여 갑옷
과 창을 꺼내 화통군 100여 명을 무장시키니 군사적으로도 좀 안정이
되었다.
　이방원은 다시 사람을 들여보내 태조 주변의 재상과 종친들이 다 나
올 것을 요구했다. 방석은 나오자마자 길에서 피살되었다. 방번은 재상
회의에서 임진강변의 통진으로 귀양보내기로 결정했다. 그가 나갈 때 태
종이 직접 손을 붙잡고 "상황이 이러하여 잠깐 외방으로 내보내지만 곧
돌아오게 할 터이니 걱정말고 잘 가거라, 잘 가거라"고 하였다고 한다.
그러나 방번이 귀양길을 떠나 양화나루 건너 객관에 묵고 있을 때, 방간

과 이백경(이거이의 아들) 등이 사람을 보내 죽여 버렸다.

이방원은 이 소식을 듣고 몹시 분하여 이숙번에게 말했다. "유만수도 내가 살려주려고 했거늘 친형제야 더 말할 것이 있는가. 이거이 부자가 내게는 알리지도 않고 도당과 상의하여 우리 형제를 죽였다. 지금은 인심이 안정되지 않아 내가 속으로 참으니 너는 이 말을 입 밖에 내지 마라"고 하였다. 이제도 정안군이 살려 집으로 보냈으나 밤에 갑자기 군사들이 쳐들어와 죽였다.

이상이 실록에 적혀 있는 사건의 개요다. 이 시나리오의 요점은 이렇다. 반란은 정도전과 방석이 시작했다. 이를 눈치챈 이방원은 자신과 형제를 지키기 위하여 거사하였다. 급조한 병력이라 지극히 소수였으나 하늘의 도움으로 궁에서는 이를 알지 못했다. 이들은 먼저 파티를 하느라 한 집에 모여 있던 정도전 일파를 죽이고 다시 궁을 포위했다. 어둠과 신의 도움 덕분에 궁궐측에서는 방원측 병력이 형편없다는 것을 눈치채지 못했다. 궁을 수비하던 갑사가 투항하고 대신들이 차례로 태종편에 모여들었다. 그리하여 세자를 폐위시키고 방석과 방번을 제거했다. 이 모든 일이 끝나고 날이 샐 쯤에 병력이 꽤 불어났고 무기고를 털어 무장도 갖추었다. 이로써 거사는 완전히 성공하였다. 상당히 많은 사람이 죽고 이복형제도 모두 죽였으나 혈육을 죽인 것은 이방원의 의도가 아니고 재상 중의 강경파와 방간의 행동이었다.

이 기록은 세밀하게 수정된 기사이다. 실록의 편찬자들은 이 거짓말을 기재하는 대신에 실록을 수정했다는 기록도 양심있게 기재해 주었다.

그러한 사정을 몰라도 내용을 조금만 주의해서 읽으면 이상한 점을 발견할 수 있다. 오히려 너무 엉성한 것이 이상할 정도다. 사실 여기에는 피치 못할 사정이 있다. 당일 누가 무슨 일을 했느냐가 당시 생존해 있는 사람들, 이미 그 사건으로 공신이 된 사람들의 이해와 직결되기 때문에 말이 맞지 않는다고 아예 빼버릴 수는 없었다. 그래서 낱낱의 사실을 다 살리면서 맞추다 보니 이음새가 엉성해진 것이다.

우선 가장 엉성한 광화문 앞의 기병대를 창출한 신의 손과 관련된 부분을 보자. 그러니까 이 내용대로라면 겨우 30~40명 남짓한 병력으로 태조의 정예병과 전국에서 선발한 일급 무사가 지키는 궁을 제압했다는 얘기가 된다. 한말에는 워낙 군비가 엉망이었으니 명성황후 살해사건 같은 일이 가능할 수도 있겠으나 이 때의 군대는 그렇지 않았고, 태조의 친군은 역전의 용사들이었다.

더 이상한 것은 수십 명의 반란군이 중도에 궁궐을 떠나 송현으로 가서 살육전을 하는 동안에도 궁에서는 꼼짝 않고 수비만 했다는 것이다. 조선시대 재상가에는 기본적으로 종들과 사적인 경호원, 그리고 구사 또는 반당이라고 하는 국가에서 배당해 주는 군사가 있다. 이들만 합쳐도 한 집에 30명은 충분히 넘어간다. 궁궐의 경우도 수비병은 제쳐두고 환관이나 내노(內奴) 중에서 무술을 할 줄 아는 자들만 모아도 이 숫자는 넘어갈 것이다.

실제로 『용재총화』에는 전혀 다른 얘기가 있다. 하륜이 충청도 관찰사가 되어 집에서 잔치를 벌였다. 이 자리에 태종도 참석했다. 하륜은 일부러 국과 반찬을 뒤집어 태종의 옷을 더럽혔다. 태종이 화가 나서 나가자 하륜은 "왕자를 화나게 했으니 내가 가서 사과해야겠다"는 핑계를 대고 태종을 따라갔다.

이렇게 해서 두 사람이 만나 밀담을 나누었는데, 그 자리에서 하륜이 이숙번을 소개했다. 이 때 이숙번은 안산 군수로 있으면서 정릉(태조의 비 신덕왕후 강씨의 능) 이장 공사를 맡아 사역군을 끌고 상경해 있었다. 이 군사가 이 날의 주력이었다. 이숙번은 궁중의 종과 이 군사를 데리고 먼저 군기감을 점거하여 군기감 무기고를 열었다. 이 곳의 무기로 군사들을 무장시켜 경복궁을 둘러쌌다. 그러나 실록에서는 이숙번의 안산 군사는 언급하지 않고 단지 장사 두 명을 데리고 참여했다고 하였다.

조온의 투항도 투항이 아닌 내응이었다는 냄새가 짙다. 나중에 태조는 태종에게 편지를 보내 이 날 자신을 배신한 인물로 조영무와 조온을

꼽고, 비록 공이 있더라도 이렇게 은혜를 모르는 자들은 결코 중용해서는 안 된다고 하였다. 단순히 세 불리에 의한 투항이었다면 태조가 이렇게 극렬하게 그리고 처음부터 가담한 조영무와 동격으로 비난하지 않았을 것이다.

조영무도 혼자 태종을 따라온 것으로 되어 있지만, 자기가 거느렸던 이성계의 친군을 끌고 호응했을 가능성이 높다. 앞에서 말했듯이 태조의 친군은 그 내부에는 여러 단위부대로 구성되어 있고, 이들 부대의 지휘관과 병사는 사적인 관계로 결속되어 있었다. 법적으로는 사병혁파를 했지만 오랜 세월 쌓아 온 이들의 유대관계가 하루아침에 사라졌을 리가 없다. 그러므로 조온, 조영무 모두 상당한 병력을 동원할 수 있었다. 그러나 조온과 달리 조영무의 경우는 어떻게 둘러댈 수도 없었으므로 아예 빼버렸을 것이다. 결론을 말하면 그 날 광화문 앞을 꽉 메운 기병대는 신이 도운 환상이 아니라 실제의 군사였다.

이런 상황에서 역시 태종과 밀약이 되어 있었던 이화의 교란작전으로 지휘부는 우물쭈물했다. 그 사이에 박위는 살해되고, 조온은 배신했으니 수비대가 효과적인 저항을 할 수가 없었던 것은 당연하다.

실록에는 이방원측은 단지 궁궐을 감싸기만 했다고 되어 있지만 이것도 거짓이다. 월등한 병력과 조온의 내응에 힘입어 이들은 궁을 무력으로 점거했다. 다음은 6진 개척의 진짜 공로자라고 할 수 있는 장군 하경복의 회고담이다.

(왕자의 난이 일어나던 날) 궐내에 숙직하는 아는 사람을 만나러 갔는데, 궁궐문이 닫혀 버렸다. 여기저기 방황하는데 갑자기 병졸 여러 사람이 달려와서 죽이려 하였다. 그러나 내가 힘을 다해 싸우고 달아나니 저들이 이기지 못했다. 곧 어전까지 뛰어가 "나 같은 장사를 죽여서 무슨 이익이 있겠습니까" 하고 소리치니 태종께서 들으시고 용서하셨다. (『용재총화』)

거짓말은 더 있다. 태조의 병도 위독한 상태는 아니었다. 왕이 며칠씩 위독한데 최고 실권자들인 정도전·남은은 파티를 하고 있고, 조준·김사형은 집에 있었다는 것은 말이 안 된다. 재상들을 놔두고 왕자들만 불렀다는 것은 더더욱 어불성설이다. 정말 위독했으면 재상들이 들어와 숙직하는 것이 당연한 순서이다. 또 정도전 등이 대군들을 모아 죽이려 했다고 하는데, 아예 태조까지 제거하는 역성혁명을 꿈꾸지 않는 이상 어떻게 이들이 함부로 태조의 아들들을 살육할 수 있으며, 그런 중대한 거사날에 종 몇몇만 데리고 잔치를 할 수 있었겠는가?

이숙번의 상경과 조온의 당직, 이 두 요소가 우연일 수 있을까? 게다가 당시 충청도 관찰사로 부임했던 하륜은 충청도내를 순시하지 않고 진천에 머물다가 반란 하루 만에 되돌아와 태종의 진영에 나타났다. 이를 보면 태종의 거사는 방법뿐만 아니라 날짜와 시간까지도 사전에 치밀하게 계획된 것이었다. 거사일을 정한 사람은 방석이나 정도전이 아니라 자기 자신이었던 것이다.

3. 정치 9단 술수 9단

이방원은 태조의 다섯째 아들로 태어났다. 높은 자리에 있는 사람이 하나라도 더 혜택을 보는 세상이었지만 그의 경우는 달랐다. 가족과 친지는 거의 야성적인 무장이고, 형들은 말타고 활쏘며 자라났지만 그가 사물을 분간하기 시작할 때쯤이면 이성계는 이미 고려의 재상이 되어 있었다. 그 덕에 그와 그의 동생 방연은 문생으로 교육을 받았다. 처가인 여흥 민씨도 당대 최일류 가문이었다. 장인 민제는 바둑을 좋아하고, 온아하고 점잖은 전형적인 귀족이었다.

문무가 혼합된 이런 성장환경은 그의 성품에 큰 영향을 미쳤다. 그는 태조의 아들 중 유일한 과거급제자였다. 재상들도 탄복할 정도로 학문 수준도 높았고, 독서량도 많았으며, 경서에 대한 이해는 명석하였다.

『태종실록』에는 태종의 학문 수준을 전해주는 이야기가 몇 개 있다.

그가 세종에게 양위하고 상왕이 되었을 때, 대신들이 태종의 처소를 수강궁(壽康宮)이라고 이름 붙였다. 수명이 평안하라는 뜻이다. 재상들은 그냥 뜻 좋고 발음 좋은 글자를 모아 지은 것인데, 태종이 재상이던 박은과 이원을 불렀다. "수강궁이란 송나라 광종이 거처하던 곳이다. 광종은 홧김에 수강궁에 들어갔다가 6년 만에 죽었다. 왜 하필 내 집에 이런 이름을 붙였는가?" 부연하자면 광종은 중국 남송의 황제이다. 부친이 양위하여 황제가 되었으나 몸이 약한데다 부모와 불화하고, 재상들과도 틀어져 황제 자리에서 쫓겨나 억지로 태상황이 되었던 황제였다. 그가 태상황이 되어 살다가 홧병으로 죽은 궁의 이름이 수강궁이었다. 이어 왕은 이 이야기가 『송감(宋鑑)』에 있다는 사실까지 가르쳐 주었다.

속좁은 선비는 아니었던 태종은 이 일을 문책하거나 궁이름을 고치지는 않았지만 이원과 박은은 황공하여 일국의 대신으로서 독서량이 부족하였다고 사과해야 했다.

태종은 중국 사신들이 글을 부탁할 정도로 글도 잘 지었다. 『용재총화』에 태종이 둥근 부채를 두고 지었다는 시 한 수가 실려 있다.

> 바람 쏘이는 자리에 앉아서는 밝은 달이 생각나고
> 달 밑에 시 읊을 땐 맑은 바람이 그립더니
> 대 깎고 종이 붙여 둥근 부채 만드니
> 밝은 달 맑은 바람이 손 가운데 있도다

『용재총화』의 저자 성현은 이 시를 평하면서 "문관으로 패업을 이룬 사람도 그뿐이고, 왕으로서 이렇게 뛰어난 글을 짓는 분도 일찍이 없었다. 그 사물을 인용하여 비유한 것과 함축된 의취(意趣)는 성인이 아니면 할 수 없다"고 하였다. 한시의 수준은 한문학에 정통하지 않고서는 평가하기 어려우니 그냥 그렇다고 하더라도 문관으로서 패업을 이룬 사람은 그뿐이라는 평은 아주 적절하다고 여겨진다. 그는 확실히 문무의 재능을 겸비한 인물이었다.

문무를 겸비했다는 것이 학문도 잘하고, 무술도 잘했다는 그런 뜻만은 아니다. 문관으로서 그는 형제들에게 결핍된 정략과 문치의 재능을 지녔다. 그러면서도 보통 귀족자제나 문관에게 결핍되어 있는 장점, 생각과 판단이 대단히 현실적이고 무엇보다도 결정과 실천 사이에 빈틈이 없는 신속한 판단력과 추진력을 함께 보유하였다.

고민을 할 때도 최상의 해결책을 구하거나 답이 날 때까지 고민하는 성격이 아니었다. 문생과 이론가들이 자주 빠지는 함정이 이런 것인데, 그는 상황을 먼저 분석하여 끝까지 고민할 문제와 어느 시간 내에 결정해야 할 문제인지를 먼저 결정하고, 후자의 경우라면 그 시간 내에서 가능한 답을 선택하는 스타일이었다. 그러니 우물쭈물하거나 고민 때문에 때를 놓치는 법이 없었다.

시기만이 아니라 방법을 놓고 주저하지도 않았다. 그는 소위 말하는 공격적인 경영자였고, 충분히 냉혹한 사람이었다. 왕자의 난을 일으킬 때도 죽일 자와 살릴 자, 유보자를 미리 정해 놓고, 죽이기로 결정한 자에 대해서는 망설임이 없었다. 특히 정치적 숙청을 할 때는 좀 심하다 싶어도 항상 전격적이었다. 정종에게 양위를 받고 즉위했을 때도 관직도 별 볼일 없는 정종의 심복들을 모조리 유배시켜 버렸다.

물론 이런 면이 단점도 되었다. 도덕적인 잣대를 대지 않더라도 두뇌 회전이 빠르고 자신에게 조금이라도 불리할 징조가 보이면 아낌없이 제거해 버리는 성격 탓에 대국적인 관용과 포용력이 부족하고, 장기적인 기획을 하는 데는 문제가 생긴다.

그렇다 하여도 전체적으로 그는 뛰어난 리더요 정치가였다. 분석력 좋고, 판단력 좋고, 빠르고, 예리하고, 거기에 정치가의 필수품인 연기력까지 갖췄다.

그는 사람을 보는 안목과 심리를 파악하는 능력도 매우 뛰어났다. 스스로 "말과 사람을 보는 눈은 내가 옛 사람에게 양보하지 않는다"라고 자찬하였다. 정안군 시절 중국에 사신으로 갔을 때, 당시 천자였던 건문제의 동생 연왕을 만날 기회가 있었다. 연왕을 접견한 후 태종은 연왕은 왕으로 있을 인물이 아니라고 예언하였다. 그의 예측대로 건문제가 사망하자 연왕은 형제, 조카들과 한바탕 내전을 치른 후에 천자로 등극하였다. 이 사람이 유명한 영락제 성조이다.

사람을 부릴 때도 "저 친구는 뭐가 단점이니 미리 이러이러한 조치를 해야 한다. 저 사람은 틀림없이 일을 이렇게 처리할 것이다. 그러니 그때는 자네가 중간에 있다가 이렇게 제동을 걸어라" 하는 식으로 미리 예측하고, 수단을 쓰는 방식으로 일하기를 좋아했다. 어떻게 보면 이런 방식에 상당한 재미도 느꼈던 것 같다.

태종은 이런 인물이라 그와 토론을 해서 이기기는 아주 힘들었다. 그는 오늘날의 관점에서 보아도 대단히 상식적이고 합리적인 판단을 내렸고, 내용의 핵심을 정확하게 짚었다. 신하들이 관행대로, 혹은 상투적인 수법으로 접근하다가는 당하기 일쑤였다. 특별히 그는 사건이 벌어지면 그 사건이 야기할 영향과 파장을 예측하는 능력이 탁월했다. 자신의 학문이 깊고, 관료로 요직을 지낸 경력도 있으므로 문신들의 논리와 사고방식도 잘 알았다. 그러므로 항상 한 발 앞서 선수를 쳤다.

말도 예리하고 늘 정곡을 찔렀다. 실록의 대화라는 게 두루뭉실하고 그윽하기만 하기가 일쑤다. 그러나 태종의 대화를 보면 간결하게 정곡을 찌르거나 간단한 말 속에도 여러 가지 의미가 함축되어 있는 경우가 많다. 이런 사람들이 대개 그렇지만 부드럽고 우아하게만 말하는 스타일도 아니어서 보기 좋게 무안을 주기를 좋아했다.

재위 중반에 이거이 부자를 숙청했다. 그러자 대간에서 이들을 죽이자는 상소를 계속 올렸다. 세종 같았으면 이런저런 고사까지 들어가며 이거이를 죽여서는 안 되는 이유를 몇 가지 나열했을 것이다. 그러나 태종은 대간들을 향해 "내가 어찌 너희들의 출세를 위하여 무고한 사람에게 죄를 주어야 하느냐"라고 쏘아 붙였다.

어느 해는 가뭄이 심했다. 태종이 신하들에게 농사 상황을 물었다. 항상 긍정적인 판단과 얼버무리기를 좋아하던 신하들은 "지방에는 서울과 달리 비가 내렸습니다"라고 대답했다. 태종은 기다렸다는 듯이 일침을 놓았다. "너희들은 초목이 타고 땅이 말라 붙어야만 가뭄이라고 하느냐?" 기록이 철저하게 신하들에게 장악되어서 그렇지 만약 어떤 왕이 역대 제왕의 명언을 수집했다면, 이 말들은 틀림없이 채록되었을 것이다.

그의 예리함은 기본적으로 비상한 두뇌회전의 소산이었다. 그는 원칙과 전제에 매이는 사람이 아니었다. 상황에 따라 무엇으로 싸워야 할지를 너무나 잘 알았다. 자신의 입장이 분명하면 논리로 싸우고, 입장이 딸리면 상대의 약점이나 트집을 잡아 화제를 딴 데로 돌리는 수법도 자주 썼다. 언관들이 상소문에 무심코 상투적인 표현을 쓰거나 비공식 루트로 들은 이야기를 썼다가 이 수법에 자주 걸렸다.

그래도 부족할 때는 분위기와 연기를 더하여 상대를 눌렀다. 정치가들에게 쇼맨십과 제스처는 필수라고 하는데, 옛날 사람들이라고 예외가 아니다. 이 분야에서는 태종이 압권이다.

화를 낼 때도 벼락같이 멋있게 내고, 어떨 때는 인간적인 감정에 호소한다. 물타기, 주의돌리기, 이런 것도 너무 잘해서 태종의 정치적 숙청은 언제나 예상치 못했던 기습으로 기록된다.

어쩔 때는 술수와 연기가 지나쳐서 아랫사람들을 괜시리 피곤하게 만들었다. 양녕대군에게 양위하겠다는 연기도 두 번이나 했다. 이 선언이 있을 때마다 정승과 대간과 원로대신들까지 출동해서 며칠씩 문 앞에서 연좌농성을 하고, 상소를 무수히 써 내야 했다. 아무리 뜯어보아도 태종의 양위가 절대로 진심일 리가 없다. 그는 그렇게 무책임하거나 자신감이 없는 인물이 아니었고, 권력을 떠나서 살 수 있는 사람이 아니다. 게다가 그는 양녕을 군주감으로 신뢰하지 않았다.

우리보다 태종을 훨씬 더 잘 알았을 능구렁이 대신들이 이 사태를 어떻게 받아들였을지 궁금하다. 속으로는 틀림없이 철회할 것이라고 확신하면서 노구를 이끌고 궐문에서 농성해야 했을 때 속마음이 어땠는지 모르겠다.

이런 연기도 너무 자주하면 사람이 얇게 보이고 체통이 떨어진다. 말년에는 태종도 긴장감이 떨어졌는지 너무 뻔한 수를 쓰기도 하는데, 어느 정도 이런 행동 자체에 재미를 느끼기도 했던 것 같다.

신하들과 다툴 때는 국왕이라는 유리한 지위도 철저하게 이용하였다. 굳이 비유하자면 그는 공정한 결투를 위하여 양측에 공평한 장소를 선택하는 그런 사람은 아니었다. 말을 돌리다가 상대방의 실수, 실언을 포착해서 트집을 잡아버리는 것은 고전적인 방법이고, 더 심한 방안을 제시하여 신하들이 할수없이 처음 방법을 따르도록 하는 방법도 곧잘 썼다. 이런 것들을 적절하게 배합하고 시기적절하게 사용하는 능력은 정말 탁월했다. 덕분에 말이 전과 달라지는 경우가 생기기는 하지만, 사실 아랫사람 입장에서 그것까지 따지고 들 수 있겠는가? 그랬다간 당장 불경죄로 변을 당할 것이다.

어느 날 태종이 사냥을 갔다. 모처럼 신나게 사냥을 즐기는데, 언론을 담당한 간관들이 지겹게 중지를 요청했다. 태종은 아주 감개무량한 표정으로 "내가 과거를 하긴 했지만 나는 본래 무인가의 사람이다"라고 말하였다. 그러니 가끔 이렇게 살지 않으면 안 된다는 뜻이다. 반대로 자기가 배운 사람이라는 분위기를 강조할 때는 "나는 무인 집안 사람이지만 우리 형제들과 달리 어릴 때부터 책을 읽어서 말타기나 격구는 잘 못한다"고 점잖게 말하기도 했다.

어쨌든 간관들은 지지 않고 중지를 계속 요청했다. 그러자 태종은 『대학연의』를 펴들고 언관 앞에 들이밀면서 "나도 이 책을 읽었다. 여기 어디 임금이 사냥하면 안 된다는 구절이 있느냐? 있으면 대보라"고 윽박질렀다.

태종은 이것만으로는 안 되겠다고 생각했는지 갑자기 생각난 것처럼 요즘 국가의 의례를 상정하는데, 왜 임금이 사냥하는 예는 상정하지 않느냐고 캐물었다. 사실 수렵의(狩獵儀)라고 중국의 예서에는 그런 것도 있는데, 이건 단순한 사냥이 아니었다. 수렵을 통해 왕이 군대를 지휘·통솔하는 것으로 군사훈련의 성격까지 지닌 것이었다. 국왕이 직할의 영토를 가지거나 병력을 직접 인솔하는 것을 예민하게 걱정하던 우리 나라에서는 의례를 만들 때도 가능한 그런 것은 못 본 척했던 것이다. 신하들은 당황했고 수렵의는 만들기 싫었으므로 이번 사냥을 편안히 즐기시도록 하는 수밖에 없었다.

지금까지 여러 가지 자질구레한 예화를 들었지만 태종의 술수와 능력을 종합적으로 잘 보여주는 이야기가 하나 있다. 태종 8년 12월에 발생한 조대림 역모사건이다.

태종의 부하 중에 목인해라는 천인 출신 장군이 있었다. 드문 출세를 했음에도 자기의 성공에 만족하지 못했던 그는 태종의 부마이던 조대림을 역모로 옭아넣으려는 음모를 꾸몄다.

조대림은 당시 종친 중에서는 유일하게 병권을 쥐고 있던 인물이었다. 하지만 그는 나이가 어리고 경험이 전혀 없었다. 목인해는 평소에 자신의 실전경험을 전수하며 조대림에게 신임을 얻은 후 수비대 일부가 수상한 모임을 가지는 것을 탐지했다고 보고했다. 그리고는 이들을 습격하여 공을 세우자고 하였다. 병력 동원은 반드시 국왕의 승인을 받아야 한다. 이 절차를 무시하면 무조건 역모이다. 조대림은 보고하려고 했으나 목인해는 그렇게 하면 정보가 새니 먼저 잡은 후에 보고하자고 하였다. 그리고는 궁궐과 이숙번에게 각각 제보하여 몇월 몇일날 조대림이 군사를 일으키려 하니 미리 대비했다가 요격하라고 알렸다.

중간의 복잡한 얘기를 생략하고 말하면 태종은 사전에 이 보고를 받고 조대림이 음모에 걸린 것을 알았다. 그러나 그 상태에서 바로 목인해를 체포하면 양쪽 다 증거가 없고 목인해는 조대림이 진짜 역모를 꾸몄다고 우길 것이다. 조대림의 혐의가 증거부족으로 처리된다고 해도 이후로 조대림에게 역모사건 혐의 자체는 남아 있게 될 것이니 대간들이 내내 물고 늘어질 것이 뻔했다.

태종이 진짜 걱정했던 문제는 이 사건이 보나마나 종친의 군권장악이란 원론적인 논쟁을 야기할 것이라는 점이었다. 예나 지금이나 권력은 무력과 떨어져서 존재하지 않는다.

그렇지만 조선에서는 국왕이 군권을 독점하기는커녕 친위사단을 거느리지도 못한다. 조선 전기의 제도를 보면 군대는 삼군도총제부나 중추원과 같은 최고사령부에서 관할한다. 그렇다면 이 곳의 책임자가 실질상의 병권을 쥐게 되는데, 상식적으로 생각해도 그렇게 되면 국왕의 권좌가 아주 불안해진다. 따라서 실제로는 이 곳을 집단지도체제와 유사하게 만들어 병권이 여러 관료에게 분산되게 하고, 서로 견제하게 하는 방법을 썼다.

문제는 여기서 발생한다. 원론적으로 사령부의 인물은 모두 정식 관료 출신들로 임명하는 것이 바람직하다. 그러나 실제 관료의 선발과 승진제도가 별로 개방적이지 않고, 정권 핵심부에 있는 관료들은 혼인·학연·친우 관계로 얽혀 있다. 그러니 제도적으로는 한 관료에게 병권이 집중되지 않는다고 해도 내용적으로 보면 큰 차이가 없게 된다.

국왕들은 이 문제를 해소하기 위해 가능한 최고사령부의 관원은 서로 이질적인 인물들로 채우려고 애썼다. 그래서 대신 이외에 종친이나 출신성분이 다른 무장을 섞었고, 대신이나 관료라도 자신과 인척관계가 있거나 개인적인 인연이 깊은 사람을 선호했다. 사정이 이렇다 보니 국왕들은 역시 종친을 등용하고 싶어했다.

반대로 신하들은 종친의 세력확대를 무척이나 경계하였다. 이미 국초에 제정한 법에도 종친은 정치에 참여하지 못하게 되어 있었다. 이런 구조에서 종친을 배격한다면 국왕에게는 외척등용이란 방법만 남게 된다. 그러나 세조 이전에는 가능한 한 외척은 누르려고 하였다. 태종은 특히 외척에 대해 신경질적이었으므로 어떻게 해서든 종친 중 한 명을 병권에 참여시키려고 하였다.

그런데 당시 형 방의는 아프고, 이화는 나이가 많고 하여 가까운 종친 중에서 병권을 맡길 수 있는 사람이 조대림밖에 없었다. 그러므로 조대림이 일단 혐의를 받아서 병권을 놓게 되면 병권담당자에서 종친이 아주 빠지게 된다. 한 번 관례가 되면 다시 참여하기는 더욱 어려워질 것이다.

사정이 이러했는데 태종은 무슨 생각을 했는지 이 음모를 그대로 방치했다. 드디어 그 날이 왔다. 목인해는 수상한 무사들이 남산에 모여 있다고 제보하여 조대림을 끌어냈다. 조대림이 군사를 거느리고 벅찬 가슴으로 남산을 향해 달려가는데, 갑자기 궁에서 비상사태를 알리는 나팔 소리가 들렸다. 나팔 소리를 들으면 모든 신하와 장병은 즉시 궁 앞에 모여야 한다. 조대림은 망설이다가 규정대로 병력을 돌려 궁으로 달려왔다. 이로써 그는 역모의도가 없었음을 몸으로 증명한 셈이 되었다. 물론 나팔을 분 것은 태종의 지시였다.

그래도 일단 감옥에 보내 취조는 해야 했다. 옛날 취조라는 게 몇 가지 예상되는 혐의사실을 먼저 띄워 놓고 매를 쳐서 자백을 받아내는 것이다. 그래서 아예 신문용 몽둥이가 따로 있었다.

하지만 종친이나 고급 관료를 신문하려면 먼저 왕의 허락을 받아야 했다. 태종은 취조관들이 부탁하기도 전에 국문장에 사람을 보내 구두로 자신의 메시지를 전했다. "곤장을 가할 것은 없으나 신문을 위해 잠깐 매를 치는 것은 허용한다"고 하고, 이어 조대림을 향해서는 "네가 이미 내게 불효했으니 내가 너를 아끼겠느냐, 네가 비록 죽더라도 명예는 나쁘지 않게 해야 하겠으니 주모자를 스스로 밝혀라"라고 하였다. 누가 들어도 조대림의 역모를 확신하고 있다는 의사표시였다. 왕의 뜻에 고무된 취조관들은 마음놓고 취조를 했고, 그러다 보니 조대림에게 수십 대의 매를 쳤다.

태종은 회심의 미소를 짓고 바로 취조관 맹사성 등을 구금했다. 감히 허락도 받지 않고 종친에게 형장을 가했다는 죄목이었다. 그리고는 그날 연락관에게도 왕명을 잘못 전달했다는 죄목을 뒤집어 씌웠다.

이어 맹사성의 취조를 담당한 관리를 불러 무슨 수를 써도 좋으니 맹사성이 왕명을 어기고 조대림에게 심한 매를 친 의도는 어떡하든 조대림에게 죄를 주어 왕실을 약하게 하려는 의도였다는 자백을 받아내라는 특명을 내렸다. 혹심한 매가 떨어졌고, 견디다 못한 맹사성 등은 모두 왕실을 약하게 하려는 의도였다는 죄명을 인정했다. 이 죄는 역모급이니 당연히 사형이었다.

맹사성의 사형소식에 조야는 발칵 뒤집혔다. 병석에 누워 있던 원로 정치인 권근, 성석린까지 나서서 구명운동을 벌였다. 이렇게 해서 초점이 조대림 역모에서 맹사성 구명으로 바뀌어 버렸고, 조대림의 역모를 주장하는 것은 곧 왕실을 해치려는 행위라는 등식이 성립해 버렸다. 결국 맹사성도 용서를 받고 조대림의 역모혐의도 자동으로 벗겨졌다.

사건은 이렇게 해피엔딩으로 종결되었는데, 이 용의주도하고 심술궂은 왕은 맹사성 일행을 형장에까지 내보냈다가, 형 집행 직전에 처형을 취소시켜 사랑하는 신하에게 죽었다 살아나는 기쁨을 맛보여 주는 배려도 잊지 않았다고 한다.

옛날에는 천재지변이 생기면 정치가 잘못되어서 하늘이 경고를 내리는 것이니 특히 국왕이 반성하고 수신(修身)해야 한다고 했다. 이를 천인감응(天人感應)이라고 한다. 어떤 서구 학자는 이를 크게 다루면서 동양의 아름다운 제도라고 평했다. 얼핏 들으면 칭찬같지만 그게 함정이다. 실제는 그만큼 비과학적이고 미신에 사로잡혀 살았다는 소리가 되기 때문이다. 그래서 풍수지리설 때문에 수도를 옮기자고 했다거나, 묘청의 난 같은 반란이 일어났다는 역사해석까지 나오게 되는 것이다.

한 번 생각해 보자. 수도를 옮기고 새로 도시를 건설하자면 수십만의 인력을 동원해야 한다. 공사중에 발생하는 사상자도 적지 않지만, 요즘처럼 교통과 숙박시설, 의료시설이 발달하지 않았던 시대였으므로 오고 가는 길에서도 많은 사람이 죽었다. 식량배급도 보통 일이 아니었다. 개인적으로 생활비용을 마련해 온다고 해도 대규모 인원이 서울로 모이면 금새 곡물가격이 뛰어버리므로 소를 팔고 재물을 털어도 식량을 제대로 구할 수 없는 상황이 벌어진다.

그뿐인가, 대규모 인원을 모아 놓으면 여지없이 돌림병이 돈다. 태조대의 한성 건설공사 때도, 세종 3년에 30여만 명을 동원한 도성 보수공사 때도 여지없이 전염병이 돌았다. 이 때도 음력 2월에 강행한 한 달 공사에 사망자만 872명이었다. 귀향하는 길에 굶주림과 병으로 더 많은 사람이 죽었고, 귀향한 사람들이 전염병을 옮겨 전국에서 전염병이 창궐하였다.

그러니 아무리 옛날이라지만 천인감응설이나 도참사상 때문에 이런 희생을 감내했다고 하면 조상의 정신상태에 대한 모독이 아니겠는가? 하지만 걱정할 것은 없다. 옛 정치인들이 그렇게 무도하거나 우매하지는 않았기 때문이다.

간혹 순진하고 맹목적인 사람들도 있기는 했겠지만 조선 초기의 국왕이나 대신들은 천인감응을 정말로 믿지는 않았다. 오늘날 모든 독재가 민주주의의 이름으로 행해지는 것처럼 이 시대에는 천명(天命)과 하늘의 뜻이 통치의 명분이었다. 하늘이 왕을 내었고, 그렇기 때문에 정치가 잘못되고 백성의 원망이 높아지면 화기(和氣)가 상해서 혹은 하늘의 경고로 재난이 발생한다. 이 이론은 얼핏 국왕의 전제권을 제약하는 것으로 보이지만, 사실은 국왕의 통치권을 뒷받침해 주는 역할을 한다. 정책이나 관리의 잘못으로 인해 문제가 발생하면 하늘이 국왕에게 징조를 보여준다는 것은 기본적으로는 하늘이 통치를 국왕에게 위임했다는 전제 위에서 성립하는 것이며, 따라서 이런 문제를 풀 자도 국왕이라는 논리를 형성하기 때문이다.

지배층들은 천인감응설을 문자 그대로 믿어서가 아니라 이것이 천명론을 보완하는 장치였기 때문에 사용하지 않을 수 없었던 것이다. 이를 무시하면 천명론이 위태로워지고 천명론을 부정하면 왕과 지배층의 특권과 그들의 지배를 정당화할 근거를 잃게 된다. 그래서 이것은 그냥 하나의 정치원리로 자리잡았고 정치적 논의가 있을 때면 늘 재변이 서두에 올랐다.

태종이 이를 이용하는 방식은 정말 다양하다. 당시 중요한 사회문제의 하나가 노비변정이었다. 권세가들이 강제로 만든 노비를 양민으로 되돌리거나 노비 소유권을 재조정하는 재판이었다.

노비가 지나치게 많으면 국가에 세금을 내는 자가 줄어들고, 군인으로 충당할 자원도 줄어든다. 국가에서는 부족분을 남아 있는 평민에게서 거둘 수밖에 없으므로 부세가 과중해지고 사회불안이 야기되는 것이다.

노비제도 개혁과 노비소송의 정리는 고려 말부터 꾸준히 제기되어 왔으나 워낙 지배층의 이해가 첨예한 부분이라 잘 해결되지 않았다. 태조 때에 조준·정도전의 개혁이 저항에 부딪힌 중요한 이유 중의 하나도 노비문제를 건드렸기 때문이다.

태종은 비록 이들을 제거하고 왕위에 올랐으나 그래도 국왕인 이상 국가적, 대국적 입장에서 노비소유에 상한선을 두자는 방안까지 고려해본 듯하다. 그러나 이는 시행하지 못했다. 대신 그는 혼미를 거듭하고 있는 양천 분간과 노비소송 문제만은 어떻게든 정리하여 양인을 확보하려고 마음먹었고, 이를 강하게 밀어붙였으나 이것도 만만치 않아 재심, 삼심을 청구하는 소송과 상소와 신문고가 끊이지 않았다.

이유와 핑계도 다양했는데, 어느 날은 천재지변을 구실로 이 재판을 다시 해야 한다는 상소가 올라왔다. 물론 태종은 한 마디로 일축했다. "천재지변과 노비 소송이 무슨 상관이 있느냐?" 이것이 천재지변에 대한 당시인의 솔직한 인식이다.

그래도 이것은 언관들의 중요한 무기였다. 태종은 날을 잡아 논리적으로 반격을 폈다.

　전라도 도관찰사 박은이 지난 달 벼락에 맞아 죽은 사람의 이름과 숫자를 아뢰니 임금이 말하였다. "벼락이 사람에게 치는 것이 무슨 이치인지 내 아직 모르겠다." 좌우에서 대답하였다. "세상에서 벼락을 천벌이라고 합니다. 사람의 죄악이 차고 넘치면 하늘이 이를 내리치는 것입니다." 임금이 말하기를 "내가 일찍이 경서와 사서를 보니 역대에 권신과 간신으로 나라를 도둑질하고 임금을 협박한 사람도 오히려 보전하여 천벌을 받지 않았으니 이는 무슨 까닭인가? 벼락을 맞는 것은 사람이 어쩌다 액운을 만났거나 요사한 기운에 걸려 그런 것이다." (『태종실록』)

그는 이렇게 한 마디로 천인감응설을 부정했다. 그러나 이를 다시 사용하지 말자는 뜻은 아니었다. 태종의 노련미는 여기서 아주 잘 드러나는데, 그는 이 말을 마치자마자 "그러나, 나로 말하면 실로 마음으로 (하늘을) 두려워한다"고 토를 달았다. 이 천인감응설을 정치원리로 사용하는 것을 부정하지 않으며, 자신은 유학의 가르침대로 왕으로서 하늘을 두려워하며 살아가니 걱정하지 말라는 의미였다. 그리고는 진짜 자기가 하고 싶은 말을 했다.

　이른바 나라는 사람도 여러 사람 가운데 한 사람일 뿐이다. 지금 여러 신하들이 각기 직임을 맡아보아 한 사람도 삼가지 아니함이 없는데, 어찌 내가 경계한 후에야 천하의 기가 순해지겠는가. (『태종실록』)

이 말은 정말 교묘한 말이다. 왕도 여러 사람 가운데 한 사람이므로 한 사람의 역할밖에 못한다. 지금 모든 신하들이 다 잘하고 있는데 천재지변이 생겼으니 천재지변은 정치와 아무 상관이 없거나 상관이 있다면 왕인 내가 아니라 다수인 너희들에게 책임이 더 크다는 뜻이 된다.

이렇게 말하면서도 자기가 필요할 때는 또 서슴지 않고 써먹었다.

근간에 여러 재변이 있었는데, 사람들은 이 일이 신하와 관계된 것이라고 한다. 그러나 어찌 국왕이 재변을 신하 탓으로 돌리고 자신은 반성하지 않겠는가? 더군다나 자신이 실덕이 있는 줄 알면서 어찌 이런 일을 당하여 내 탓이라고 자책하지 않겠는가? (『태종실록』)

그야말로 성군의 말씀인 이 말은 갑자기 왜 나왔을까? 태종의 개혁정책은 건국 초의 이상보다는 많이 완화되고 힘있는 자에게로 굽어진 것이었지만, 그래도 보수파들의 반대는 만만치 않았다. 태종의 개혁정책을 총괄한 사람은 하륜이었는데, 보수파들은 천재지변을 들어 하륜의 정책이 잘못되었고, 그가 물러나야 한다고 주장하였다. 요즘도 대형사고만 나면 국무총리 물러나고 내각을 갈라는 판인데, 옛날에는 오죽했을까? 그러자 태종은 천재지변은 국왕이 반성해야 한다고 말함으로써 하륜을 보호하였다. 이 말이야 신하들이 평소에 주장하는 모범 답안이니 아니라고 반박할 수조차 없었다.

그런데 왕이 "내 탓이오"라고 하면 상소자들의 입장에서는 더 좋았을 것 같지만 전혀 그렇지 않다. 이렇게 나올 때 천재지변을 너무 강조하면 태종은 "나는 너무나 부덕하다"고 통탄하면서 하늘의 뜻을 따라 왕을 그만두겠다고 해 버리니 말이다. 실제로 태종 7년에는 천재지변과 태조에게 효도하겠다는 이유로 양위를 선언하고 옥새를 세자전에 보내기까지 했었다.

이 쇼는 그의 외가인 민씨 일가를 숙청하기 위한 연극이었다는 설이 있다. 정확히는 알 수 없으나 여러 가지 의도가 있었다고 생각된다. 태종 7년은 즉위 초의 각 세력을 회유하고 자기 기반을 다지는 작업을 끝내고 자기 색깔이 분명한 개혁작업을 한창 진행하고 있을 때였다. 이에 대한 논란도 많았는데, 보수파의 수령격인 인물이 딴 사람도 아닌 장인 민제였다. 하여간 태종은 이 쇼의 결과 천인감응설을 이용한 공격에 대해 '그건 너희들 탓이다'라거나 '그래 모든 건 내 탓이다. 그러니 어떡하랴'라고 하는 확실한 두 가지 무기를 구사할 수 있게 되었다.

4. 토사구팽(兎死狗烹)의 정치학

태종이 세자경쟁에서 탈락하여 우울한 나날을 보내고 있을 때, 당시 정계에는 크게 세 개의 세력이 있었다. 먼저 고려의 옛시절을 그리워하는 보수파, 둘째 개혁은 해야 하지만 기존의 기득권층의 이해는 보존해 주면서 개혁하자는 중도파, 셋째 근본적인 개혁을 하고 이 참에 중앙의 권문세가 중심으로 되어 있는 정계도 개편해야 한다는 급진파였다.

태조와 함께 혁명을 하고 개혁정치를 주도한 팀은 바로 급진파였다. 그러나 이들은 소수였고, 혈맥·인맥·학맥으로 얽혀 있는 중앙정계에서 그 기반도 약했다. 그나마 이 그룹의 내부에는 정도전·심효생 같은 시골 향리가문 출신과 조준·이직 같은 전통의 권문세가 출신이라는 이질적인 집단이 섞여 있었다. 이들은 문제의식과 개혁의 내용에는 동의할 수 있었으나 그것을 수행하는 방법, 구세력과 기득권층에 대한 정치적 접근방식에서 이견이 생겼다.

그러나 그 정도야 어느 시대, 어떤 환경에서도 있을 수 있는 일이니 전문 정치가 집단인 그들로서는 어떻게든 조절하며 나갈 수 있었을 것이다. 사실 가장 심각한 문제는 엉뚱한 곳에 있었다. 이들의 권력은 무력 즉 태조의 일가와 친군세력에 의지하는데, 이들의 사고는 오히려 보수파에 가깝다는 것이었다.

개혁파의 아킬레스건을 얄밉도록 잘 파악한 사람이 바로 태종이었다. 그는 능력도 뛰어났지만 조건도 좋았다. 늦게 태어난 덕에 출세한 가문에서 성장했다. 결혼도 고려 정가에서 상당한 기반을 가지고 있고 보수적인 인물이었던 민제의 딸과 했다. 태종은 민씨가를 통해 보수파와 중도파 인물을 끌어들였다. 태종의 모사가 된 하륜도 일찌감치 이런 구도를 눈치채고 정도전이 태조를 찾아갔듯이 자신은 민제에게 부탁해서 태종과 교분을 맺었다.

오랜 세월 동안 고려의 정계는 권문세족이 장악해 왔다. 이들은 서로 간에 혈연·학연으로 엉켜 이중삼중의 인연을 맺고 있었다. 이 당시 중요인물의 인맥관계를 추적해 보면 거미줄이라고 표현해야 할지 굴비같이 줄줄이 달려온다고 해야 할지 하여간 웬만한 인물 한 명에서 시작하면 무소부지로 이어진다. 이런 구조를 십분 활용해서 태종은 불안해하는 정계의 주요인물들을 포섭했고, 급진파 내부에도 연줄을 넣는 데 성공한다. 그의 탁월한 정세분석은 사실 이런 정보망이 있어서 가능했다.

마지막으로 태조의 친군이야 자신의 혈육집단이니 그 내부 사정을 속속들이 알고 있었다. 그는 이 집단 내부에서 무언가 억눌리거나 욕구불만이 있는 인물을 자기편으로 만들었다. 정몽주 암살 때부터 태종과 꼭 붙어 있고, 태종 즉위 후에 영의정까지 지낸 의안대군 이화는 태조의 이복형제지만 천첩 소생이다. 이천우도 역시 태조의 이복형이지만 천첩 소생이었던 이원계의 아들이다.

조온은 동북면의 군벌이던 한양 조씨가의 후손이지만 어머니가 이원계의 누이로 역시 천인계였다. 부모가 일찍 죽어 천애고아에 가난뱅이가 된 것을 이성계가 거두어 키웠다고 하는데, 이런 불우한 환경이 그에게 소외감과 강한 출세욕을 안겨 주었는지도 모른다.

조영무는 사정이 좀 다르다. 그도 역시 한양 조씨지만 가계는 상당히 수상스럽다. 처음에 동북면의 일개 번상군사였는데, 태조가 발탁하여 중급사관인 패두로 삼았다고 한다. 그는 아무런 배경도 없고 오직 주군에게 철저히 충성하는 인물로 친군의 편제에 따라 자연스럽게 태조의 부하이면서 태종 휘하의 무장이 된 것 같다.

태종은 수구적인 인물은 아니었다. 하지만 그는 개혁의 필요성 못지 않게 자신의 지지세력이 누구이며 그들이 어떤 생각을 하고 있는지도 너무나 잘 알았다. 초기 그의 정책 목표는 다수의 편에 서서 여러 집단의 가려운 데를 긁어주고 다들 국왕은 우리편이라고 생각하게 만드는 것이었다.

그리하여 고려의 구제를 복구하고, 태조 때의 개혁법령을 완화하거나 폐기하면서 정가의 다수를 점령하고 있는 구세력들을 만족시켰다. 심지어는 고려 말에 정도전 일파가 구세력을 숙청할 때 행동대원이었던 손홍종, 황거인을 처단하여 이들이 당했던 복수까지 해 주었다.

그러면서도 이 정치의 천재는 국정 최고기관인 도평의사사의 재상에는 각 그룹의 리더를 다 집어넣었다. 실권을 주지는 않았지만 개혁파의 리더였던 조준을 영의정으로 세우고 그를 힘써 보호하였다. 조준은 정도전과 달리 명문가 출신으로 정가에 상당한 인맥이 있었다. 나중에는 조준의 아들 조대림을 사위로 삼았다. 마지막에는 정도전의 동생과 살아남은 아들의 벼슬길도 열어 주고, 정도전의 손자대에는 이들 집안도 사돈가로 삼았다.

이 난해한 조치에는 복합적인 뜻이 있었다. 첫째로 태종 자신도 조준과 정도전의 개혁안에 어느 정도는 동조한다는 의미가 있다. 사실 국왕 편에서 급박한 사회모순을 덮어두고 보수적인 소수의 특권세력에게 둘러싸인다는 것은 결코 유쾌한 일은 아니다. 또 그의 지지세력 중에는 아예 고려의 구제를 좋아하는 지나친 수구파도 있었다. 그는 조준의 정책을 결코 밀어주지는 않았지만, 조준을 중용하고 여차하면 이들과 손을 잡을 수 있다는 과시까지 함으로써 정도전-조준의 안까지는 아니라도 가능한 최대한 개혁을 해야 한다는 압력으로 삼았다.

또한 이 조치에는 그들의 개혁안은 인정하지 않지만 이들 일가의 지위와 명예는 보존시킨다는 뜻이 있었다. 종친이 되는 것이 신하로서는 최고의 지위에 오르는 것 같지만 실제로는 함정이 있다. 종친은 정치에 참여할 수 없었다. 명예는 최고로 높이되 실권은 주지 않는다. 이것은 법전의 규정이며 조씨 일가와 그 인맥에 대한 태종의 뜻이었다. 이후 평양 조씨가 서서히 정치의 일선에서 떨어져간다. 다른 사람들도 비슷한 길을 갔다. 나머지 빽없고 힘없는 인물들은 보다 빠르고 간단하게 축출되었다. 그는 이렇게 남아 있는 개혁파를 처리했다.

이런 흐름을 타고 태종 초반에는 보수파들도 아주 기세등등했다. 장인 민제는 어느 새 보수파의 기수가 되어 태종의 진짜 브레인이었던 하륜과 열띤 토론을 벌였다. 그래도 노련했던 그는 어느 날 태종의 진심을 눈치채고 은둔했다. 덕분에 자신은 보존을 했지만 장인이 사망하자 태종은 기다렸다는 듯이 그의 네 아들을 차례로 살해했다. 보수적인 성향도 문제였지만 이들이 일찍부터 세자인 양녕대군과 결탁해서 세를 과시한 것이 잘못이었다.

반란 일등공신인 이거이는 정말 대세를 잘못 알았다. 태종이 사병혁파령을 내리자 불평을 하고 자기 병력을 내놓지 않으려고 버텼다. 하긴 이거이의 저항은 이유가 있었다. 그의 아들 이애(처음 이름은 이저)가 태종의 누이 경신공주의 남편이었고, 또 한 아들 이백강은 태종의 첫째 딸 정순공주의 남편이었다. 그러니 이 집안은 태종과 겹사돈간이었다.

그래서 이거이는 당연히 태종이 왕가의 권력신장을 위해서도 자기의 병권을 소중히 하리라고 생각했을 것이다. 그러나 태종은 엄연히 다른 방안이 있었다. 무엇보다도 그는 외척이 강해지는 데 대해서는 거의 알레르기적인 반응을 보였다. 그리하여 누이와 딸이야 어떻든 이거이와 이애를 숙청해 버렸다.

거사 당일의 최고 공로자였던 이숙번은 태종 즉위 후 안하무인으로 날뛰었다. '대간도 대신은 함부로 탄핵할 수 없다'는 상식을 벗어난 법안을 기안하기도 하고, 성석린 같은 원로대신에게도 강압적인 자세로 대하였다. 한번은 도성의 서문을 개통하고 길을 내는데, 지세상으로 이숙번의 집 앞으로 도로가 나야 했다. 지금 같으면 땅 값 오른다고 만세 부를 일이지만 옛날에는 집이 길가에 있으면 일단 시끄럽고 여러 가지로 불이익만 많았다. 이숙번이 뭐라 하기도 전에 담당관원들이 알아서 도로선을 다른 사람의 집 앞으로 그었다. 그 집 주인은 상왕인 정종이었다. 나중에는 왕이 불러도 몸이 아프다고 입궐하지 않는 일까지 저질렀다.

늘 그를 감싸기만 하던 태종은 자신의 정권이 안정되자 이숙번에게 죽을 때까지 정계에 복귀할 수도 없고 한양에 들어올 수도 없다는 선고를 내려 미련없이 내쫓았다. 역모로 쫓겨난 사람을 제외하고, 고관 특히 공신들의 귀양은 짧은 기간으로 끝나는 것이 상례였으나 이숙번은 얼마나 미움을 샀는지 함양의 자기 농장으로 쫓겨난 뒤 거의 죽기 직전인 세종 21년 1월까지 그 곳에서 살아야 했다. 이후 태종이 그에게 보여준 유일한 관심은 함양에 있는 그의 재산이 풍족하냐는 것이었다. 사신이 그렇다고 하자 태종은 "그럴 줄 알았다"고 대답하고는 일소에 부쳤다.

이렇게 해서 개혁의 방향은 중도쪽으로 가닥 잡혀가고 정계는 전통의 명문가 중심으로 재편되었다. 이들 중에는 고려 후기에 등장한 신흥 유신가문도 몇 있지만 이들도 대개는 혼인, 학맥 등을 통해 전통가와 얽혀 있는 사람들이었다. 그런데 이 체제에는 문제가 하나 있었는데, 이들 집단의 결속력이 너무 강하다는 점이었다.

이 문제가 찜찜했던 태종은 두 가지 방식으로 견제장치를 마련했다. 첫째는 종실의 세력을 키우는 것이었다. 조대림 사건에서 보듯이 그는 종친을 끝까지 병권에 참여시켰고, 이화와 이천우 일가를 계속 중용했다. 또한 혼인정책을 통해 지속적으로 그들의 인맥 속으로 파고들었다. 그들과 왕가를 공동운명체로 만드는 작전이었다.

또 하나는 그 반대로 몇몇 곳에 쐐기를 박아 두는 것이었다. 조준의 영의정 등용과 조씨가와의 혼인에서 보이듯이 개혁파를 완전히 제거하지 않고 적절하게 남겨 두었다.

견제장치라고 할 것까지는 없지만 이렇게 구성된 집단을 운영하는 데 있어서도 태종은 상당한 노련미를 보였다. 측근과 소수집단을 이용한 정치란 어느 정도의 특권과 비리를 용납할 수밖에 없다는 약점이 있다. 태종은 이상보다는 권력을 추구하는 인간이었고, 인간의 욕망과 약점에 대한 이해와 현실적인 정치감각이 지나칠 정도로 발달한 인물이었다. 그렇기 때문에 그는 자신의 측근과 심복에 대해서는 충분한 보호와 배려를 했고, 청렴결백보다는 적당히 절제할 수 있는 능력을 요구했다.

그럼에도 불구하고 그는 자신의 체제가 가지고 있는 위험도 분명하게 인식하고 있었다. 이 점이 정치가로서 그의 탁월한 점이었다. 그 위험이란 소수 집단에 둘러싸여 그들의 논리와 사고방식을 용인하다 보면 최고 권력자도 전체적이고 거시적인 시각을 상실하고 그들의 편협한 가치관과 운영원리에 매몰되어 버리는 것이다. 정치사에서 흔히 회자되는 얘기 중에 독재자는 결국에는 인의 장막에 둘러싸여 말로를 재촉한다는 얘기가 있다. 역사적으로 볼 때 인의 장막에 가리운다는 것은 말 그대로 소수의 측근에 의해 모든 언로가 막히는 것은 아니다. 정신이 이상해진 황제나 극히 조그만 섬나라 국가 같은 곳이 아닌 다음에야 아무리 측근 정치라고 해도 정부의 전 관료를 측근과 인척으로 채우거나 평생 몇 명의 인간만 만나면서 정치를 하는 경우는 없다. 사실은 그가 의지하고 신뢰하는 인간이 소수로 제한되는 것이다.

그래서 그는 자신의 개성을 충분히 살린 독특한 방법으로 주변인물들을 다루었고, 자신과 그들 간에 일정한 긴장관계를 유지하는 데 성공하였다. 다음 일화는 둘 다 『세종실록』에 있는 것인데, 적당히 줄이고 손질해서 실었다.

박은은 오랫동안 왕을 보좌하였고 눈치가 빨라서 왕의 비위를 잘 맞추었으므로 왕의 특별한 은총을 입었다. 하루는 왕이 평강으로 사냥을 떠나려고 단단히 결심을 하고 재상들의 의견을 구했다. 영의정 유정현은 민폐가 심하다는 이유를 들어 반대하였으나 좌의정 박은은 이미 왕의 결심이 서 있는 것을 알고 찬성하였다. 왕은 두 사람의 대답을 듣더니 정색을 하고 말했다. "영의정의 의견에 나는 경의를 표한다. 그리고 좌의정의 말도 설마 아첨하려고 한 말이기야 하겠는가?" 박은은 얼굴이 붉어져서 어쩔 줄을 몰랐다.

좌의정 박은의 병이 심해지자 왕(세종)은 이원에게 사람을 보내 박은을 대신할 사람을 묻게 하였다. 이원은 하연을 추천하였다. 태상왕(태종)이 이 이야기를 듣자 고개를 저었다. "정승이란 임금과 함께 앉아서 일이 옳은가 그른가를 서로 따져야 하는 직책이다. 하연이란 사람은 하루종일 함께 앉아서도 옳다거나 그르다거나 말 한 마디 않는 사람이다. 정탁이 나이도 많고 세상일에 경험이 많으니 그가 적당하겠다." 지신사 김익정이 정탁은 재물을 밝히는 단점이 있다고 간하였다. "나도 안다. 그러나 그 자리에 앉게 되면 어찌 조심하지 않겠는가?"

이런 탁월한 인간관리 능력으로 태종은 하륜을 중심으로 한 소수의 총신을 이용하면서도 국가의 백년대계가 소수 특권집단의 편협한 이기주의에 침몰하는 것을 억제하였다. 비록 그의 치세에 만든 정책이 그들 편으로 많이 굽어 있고 건국 초의 것보다는 많이 보수화되었다고 해도, 당시 정계를 장악하고 있던 대부분의 관료들은 개혁에 소극적이었던 훨씬 보수적인 인물들이었다는 것을 고려해야 한다. 개혁파는 오히려 제거한 상태에서, 보수파나 잘해야 중도파와 보수파의 중간부근에 있는 관료들을 끌고 태종은 중도파와 급진파의 접점까지 진출했다. 그가 강력한 군주로 비치는 것은 바로 이러한 능력 때문이다.

5. 다시 시작한 그러나 어딘가 이상한 개혁

그렇다면 태종 치세의 개혁정책이란 도대체 어떤 것이었을까?
태종은 정도전이 추진하던 국초의 정책을 다 수정해야 했으므로 그의 개혁정책 역시 국가제도 전반에 걸쳐 있다. 이 때 정립한 국가제도의 기저와 방향은 이후 조선 국가의 기본틀이 되었다. 조선 국가의 기초를 세운 공로는 어쩌다가 아들 세종이 다 가져갔지만 국가제도의 골격은 태종대에 이루어졌다고 해야 옳다.

일반적으로 태종의 정책을 왕권강화책이라거나 중앙집권화정책이라고 요약한다. 그런데 왕권이나 신권이라는 말이 사실 모호하고, 피상적인 용어이다. 왕권이라고 할 때 왕권을 받치는 권력구조, 지지세력, 국가의 형태에 따라 왕권의 성격과 내용이 달라진다.

정권을 소수의 특권 집단에게 일임한 후 향락과 유람을 제 마음대로 하는 권리를 확보하려는 것도 왕권강화책이다. 그렇기 때문에 외척이나 소수의 공신에게 특권을 부여하는 것은 신권강화인 동시에 왕권강화이고, 반대로 지나치게 성장하여 왕실을 위협하게 된 외척이나 공신을 제거하려 드는 것도 왕권강화책이다.

외척이나 공신을 제거하려 할 때도 국왕이 사적인 친위세력을 끌어모으고 육성하여 자기의 독자적인 세력과 군대를 넓혀가는 방법도 있고, 사대부계층 혹은 새로이 성장하는 신흥양반층을 관료군으로 포섭하여 공신집단의 세력을 약화시키는 방법을 쓸 수도 있다. 둘 다 왕권강화이지만 그 역사적·사회적 의미는 전혀 달라지게 된다.

신권도 마찬가지다. 신하 중에는 사회적 기반, 혹은 정치적 기반이 다른 여러 계층이 있다. 이 중 어느 계층의 권리를 어떤 방식으로 강화하느냐에 따라 신권강화의 의미는 전혀 달라진다. 공신과 소수의 독점세력들이 결탁하여 자신의 권리를 보호하려는 것도 신권강화이고, 재야인사나 신흥세력이 들고일어나 보다 합리적이고, 개방적인 관료제 운영, 소수의 특권계층의 이해가 아닌 전체 사대부층의 이해관계를 대변해 주기를 바라는 것도 신권강화가 된다. 물론 이 때 왕이 이들과 같은 입장을 취하면 이것이 왕권강화책이기도 하다.

이 정도면 왕권강화책이나 왕권과 신권의 대립이란 용어를 가지고는 한 시대의 정치현상을 제대로 설명할 수 없다는 점이 분명해졌으리라고 믿는다. 그러므로 이 책에서는 이제부터 왕권강화책이니 왕권과 신권의 대립이니 하는 용어는 사용하지 않으려고 한다.

대신 각각의 정책과 논리가 어떤 정치세력을 전제로 하고 있고, 조선 사회의 여러 계층들의 권리와 의무를 어떻게 구획하고, 국왕의 역할을 어떻게 부여했는가를 살펴보도록 하겠다.

태종의 정책을 보면 그의 정책은 중도파형이라고 할 수 있다. 중도파형 중에서는 가장 진보적인 형태였고, 실천력이 있어 성과도 컸다. 그의 치세에 국가재정도 안정되고, 군사력도 증가하여 1419년(세종 1)에는 대마도 정벌까지 감행할 수 있었다.

그런데 이 내용을 구체적으로 서술하려면 중세사회란 어떤 것이고 고려와 조선이 어떻게 다른가를 다 설명해야 하니 여기서는 불가능한 일이다. 다만 큰 특징을 이야기하자면 모든 부분에서 국가의 기능과 권한을 확대하고, 제도 전반에 걸쳐 구조적으로 꽉 짜이고 체계적이고 합리적인 틀을 만들고 있다. 재정기구를 통일하고, 독립관청과 부서를 없애고 육조 체제 안에 넣어 상하로 체계화하고, 관료제에서도 시험과 인사고과제도를 마련했다. 군제도 사병적인 요소를 없애고 기구와 조직을 짜임새있게 다듬었다.

고려의 체제 즉 보수 집단의 사고를 보면 온갖 제도와 운영방안이 노골적으로 굽어 있다. 관료의 선발과 승진에서부터 명문가, 고관 출신의 자제들에게 유리하게 되어 있지만 그 정도가 아니다. 관료와 군대가 그 내부는 다 사적인 관계로 맺어 있고 국가는 이를 공식적으로 인정해 준다.

관서는 재정과 내부 인사가 반 독립적으로 운영된다. 멀쩡하게 기존 부서가 있음에도 특별한 일이 있을 때마다 임시관청을 세워 처리한다. 새로 이 부서를 총괄하게 된 대신은 재정과 인사에 거의 독자적인 권한을 행사하므로 그 업무와 관련된 이득과 커미션을 챙기기는 식은 죽 먹기다. 누구 혼자만 이런 특권을 누리면 안 되니 중앙의 세력가들이 서로 공평하게 나눠 먹어야 한다. 그래서 고려의 최고 의결기관은 일종의 집단지도체제인 재상회의다.

이런 분담이 집단지도체제인 재상회의에서 결정되고, 분배된다. 그러다 보니 후기로 올수록 재상회의에 참여하는 수는 점점 늘어가고 이상한 관서와 관직은 많아지고 국가운영은 엉망이 된다. 이런 현상은 정치제도만이 아니라 조세, 토지제도, 군사 분야로 들어가도 마찬가지다.

물론 이런 설명이 고려의 체제에 대한 본질적인 설명은 아니고 여기에서 발생하는 부정적인 측면만을 들춰낸 것이다. 그러나 어떻든 시대는 변화, 발전하기 마련이고 체제가 그 변화를 따라가지 못하면 폐단과 모순의 양도 커지기 마련이다. 그래서 고려 후기에 부조리가 급증했던 것이다. 그럼에도 불구하고 체제개혁보다는 운영개선이나 부분개혁을 주장했던 것이 보수·중도 그룹이었고, 이에 맞서 전면적인 개혁을 제창했던 것이 급진 그룹이었다.

태종에 의해 추진된 개혁은 외형적으로는 자신이 제거한 급진파의 방안을 계승한 점이 많다. 그러나 구체적인 내용으로 들어가면 외형적으로는 이렇게 하면서도 기득권자나 중앙의 권문세가가 빠져나가거나 이득을 볼 수 있는 길을 마련해 주었다. 이것이 급진적 개혁과 결정적으로 다른 그리고 대단히 교묘한 점이다.

대표적인 예로 관료제 운영방식을 보자. 태종은 조선 건국 이후의 개혁정책을 이어받아 관리의 선발과 인사에서 보다 객관적이고 합리적인 장치를 계속 설치하였다. 그러면서도 정도전의 개혁안을 교묘하게 수정하여 지방의 사대부나 혹은 평민들이 과거, 관직, 군복무 등을 통해 중앙으로 진출하는 길을 차단하고 중앙의 권문세가가 계속 국정을 장악할 수 있게 했다.

조선이 사대부 국가라고 하지만 전국의 사대부에게 정치참여의 길이 공평하게 열려 있었던 것은 전혀 아니다. 과거나 관직 획득, 진급 모든 면에 있어서 중앙의 권문세가에게 유리하도록 제도적인 장치가 마련되어 있었다. 이런 기조를 분명히 한 사람이 태종이었다.

그런데 이렇게 되면 태조대의 개혁에 고무되어 있던 지방의 양반층, 사대부층을 어떻게 납득시키느냐는 문제가 남는다. 태종은 이들의 중앙 관료로의 진출을 억제하는 대신, 군역면제 같은 나름의 특권을 배분해 줌으로써 지방사회에서 존경과 기득권을 보유할 수 있는 길을 마련해 주었다. 간단하게 말하면 태조대의 개혁안이 지방 양반층의 관계 진출의 권리를 보장해 주는 대신 세금과 국역에 대한 의무도 엄격하게 규정하는 방식이었다면, 태종은 이들이 중앙에 진출하는 것을 차단한 대신 면세·면역과 같은 특권을 주어 지방사회의 특권층으로 만들어 주었다.

더욱 교묘했던 것은 이 특권이 법으로 보장된 권리는 아니었다는 점이다. 그래서 정부와 수령들은 적절히 재정상황과 사회형편을 보아 가면서 이를 신축성있게 운영했고, 지방 양반층이 반은 불법인 자신의 특권을 보존하기 위해서는 중앙의 시책과 체제에 순응하지 않을 수 없었다.

이런 방식은 중앙의 권문세가가 지방사회에서 그들의 기득권을 향유하는 데도 일조하였다. 지방 양반층의 특권은 완전히 배제하고, 권세가의 땅만 면세·면역의 특권을 누린다면 지방 사족은 일치단결하여 중앙정부에 반발할 것이다. 그러나 자신들을 그 특권에 참여시켜 준다면 그들은 이런 방식 자체를 부정하지는 않을 것이다. 국가는 다만 이들이 함께 또는 일부가 지나치게 특권을 신장하여 지방사회나 국가 전체의 경영을 위험하게 만들지만 않도록 적절히 통제하고, 탄력적으로 운영하면 된다.

국가의 법제가 아주 엄하고 세세한 것까지 참견을 하면서 막상 운영을 하다 보면 원칙보다는 현장논리가 앞서고, 힘있는 놈들은 이래저래 빠져나가고 늘 용두사미격이 되고 마는 우리의 고질병이 이 때에도 예외는 아니었다. 식민지 시대 일본학자는 이를 꼬집어 내서 조선인의 민족성 탓으로 몰아세웠지만, 실상은 너무나 교묘했던 이런 구조적인 틀

때문이다.

그렇다고 태종을 역사적인 죄인 취급 하지는 말자. 중세사회란 오늘날의 입장에서 보아서는 도저히 정의로울 수 없는 사회이다. 최상의 선택은 아니었다고 해도 전체적으로 보아 전대의 사회에 비해서 대단히 획기적인 발전이었다. 중국을 제외하고 15세기에 이처럼 정치한 국가제도를 이룩한 나라는 없다고 해도 과언이 아니다. 진짜 잘못은 차별과 불평등이 당연했던 시대에 이런 체제를 만든 사람이 아니라 그런 체제가 더 이상 존속해서는 안 되는 시대에 아직도 그것을 개혁하지 못하고 살아가는 우리들이 아닐까.

정책의 골자는 이렇지만 그렇다고 태종이 무조건 권문세가를 옹호한 것만은 아니다. 관료제, 정치운영상에서 많은 특혜를 베푼 만큼 이들이 지나치게 커지지 않도록 늘 견제했고, 정도전 계열의 정책과 유사한 정책을 시행하기도 했다.

태종연간에 군인을 동원하여 대대적으로 전라도 김제의 벽골제와 태안의 눌제를 수축하였다. 이 사업으로 새로 경작 가능한 많은 토지가 생겨났다. 그는 이 토지를 중앙과 지방의 지주들이 차지하지 못하게 하고, 군인과 일반 민중에게 균평하게 나눠주기도 했다. 기존의 토지제도를 개혁하지는 못해도 국가적인 사업으로 획득한 땅은 이들에게 나눠주어 양인층의 수를 늘려가려는 정책이었다.

보다 진보적으로 나가서는 한 사람이 소유할 수 있는 노비의 수를 제한하려는 정책을 구상하기도 했다.

어느 날 정효복이란 인물이 국가의 폐단을 지적한 글에서 "공은 같은데 상은 높고 낮음이 있는 것은 신분의 귀천 때문이고 죄는 한가지인데 형벌이 가볍고 중함이 있는 것은 친한 인물을 봐주기 때문이다"라고 상소하였다. 태종은 이 부분에 밑줄을 그어 재상들에게 보이고 그를 대뜸 사간원 우헌납으로 발탁하였다.

그러나 그의 이러한 행동이 기존의 체제 자체를 부정하려는 것은 아니었다. 권문세가의 비리와 특권이 지나치게 커지거나 그들 사이에 이권을 두고 싸움이 생기면 정치적·사회적 혼란을 야기하여 체제 자체를 위험하게 하고, 왕실을 압도할 수가 있었다. 제도 자체가 이를 조장하는 측면이 있었기 때문에 운영의 묘와 정치력을 동원한 일정한 조정과 견제가 항상 필요했다. 정효복의 파격적인 등용도 그러한 정치적 제스처의 하나였다. 이것은 어디까지나 일회적인 사건이었고, 보다 근본적인 부분, 제도개혁이나 정계개편을 위한 시도를 하지는 않았으므로 지속적인 효과를 거두지는 못했다.

태종뿐 아니라 조선의 국왕들이 다 그렇지만 비리나 청탁에 대해 결벽증을 가진 임금은 없다. 총신이나 공신일수록 용인하는 비리의 양이 커지고, 같은 죄를 저질러도 처벌이 다르다. 그것은 합법적인 행위이고, 그것이 이 사회의 원리였다. 다만 정도의 문제였다. 하륜은 인사철이 되면 개인적으로 왕을 만나 주머니에서 수령 임명자 명단을 꺼내 왕에게 바쳤다고 한다. 태종은 항상 웃으면서 이를 들어주었다. 하지만 다른 인물이 그랬다면 그는 당장 쫓겨났을 것이다. 또 하륜이라도 그런 인물들을 군의 요직이나 정계의 요직에 자꾸 심으려 들었다면, 신하들도 다 들고일어났을 것이고, 이숙번의 경우처럼 태종 스스로도 하륜을 제거했을 것이다.

이처럼 비리의 양과 내용까지 조절하며 사람을 관리해야 하므로 이게 보통 어려운 일이 아니다. 태종이 드물게 능력있는 정치가였고, 당시는 그래도 정계와 공신집단이 여러 그룹으로 분리되어 있고 개별 집단의 규모가 작았음에도 불구하고, 태종은 이 구도를 유지하기 위해 몇 번씩 숙청을 하고 술수를 쓰고, 세자에게 양위하겠다는 쇼까지 하면서 끌고 나가야 했다. 그런데 조금 있으면 집권세력은 인맥·학맥으로 섞이며 하나가 되어갈 것이고, 국왕의 정치력은 한계에 부딪힐 것이다. 결국에는 왕실도 위축되어 전체 양반층의 수장은커녕 고려시대처럼 이들 그룹의 좌장 정도로 전락할 위험도 있었다.

이런 사태를 막으려면 아무래도 지나치게 기득권 세력으로 굽어 있는 법제를 보완하고, 정계에 어느 정도 신진세력을 끌어들여야 할 필요가 있었다. 하지만 태종 때에는 태조대의 개혁안을 수정하면서 보수파도 어울러야 했으므로 법제도 굵은 줄기가 우선이었다. 그러다 보니 세세한 보완규정이나 견제장치까지는 손댈 수가 없었고, 그대로 간다면 브레이크 없는 무엇이 되어 주체할 수 없는 곳으로 달려갈 위험성이 다분했다. 태종은 이 부분이 마음에 걸렸으나 그의 치세에는 차분히 체계적인 대응을 할 수도 없는 상황이었다.

따라서 그는 이런 위험을 정치적인 방법으로 막아갈 수밖에 없었다. 그 대표적인 방법이 외척에 대한 잔인한 숙청이었다. 그는 자신의 처가뿐만 아니라 양녕대군의 처가, 나중에 왕이 된 세종의 처가까지 일거에 숙청해 버린다. 이 조치는 사실 오랫동안 잘못 알려져 온 것처럼 강력하고 절대적인 국왕권을 확립하기 위한 것이라기보다는 국왕이 소수 귀족 세력의 좌장 정도로 전락하는 것을 막기 위한 절박한 조치였다고 보아야 한다.

태종의 마지막 깜짝쇼는 양녕대군의 폐위였다. 1418년 6월 풍질이 심해진다는 핑계로―하지만 그는 죽기 직전까지도 말타고 사냥하러 돌아다녔고 스스로 나이가 들어 병이 있는 것이지 특별한 병은 없다고 하였다―그는 세자를 양녕대군에서 충녕대군으로 갈아치운 후 바로 세자에게 양위하고 상왕이 되었다. 일반 정사는 세종에게 맡겼으나 중요한 정사와 병권은 자신이 장악했다.

이 목적이 세종에게 국왕 훈련을 시키려고 한 것만은 아니다. 상왕이 됨으로써 자신의 인맥을 정리해 버리고, 세종에게 보다 자유로운 환경을 조성해 주었다. 정확하지는 않지만 세자를 바꿀 마음은 그 전부터 있었던 것 같다. 그러나 세종이 세자 생활을 오래 하게 되면, 이를 기준으로 신하들 간에 짝짓기가 시작되고 미리미리 그들 내부에서 탄탄한 인맥관계가 형성될 것을 걱정하였다. 그리하여 결정적인 순간이 되어서야 세자를 바꾸고 2개월 만에 등극시켜 버렸다. 동시에 세종의 장인인 심온에게 병권남용이란 죄를 씌워 죽여 버렸다. 마지막까지도 그는 신하들과의 머리 싸움에서 이겼다.

6. 대마도에서 생긴 일

지리한 정치 이야기는 그만하고, 푸른 바다로 장면을 옮겨보자. 문무의 재능을 겸비한 왕이었던 태종은 그의 치세의 마지막에 장쾌한 사업을 하나 벌인다. 바로 왜구의 소굴이요 전진기지였던 대마도 정벌이었다. 공식적으로 보면 대마도 공격은 세종 치세의 일이다. 그러나 이 때 병권은 상왕이던 태종이 쥐고 있었고, 원정의 준비에서 마무리까지 전 과정을 태종이 직접 주관하였으므로 태종의 업적으로 다루어야 한다.

아무리 명분이 훌륭하다고 해도 전쟁은 인간의 역사에 등장하는 가장 불행한 사건임에는 틀림없다. 그러므로 그 자체를 자랑거리로 삼아서는 안 된다. 그러나 대규모 전쟁일수록 그것이 지니는 사회적 충격과 역사적 의미도 적지 않으므로 역사에서는 이를 다루지 않을 수가 없다.

전쟁의 배후에는 오랫동안 축적된 거창한 원인이 있다고 하여도 많은 전쟁이 그렇듯 시작 자체는 우연에서부터 시작한다. 세종 1년 대마도에 심한 흉년이 들었다. 기후가 정상적일 때도 식량을 자급하지 못하던 섬이었던 만큼 기근이 섬을 휩쓸었다. 어떤 사람들은 때를 기다렸다는 듯이, 어떤 사람들은 자신들의 가혹한 운명을 탓하며 재워 두었던 무기와 배를 끄집어냈다.

세종 1년 5월 대마도의 전투병력이 총출동하는 대원정이 감행되었다. 그래도 조선에 다행스러웠던 것은 이 때는 조선의 군비도 정비되고 그 간의 회유정책에 따라 교역로도 열어 주고 식량도 주고 하여 왜구가 중국보다는 조선을 가까운 상대로 생각했다는 점이다. 해적선단은 조선이 아닌 요동을 약탈의 대상으로 정했다. 조선의 해안선을 따라 발해만까지 쭉 올라가는 항로였던 만큼 이들이 눈앞에 펼쳐진 땅을 애써 외면하며 지나쳐 간 정성은 인정해 주어야 한다.

조선도 전라도 해역에서 이들의 움직임을 탐지했으나 이들의 행선지가 중국임을 알아내고 안심하였다. 그러나 이 때가 음력 5월 즉 양력 6월이니 벌써 일기가 고르지 않은 시기이다. 해적선단은 중도에 폭풍을 만나 일부 부대가 낙오했다. 식량과 물이 부족해진 이들의 눈앞에 조선의 연안이 펼쳐져 있었다.

며칠 후 왜선 50척이 충청도 비인현에 들이닥쳤다. 포구에는 병선과 수군이 있었으나 기습에 당하여 병선 7척이 불타고 37명이 전사했으며 수십 명이 포로로 잡혀갔다. 아군 지휘관은 뒤늦게 분전하여 이 무리의 두목을 사살하는 전과를 올렸으나 아들은 전사하고, 화가 난 조정은 서둘러 그를 처형시켜 버렸다.

포구를 점거한 왜구는 상륙하여 비인현 읍성을 포위하고 주변을 약탈했다. 읍성을 둘러싼 공방전은 오전 7시부터 4시간이나 지속되었다. 성이 거의 떨어질 뻔했으나 마침 이웃고을에서 원구이 도착하여 겨우 왜구를 몰아냈다.

놀란 정부는 서해 해안에 비상경계령을 내리고, 병력을 파견했다. 며칠 후 황해도 해주에서 물을 길으려고 상륙한 왜구 하나를 초병이 붙잡았다. 이 자의 입을 통해 비로소 조선에서는 이 갑작스런 사태의 진상을 알아냈다.

놀랄 정도로 신속하게 태종은 어전회의를 소집하여 대마도 공격을 안건으로 올렸다. 대신들은 원정에 반대하고, 왜구가 돌아가는 길에 요격하자고 주장하였다. 그러나 태종은 언제까지나 약하게만 보일 것이냐? 이래서는 뒷날의 환이 끝이 없다고 질타하고는 대마도가 빈 틈을 타서 이 곳을 소탕하고, 처자를 인질로 붙잡아 온다. 그리고 원정군을 거제도에 재집결시켜 중국에서 돌아오는 왜구도 요격 섬멸하자는 방안을 밀어붙였다.

태종의 추진력과 의지 덕분에 227척의 병선과 1만 7,285명의 원정군이 신속하게 조직되었다. 총지휘관은 유정현이었지만 그는 문관으로 형식적인 총지휘관이고 실제 사령관은 이종무가 맡았다. 전군을 좌·중·우 삼군으로 구분하고, 각 군마다 3명씩 절제사를 두었다.

거제에 집결한 원정군은 6월 17일 65일분의 식량을 탑재하고 대마도를 향해 출발했다. 나흘 후 오시(11~1시) 무렵 10여 척의 선발대가 대마도 두지포에 접근했다. 긴장 속에 해안으로 향하던 상륙부대는 대마도인들의 환호성과 환대에 웃음을 머금어야 했다. 조선이 쳐들어오리라고는 꿈에도 생각지 못했던 대마도인들은 조선 해군을 중국에서 귀환하는 일본배로 착각하여 해안에서 잔치까지 벌이며 이들을 맞았기 때문이다.

덕분에 조선군은 쉽게 포구를 점거했고, 환호하던 대마도인들은 혼비백산하여 산속으로 도주하였다. 포구를 점거한 조선군은 주변 마을을 소탕하여 배 129척을 탈취하여 불사르고, 1,939호의 민가를 불태웠다. 이 과정에서 일본군 114명을 살해하고, 조선인 남녀 131명을 되찾았다.

대마도인들은 급하게 도주하였으므로 식량도 제대로 챙겨가지 못했다. 많이 챙겨간 자도 겨우 1~2말의 식량밖에 가져가지 못했다는 사실을 알아낸 조선군은 쾌재를 부르고 고사작전을 썼다. 요소요소에 목책을 세워 산에서 나오는 길목을 차단하고, 주변의 마을과 포구를 돌아다니며 밭의 곡식을 불살랐다.

전황보고를 받은 태종은 의기양양하여 호기있게 대마도주 종정성(宗貞盛)에게 섬 전체가 항복해 오면 살 곳과 의복, 식량을 바라는 대로 해결해 주겠다는 편지를 보냈다. 신하 중 한 명이 이 편지를 보고 그 양을 어떻게 감당하느냐고 하자 태종은 그깟 몇 천 명을 더 먹이지 못하느냐고 큰 소리를 쳤다.

고사작전을 계속했더라면 아주 괜찮았을 것 같은데, 일이 꼬이기 시작했다. 조선군 지휘부에서는 포구에 걸터앉아서 빈 마을이나 태우고 돌아다니는 것이 마음에 걸리기 시작했다. 회군했을 때 전투를 회피했다는 비난을 들을 우려도 있었다. 언제나 무언가 가시적인 행동을 하고 주기적으로 성과를 제출해야 하는 것이 관료주의의 영원한 병폐인 것이다.

그래서 6월 26일에 한 번 싸웠다는 기록을 남기기 위하여 부대를 상륙시켜 내륙으로 들여보냈다. 그런데 그 방법이 아주 졸렬했다. 9명의 절제사에게 제비를 뽑게 하여 재수 없는 부대 하나를 선발했던 것이다. 처음부터 기록을 의식한 행위였다는 의심을 지울 수 없는 부분이다. 불운한 당첨자는 좌군절제사 박실이었다. 기해일에 이종무는 중군을 거느리고 배에 남고, 좌군과 우군이 상륙했다. 각 군은 3명의 절제사가 인솔하는 3부대로 구성되었는데, 제비 뽑은 대로 박실 부대만 진군시키고 다른 부대는 남았다.

이러니 박실 부대의 사기가 높을 리가 없었다. 박실 부대가 홀로 산으로 들어서자 매복했던 왜구가 과감하게 돌격해 왔다. 병력은 조선군이 우세했지만 왜구가 돌격해 오자 조선군은 맞받아 싸우지 않고 높은 지대로 이동했다. 비겁하게 도망한 것은 아니다. 오랫동안 왜구와 싸워 온 덕에 조선군도 왜구와 대적하는 나름의 전술이 있었다. 백병전에 약한 대신 활과 기마술이 장기였던 조선군은 왜구와 부딪히면 정면대결을 피하고 높은 지역에서 수비대형을 펼치고, 활로 공격함으로써 승리를 많이 얻었었다.

그런데 이 날 이 전술을 쓰기에는 결정적인 문제가 하나 있었다. 공격측과 수비측, 홈팀과 어웨이팀이 바뀌어 있다는 점이다. 뿐만 아니라 일본군은 조선군의 행동을 미리 예측하고 있었다. 고지로 이동하는 조선군의 위에서 다시 복병이 튀어나왔다. 이미 기가 꺾여 있던 상황에서 재차 복병을 만나자 조선군의 대열은 걷잡을 수 없이 무너졌다. 조선군의 약점을 알고 있던 왜구는 처음부터 군관을 노렸는지 조선군측의 직업군인이요 무사들인 편장, 부장들이 먼저 전사해 버렸다.

이러니 백병전에 더욱 자신을 잃어버린 병사들은 마구 도주하기 시작했다. 너무 형편없이 무너져서 적의 칼에 맞아 죽은 사람도 있지만, 벼랑으로 뛰어내리거나 떨어져 죽은 사람도 많았다. 조선군은 무참하게 포구로 달아났고, 이 양상을 본 일본군은 병력의 열세에도 불구하고 포구까지 추격해 왔다.

상황은 점점 더 심각해졌다. 배에 있던 군사들은 이 광경을 보고도 꼼짝하지 않았고, 주변에 상륙해 있던 좌군과 우군도 엄호조차 하지 않았다. 포구로 도주한 병사들은 어지러이 배로 올랐고, 이 과정에서도 많은 병사가 살해되었다. 보다 못해 우군 절제사 이순몽이 단독으로 부대를 몰고 나가 포구의 작은 산에 진을 치고, 왜군을 요격했다. 이 덕에 왜군은 박실 부대의 추격을 중단해야 했다. 미련이 남은 왜구는 이순몽 부대를 공격했으나 조선군의 장점을 살려 산 위에서 수비대형을 갖추고 있는 이 부대를 쉽게 공략할 수는 없었다.

이렇게 해서 대마도 전투는 끝났다. 해프닝처럼 치러진 이 날의 전투에서 조선군은 180명의 전사자를 보았고, 왜구는 20명 좀 더 되는 피해를 보았다.

기가 꺾인 조선군은 바로 철수하여 7월 3일에 거제도로 돌아왔다. 여기에는 이미 한여름이라 일기도 좋지 않고, 중국으로 출정한 선단이 돌아올 때도 되었다는 여러 가지 계산이 작용하였다. 이 때 계획대로 대마도인 포로도 꽤 잡아왔다. 정확한 숫자는 알 수 없으나 이 중에는 지도자급인 인물도 있고 해서 이후 대마도인들의 태도는 매우 공손해졌다.

정벌군이 귀향했지만 상황 끝은 아니었다. 왜구의 주력을 말살하기 위해 태종은 함대를 거제도에서 머물러 두고 귀향하는 왜구를 요격하라는 명령을 내렸다.

며칠 후 왜선이 안흥량에 침입하여 병선 9척을 탈취하는 사건이 발생했다. 귀향하는 왜구가 조선연안에 접근했다는 신호였다. 그런데 이후 조선군의 대응과 왜군의 동향에 대해서는 전혀 기록이 없다. 어쩌면 이 공격은 조선군의 주의를 돌리기 위한 교란작전이었는지도 모르겠다. 하여간 왜군은 조선 수군의 눈을 피하는 데 성공하여 무사히 조선 영해를 빠져나갔다.

화가 난 태종은 다시 대마도로 출정할 것을 명령했다. 그러나 태풍의 우려도 높고 왜구가 중국에서 무참하게 패했다는 얘기를 듣고, 공격을 취소하였다. 태종은 대마도주에게 지금은 날씨 때문에 이 정도로 끝내지만 또 도발하면 다음에는 10만 병력으로 원정하겠다는 협박조의 편지를 보내는 것으로 원정을 마무리했다.

실제로 중국에서 벌어진 격전은 대단한 것이었다. 요동으로 갔던 왜구는 요녕 영해현 동남인 망과에서 총병 유강의 군대에게 참패를 당했다. 조선에서 사전에 통보해 준 덕택에 중국군이 미리 대비하고 있었던 것이다. 왜구는 분을 못 참아 비인현에서 납치했던 조선인 포로 40여 명을 학살했다.

이 전투는 중국인 학자가 쓴 중국사 개설서에까지 등장한다. 이 일전으로 왜구는 너무 큰 타격을 입어 이후 100년간 중국 해안이 평온해졌다고 평가할 정도였다. 공식적인 통계에 따르면 목을 획득한 것만 1,500에 포로 103명이었다. 통상적으로 부상자와 목을 얻지 못한 사망자는 그 몇 배라는 점을 감안하면 아무리 적게 잡아도 5천 이상의 사상자가 난 엄청난 피해이다.

이 정도면 충분히 만족스러운 전쟁이었다. 그러나 그 뒷얘기는 좀 상큼하지 않다.

사령관이었던 이종무는 제비뽑기 사건과 부하 장수 하나를 자신이 직접 천거해서 데려간 일로 대간들의 집중공격을 받았다. 공적과 전시상황이라는 점을 참작하면 용서할 수도 있는 잘못이고, 그 무관도 왕의 허락을 받고 데려간 것인데, 관료들은 이 사건으로 무관의 지위가 상승하는 것을 우려했던 것 같다. 결국 이종무는 유배형을 받았으나 유배길에 병이 났다는 이유로 과천 농장에 머무르다가 몇 년 후에 용서를 받았다.

언제나 그렇듯 정치적인 재판과 적당한 얼버무리기였다.

대마도에서 되찾아온 포로 중에는 중국에서 납치당한 중국인 11명이 있었다. 조정의 신하들은 그들을 송환해서는 안 된다고 강력하게 주장했다. 이들이 대마도에서 조선군이 형편없이 패전하는 모습을 목격했기 때문에 이들이 돌아가면 조선 군대의 실상이 중국에 알려진다는 이유였다. 어찌 보면 그럴 듯하기도 하고, 달리 생각하면 이런 게 바로 소아병 혹은 관료들의 고질병인 복지부동적인 과민반응이 아닌가도 싶다. 독자 여러분이라면 어떻게 하겠는가?

대답은 역사책 안에 있다. 이 건의가 별로 탐탁지 않았던 태종은 일단 중국인들이 전투를 목격했는지 안 했는지부터 알아보자고 했다. 통역관을 보내 물었더니 조선측의 의도를 전혀 눈치채지 못했던 이들은 핵심적인 장면을 술술 불었다. 역관의 보고를 받자 내심 송환할 생각이 있었던 태종은 난감해졌다. 궁박한 김에 역관에게 말을 걸었다. "그래 자네라면 어떻게 하겠는가?" 의외로 역관은 시원시원하게 대답했다. "중국 군사도 타타르족(몽고의 일족)을 토벌하다가 반이 죽은 일이 있습니다. 100명 정도 죽은 것이 무어 그렇게 부끄럽습니까?"

옛 사람의 소심증을 비웃지 말자. 정말 소심한 사람은 따로 있다. 언제부터인가 우리의 관념에는 역사란 자랑스럽고, 우리의 기상을 고양시키고, 자신감을 불어넣어 주는 것이어야 한다는 생각이 알게 모르게 자리잡게 되었다. 특히 70년대 이후로 진취적 기상과 뭐 그런 것을 좋아하게 되면서 역사를 뒤져 이런 기록들을 닥치는 대로 찾아내기 시작했다.

그러다 보니 창피한 이야기는 빼고, 사건의 일면만을 이야기하거나, 심하면 결론만을 강조할 뿐 사실과 배경설명을 빼 버리는 경우가 발생했다. 대마도 정벌이 바로 그런 예의 하나이다. 대마도 정벌을 했다는 서술은 많으나 그 진상을 적어 놓은 책은 거의 없다시피 하다.

그래도 그냥 정벌했다고만 자랑한 것은 양반이다. 북한의 『조선통사』는 한술 더 뜬다.

정벌군은 적의 발악적인 반항을 분쇄하고 상륙하였다. 이에 질겁한 적들은 험한 산속으로 도망쳤다. 원정군은 적들에게 속히 항복할 것을 여러 번 권고하였으나 끝내 응하지 않으므로 부득이 공격을 개시하여 섬 안의 각 포구들과 촌락들을 수색하여 포구의 시설들을 파괴하고, 해적들의 소굴로 되었던 2,007호를 소각하는 한편, 적선 124척을 불사르고 20척을 노획하였으며, 반항하는 적 154명을 살상 포로하였다. 심대한 타격을 받고 멸망에 다다른 쓰시마 영주는 마침내 앞으로는 조선에 공손히 복종하며 왜구들을 엄격히 단속하겠다고 맹세하면서 항복할 것을 애원하였다. 이리하여 쓰시마 원정군은 7월 3일날에 돌아왔다. (『조선통사』)

짧은 서술이지만 대단히 생각을 많이 하고 다듬은 기록이다. 발악적인 반항. 조선군의 분전을 자랑하고 승리의 쾌감을 주는 표현이다. 하긴 틀린 말도 아니다. 그러나 겨우 50여 명의 발악적인 저항이었다. '부득이한 공격', '해적의 소굴이 된 2,007호'. 평화를 사랑하는 민족답게 지극히 엄밀하게 그리고 마지못해 무력을 사용한 것처럼 들린다. 하지만 옛날 전쟁이란 게 이렇게까지 인도적이지 않고, 군과 민간을 철저히 구분하지 않는다. 그 자체가 불가능한 시대이기 때문이다. '항복을 애원⋯⋯.' 대마도주가 비슷한 서한을 보낸 것은 사실이지만 멸망에 다다라 항복을 애원했다는 것은 좀 심한 표현이다. 그 편지는 상당히 정치적이고 외교적인 편지였다. 물론 육전에서의 패전과 중국 이야기는 없다.

호연지기도 좋고, 정신보양도 좋지만 그것만이 역사의 목적이 되어서는 안 된다. 이것이 지나치면 역사가 소재와 결론 중심으로만 흐르고, 사실 분석이 빠져 버린다. 역사공부를 왜 하는가? 따지고 보면 인간과 사회에 대한 이해와 분석 능력을 고양시키는 것이 제일 가는 목적이요 기능이다. 어떤 훌륭한 명분을 사용한다고 해도 이 부분을 사장시켜 버리고, 결과만을 선전하는 플래카드 역할만 한다면 역사라는 이름으로 죄를 짓는 것이다.

그 역관의 말대로 그리고 태종의 생각대로 작은 패전이 무어 그리 큰 일이겠는가? 더욱이 백병전을 잘하고 못하는 것은 민족의 총체적인 자존심을 걸고 비교해야 할 소재가 되지 못한다. 과학무기가 발달한 근대 이후에는 국력과 군사력이 일치할 수 있으나 전근대 사회에서는 각 민족이 처한 환경과 사회구조상의 특성에 따라 군사력의 성격과 강도는 달라진다.

몽고와 같은 유목민 사회는 중국과 한국에 비하면 대단히 후진적인 사회이다. 하지만 말과 함께 살며 떠도는 생활특성과 부족사회가 주는 집단적인 단결성 때문에 야전에서는 어떤 문화권의 군대도 당할 수 없는 무적의 기병대가 된다.

전통적으로 조선군의 장점은 기마와 활이었다. 그래도 고려 때까지는 백병전도 꽤 잘했다. 백병전을 잘하려면 무술이 뒷받침되어야 하고, 그러려면 전문적이고 지속적인 훈련을 받은 무인계층이 있어야 한다. 그런데 고려에서는 전문 군인층이 있고, 향리와 같은 사회의 중간지배층이 상당수 무(武)를 업으로 했다. 군대는 이런 중간 무사층을 기간으로 사적·지역적 연고에 따라 조직되었다. 또 사원이 자기 영지를 가지고 특권적인 권력을 누림에 따라 중국 소림사 승려와 같은 전문적인 무인 승려를 많이 양성했다. 그러나 이 체제는 백병전에 장점이 있는 반면, 향촌사회의 지배층들이 거칠고, 토호적이 되며, 국가체제가 지방분권적이 되고, 무인정권의 성립에서 보듯이 쿠데타와 사회혼란이 자주 발생하는 약점이 있는 것이다.

고려의 경험을 바탕으로 조선에서는 국가에서 징병하는 일반 농민군의 비중을 높였다. 당연히 병사의 개별 전투력이 떨어졌고, 이들의 주무기는 창검이 아닌 활이 되었다. 총이 전쟁의 역사를 바꾼 것은 군인이 되는 시간을 3주로 줄였기 때문이다. 아직 총이 없던 시절이지만 우리의 군략가들은 활의 기능에 주목해서 활에 의존하는 부병제를 창출해 냈다.

그러나 총과 달라서 활만으로는 백병전 위주의 전쟁을 사격전으로 바꿀 수가 없었다. 이렇게 되자 수비에는 강하지만 평지전투와 공격에는 영 전력이 신통치 않았다. 군관, 한량 들과 같은 전문무사들이 있기는 했지만 역시 기마와 활이 장기였다. 백병전에서는 기병대가 더 효과적이지 않느냐고 말할 수도 있으나 기병대로 행하는 백병전은 한계도 많다. 아무래도 이들은 수가 제한되고, 엉성한 군대에는 강하지만 조직적인 군대나 공성전, 험한 지형에서는 위력이 제한되었던 것이다.

정말 창피한 것은 이런 작은 일에 민족적 자존심을 걸고, 대의를 손상시키는 소심함이다.

대마도 정벌은 사실 작지 않은 의의가 있다. 하지만 그것이 드디어 복수를 했다거나 우리 역사에서 손꼽을 수 있는 정복전쟁의 하나라는 그런 것이 아니다.

내우외환에 시달리던 14세기의 양상은 태조편에서 조금 설명을 했다. 그 시대가 오늘과 멀고, 사료가 많지 않아 그렇지 차분히 생각과 상상을 더해서 보면 얼마나 참혹하고 한심한 시대였는가 말이다.

이 시대의 사회상을 그려볼 때마다 다른 부분은 몰라도 이성계를 찾아 길을 떠나는 정도전의 분노만은 이해할 수 있을 것 같다. 물론 그러한 분노는 당시에 정도전만이 품었던 것은 아니다. 이름도 남기지 못한 수많은 사람들이 이 허망하다시피 한 현실에 분노하고 고민했다.

이 전쟁의 참된 의미는 해적떼의 공격에 나라의 주요 도시가 떨어지고, 수도가 위협받을 정도로 엉망이 되었던 국가가 이제 완전히 건강을 회복하였음을 증명했다는 점에 있다. 그리고 이 공로는 고려사회의 현실을 두고, 고민하고 행동했던 개혁파 사류 모두에게 돌려야만 한다.

7. 지존무상

부왕이 살아 있으면서 자식에게 왕위를 물려주는 일은 중국에서도 흔치 않은 사례이다. 태종은 왜 이런 일을 했을까? 앞서 여러 가지 정치적 이유를 들었지만 그것만으로는 만족스럽지 않다. 여기에는 그런 고도한 정치적 이유만이 아니라 보다 인간적이고 분명한 이유, 만년에 지존의 자리에서 최고의 향락을 마음껏 누려보자는 이유도 작지 않았다.

권력욕이 강한 사람일수록 그것을 향유하려는 욕구도 강한 법이다. 기왕에 형제와 일족까지 죽이고 차지한 왕위인데, 부귀와 영화도 마음껏 누려야 할 것 아닌가? 국사를 모두 처리하면서 여가를 즐기기에는 시간과 건강이 따라주지 않고, 그렇다고 건국한 지 30년도 안 된 나라의 정사를 팽개치고 놀러다닐 수도 없지 않겠는가?

세종에게 양위하고 상왕이 된 태종은 사냥이다 온천이다 하며 신나게 살았다. 그냥 돌아다닌 것이 아니라 여기저기에 별궁도 지었다. 지금의 성동구 자양동 대산 기슭에 별장격인 이궁을 짓고 산 위에는 낙천정을 지었다. 이 근처에 양녕대군이 머물던 곳도 있었다고 하니 처음부터 이 지역은 왕실 땅이었던 것 같다. 대산 주변은 강이 감아 돌고, 산과 전원이 둘러싸 사냥터로도 좋았다. 태종은 특히 이 곳을 좋아해서 정종 이하 왕자, 종친 들과 사냥과 연회를 즐겼고, 신하들도 이 곳에서 접견했다.

낙천정이 베이스 캠프라면 다음 캠프는 포천과 풍양이었다. 활동범위를 교외지역까지 넓힌 그는 임진강변 풍양과 포천 농장에 별장을 지었다. 풍양의 이궁에는 강물을 끌어들여 연못을 만들고 정자를 지었다. 기록으로 미루어 보건대, 수로와 바람길을 절묘하게 조화시켜 수상($水上$)의 공기흐름을 증폭시키는 그런 설계를 했던 모양이다. 그래서 여름에 시원하기가 이 정자에 비길 데가 없었다고 한다. 이 설계가 얼마나 탁월했던지 폭풍이 불자 정자가 통째로 뽑혀 날아가 버렸다.

도성 안에도 계속 집을 지어 연화방(종로구 연건동, 연지동 일대)에 새 궁을 짓고 세종 3년에는 천달방(무악 근처로 추정됨)에도 궁을 지었다. 100간 미만이라고 한 것으로 보아 궁궐과 같은 건물은 아니었지만 꽤 넓고 정원과 전각, 정원을 갖춘 곳이었다.

따뜻한 계절이면 정종과 세종을 위시하여 자녀와 총애하는 신하들을 데리고 낙천정-풍양을 오가며 강무(講武: 군사를 동원하여 사냥을 하는 것. 군사훈련을 겸하였다)와 매사냥을 즐겼다. 사냥을 나갈 수 없는 추운 계절이면 새 궁에 모여 연회를 베풀고 게임을 즐겼다. 이 해 겨울에는 특별한 고급 스포츠를 즐겼다. 이듬해 봄까지 내내 내기시합을 했다고 할 정도로 태종은 이 새로운 스포츠에 매료되었다. 믿기지 않겠지만 그것은 바로 골프였다.

> 패를 갈라 가지고 승부를 다툰다. 공을 치는 채의 모양은 숟가락 같고 크기는 손바닥만한데 물소 가죽으로 만들었으며 두꺼운 대나무를 합쳐 자루를 만들었다. 공은 크기가 닭알만한 것을 마노나 나무로 만들었다. 땅을 대접만큼 파서 그것을 구멍이라고 부르는데 혹은 전각 너머에나 또는 평지에다 구멍을 만들어 놓았다. 치는 사람은 무릎을 꿇거나 선 채로 공을 치면 공이 뛰어넘기도 하고 빗겨 오르기도 하고 또 빙그르 돌기도 하는 것이 각각 그 구멍이 있는 장소의 형편을 따라가게 되는 것이다. 공이 구멍에 들어가기만 하면 점수를 얻으나 그 규정은 아주 복잡하다. (『세종실록』)

욕망이 강했던 인물이니 만큼 여색에 대한 욕심도 많았다. 일찍이 즉위 초부터 그는 후궁 늘리기를 시작했다. 물론 왕실 세력을 증가시켜야 한다는 대단히 현실적인 명분을 달았지만, 그렇다고 후궁의 의미가 달라지는 것도 아니다. 이 때문에 원경왕후와 사이가 틀어지고, 크게 다투기도 했다.

안된 얘기지만 원경왕후는 왕후가 된 기쁨은 잠깐이고 국모로서의 여생은 철저한 회의와 배신감 속에서 마쳐야 했다. 촌뜨기 무장가문에 시집와서 친정의 인맥과 명성, 모든 것을 동원하여 열성적으로 남편을 내조했더니, 드디어 국왕의 자리에 오른 이 남편이란 작자가 대뜸 하는 일이 후궁 늘리기였다. 그리고는 얄밉게도 국가와 왕실의 안정을 위해서라는 거절할 수 없는 거창한 명분까지 내세웠다.

왕자의 난 때 보았지만 원경왕후도 조용하고 얌전하기만 한 성격은 아니었다. 전투가 벌어졌을 때는 같이 싸우다 죽겠노라고 경복궁으로 직접 나오기까지 했던 여걸이다. 나이도 태종보다 두 살 위였다. 결국 후궁 책봉을 두고 한 바탕 부부싸움이 크게 일었는데, 이 야심덩어리 인간도 며칠 동안 식사를 제대로 못했다고 한다. 그러나 그녀의 힘은 한계가 있었다. 몇 년 후 그녀는 똑같은 대의명분으로 포장되어 자신의 네 동생이 몰살당하는 것을 보아야 했고, 태종은 원경왕후를 폐하겠다는 언질까지도 흘렸다.

그녀는 태종이 상왕이 된 지 2년 후에 56세를 일기로 사망했다. 원경왕후가 사망하자마자 태종은 한꺼번에 2명의 젊은 과부를 후궁으로 들였다. 한 명은 이직의 딸로 33세의 미망인이었고 한 명은 이운로의 딸로 역시 과부였다. 두 사람 다 소문난 미인이었다고 한다. 신하들은 후궁을 더 들이라고 주선했으나 태종은 고민에 고민을 하다가 그것은 취소했다.

그러나 뜻대로 되지 않는 게 세상이다. 성격 좋고 노는 데는 훨씬 고수였던 파트너 정종이 원경왕후보다 조금 전에 사망해 버렸다. 나머지 형제들은 모두 자기 손으로 죽이고 쫓아냈으니 만년이 외로웠다. 권력의 정점이란 것도 하는 일이 없으면 무상하고, 노는 것도 반복되면 쾌감이 줄어든다. 말년에 그는 함께 놀 사람이 없다고 한탄하기까지도 했다.

그렇다고 그가 살던 방식을 바꾸거나 종교를 찾아보거나 할 그런 인물은 아니었다. 그는 후궁을 얻고 계속 새 집을 지으면서 새롭게 찾아오는 무료함을 극복해 갔다. 연화방의 궁전도 마음에 들지 않았는지 세종 4년에는 천달방에 또 궁을 짓고 이 곳을 주궁으로 하였다. 그러나 그의 꿈틀대는 욕망과 신나는 계획은 여기까지가 끝이었다. 천달방 궁전을 완성한 지 두 달이 지나지 않아서 세종과 함께 며칠 간 사냥을 다녀온 그는 갑자기 자리에 누웠다. 감기가 그냥 악화되었다고 하는데, 폐렴이었는지 원래 있던 성인병이 도진 것인지는 알 수 없다. 허무한 만큼이나 빠르게 그는 세상을 떠났다. 상왕이 된 지 겨우 4년 만의 일이었다.

세종

신화에 도전하다

1397(태조 6)~1450(세종 32). 재위 1418~1450. 조선의 제4대왕. 이름은 도(祹), 자는 원정(元正). 시호는 장헌영문예무인성명효대왕(莊憲英文睿武仁聖明孝大王)이다. 태종의 셋째 아들로 태어나 충녕대군으로 봉해졌다. 모친은 원경왕후 민씨. 비는 소헌왕후 심씨(沈氏). 1418년 6월 태종이 세자 양녕대군을 폐함에 따라 세자로 책봉되었으며, 두 달 후 즉위하였다.

그의 업적은 열거할 수 없을 정도로 많다. 이 중 상당수는 자신이 직접 간여했던 것이다. 법전과 예제, 악제를 정비하여 『경제육전』과 『오례의』, 악보들을 편찬했다. 1443년 훈민정음을 창제하고 유학의 기본서적과, 윤리서, 농서, 지리, 천문, 음양, 측량, 수학, 약재, 가요 등 각 분야의 서적을 편찬 간행했다.

관료제, 조세, 재정, 형법, 군수, 무기, 교통 등 국가의 모든 제도를 다시 정비하고 수정했는데, 이 규정들은 거의 조선왕조의 기본규정이 되었다. 또한 4군과 6진을 개척하고 남도의 주민을 이주시켰다. 이 외에 도량형, 활자, 화폐, 측우기, 천문도, 혼천의 제작, 역법(曆法) 연구 등 과학기술과 천문학 분야에서도 큰 업적을 남겼다.

만년에 건강이 악화되어 1445년(세종 27)부터 일반 서무는 세자가 섭정하게 했다. 1450년 2월 17일 54세로 사망하였다. 능은 처음에는 경기도 광주에 있었으나 1469년(예종 1)에 여주에 있는 영릉(英陵)으로 이장했다. 소헌왕후가 8남 1녀를 낳았으며 슬하에 총 18남 4녀를 두었다.

1. 인간 세종을 위하여

　1989년인가 90년 봄에 대학원 선·후배들과 답사차 여주에 갔다가 세종의 능인 영릉에 들렀다. 입구에서 우리는 수문장 아저씨에게 제재를 받았다. 손에 들고 있는 음료수 깡통들 때문이었다. 이 곳은 성지이므로 감히 그런 것을 들고 들어갈 수 없단다. 다른 왕릉에서도 이런저런 제재를 하기는 하지만 유별나게 엄했다.
　언제부터인가 세종 앞에는 '성(聖)'자가 붙었고, 그의 생각과 업적은 시대를 초월하여 절대화되었다. 그리하여 어떤 분들은 신분차별적인 법제가 그의 시대에 명백하게 존속했음에도 불구하고 세종같이 훌륭한 임금이 신분제나 노비제를 인정했을 리가 없다고 강변하기까지 한다.
　세종이 훌륭한 왕이었음을 부정하려는 의도는 조금도 없다. 그는 여러 모로 존경스럽고 자랑스러운 왕이다. 그러나 그렇다고 해서 인간 세종까지 상실시킬 필요까지야 없지 않는가. 세종은 자신에게 주어진 시대적 사명에 철저했던 국왕이다. 그만큼 그의 모든 활동은 시대적 상황과 한계 안에서 고찰해야 진정한 의미가 있다. 또한 역사적 인물이란 분석기 펌기 앞에 내밈일 필요가 있다.
　사마천의 『사기』나 플루타크의 『영웅전』을 보면 뜻밖에도 그 곳에는 흔히 생각하는 영웅은 없다. 그 곳에 등장하는 정치가와 전술가들이 언제나 올바른 결정을 내리는 것도 아니다. 오히려 결정적인 순간에 그들은 자기 감정과 경험의 울타리를 극복하지도 못하고, 그로 인해 최후를 맞는다. 때로 그들의 행동은 치졸하고 한심하기까지 하다.
　근대 이후의 역사와 문학에서는 영웅사관을 극복하였다 하여 개인의 능력보다는 그를 둘러싼 환경과 시대적 배경에 더 많은 비중을 둔다. 그것은 맞는 말이다. 나폴레옹이 한 세대 이전에 태어났다면 코르시카섬의 게릴라 대장이나 코르시카의 게릴라를 토벌하는 프랑스파 경찰서장쯤 되었을지도 모르는 일이다. 그런데 우리의 소설이나 드라마를 보면 이런 근대적 지성이 이상하게 변하여 더할 나위 없이 완벽한 인간이었으나 시대를 잘못 만나 좌절하고 말았다는 식으로 설명하는 경우를 종종 본다. 이것은 근대적 인간이해가 아닐 뿐더러 고대의 영웅사관보다도 더 나쁘다. 개인에 대한 분석마저 아주 빠지거나 찬양 일변도로 가버리기 때문이다.

고대의 역사가조차도 영웅을 완전무오한 사람, 무조건 탁월하거나 매력적인 사람으로 이해하지 않았고 그렇게 설명하려고도 하지 않았다. 그런 방식은 고대나 현대나 항상 있는 것으로 '삼류'나 '어용'이라고 한다.

불행하게도 우리의 인물전은 아직도 대개가 찬양일색이고 변명하고 감싸주기에 바쁘다. 위인은 꼭 전인(全人)이어야 하고, 심지어는 성인(聖人)으로 만든다. 이 열정이 너무 지나쳐서 이순신 장군 같은 분은 초상화가 전해오고 있음에도 불구하고 인자하게 생긴 미남형의 영정이 자리를 대신하고 있다. 혹 진품 여부가 확실하지 않아서 그런지는 잘 모르겠으나 진품이 확실하다면 역사에 남을 만한 우리 시대의 해프닝이 아닐 수 없다.

누구보다도 세종 자신이 이런 해프닝을 좋아하지 않을 것이다. 세종은 역사에 대단한 관심과 조예가 있던 인물이었다. 『고려사』를 처음 편찬한 정도전은 고려시대에 사용한 호칭과 용어들 중에 예법에 어긋나는 것들은 모두 고쳐서 기술했다. 예를 들어 태자는 천자의 아들이고 세자는 왕의 아들의 명칭인데, 고려시대에 왕의 아들을 태자라고 부른 것은 잘못되었다고 하여 고려시대 당시 명칭이 태자라도 세자로 고쳐 기술한 것이다. 이를 시정하도록 단안을 내린 사람이 바로 세종이었다.

그는 역사가 당장의 교육적 영향이니 거창한 정책목표 같은 것에 희생되어서는 안 된다는 사실과, 진실이 주는 힘과 의미를 아는 인물이었다. 그런 세종이 초상화까지 바꿔치는 오늘날의 양상을 본다면 자신도 무안해하거나 분노하기까지 할 것이 틀림없다.

이 장에서는 인간 세종의 모습과 고민, 그의 개혁의 본질과 한계를 추적해 보고자 한다. 역사적으로 위대한 과업에 도전한 사람일수록 완전한 성공은 없고, 허무의 그림자는 더 크기 마련이다.

2. 세자와 대군

충녕대군

세종의 용모에 대해서는 거의 기록이 없다. 단 하나 10대 시절부터 몸이 난 편이었다고 한다. 즉위할 때 재상들은 건강이 우려되니 말타기를 자주 하라고 권했다. 그런데 이 집안이 원래 무장 가문이라 그런지 체격들이 좋았다. 태조 이성계야 당연히 체구가 당당했고, 후손들도 용모나 체구가 크고 위엄이 있었다. 세종의 형인 양녕대군도 체모가 장대했다고 하고, 효령대군도 초상을 보면 그도 조부와 같이 사각형의 얼굴에 체격이 우람한 인물이었다.

태종이 "성녕대군은 내 자식 중에서 오직 얼굴을 바꾼 아이였다"라고 말한 것으로 미루어 양녕 이하 3형제의 얼굴형과 체형은 비슷했던 것 같다. 또 세종의 아들 문종도 비만형이었고, 세조는 몸이 나지 않은 대신 키가 크고 체격이 건장했다.

세종은 체구만큼 뚝심이 있어서 공부도 무섭게 했다. 유학의 경전만이 아니라 역사, 법학, 천문, 음악, 의학 다방면에서 전문가 이상의 실력을 보유했다. 본인 스스로 경서는 모두 100번씩 읽었고, 딱 1책만 30번을 읽었다고 하였다. 경서 외에 역사와 기타 책들도 꼭 30번씩 읽었다고 한다. 하도 독서에 열중해서 태종이 책을 모두 치워버리기도 했고, "아니 과거를 볼 사람도 아닌데, 왜 이렇게 몸을 고단하게 하느냐"고 말했다는 일화도 있다.

글공부에 몰입한 대신 세종은 글씨나 문장에는 별 관심을 두지 않았다. 국왕에게는 만사를 재단할 수 있는 지식이 필요하지 그런 재능은 효용이 없다고 간주했기 때문이다.

왕자 시절의 일화가 많지는 않지만 청소년 시절의 충녕은 호학(好學)할 뿐만 아니라 고지식한 면이 있었다. 그는 선현과 선학의 교훈과 이론을 존중했고, 상당한 가치를 부여했다. 혹 현재의 실정과 맞지 않는 이야기가 있더라도 섣불리 무시하지 않고 그 가르침의 의미를 끝까지 추구해 보는 스타일이었다. 그래서 그는 예절과 행동, 언어와 안색, 심지어 자식의 교육과정까지도 정통 유학의 원리에 따라 행하려고 노력했다. 따라서 그의 몸가짐은 충후하고 단정하고, 점잖을 수밖에 없었다.

하지만 너무 극단으로 생각하지는 말자. 드라마에 등장하는 세종은 언제나 말이 느리고, 점잖고 농담을 모르는 인물이다. 그러나 때로 세종의 언변은 부친 태종처럼 신랄하기도 하고, 한 마디로 상대의 말을 막아버리기도 한다. 부친처럼 연기력이 섞인 표현도 곧잘 했다.

세종은 대단한 집중력과 주의력, 그리고 사고력을 갖춘 인물이었다. 많은 사람이 세종의 호학이나 박식을 칭찬하지만 세종의 진짜 학문적 장점은 그것이 아니다. 아무리 책을 많이 읽어도 단순하게 정보량만 늘려 간다면 학자가 될 수 없다. 읽은 정보를 자기 지식으로 만들려면 서로 다른 목소리를 내는 정보를 정리, 분석하는 능력을 키워야 한다. 컴퓨터에 비유하면 정보를 저장하는 하드의 용량만 커서는 고급 컴퓨터가 될 수 없고, 한 번에 띄우는 정보량과 분석능력을 결정하는 메모리와 CPU의 능력이 컴퓨터의 수준을 결정하는 것과 같은 이치이다.

사실 책을 100번 읽는 것보다 10권의 책을 비교, 정리, 분석하는 과정이 더욱 힘들다. 이 부분에서 세종은 놀랄 만한 끈기와 뚝심을 지녔다. 그는 그저 문구를 외워서 안다고 잘난 척하는 학자들을 싫어했으며, 경전마다 다방면의 학설과 주석서를 참조하여, 각각의 이치와 논리체계를 이해하고 이를 토대로 더욱 깊은 생각을 하기를 원했다. 사실 이것이 학자의 기본 자세이며 진짜 학자와 사이비를 구분하는 선이기도 하다.

이 재능은 하루아침에 달성할 수 있는 것이 아니며, 그 수행의 길은 분명한 목적 의식과 의지 없이는 걸어갈 수 없는 길이다. 태종의 말마따나 과거를 볼 사람도 아닌데 충녕대군은 무슨 목표를 가지고 이 길을 선택했던 것일까? 소년 시절부터 그의 심중에는 국가와 국정에 대한 생각이 차 있었음에 틀림없다. 방법이 정당하다면 목표와 의지를 가진다는 것은 허물이 아니다. 소년 충녕에게는 자신의 목표와 생활을 일치시킬 수 있는 의지와 자제력이 있었다.

양녕대군

이렇게 무섭게 자라나는 충녕대군을 보면서 양녕은 무슨 생각을 했을까? 사실 양녕과 충녕은 겨우 네 살 차이이고, 둘째 효령대군은 충녕보다 한 살 위였으니 이들 3형제는 터울이 거의 없이 맞붙은 형제였다. 한창 성장기에는 한 살 차이도 대단히 크지만 성장할수록 이 정도 차이는 별 의미가 없어진다. 재수, 삼수하면 같은 대학생이고, 어찌하면 입사동기다. 그 다음부터는 나이로 앞서가거나 대접받기는 불가능하다.

양녕이 세자로 책봉된 것은 1404년(태종 4) 그가 11세 때였다. 그러나 세월이 가면서 이들은 서로 개성이 확연히 다른 비슷한 연배의 청년으로 성장하였다. 당연히 경쟁심과 야심이 생길 수밖에 없다. 양녕은 일찍 세자로 책봉받았고 여성들한테 인기가 아주 좋았을 호남아였지만, 뒤따라오는 충녕이 점차 그와는 전혀 다른 모습을 보이는 것이 문제였다.

실록에서는 양녕이 16세 때 활쏘기를 배웠고, 이 때부터 노는 데 맛을 들였다고 하였다. 활쏘기를 배운 자체는 잘못이 아니었다. 활쏘기는 예로부터 선비의 필수교양인 육예(六藝)의 하나였다. 그는 교과과정에 따라 활을 배웠는데, 원래 체격이 건장하고 기골이 무골이라 궁중에서 따라올 자가 없다고 할 정도로 잘 쏘았다. 지금의 중학교 2, 3학년 나이니 한참 스포츠에 빠지는 것이 큰 허물은 아니고, 이 때 학업을 게을리했다고 큰 인물이 못 된다는 보장이 없다.

그런데 뒤이어 학교에 들어온 충녕은 활쏘기에 빠지지 않고 공부에 탐닉하는 것이다. 인간에게 서로의 재능이 다른 사람과 비교 평가된다는 것처럼 무서운 일이 없다. 어쩌면 양녕의 난봉은 점점 커져 가는 동생의 존재에 대한 불안과 초조감 때문에 더 촉발되었는지도 모른다.

양녕의 불행은 부친과의 관계가 껄끄러웠던 것도 큰 이유가 되었다. 어느 집이나 아이가 사춘기에 접어들면 갈등이 생기는데, 대개 맏이가 1번 타자가 된다.

양녕 자신도 서울에서 쫓겨나던 날 부친에 대한 자신의 언행이 거칠고 성급했다고 반성했지만 직선적인 성격 때문에 부친에게도 할 말을 다하는 성격이었던 것 같다. 세대갈등이란 인간의 역사만큼이나 오래 된 것이다. 소크라테스도 당시의 청소년들에 대해서 우리 때는 저러지 않았는데, 요즘 애들은 버릇없고 제멋대로라고 지금과 똑같은 불평을 했다. 거의 막내였던 태종은 청소년 시절을 왕자가 아닌 과거준비생으로 보냈고 태조 3년에 태어난 양녕은 왕자와 세자로 궁에서 자랐다. 그 가치관이나 생활태도가 같을 수가 없다. 그런데 이놈이 머리가 커지더니 말조차 듣지 않고 고분고분하지도 않는 것이다. 양녕의 이런 모습이 태종에게는 불안하게만 느껴졌을 수 있다.

하여간 태종 18년 6월 태종은 전격적으로 양녕대군을 폐했고, 태양은 충녕대군의 머리 위로 이동하였다. 양녕의 아들을 세자로 책봉하자는 얘기도 있었으나 유정현 이하 다수의 관료들이 충녕대군을 지지했다. 충녕대군은 새로 세자책봉을 받고, 두 달 후 국왕으로 등극하였다.

태종도 양녕을 쫓아낼 때는 통곡을 했다고 하며, 먼 외방에 안치하려다가 중궁이 울며 부탁하는 바람에 가까운 경기로 보냈다고 한다. 그러나 평생을 냉혹한 승부사로 살았던 그였던 만큼 마지막에도 자신의 감정에 지지 않았다. 나중에 태종은 대신들에게 자신이 죽은 후에도 양녕은 도성으로 들어오지 못하게 하라고 유지를 내려놓았다. 그리고 만약 그럴 필요가 생긴다면 즉 국가와 왕가의 안위를 위해서 어쩔 수 없다면 양녕에게 죽음을 내려도 가하다는 말까지 해 두었다.

양녕의 폐위는 전격적이었지만 태종과 양녕의 갈등은 꽤 오래 전부터 시작되었다. 언제부턴가 대군과 대군의 외척들 간에는 이미 양녕의 폐위와 새로운 책봉을 기대하는 분위기와 긴장관계가 조성되었던 것 같다. 실록에서는 가능한 한 이런 이야기를 하지 않고, 대군들의 관계, 특히 충녕대군의 처신은 그저 아름답게만 묘사해 놓았지만, 왕위가 유동적이라는 사실은 대군들 사이에서는 충분히 인지되고 있었다고 생각된다.

양녕대군의 폐위에 결정적인 계기가 되었던 것이 어리 사건이었는데, 이를 태종에게 알린 사람이 충녕이었다. 물론 실록에서는 이것이 고자질이 아니라 우연적이고 어쩔 수 없는 일이었다고 하였는데, 조금 애매한 구석이 있기는 하다.

그런데 이 일로 호출되어 부왕에게 가던 양녕이 마침 불사를 끝내고 돌아오던 충녕대군과 길에서 맞닥뜨렸다. 양녕은 대뜸 충녕대군에게 "이것이 너의 소행이 틀림없지"라고 캐물었고 충녕은 아무 말도 하지 않았다는 얘기가 전한다. 양녕이 무조건 충녕의 소행으로 의심했던 것은 궁지에 몰렸던 양녕이 그만큼 충녕대군에게 위기의식을 느끼고 있었기 때문일 것이다.

불운했던 양녕은 세종과는 성격이 대조적이어서 호방하고 감정적이고 직선적인 인물이었다. 이런 극단적인 대조는 집안의 내력인 듯 세종의 아들에게서도 재연되는데, 문종은 세종을 빼닮았고 동생 세조는 오히려 양녕과 통했다. 실제로 양녕은 이 조카와 여러 가지로 죽이 잘 맞았다. 술자리에서 수양이 다른 사람들을 모두 KO시키자 보기 드문 영웅이라고 치켜세웠고, 세조도 양녕을 좋아하여 자주 대화를 했다.

국왕으로서의 자질을 논하자면 확실히 세종보다는 못하고, 거칠고 제멋대로인 면이 있기는 했지만 양녕이 도저히 국왕이 될 수 없는 광패한 인물이었다는 것은 심한 말이다. 실록에서는 여러 가지로 심각하게 그의 스캔들을 기록했지만, 황희는 그간의 소행을 개와 매를 좋아한 것에 불과하다고 평했다.

물론 양녕은 만년에 그의 인격을 의심하기에 충분한 도저히 용서할 수 없는 일들을 저질렀다. 세조에게 적극 협력하여 단종을 죽이라는 상소를 올린 것은 차라리 나은 편이다. 그는 정말 최악의 패륜행위를 저질렀는데, 자기 막내아들 이혜의 첩을 빼앗았던 것이다. 이 일로 이혜는 미쳐 버렸고, 문종 1년에 자살하고 말았다.

그러나 인간은 환경의 지배를 받는다고, 폐위된 후와 만년의 행동을 평가할 때는 그가 겪어야 했던 엄청난 상실감과 평생 그를 쫓아다닌 죽음의 위협-다른 왕의 치세에서는 왕위에 위협이 되는 이런 왕족은 살려두지 않았다-을 감안해 주어야 한다. 충녕과 같은 동생이 없었거나 국왕의 역할과 시대적 사명에 대한 조야의 긴장감이 좀 빠진 후대에 태어났더라면 무난히 국왕이 되었고, 최소한 박력과 추진력에서는 세조와 유사한 수준의 왕이 되었을지도 모른다.

사랑과 불륜 사이

늘 원칙을 중시하고 도덕적으로 빡빡한 사람보다 자유롭고 인간적인 감성에 충실한 인간을 좋아하는 사람은 오히려 양녕에게 매력을 느낄 수도 있다. 그는 어떤 면으로는 열정적이고 낭만적인 성격의 소유자였다. 그 열정이 낳은 사건이 어리와의 러브스토리 내지는 스캔들이었다.

어리는 은퇴한 중추원부사 곽선의 첩으로 경기도 적성현에 살던 여인이었다. 서울에서 파주, 적성까지는 지금도 차로 두 시간 이상 걸리는 길인데, 양녕은 이 시골여인에 대한 소문을 일찍부터 들었다고 했다. 텔레비전도 전화도 없던 시절이지만 전국에 깔아 놓은 노비들 때문에 왕가와 권세가들의 정보력은 이렇게 놀라웠다.

어리는 본인의 표현으로는 '예쁘지도 않고 병이 있는 여자'였다. 겸손의 말이었거나 양녕의 유혹을 뿌리치려고 한 말일 수도 있지만, 사실일지도 모른다. 이 시대의 왕족이나 권세가의 자제들이 대개 그랬지만 양녕도 이전부터 여자관계가 만만치 않았다. 그런데 원래 미모라는 게 절대적인 기준이 있는 게 아니다. 제 눈에 안경이라고 사람마다 자신이 특별히 좋아하는 유형이 있다. 힘없고 능력없는 사람이야 그저 나 자신을 용납해 주고 사랑해 주는 사람을 만나기만 해도 고맙지만, 손쉽게 많은 미인들을 접할 수 있는 사람일수록 자신의 이상향이나 어느 특정한 면에 더욱 집착하게 되는 것 같다.

양녕을 모시던 측근들은 그간의 경험으로 양녕의 이상향을 알았던 것 같고 적성에 사는 어리라는 여인이 바로 그런 여인이라는 사실도 알게 되었다.

태종 16년 1월 곽선의 양자 이승이 곽선을 방문했다. 그가 귀경할 때 어리도 모처럼 서울구경도 하고 일가도 만나고 싶다고 졸라 이승의 집으로 오게 되었다. 양녕을 모시던 악공과 환관이 재빨리 이 사실을 알렸고, 양녕은 밤에 이승의 집으로 쳐들어갔다. 재미난 일은 이 때도 그랬지만 양녕이 밖에서 사고를 칠 때는 늘 효령대군을 사칭했다고 한다.

양녕은 어리에게 한눈에 반해 버렸다. 양녕은 나중에 두 사람의 만남을 이렇게 회고했다.

어리가 마지못해 나왔는데, 머리에 녹두분이 묻고 세수도 아니했으나 그러나 한 번 봐도 미인임을 알 수 있었다. 나는 그 집 사람더러 말을 대령하여 태우라고 했으나, 그 집 사람이 좋아하지 않는 태도였다. 그래서 나는 말하기를, "그렇다면 내가 탄 말에 태우고 나는 걸어가겠다"고 했더니, 그 집 사람이 마지못해 말을 대령했다. 그래서 나는 어리의 옷소매를 끌어 말을 타게 하니, 어리는 말하기를, "비록 나를 붙들어 올리지 않더라도 탈 작정이다" 하고 곧 말을 탔다. 그 때 온 마을 사람들이 삼대같이 모여 구경하였다. 그 날 밤 광통교 가에 있는 오막집에 가서 잤다. 이튿날 어리는 머리를 감고 연지와 분을 바르고 저물녘에 말을 타고 내 뒤를 따라 함께 궁으로 들어오는데, 어렴풋이 비치는 불빛 아래 그 얼굴을 바라보니, 잊으려도 잊을 수 없이 아름다웠다.

어리는 궁에서 양녕과 살림을 차렸다. 그러나 동거 1년 만인 이듬해 2월에 이 사실이 탄로나 어리는 궁에서 축출되었다. 이 때부터 태종은 양녕의 폐위를 진지하게 고려하게 되었다.

양녕은 어리를 장인 김한로에게 보내 보살피게 했다. 이미 부인에 후궁도 여럿 두었고 총애하던 기생도 거느렸던 양녕이지만 사랑에 빠진 세자는 그녀를 잊지 못했다. 양녕은 침식을 전폐했고, 장인에게 어리를 보게 해달라고 떼를 썼다. 장인에게 이런 부탁을 한다는 게 우리 생각으로는 이해가 가지 않지만, 이 시대 높은 분들의 사고구조는 요즘 사람들, 아니면 우리 같은 평민과는 상당히 다르다는 것을 이해해야 한다.

김한로는 어리를 집안의 몸종으로 가장시켜 세자빈을 만나러 가는 일행에 묻어 넣어 주었다. 양녕과 어리와의 사랑은 다시 불붙어 그녀는 아이까지 낳았으나 아이의 유모를 구하다가 탄로가 나고 말았다.

태종 18년 5월 사냥터에서 이 소식을 들은 태종은 노할 대로 노했다. 어쩌면 심중으로는 이미 중대한 결단을 내렸던 것 같다. 그러나 아직 발설하지는 않고 김한로를 투옥하고 세자빈까지 집으로 내쫓았다. 어리는 부모의 집으로 보내 다시는 세자와 만나지 못하게 하라는 명령을 내렸다.

이 명령을 들은 낭만적인 사나이 양녕은 국왕의 사자보다 앞서서 서울로 돌아오더니 다짜고짜 연지동에 있던 김한로의 집으로 가서 어리부터 만났다. 사랑을 해 본 사람은 사랑하는 이를 단 한 번이라도 더 만나보자는 이 심정을 이해하겠지만, 세자의 자리가 위태로운 때에 하룻밤의 만남을 위해 이런 모험을 한다는 것은 쉽지 않은 열정이다. 도덕적으로 문제가 많은 사랑이고, 누구는 도저히 국왕감이 아닌 한심한 인간으로 치부할 수도 있겠지만 이 정도면 사랑을 위해 왕관을 버렸다는 서구의 어느 왕자와 과부의 이야기 못지않은 세기의 사랑이었다.

하룻밤 사랑의 대가는 엄청났다. 6월 이 소식을 들은 태종은 마침내 세자를 충녕으로 바꾸고 양녕을 경기도 광주로 귀양보냈다. 태종은 한때 어리를 죽이려는 의논까지 했었으나 양녕을 폐위하고 귀양까지 보내게 되자 아무래도 자식이 불쌍했던지 어리를 용납하고 그녀도 광주로 따라 보내겠다고 하였다. 그런데 그 후에 또 마음이 바뀌었는지, 양녕의 유배지가 확정되지 않았기 때문인지 그녀의 광주행은 차일피일 미루어졌다.

해가 바뀐 세종 1년 1월 태종은 양녕의 거주지를 경기도 양근(지금의 양평 일대)으로 정하고 그가 살 100칸 집을 짓게 했다. 집이 완공되었다면 어리도 결국은 그 곳으로 갔을 것이다. 그러나 로맨티스트 양녕은 어느 날 갑자기 한 장의 편지를 남긴 채 무단으로 양근을 탈출했다. 다른 사람 같으면 사형에 해당하는 중죄였다. 이 목숨을 건 탈출의 목적은 잘 알려지지 않았는데, 사람들은 다 어리 때문이라고 짐작하였다.

이 난감한 사건이 터지자 진작부터 저 요망한 여자 때문에 양녕이 일생을 망쳤다고 생각하던 양녕의 유모와 역시 같은 생각을 하던 김한로의 비첩이 어리에게 달려가 욕하고 구박하였다. 한바탕 욕을 본 후 분하고 억울하기도 하고, 또 무슨 변을 당할지 모르겠다는 생각에 두렵기도 했던 어리는 이 날 밤 자결해 버리고 말았다.

이렇게 세기의 사랑은 두 사람 모두의 파멸로 끝났다. 며칠 후 양녕은 지금 워커힐이 있는 아차산 근처 왕실 노비의 집에 나타났는데, 어디를 어떻게 방랑했는지 신발이 다 헤져 있었다고 한다. 어리의 소식에 그가 어떤 반응을 보였는지는 알려져 있지 않다. 다만 궁에 들어가 태종을 알현한 뒤에 자기 방에 가서 태연히 비파를 뜯으며 노래를 불렀다고 한다. 실록에서는 저 지경이 되어서도 버릇을 고치지 못했다고 비난했지만, 그 정도로 아무 생각이 없던 인물은 아니었다. 그 노래와 태연한 웃음 속에는 본인도 형언할 수 없었던 만감이 섞여 있었으리라.

이후로도 감정을 자제하기 힘들었던 양녕은 사냥과 유흥으로 일생을 보냈고, 마침내는 끔찍한 패륜마저 저질러 가족을 불행으로 몰아넣었다. 다만 노년인 세조 치세에는 종실의 최고 어른으로 대접받으며, 편안한 삶을 영위했으나 일설에는 단종살해를 건의한 일 때문에 심적으로 많은 고통을 받았다고 한다.

반면 양녕을 물리치고 국왕으로 등극한 충녕대군의 앞에는 새 왕조의 운명을 좌우하는 중요한 시대가 놓여 있었다. 그는 자신의 일생을 바쳐 이 사명에 성실하게 도전하였다. 그 결과 그는 명군이란 말도 부족하여 성군이라고까지 불리게 되었다. 그러나 후세의 명성과 달리 정작 세종 자신에게는 쉽지 않은 인고와 고통으로 점철된 삶이었다. 이제부터 본격적으로 그가 다스렸던 세상을 들여다보기로 하자.

3. 학자왕의 고민

원전과 원론부터

1418년 8월 11일(무자), 세종이 즉위하던 날 그 곳에 참석한 노신과 젊은 관료들은 거기에 감도는 새로운 기대감과 흥분을 충분히 호흡할 수 있었다. 개혁방법을 두고 벌였던 갈등과 방황은 태종대에 대략 정리가 되었다. 뒤숭숭하던 집권층도 안정되고 단합되었으며, 대부분의 국가제도가 골격을 갖추었다. 이제 남은 일은 그것들을 다듬고 마무리해서 그 열매를 충분히 섭취하는 일뿐이었다.

이런 보이지 않는 부분만이 아니라 사회의 겉모습과 분위기도 이전과 크게 달랐다. 25년 전 태조가 서울로 천도했던 때는 양력 11월, 이 때의 한성은 스산한 날씨만큼이나 썰렁한 동네였다. 태조와 태종은 이 도읍지를 도성답게 만드는 데도 자신의 평생을 바쳐야 했다.

이제는 궁궐과 관청, 성벽도 모두 자리를 잡았다. 인구는 늘고, 다양한 직업군이 형성되었다. 종로통에는 전국에서 가장 크고 유일한 시전이 형성되어, 전국 어디에서도 볼 수 없는 분위기와 약삭빠른 인간군을 창출해 냈다. 서울쥐와 시골쥐의 분화가 시작된 것이다. 마침내 실록에 이런 이야기까지 등장하게 되었다.

 사노비 박막동, 악공 최대평, 백성 김유 등이 한 패가 되어 납철 덩어리를 만들어 가지고 일부러 길 가운데 버려 길가는 사람에게 이것을 줍도록 하고는, 조금 후에 나타나서 말하기를, "값비싼 은 조각을 길에서 잃었다. 만약 이것을 주운 사람이 있으면 적당한 값으로 계산해 주겠다" 한다. 주운 물건을 내보이면 반가운 척하면서 말하기를, "이것이 바로 내가 잃은 것이다. 그러나 보답할 물건이 없다"고 하며, 당황하고 답답한 척한다. 그 때 같은 패거리 중 한 사람이 우연히 지나가던 사람인 척하면서 말하기를, "당신의 보물은 한 번 잃어버렸으니 이미 당신의 물건이 아니다. 비록 반값을 받고라도 이를 주운 사람에게 주는 것이 옳다"고 한다. 주운 사람은 이 말을 믿고 가졌던 의복과 잡물을 다 주고 이를 교환하게 되는데, 이런 일을 여러 번 했다. (『세종실록』)

도시의 분위기만 바뀐 것이 아니다. 지배층은 안정되었으며, 단합되었다. 체제와 지배층이 정비되니 정치와 경제를 넘나드는 조선식의 권력형 커넥션도 만들어졌다. 한성은 정치와 행정의 중심지일 뿐만 아니라 경제의 중심지였으므로 왕족과 고위층들은 정치와 경제의 메커니즘과 자신의 권력을 어떻게 일치시켜야 하는가를 잘 알았다. 이 부분도 모색기를 지나 안정기에 접어들었다. 경제와 시장정책을 어떻게 펴고, 인간과 자금을 어떻게 운영한다는 방침이 거의 관례적인 형태로 자리잡았다.

 아름답고 희망에 찬 출발이었다. 기존의 제도와 관행에 적당히 잔손질만 하며 살아도 사회는 번영하고 평탄할 것이었다.

 그러나 문제의식이 충만했던 젊은 왕의 생각은 달랐다. 그는 즉위할 때부터 자신이 일생을 바쳐 도전해야 할 과제가 무엇인지를 너무도 잘 알고 있었다.

　태종이 그에게 넘겨준 첫번째 과제는 주요 부분을 중심으로 골격만 잡혀 있는 국가체제를 완결된 형태로 정비하는 것이었다. 이것만이었다면 일은 많아도 큰 어려움은 없을 수도 있었다. 그러나 실상은 그렇지 않았다. 세종은 부친이 넘겨준 체제의 문제를 잘 알고 있었다. 제도가 겉으로 보면 공정한 듯해도, 세부 사항이나 운영 방침을 보면 소수의 집권층 편으로 너무 굽어 있었던 것이다. 당시의 집권층 중에는 조선 건국 후 새로 권좌에 오른 가계도 있었지만, 상당수가 고려 때부터 힘을 써온 명문가들이었고, 명문이든 신진가문이든 벌써 왕실, 공신가와 이리저리 혼인을 맺어 단단한 결합과 의리를 과시하고 있었다.

　문제의식이 약해지고 귀공자 세대가 성장하면서 이들의 풍속도에도 변화가 왔다. 지금이야 돈만 있으면 자가용을 타지만 옛날에는 그렇지 않았다. 사회의 위계질서를 생활 속에서 체현하기 위해 도성 안에서 평민은 걸어야 했고, 양반은 말이나 가마를 타고 다녀야 했다. 지금의 기성세대들은 학생 시절에 미투리를 신고 책을 옆에 끼고 걸어다녔는데, 어느덧 자가용 등교가 대학사회를 물들였다. 당시 성균관 유생들은 대부분 명문가의 자제로 채워지면서 책은 하인에게 들리고 자신은 말을 타고 등교하는 풍속이 번졌다.

　이렇게 자라난 세대라 세상에 무관이 칼 차기를 싫어하고 창피해하는 풍조까지 생겼다. 그래서 칼을 당번병에게 들리고 출근하며 사열하거나 중요한 의식을 거행할 때도 당번병이 자기 뒤에서 대신 칼을 차고 서 있게 하는 꼴불견까지 벌어졌다.

　지배층의 경색과 세습은 비단 정치의 문제만이 아니었다. 경제, 사회, 군사 모든 부분이 이 체제의 영향 아래 있고, 자칫하면 심한 폐단을 야기할 가능성이 높았다. 더욱이 조선을 건국한 이래로 사회 전반에 걸쳐 국가행정력과 간섭기능을 강화하고 있는데, 국가 운영층이 이런 상태에서 제도적인 기능만 강화하면 집권층이 국가권력과 제도를 악용하여 사욕을 채우기가 쉬워진다.

그러면 이런 문제를 어떻게 해결해야 할까? 세종은 정계개편을 하거나 체제 자체를 개혁하려고 하지는 않았다. 정치세력에 관한 한 세종은 기존의 틀을 지켰고, 고급관료를 우대하는 정책을 썼으며, 공신과 고급관료들과의 약속, 그들에 대한 법적 특권, 사면, 기타 여러 가지 합법적인 특권을 일관성있게 지켰다.

대신 그는 자신에게 주어진 이 두 가지 과제를 하나로 일치시켰다. 제도를 밑둥부터 수정하는 대신, 역사와 경전을 뒤져 이상적인 제도를 연구하여, 현재 거칠게 만들어져 있는 제도를 세부 사항까지 세밀하게 규정하고, 관련규정을 대폭 보완함으로써 이 난제를 해결하려고 했다. 세종은 엄청난 학식과 초인적인 정력으로 이 작업에 착수했다.

처음부터 세종은 당장의 현실문제와 이해타산만을 가지고 이렇게 저렇게 하자고 하는 논리를 매우 싫어했다. 아니 대놓고 표현은 안했지만 조그만 폐단만 보이면 법을 고치자, 폐지하자, 새 법을 만들자고 떠드는 관료와 경박한 젊은이들에게 실망하고 지겨워했을 게 틀림없다. 그는 건국 초기의 갈등과 성급했던 제도들이 관료들의 무식과 이런 근시안적인 자세에서 나왔다고 생각했을 것이다.

세종의 이 특별한 성품을 설명하기 위하여 다음과 같은 이야기를 하나 준비했다.

조선의 국왕들은 빠짐없이 불교 문제로 유신(儒臣)들과 언쟁을 벌였다. 이 기록들을 모아 보면 저마다 개성이 잘 드러난다.

▶ 훌륭한 무장이기는 했지만 학문은 부족했던 태조, 문자를 써 가며 척불론을 주장하는 젊은 문신에게 아주 간결하게 그러나 효과적으로 대응한다―"이색도 불교를 믿었다. 네가 이색보다 잘났느냐."

▶ 순진하고 우직했던 정종―"불교의 원리는 자비인데, 자비가 나쁜 것은 아니지 않느냐, 귀신이 허망한 것이라고 하지만 그래도 효험은 있다."

내가 전에 부처에게 기도하던 사람이 신이 들리는 것을 봤다"는 식의 초보적인 논리를 펴다가 문신에게 깨진다.

▶술수를 좋아했던 **태종**, 절묘한 핑계를 대며 **빠져나간다**-"나도 불교가 허망한 것이라고 생각한다. 그러나 지금 중국이 불교를 신봉하고 있으니 우리가 아주 탄압할 수는 없다."

▶터프가이를 지향했던 **세조**, 신하가 부처를 비난하자-"칼을 가져와라 내 저놈을 죽여 부처에게 사죄하겠다."

그러면 우리의 세종은 어떻게 했을까? 간단하다. 그 학구적인 자세와 논리로 사람을 복잡하게 하고, 대답할 수 없는 질문을 던져 입을 막는다.

석가의 설교는 진위를 알 수 없는 것인데, 역대의 호걸스러운 임금들이 지금까지 불교를 다 없애지 못한 까닭은 무엇인가? 마음을 깨끗이 하고 탐욕을 적게 내는 것을 도로 삼는다는 것은 도와 비슷한 소리지만 바른 도는 배우지 않고 그른 도를 근본으로 내세우는 것은 옳지 않다. 그 교리란 이치에 가까운 듯하면서도 진리를 크게 어지럽히는 것이다.

불교를 공격하는 말 같지만 세종의 숨은 뜻은 불교에는 이런 문제가 있으니, 불교를 공격하려면 이런 수준에서 연구를 해서 공격하라는 말이다. 그러나 이 정도로 연구해서 대답하려면 유학공부를 그만두고 불교학자가 되어야 할 것이다.

국가의 제도란 하나하나가 온 국민의 삶과 직결되어 있으며, 제도 하나는 100년 이상의 미래를 내다보아야 하는 것이다. 이런 제도를 어떻게 당장의 현실논리나 이해득실에 얽매여 제정할 수 있느냐는 것이 세종의 생각이었다.

세종은 작은 법규를 하나 만들어도 그냥 만드는 법이 없었다. 그 제도에 관한 역사를 쭉 고찰하고, 각각의 장단점과 각각의 단점을 처리하는 방안, 다른 제도와의 관련성, 현재의 상황과 우리의 수행 능력 이런 것을 하나하나 모조리 연결시키면서 고민을 했다.

여기서 세종의 학문적 능력과 장점이 최고로 발휘되었다. 그는 엄청난 끈기와 집중력으로 읽기만 해도 머리가 아픈 비슷비슷한 제도, 비슷비슷한 문구를 비교하고 따지고 정리하였다. 실록에는 이런 기사가 많은데, 저 정도로 말하려면 사전에 얼마나 복잡하고 어려운 작업을 했을까 라고 생각하면 멀미가 날 정도이다.

그러나 이 정도는 아무 것도 아니다. 세종의 고민은 역대의 제도와 운영방식, 폐단을 고찰하는 데서 끝나지 않는다. 그 제도와 관련된 제도까지 종횡으로 고찰하여 짜임새있고 일관성있는 규범을 찾아내려고 하였다.

그런데 이 관련 부분이란 것이 엄청나다. 원래 중세의 법제와 유학이란 것이 따로따로 자기 영역을 가지고 존재하지 않는다. 이를 전일적인 구조라고 하는데, 철학과 제도, 법규, 예절, 제사와 음악까지 하나하나의 규정은 논리적으로 연결되어 있다.

선현의 지혜를 신뢰했던 세종은 그야말로 이 모든 것을 포괄하며 원리를 궁구하고, 제도를 연구했다. 역대의 제도, 각 제도의 운영사항, 각각의 제도가 처한 시대적 상황, 그 제도의 배경에 있는 철학과 원칙, 그리고 중국의 현실과 전혀 똑같지 않은 우리의 현실. 여기서 끝나지 않고 그 제도와 관련된 제도와 법규에 대해서도 같은 방식으로 섭렵하였다.

그런데 이런 방대한 작업에 도전하다 보니 부족한 것이 너무나 많았다. 우선 제도 연구의 기본이 되는 역사, 그나마 중국의 역사서에 비해 우리의 역대 사서는 너무 소략했다. 이 사실이 너무나 안타까웠던 세종은 학자들에게 보다 풍부한 사서를 만들어 내도록 다그쳤다. 그래도 만족할 만큼 풍성한 사서는 만들지 못했지만 『고려사』와 『고려사절요』가 그 정도로 두터워진 것은 세종의 덕이다.

중국의 사서도 열심히 연구해야 했다. 욕심 같아서는 본인이 다 섭렵하고 싶었지만, 경서나 문집과 달리 역사책이란 게 워낙 방대하다. 세종은 집현전 학사들을 불러 책마다 전공자를 두게 하여 제도 하나를 거론 하면 이 책 어디에 그런 내용이 있다고 당장 튀어나오게 만들었다.

그런데 이 역시 문자만 해석하고 외워서는 쓸모가 없다. 세종은 연구를 요구했고, 그러다 보니 주해본이 필요했다. 당시 대표적인 역사서이던 『자치통감』에 관해서는 더욱 애정을 보여 호삼성의 음주본(音註本)을 전국에 현상을 걸어서 찾았고 마침내는 중국에서 완질을 수입했다. 여기에 만족하지 않고 그는 학자들을 동원하여 더 상세한 주석서인 『자치통감훈의』를 편찬했다. 이 책에 얼마나 열정을 쏟았던지 노년에 건강이 나쁘고, 안질로 실명 위기까지 겪고 있으면서도 몸소 하루에 수십 권씩 교정을 보았다. 이 작업을 통해 그가 바라던 해답을 얼마나 찾았는지는 알 수 없으나 이 주해본은 나중에 중국에서 간행한 것보다 더 잘 되었다는 평을 들었다.

경전과 사서에서 찾아낸 제도를 적용하려면 이 땅의 실체도 정확히 파악할 필요가 있었다. 그래서 세종은 지방관들에게 지도, 인문지리, 속요, 풍습, 생태 온갖 것에 대한 정확한 정보를 요구했고, 이를 수합하여 편찬 간행했다. 『세종실록』 지리지를 위시한 긴 편찬물의 목록이 이렇게 해서 탄생했다.

갑자기 편찬물이 넘치는데다, 이들을 빨리 자료로 활용하려니 기존의 인쇄술이 너무 느렸다. 목판인쇄는 목판에 글씨를 일일이 새겨서 만들어야 하므로 당연히 오랜 시간이 소요된다. 활자인쇄도 이 때는 속도가 매우 느려 하루에 전지로 서너 장을 찍는 게 고작이었다고 한다.

세종은 인쇄속도를 올리라고 다그쳤다. 그리고 기왕에 하는 김에 활자도 크고 예쁘게 만들라고 덤으로 주문했다. 기술은 필요에 의해 발전하는 것. 세종대에 인쇄술이 진일보하여 하루 20장 수준으로 올라갔고, 가장 아름다운 활자로 유명한 갑인자 단계에서는 40장으로 올라갔다.

책상과 자료는 준비가 되었다. 그러나 혼자서 이 자료를 다 조사하고 연구할 수는 없는 일이다. 협력자와 전임 연구원이 필요했다.

세종은 즉위 초에 벌써 집현전의 연구기능을 크게 확대하고, 당대의 수재들을 이 곳에 모았다. 집현전은 그 동안 역할이나 비중이 그리 크지 않았던 기구였는데, 개혁의 시대를 맞이하여 세종은 집현전을 개혁정책을 뒷받침하는 국책연구기관으로 육성했다.

그래도 부족했다. 안이한 생활과 과거공부의 타성에 물든 학자들의 수준은 의외로 낮았고, 기본적으로 자세가 되어 있지 않았다. 당장 역사공부는 싫어하고 공부를 해도 표준적인 이해만 할 뿐, 고민하지 않고, 제도와 사회현실과 관련시켜 사고하지 않기 때문에 실전에서 쓸모 없고, 응용력이 떨어지는 학문이 된다.

여기에도 세종이 나서야 했다. "제대로 된 학자가 없다"고 탄식하던 세종은 집현전 학사를 경연에 끌어들였다. 경연은 왕이 학자를 만나 배우는 자리지만 세종의 경연장은 왕이 구태의연한 학자들을 경각시키고 교육하는 자리이기도 했다.

"학사들은 집에서 책을 읽을 때는 자신이 다 안다고 생각하는 것 같다. 그러나 막상 대화를 나누면서 물어보면 알지 못하는 경우가 많다. 이는 학사들이 평소에 이치를 궁구하며 읽지 않기 때문이다."

세종은 집현전 학사들을 나누어 사서삼경과 사서마다 전문인을 두도록 했다. 그리고 우수한 문신에게는 휴가를 주어 공부에 전념하게 하는 사가독서제(賜暇讀書制)를 시행했다.

그러나 학사들에게 사서를 중점적으로 읽힌다는 정책에도 반대상소가 올라올 정도로 세종과 관료들의 의식차는 컸다. 세종은 특단의 방법을 써서 집현전 학사들은 평생 이 곳에서 연구직에 종사해야지 정계로 진출해서는 안 된다는 명령을 내렸다. 왕조를 위하여 정치가가 아닌 학자, 교수가 되라는 명령이었다. 다행히 정인지와 신숙주는 이 명령이 내리기 전에 집현전을 떠났는데, 전도양양한 선배의 출세길을 보면서 꿈에 부풀어 살던 학사들에게는 날벼락 중의 날벼락이었다.

세종은 처음부터 집현전 학사를 극진하게 대접하여, 내관을 보내 공부하다가 잠이 든 학사(신숙주였다고 함)에게 옷을 덮어 주는 등 특별한 관심과 대우를 과시했지만, 이 금지령은 죽을 때까지도 풀어주지 않았다.

준비작업이 이 정도니 본연의 정책 토론장으로 가면 어떻게 될까? 솔직히 세종의 학구적인 태도가 존경스럽기는 하지만 그와 대화하려면 학식 이전에 대단한 끈기를 갖추어야 했다.

정사를 보는 자리에서 세종은 대신과 관료를 존중하여 독단으로 결정하는 법이 없고 늘 이들에게 논의를 시키고, 의견을 물었다. 하지만 절대로 그냥 물어보는 법은 없었다. 그는 하나의 안건이 있으면, 여기에 관해서는 이 책에 이런 제도와 이런 제도가 있고, 이렇게 하면 이런 문제가 생기고 저렇게 하면 어느 책의 어떤 원리와 배치되고, 뭐는 현실적으로 이런 폐단이 있고 하여간 이런 내용을 쭉 써서 주어놓고 의논에 붙였으며, 사소한 이야기를 해도 자신의 행동에 대한 논리적 근거를 꼬박꼬박 붙였다.

어쩔 때 보면 이것은 질문이 아니었다. "전하가 다 생각하고 정리해 놓고 왜 물어보시는 겁니까?" 이렇게 불경스럽게 말한 사람이야 없었겠지만 아마 이것이 각료들의 솔직한 심정이었을 것이다.

그래도 용감한 사람이 있어 토론은 진행되었다. 이 때 이 엄청난 질문에 대답하거나 새로운 의견을 제시하려면 그냥 얘기해서는 안 되고, 세종과 마찬가지로 역사적 사실과 논리적 근거와 이런 것들을 일일이 달아가면서 대답해야 했다. 그러면 세종은 으레 한 수 더 떠서 그와 관련된 제도를 다 조사하게 하여 논쟁을 한없이 복잡하고 어렵게 만들기 일쑤였다.

또한 세종은 아무리 작은 일이라도 대강 넘어가는 법이 없었다. 하다못해 군사들의 훈련용 나무화살을 만들어도 규격을 가지고 고민을 했고, 활쏘기 연습용 과녁을 무엇으로 만드느냐는 데도 간여를 했다. 한 번은 고정과녁보다는 이동표적을 쏘는 훈련방안이 논의된 모양인데, 세종이

나서서 털실을 감은 공이 제일 좋다고 낙찰을 보았다.

이럴 때 어설프게 안건을 올리거나 적당히 뭐가 좋다고 말했다가는 세종의 질문세례를 뒤집어써야 했다. 예를 들어 누가 털실공은 보관하기 어렵고 쉬 헤지니 대신 가죽공을 쓰자고 건의했다면 아마도 세종은 분명히 이렇게 되물었을 것이다.

"털실공은 몇 번 쓸 수 있으며, 가죽공은 몇 번 쓸 수 있는가? 가죽공을 쓰면 털실공으로는 훈련이 곤란한 새로운 효과라도 있는가? 가죽공이라면 무슨 가죽을 사용해야 하는가? 가죽공의 수요는 얼마나 되는가? 그 가죽을 조달하는 방법은 무엇이며 비용은 얼마인가? 털실공을 만드는 데 들어가는 시간과 가죽공을 만드는 데 들어가는 시간과 인력이 어떻게 다른가? 쓰지 않고 버리는 다른 가죽을 이용할 수 있는가? 두 가죽공의 품질 차이는 없는가? 이상의 내용을 각각의 공을 만들어서 실험해 보고 결과를 보고하라. 아울러 이 참에 털실과 가죽 외에 다른 사용 가능한 좋은 재료는 없는지 널리 물어서 조사해 보라."

이러니 그의 말과 문장은 늘 지리하고 길 수밖에. 때문에 이전에 내린 교서 한 장을 찾으려고 해도 담당자들이 무척 애를 먹었다. 그 빽빽한 한자를 한참을 읽어야 본론이 무슨 내용인지 알 수 있으니 말이다. 덕분에 전균이라는 내시 한 명이 크게 출세했는데, 이 친구는 글도 모르는데 무엇을 찾아오라고 하면 틀리지도 않고 귀신같이 찾아와 총애를 받았다.

세종의 이러한 시도는 어찌보면 답답해 보이기도 한다. 그러나 우리 역사에서 개혁이란 과제를 추구하면서 세종처럼 체계적이고 근원적인 물음을 추구하면서 접근한 사람은 드물다.

지금도 우리 사회는 능률과 실질을 너무 숭상한 나머지 이론적인 탐구를 낭비적이고, 현학적인 놀음이라고 간주해 버리는 풍조가 너무 짙게 배어 있다. 1년을 연구하고 내린 결론과 잠시 5분 생각하고 내린 결론이 같다면 5분 만에 결론을 내린 사람을 훌륭하고 똑똑한 사람이라고 여긴다.

하지만 이론과 근원을 상고하고 전체를 조망한 후에 법규를 정하는 것과 그냥 자신의 분석과 판단으로 정하는 방식 사이에는 장기적으로 보면 큰 차이가 있다. 사회는 늘 변하므로 모든 제도는 운영의 묘가 중요한데, 제도의 지향과 근원, 짜임새를 모르면 다가오는 문제를 미리 예측할 수 없고, 본래의 지향을 지켜가면서 새로운 사태에 대응할 수 없다. 그러니 되는대로 부수고 새로 짓거나 규정이니 관례니 하면서 무조건 그대로 끌고 나가게 되는 것이다.

이 폐단은 과거의 예를 들 것도 없다. 1990년대의 한국사회가 뼈저리게 겪고 있기 때문이다. 이론과 분석, 장기적인 전망, 이런 것을 빼놓은 채 '하면 된다', '할 수 있다'를 더 좋아한 결과이다. 이상하고도 이상한 것이 매일 사용하는 녹색지폐에서 세종의 얼굴을 보고 세종을 떠받드는 사람이 그렇게 많은데, 세종의 진짜 장점, 그가 평생을 바친 노력은 우리의 뇌리에서 실종되어 있다는 사실이다.

끝이 보이지 않는 개혁

불행하게도 세종의 초인적인 탐구는 금새 중대한 난관에 봉착했다. 간단하고도 쉬운 진리인데, 인간이 이렇게 살면 병이 나지 않을 수가 없다. 세종은 겨우 30대 초반(세종 9)에 벌써 풍질이 발병했다. 옛 기록에서 풍(風)이라고 표현하는 증세는 하도 다양해서 어떤 병인지는 잘 알 수가 없지만 세종의 다양한 병력의 시작이었다. 건강은 자꾸 나빠져 10년 후에는 하루종일 앉아서 정사를 볼 수 없을 정도라고 하여 이 때 벌써 세자에게 일반 서무를 위임하려고 하였다.

그러나 병이 전부가 아니었다. 병이 세종을 힘들게는 했으나 그의 활동을 막지는 못했다. 정작 세종의 시도를 괴롭힌 주역은 따로 있었다.

바로 세종의 방법 그 자체였다. 앞서 말했듯이 세종은 기존의 정치, 관료체제가 가졌던 본질적인 약점, 폐쇄적이고 사정(私情)과 특권층의 이기주의에 약한 구조 자체는 손대지 않고 제도와 규정을 잘 갖춤으로써 폐단을 최소화시키려고 했다.

이렇게 하다 보니 어쩔 수 없이 인위적인 규제와 절차가 자꾸 많아지고, 부서의 자율성을 용납하기가 어려워졌다. 제일 먼저 관료의 선발과 승진규정이 아주 복잡해졌다. 한 번에 몇 직급 이상은 승진할 수 없고, 무슨 관직을 마치면 다음에는 어디로 가야 하고, 무엇무엇을 거치지 않으면 어디로 승진할 수 없고······.

인사 규정이 복잡하고 수치화된다고 무조건 객관적이고 합리적이 되는 것은 아니다. 세종 때에 이런 규정이 발달한 이유는 애초부터 관료 인사가 폐쇄적이고 사적인 인맥에 따라 운영될 위험이 높았기 때문이다. 그래서 세종은 이런 규정을 만들어 특권층의 지나친 전횡을 방지하는 한편, 관직과 인사경로 자체를 여러 그룹으로 나누어 국가운영에 참여하는 로열층의 영역과 그보다 못한 기술관, 평민, 천인층의 영역을 구분하고 각각의 영역의 특성을 살려 운영규정을 만들었다.

이런 인위적인 규제 때문에 인재가 적체되고, 인사가 경직되어 능력 있는 자를 바로바로 필요한 곳에 투입할 수 없다는 비판이 제기되었지만, 그것이 주는 장점보다는 폐쇄적인 관료제가 주는 폐단이 더 무서웠기 때문에 이 방식을 버릴 수가 없었다.

그리하여 이런 규정은 주요 관직에서 아주 작은 관직까지 확대일로로 나갔고, 규정은 갈수록 많아지고 복잡해졌다. 사소한 부서도 정원과 임기를 정하고, 선발규정과 승진규정을 정하고, 이 규정을 준수하는지 안 하는지 감독하는 규정을 두어야 했다.

예를 들면 천문관측과 이에 관련된 업무를 하는 서운관에는 천문을 관측하는 전문관리가 있다. 이들은 승진해도 다른 문관직으로 가지는 못하는 고정직으로, 천문을 공부하는 전문학생 중에서 선발하여 충당한다. 그런데 학생은 겨우 20명 정도에 불과하다. 그러니 누가 실력이 있고, 성실한지는 쉽게 알 수 있다. 관리직도 한 사람이 전임하는 게 아니라 돌아가며 맡게 하므로 부서장의 전횡에 대한 고발이나 견제장치만 적절하다면 부서장의 책임하에 탄력적으로 운영하게 하는 게 제일 효과적이다.

그런데 그렇게 하면 금새 심각할 정도로 부정이 발생한다. 아랫사람의 고발을 용납하지 않기 때문이다. 부서장의 인간성에 따라 전혀 능력도 없는 인간을 갖다 앉혀서 시간이 몇 시간씩 틀려지기도 하고, 학생을 온통 공부도 못하고 무술도 못하는 특권층 아들로 채워서 군역을 피하는 소굴이 된다.

그러니 여기도 시험규정을 두고, 평가규정, 승진규정, 감독규정을 두어야 한다. 규정을 만들면 또 규정을 이용해 먹는 놈이 생긴다. 그러니 고정적이고 형식적인 규정이 계속 많아진다. 시험은 반드시 모월 모일에 본다. 며칠 전에 학생에게 통보한다. 평소의 시험성적은 몇 퍼센트 반영한다.

여담이지만 이렇게 해서 세종 때에는 온갖 분야에 시험규정이 만들어졌다. 어떤 분 말대로 이 나라에 시험제일주의를 보급하고, 회사원들까지도 어디에 써먹을지도 모르는 토플 공부에 몰두하게 만든 시초가 세종 때에 시작되었다. 하지만 그것이 어찌 세종의 책임이겠는가? 진짜 문제아는 500년 전에 사용한 방법을 지금껏 답습하고, 되려 세종의 권위를 빌어 그것을 정당화하는 후손들이다.

이제 진짜 심각한 문제가 발생한다. 이런 규정을 누구에게 만들게 하는가? 이 곳 사정을 잘 알아야 하니 현임 부서장이나 전임자에게 맡길 수밖에 없다. 이 때 당장 자기 아들이나 처조카, 또는 특정 계층에게 지나치게 유리하게 만들지 않는다는 보장이 없다. 그러니 왕이 일일이 결재하면서 꼼꼼하게 챙길 수밖에 없고, 가뜩이나 생각과 고민이 많은 세종의 업무는 여기서 또 한 번 증폭되었다.

세종이 자신의 항로를 한 번 이 쪽 방향으로 틀어 보자 그야말로 미지의 바다가 나타났다. 이런 방침이 성공하려면 한두 군데만 이렇게 해서는 안 되고 모든 제도와 부서의 운영방안에 통일성과 일관성을 부여

해야 한다. 조선을 건국하면서 중앙집권화를 강화하고, 사회 전 부분에 걸쳐 국가의 역할과 기능을 확대한다는 것이 이미 움직일 수 없는 역사적 과업으로 확정되었지만 세종은 이 청사진을 모눈종이 위에 다시 그리기로 결정하였다.

국가, 사회 전 부분에 걸친 통일성과 일관성. 그러면 이 기준을 어디에서 찾아야 하는가? 당연히 유학의 고전이다. 고전에 그런 내용이 없거나, 내용이 서로 상이할 때는 어떻게 해야 하는가? 국민교육헌장에서 가르치듯이 고전의 원리를 충분히 체득하여 우리의 역사현장에서 이론과 실제를 적용해 보고, 창조적이고 의미있는 결론을 내야 한다. 이래저래 세종은 여기서도 고전과 역사를 연구하며 고민하지 않을 수 없었다.

여기서 또 하나의 문제가 발생한다. 어디까지 이 기준과 방침을 적용하느냐는 문제이다. 인간사의 일이 다 그렇지만 땅에 줄긋는 일과 달라서 그 경계를 확연히 표시할 수가 없다. 늘 조금 모자라거나 지나치게 되고 이런 일은 지나침을 감수하는 게 정상이다. 게다가 세종의 성격에는 완벽주의인지 고지식한 순진성인지 잘 구분이 안 가는 그런 일면이 있어 '그런 일이야 아무려면 어떠냐'는 말은 하는 법이 없다. 아무리 사소한 것도 확인해 보고 정 안 되면 중국에 물어라도 보고 나서야 결정했다. 그러다 보니 별난 안건이 다 등장했다. 그 중 몇 개를 소개한다.

▶ 왕릉마다 사당이 있는데, 신주를 두는 곳이 방석, 평상, 다리없는 평상, 의자 제각각이다. 다리없는 평상으로 통일한다.

▶ 왕의 초상을 모신 사당. 영혼을 따뜻하게 하기 위해 매일 불을 지핀다. 그런데 어디는 안에 화로를 피우고, 어디는 온돌을 만들어 땐다. —온돌로 하자(이 결정을 내릴 때도 많은 것을 생각해야 했다. 화로와 온돌 어느 쪽이 더 따뜻한가? 초상은 벽 위에 걸려 있는데, 바닥만 따뜻해서는 안 되고 초상이 있는 위까지 따뜻한 것이 좋다. 온돌로 결정하자면 매일 온돌에 숯불을 지피는 일을 전담하는 하인을 두어야 한다. 관마다 하인과 재정에 한계가 있으므로 전체적인 비용과 유지력도 고려해야 한다).

마지막으로 이런 이야기도 있다.

조선의 국왕이 사망하면 중국에서는 사신편에 제물을 보내 특별히 선왕에게 제사를 지내주었다. 세종 때에 정종과 태종의 제사를 위해 사신이 끌고 온 양과 돼지를 보니 모두 거세한 동물이었다. 조선의 관리는 이를 보고 놀랐다. 예서에서 제사에 사용하는 동물은 반드시 신체적으로 완전한 동물이어야 한다고 했기 때문이다. 왜 신성한 제사에 거세한 동물을 쓰느냐고 묻자 중국 사신은 "수놈은 비리고, 살도 찌지 않으므로 중국에서도 소 이외에는 모두 거세한 놈을 쓴다"고 대답했다.

예에 관한 한 중국보다도 고례(古禮)를 더 잘 지킨다고까지 자부했던 조선인지라 그래도 영 마음이 편치 않았던 모양이다. 다음 해 중국에 보내는 사신으로 아예 예조판서 신상을 선발해서 이것이 예법에 어긋나지 않느냐고 예부에다가 공식적으로 질의를 했다.

중국 관원 왈(그가 심각한 질문으로 받아들였는지, 어째 기막히다는 표정을 지었는지는 실록에서 언급하지 않았다), "팔다리가 없는 놈이라면 몸뚱이가 완전하지 않은 것이라고 하겠지만 가축을 정결하고 살찌고 기름지게 하려고 거세하는데 뭐가 완전치 않다고 꺼려하는가? 우리 나라에서는 거세하지 않은 수놈은 비단 제사나 황제의 식탁에 올리지 않을 뿐 아니라 일반 사람도 먹지 않는다."

나이가 들면서 세종의 고민과 생각은 육체의 한계를 넘어가고 있었다. 세종 스스로 40대가 되자 "체력이 딸리니 생각이 이전처럼 주밀하지 않다"고 말할 정도였다. 그렇지만 타고난 문제의식과 박식, 지적 결벽성, 이런 것이 뒤섞여 개혁과 연구 대상은 도대체 제동이 걸리지를 않았다.

그런데 여기서 정말로 심각한 문제가 발생했다. 개혁의 주변부는 엉뚱한 지경까지 한없이 팽창하고 있었지만, 아무리 주변부를 정비해도 정작 개혁이 필요한 중심부는 난공불락, 요지부동이었던 것이다.

이 영역에는 선진제도이든 고전의 이상이든, 백년대계든 어떤 명분도

통하지 않았다. 조선의 정치가들이 제도와 문화의 원류를 늘 중국에 두고, 자기 이론의 근거로 유학의 고전이나 중국의 제도를 많이 제시했다. 그러나 그것은 어디까지나 자신들의 필요에 의한 것들이었다. 아무리 중국의 제도라도 자신들의 이해와 달라지는 부분이 나오면 결단코 "노(No)"였다.

그런데 중국과 조선이 두드러지게 다른 부분이 바로 이 폐쇄적인 집권층과 이들과 언제나 공생관계에 있어야 하는 국왕의 권력에 대한 부분이었다. 역대로 중국의 황제들은 초월적이고, 자의적인 권력을 보유했다. 중국 조정에서 늘 환관이 득세한 것도 이 때문이다. 환관은 출신이나, 신체구조상 황제 개인에게 절대적으로 충성, 의지하며, 관료층과는 이해관계나 사고구조, 출세의 방법이 전혀 달라지기 때문이다.

황제는 환관을 육성하여 자신의 독자적인 행정망과 정보망을 가지고 권력을 강화했다. 환관들은 황제의 눈과 귀이며 손발이었으므로 권세도 대단했고, 폐단도 대단했지만 황제가 대신과 관료들을 통제하고 초월적인 권력을 행사하는 데에도 절대적인 공헌을 했다. 심한 경우는 이들이 병권까지 장악했고, 대신과 장수들이 그들 앞에 무릎을 꿇고 애원했다는 얘기도 있다. 특히 명나라 때는 극심해서 재상제도를 아예 없애버리고, 아무리 굉장한 대신이라도 권세가 오래 되면 황제가 적당히 처리하거나 심하면 죄를 걸어 제거해 버렸다. 그래서 명대에는 2대를 간 대신가가 없다시피 하였다.

조선의 관료들에게 중국 조정의 이런 양상은 선진사회의 법이 아니라 흉악무도함 그 자체였다. 그래서 이와 관련된 내용에 관해서는 "중국의 법에도 본받을 것과 본받지 말아야 할 것이 있다"라는 대단히 주체적인 주장을 했다. 심지어는 중국에 가서 공자 사당에 있는 그림의 복식을 보니 현재의 중국 것보다 우리의 복식을 닮았다. 그러니 고례가 오히려 우리 민족에게 더 잘 남아 있다는 논리까지 폈다. 특히 이들이 꺼려했던 제도는 대략 다음과 같은 것들이다.

A : 중국에서는 황제가 직접 죄인을 심문하고, 백성이 신원하면 즉결해서 처리하기도 한다.

B : 말도 안 된다. 국왕은 역모 이외는 친히 국문할 수 없다. 관청을 만들고 관리에게 업무를 위임했으니 관에 맡겨야 한다(종친의 범죄나 왕가의 불륜사건 같은 것도 사적으로 처리해서는 안 되고 다 재판관서에 맡겨서 공개적으로 처리해야 한다). 황제라고 혼자서 사건의 실정을 어떻게 다 아는가? 즉석에서 판단하면 잘못되고 억울한 사람이 많이 생긴다.

A : 모든 정사는 황제가 직접 처리한다.

B : 장관을 임명했으면 그를 믿어야 한다. 이것이 관서를 만들고 관직을 설치한 이유다. 황제가 일을 도맡아 하면 신하가 게을러진다.

A : 중국에서는 관리의 임기가 길고 장관은 수십 년도 한다. 대신 장관이 잘못하면 그 자리에서 모자를 벗겨 끌어내기도 하고, 죽이기도 한다.

B : 한 사람이 한 자리에 오래 있으면 폐가 생긴다. 자고로 대신을 존중하고 용서하는 것이 임금의 도량이다. 대신을 욕보이는 것은 부당하다.

좀 다른 내용이지만 아직까지도 부끄러운 이런 지적도 있다.

A : 중국의 관리와 장수들은 몸소 나서서 팔을 걷어붙이고 앞장서서 일한다. 우리는 관원이 일하는 것을 수치스러워해서 행정과 일을 모두 서리와 군사에게 맡기니 늘 사무가 지체된다.

B : 우리에게는 위엄과 체면이 소중하다. 만약 관리와 장수가 몸소 일을 하면 체통이 떨어져 아랫사람들을 통솔할 수 없게 될 것이다.

맨 마지막 것을 제외하고는 조선측의 논리가 훨씬 세련되어 보인다. 개중 어떤 내용은 최근 역대 대통령의 통치스타일을 비판할 때 자주 거론하는 이야기이기도 하다.

그러면 조선의 관료제가 중국의 그것보다 훨씬 선진적이고 근대적인 논리와 조직으로 무장한 것인가? 아니다. 말은 좋지만 그 말 밑에 놓여 있는 실상, 이 때의 고급관료가 거의 상하좌우로 연결된 사람들이며, 몇 대씩 이어지는 관료도 많고, 웬만한 잘못은 주기적인 대사령과 공신이란 신분으로 처벌받지 않으며, 현대사회에서도 늘 봐주기와 기득권 보호로 비난을 받는 자체의 정화기구 내지는 심사위원회 정도의 감시기구밖에 없고, 아랫사람의 고발은 철저히 금지한 사회라는 점을 감안해야 한다. 그러면 이들이 황제의 초월적인 권한에 이토록 알레르기 반응을 보인 이유를 이해할 수 있다.

장관의 임기가 길면 폐단이 생긴다는 논리도—조선시대 판서의 임기는 1년 이상이면 아주 긴 편이었다—이론적으로는 맞는 말이다. 그렇다면 구임(久任)이 주는 장점, 전문화된 관료를 양성하고 정책의 일관성을 유지한다는 장점은 어떻게 할 것인가? 조선의 정치가들도 이를 모른 바가 아니다. 세종도 사실은 이 부분에 상당한 미련과 집착을 보였다. 그럼에도 세종 당대는 물론이고 조선시대 내내 이 양상은 개혁되지 않았다.

왜 그랬을까? 어떠한 제도도 단점과 폐단이 있다. 그러나 주어진 환경에 따라 그 폐단의 양이 달라진다. 폐단의 양이 적으면 장점을 살리는 체제를 구상할 수 있으나 장점이 주는 이득보다 폐단의 정도가 심각하면 장점을 포기해야 한다. 조선의 경우, 집권층의 폐쇄적 구조, 세습성, 족벌, 학벌, 인연의 정도가 중국보다 심했다. 이런 곳에서 구임제도를 운영하면 소수의 권력독점이나 권력남용, 인사비리가 발생하기 쉽고, 서로 봐주기로 부정을 감시하는 기능이 약한 반면 면책특권자는 많았기 때문에 한말의 세도정치와 같이 엄청난 폐단을 야기할 가능성이 높았다.

이 정도까지 되면 사회 전체의 반발을 야기하여 기존의 집권층을 공멸시킬 우려가 있다. 이와 같은 이유 때문에 조선의 관료에게는 구임의 장점보다는 폐단의 방지가 더 중요했던 것이다.

또한 집단지도체제와 유사한 권력구조여서 그 중 소수가 국왕과 결탁하여 특별히 강해지는 것을 극도로 경계했다. 때문에 이들 간에 자주 자리를 바꾸어 특정 부서에서 한 세력이 과도하게 성장하는 것을 막았다. 게다가 임기가 짧고 부서를 자주 옮기는 방식은 정가의 엘리트층끼리 인연과 인맥을 쌓아 단단한 유대를 형성하는 데도 큰 도움이 되었다.

그래서 조선의 고위관료의 임기는 그렇게 짧았고, 온갖 이유, 부하의 조그만 잘못, 가정문제, 자연재해까지도 빌미가 되어 탄핵을 받고 사퇴하곤 했던 것이다. 어떤 분은 이런 모습에서 청렴결백 내지는 대쪽 같은 관원의 기풍을 느끼지만, 이것은 정말 오해다. 그런 훌륭한 분도 없지는 않지만, 탄핵과 사퇴 자체가 당사자를 정가에서 완전히 매장하거나 추방하려는 제도가 아니었다. 교체를 통해 지속적인 순환을 유지하고, 잘못을 저지른 자는 이 순환에서 잠깐 퇴장시키는 정도였다. 관료제 운영에 있어 악습에 가까운 이러한 풍습은 오늘날까지 남아서 우리를 괴롭히고 있다.

세종은 B형의 의견에 동감을 표했고, 실록의 찬자는 힘주어 이 사실을 강조했다. 사실 세종은 속으로는 조금 다른 생각을 했지만 어쨌든 세종 초반에는 이런 식으로 결론이 났다. 이런 사정 때문에 세종의 개혁정책은 그 하나하나에 투여된 긴 진통과 외형적인 꼼꼼함과 짜임새에도 불구하고 어딘지 불안하고 내적으로 진동하는 듯한 느낌을 준다. 이 상태에 가장 만족하지 못한 사람은 다름 아닌 세종 자신이었다.

4. 거인의 행보

정책과 제도의 내용을 떠나서 세종의 인품과 제도의 운영방식은 조선시대 국왕의 표준적인 규범으로 칭송받았다. 세종은 이런 분야에서도 고전에서 가르치는 이상적인 군주, 어질고 현명하고 부지런하고 책임감있는 모범적인 국왕이 되기 위하여 노력하였다. 긴말할 것 없이 대표적인 일화들을 통해 그의 면모를 살펴보자.

매일 사야(四夜)면 옷을 입고, 날이 환하게 밝으면 조회를 받고, 다음에 정사를 보고, 다음에는 윤대(輪對)를 행하고, 다음 경연에 나아가기를 한 번도 조금도 게으르지 않았다. (세종의 「행장」)

어진 왕이었던 그는 백성을 사랑하고 자주 은전을 베풀었다. 법이 해이해지고 백성들이 요행수를 자꾸 바라게 된다는 반대가 많았지만, 대사령을 자주 내리고, 징발된 군사들은 늘 기한 전에 돌려보냈으며, 왕의 행차 중에 말이 백성의 곡식을 손상시키면 신하들의 반대를 무릅쓰고 꼭 그 이상으로 보상했다. 다른 잘못에는 관대해도 감사와 수령이 종자곡을 늦게 보급해서 농사를 망치게 하거나 진제를 잘못해서 백성이 굶어죽는 일이 발생하면 엄하게 처벌했다.

세종 7년 가뭄이 심했다. 왕이 농사의 작황을 묻자 신하들은 으레 괜찮다고 대답했다. 한창 무더운 7월 1일 경호원과 수하 몇 명만 이끌고 몸소 근교를 돌아보며 일일이 농부를 만나 대화를 나누던 왕은 올해 작황을 보니 눈물이 날 지경이라고 말했다. 마음이 상한 왕은 점심도 먹지 않고 궁으로 돌아왔다.

세종대에 노비의 처우가 크게 개선되었다. 주인의 가혹행위를 다 금지하지는 않았지만 혹형을 가하지 못하도록 했고, 실수로라도 노비를 죽였을 때는 처벌하도록 했다. 이전에는 관비에게 겨우 7일의 출산휴가를 주었다. 세종은 이를 100일로 늘리고, 남편에게도 휴가를 주고, 출산 1개월 전에도 휴가를 주게 했다.

서울과 지방에서 매년 여든 이상의 노인을 불러 양로연이라는 잔치를 베풀어주었는데, 노비라도 배제하지 않고 이 자리에 함께 참석하게 했다.

세종은 노년에 병이 심하여 매년 한 달씩 온천에 가서 살았다. 이 때 시위군은 겨우 200~300명 정도, 그나마 흉년이라고 200명의 현지 병사를 모두 돌려보내기도 했다. 신하들이 병력이 너무 적다고 불평했으나 세종은 듣지 않았다.

내시 임수란 자가 있었다. 세자가 글을 읽을 때 모시고 있다가 세자에게 버릇없이 굴었다. 세자가 화를 내자 임수도 같이 세자를 모욕했다. 세자가 화가 나서 주먹으로 뺨을 치니 임수도 세자의 어깨를 때려 손자국이 생겼다. 환관이 세자를 구타했으니 당연히 사형이지만 세종은 장 100대에 고향인 정산현 관노(官奴)로 유배하도록 했다. 신하들이 이럴 수가 없다고 하자 왕은 사형에 처할 죄이지만 사람을 많이 죽이는 것은 옳지 않다고 말했고, 1년 후에 임수를 사면하여 석방하였다.

강음현에 조원이란 사람이 있었다. 자기 토지를 억울하게 뺏기자 관에 소송을 걸었다. 그러나 수령은 뇌물을 먹었는지 시간만 끌고 처결해 주지 않았다. 화가 난 조원이 직접 찾아갔으나 수령은 손님과 술을 마시며 쳐다보지도 않았다. 조원은 분하여 "지금 임금이 착하지 못하여 이 따위를 수령으로 임명했다"고 소리쳤다. 임금을 욕한 죄는 사형이나 세종은 처벌하지 못하게 했다.

마지막 사례에서 신하들은 계속 상소하여 이런 일을 용서하면 자손만대에 충성스럽지 못한 일이 생기게 된다고 말했다. 우리 사회는 아직도 권위주의적이라 요즘도 높은 분들은 이런 논리를 잘 편다. 아무리 윗사람이 잘못했어도 아랫사람이 대드는 풍조를 열어주면 안 되니 윗사람은 놔두어도 아랫사람은 처벌해야 한다는 것이다. 여기에 대해 세종은 이렇게 말했다. "내가 왜 자손만대의 계책을 생각하지 않겠는가?" 그대들의 계책은 자손만대의 계책이 아니라 소심증과 소아병이라는 이야기다.

또한 세종은 일을 행할 때 술수보다는 공명정대하고 정공법을 쓰는 것을 좋아했다. 조선에 온 중국 사신은 대개 환관으로 토색이 심하고 횡포도 많이 부렸다. 한 사신이 사냥매를 구하러 함경도에 가서 어떤 사람의 개를 빼앗았다. 이럴 때는 역시 문관보다 무관이 사나이답다. 장군 이징옥은 사신의 횡포에 분개해서 일부러 잡은 해동청을 놓아주고 개 주인을 몰래 불러 밤에 개를 훔쳐 가게 했다. 의기에 찬 행동이었지만 크게 보면 치졸한 행동이기도 했다.

세종은 매와 개 한 마리를 아끼려다 대체를 잃게 되었다고 걱정했다. 이징옥을 처벌하려 하자 허조와 맹사성은 반대했다. 그를 처벌하면 이징옥의 범죄 사실을 인정하게 되고 이 일이 중국 황제의 귀에 들어가면 무슨 변을 당할지 모른다는 것이었다. 반면 황희와 안순은 매사는 수를 쓰지 않고 바른 대로 처리해야 한다고 주장했다. 맹사성과 허조는 강력하게 반대했으나 세종은 황희의 의견에 따라 의금부에서 처리하게 했다.

세종의 장기를 이야기할 때 빼놓을 수 없는 것 중 하나가 법과 재판인데 이상하게도 여기에 대해서는 잘 알려져 있지 않다. 그는 평생의 노력을 통해 법과 법치의 개념을 한 수준 올려놓았다.

조선 건국 후 이전에는 향촌사회에 자율적으로 맡겨 놓았던 일들도 국가가 법으로 간여하기 시작했다. 그러나 중세의 통치자들은 백성들이 유식해지는 것을 좋아하지 않았다. 법을 알면 따지고 따지다 보면 윗사람을 모멸하고, 윗사람을 법에 걸어 넘어뜨리려 든다는 이유였다. 심지어 금지령이 내리면 이를 공고하지도 않았다가 필요하면 금령 위반으로 잡아다 가두는 일도 많았다. 세종은 이건 술책이지 통치가 아니라고 비판했다. 그리하여 최소한 금령만이라도 이두문으로 번역하여 공고한다거나, 필요한 법령을 백성에게 공고하고 알려주는 규정을 만들게 했다. 이것은 기존의 법치와는 완전히 다른 새로운 법치의 시작이었다. 결국 백성들의 알 권리를 위한 이러한 노력은 훈민정음의 창제로까지 이어졌다.

세종은 최고의 전문가를 물색해 가면서 법률공부를 했다. 법전과 사법제도, 행형제도를 정비하였고 사형죄 및 중죄는 반드시 자신이 재결하게 했다. 자비심이 넘쳐났기 때문만이 아니다. 그는 최고의 재판관으로서 수많은 사건과 난제들에 대한 합당한 판례를 만들어 놓으려고 노력했다. 하나의 사건마다 가능한 중국의 모든 법전을 다 참조하여 형량을 정했으며, 판결을 했어도 조금이라도 마음이 편치 않으면 10년이고 20년이고 잊지 않고 고민했다. 그래서 이런 일화도 있다.

신분과 명분을 중시하던 중세의 법에서 존장, 상관에게 행한 범죄는 인륜을 해친 범죄라 하여 특별한 가중처벌을 받지만 반대로 가족 간에 위에서 아래로 저질러진 범죄에 대해서는 아예 처벌 조항이 없었다. 참 이해하기 힘든 일인데 조선에서는 법전에 조항이 없는 것은 처벌하지 말라는 뜻이라고 해석하여 전통적으로 이런 범죄를 처벌하지 않았다. 그래서 간부와 사랑에 빠져 자기 젖먹이 아들을 죽인 비정한 어머니와 간통현장을 들키자 자기 아우를 죽여버린 여인, 매일 놀고 먹는 아우를 미워하여 죽여버린 형 등을 모두 처벌하지 않았다.

태종 때 있었던 사건이지만 판결이 석연치 않았던 세종은 근 20년간이나 이 사실을 잊지 못했다. 그러나 자기 마음대로 율을 고쳐 적용하지 않았다. 세종 17년 유사한 사건이 발생하자 사서를 뒤져 근거를 찾게 했고, 마침내 중국 후한 때 가표란 인물의 판례를 찾아보고 나서야 이들을 처벌했다. 가표의 변은 이런 것이었다. "도적이 사람을 죽이는 것은 당연한 일이다. 그러나 모친이 자식을 죽이는 일은 하늘을 거스르고 도리에 어긋난 일이니 이런 죄는 일반 살인보다 더 중하게 다스려야 한다."

세종은 처벌은 반드시 법에 기초하되, 엄밀히 고찰하고 개인의 사정을 충분히 고려하도록 했다. 관원들이 규정을 지키지 않고 적당히 처리한다거나, 법을 떠나 기강을 세운다거나 일벌백계라는 식의 다른 원칙을 적용하여 처벌하는 것을 매우 싫어했다. 사형죄를 처리할 때는 살려낼 방도를 찾아야 하며, 중범죄를 처리할 때는 죄를 가볍게 할 수 있는 실마리를 찾아야 한다고 말하기도 했다. 당시의 재판이란 것이 전문수련을 받은 사람이 아니라 율도 제대로 모르는 관리들이 했기 때문에 대강 처리하거나 말도 안 되는 판결을 내리는 경우가 많았음은 물론이다. 세종은 수많은 판결서류를 일일이 결재하면서 이런 사건을 찾아내고 되돌렸다.

예컨대 이런 일이 있었다. 당시는 어느 정도 복수를 용인하던 사회라 간음현장에서 간부를 살상한 자는 처벌하지 않는다는 규정이 있었다. 한 사나이가 남의 아내와 간통하고 막 방문을 나서다가 남편에게 들켰다. 분노한 남편은 그를 따라가 죽였다. 법관은 이미 피해자가 방문 밖에 있었으니 간음현장에서 살상한 것이 아니라 하여 일반 살인죄를 적용했다. 세종은 사람의 감정과 이치에 좀 맞게 판결하라는 명령과 함께 이 판결을 되돌렸다.

이러한 세종의 태도들은 그 유명한 훈민정음의 창제 배경을 이해할 때 꼭 염두에 두어야 할 요소이다.

옛날의 평민이란 일하고 복종하는 존재로 교육의 대상이 아니었다. 하지만 성리학은 공부하고 수양하면 누구나 군자가 될 수 있다고 가르쳤다. 조선은 이 이념을 인정하였지만, 실제 학교와 과거제도는 지배층 편으로 크게 굽어 있었으며 평민을 교육하는 적극적인 정책을 모색하지는 않았다. 평민이 법과 학문을 알면 반항하고 덤빈다는 이유였다.

세종은 이 관념을 수정했다. 과거제까지 고치지는 않았지만 그는 교화와 교육의 이념을 실천으로 옮겼다. 그 결실이 한글, 곧 훈민정음이었던 것이다. 세종 26년의 일이다(완성 반포한 것은 세종 28년이다).

세종은 훈민정음을 통해 문자를 모르는 백성들이 법률을 배우고, 소장도 직접 작성하게 함으로써 법치의 효과를 높이려고 하였다. 이런 경우가 아니라도 한문은 이렇게도 해석되고 저렇게도 해석되고 하므로 법률행정에서 시비가 끊이지 않았다. 그래서 법률문서에는 꼭 이두를 썼는데, 그래도 정확한 기록에는 문제가 많았다. 법치에 대단한 관심이 있었던 세종이니만큼 처음에는 정부의 법률문서는 다 훈민정음을 사용하려는 생각까지도 했던 것 같다.

또한 세종은 교화의 효과를 기대해서, "만일 삼강행실을 언문으로 번역, 보급하면 어리석은 남녀가 쉽게 깨달아서 충신, 열녀, 효자가 반드시 무리로 나올 것이다"라고 기대를 표명하기도 했다.

확실히 세종은 이런 면에서 좀 순진하고 고지식한 면이 있었다. 세자빈 봉씨가 세자와 틀어져 좀체 자존심을 꺾지 않자 세종은 『열녀전』을 보내 공부하게 했다. 정말 세종다운 방법이었는데, 봉씨는 이런 걸 배워 어디다 쓰냐고 책을 마당으로 집어던졌다.

그래도 일반 백성은 사대부와는 애초부터 품성이 달라 배워도 소용없다고 말하는 관료들에 비하면 세종의 생각은 대단히 진보적이었고 성리학 본연의 사고에 가까운 것이었다.

훈민정음에 대한 관료들의 반대는 심했다. 세종 26년 집현전 부제학 최만리 등은 훈민정음 창제에 반대상소를 올렸다. 주된 논거는 "이 글자는 중화의 제도와 다르다. 몽고, 서하, 일본 등 자기 문자를 가진 나라는 모두 오랑캐 무리들이다. 우리는 그들과 수준이 다른 나라다. 공문서에 언문을 사용하면 서리·아전 들이 한문을 공부하지 않아 성리학의 학술을 모르게 되니 결국 교화에 오히려 해가 된다. 옥사가 공정하게 되는 것은 백성이 글을 알아 소송에 참여한다고 되는 것이 아니고 옥사를 맡은 관리를 잘 써야 한다" 등등이었다.

이미 만년에 접어들고 있던 세종은 훈민정음을 사용한 국가통치의 개혁에 상당한 기대를 하여 관리들의 이 고리타분함과 비겁한 통치술에 몹시 역정을 냈다. 최만리가 훈민정음은 표음문자로서 구성원리가 한문과 다르니 쓸려면 설총이 만든 이두를 써야지 이런 글자는 사용하면 안 된다고 말했을 때, 세종이 보인 반응은 실록에서 보기 드문 것이었다.

설총이나 나나 다 백성을 편하게 하자고 한 것인데, 너는 설총은 옳고 감히 왕은 잘못했다고 하느냐, 너 음운학에 관해 알기나 하니, (그래 한번 물어보자) 사성칠음(四聲七音)에 자모음이 모두 몇 개냐?

세종에겐 인자하고 부드러운 면만 있었던 것은 아니다. 그의 놀라운 집념과 끈기, 끊임없는 탐구정신이 정책으로 나타날 때는 끈질기고 무섭기도 했다. 한 번은 이런 일도 있었다.

　어떤 사람이 평안도와 함경도 중간 산지에 국가의 세금과 역을 피해 도망온 사람들이 살아가는 새 땅이 있다고 알려왔다. 세종은 죽을 때까지 이 땅을 찾았다. 개마고원이나 함경산맥 깊숙한 곳에 그런 마을이 정말로 있었을 가능성이 있기는 하지만 산악의 촌락이 커야 얼마나 되겠는가? 목격자라는 사람도 겨우 40호라고 했다. 신하들이 반대하고, 부질없는 짓이라고 하고 몇 번을 실패했어도 세종은 포기하지 않았다.

　국가의 정책은 뒤처진 사회에 변화를 선도하는 역할도 하고, 사회변화를 뒤늦게 따라가는 경우도 있다. 그러나 너무 앞서면 실패하고 너무 늦으면 무의미하게 된다. 세종은 국가의 힘을 꽤 신뢰했고, 그 역할을 최대한 높여 보려고 노력한 사람이었다. 그러다 보니 무리하게 앞서 가서 도저히 당시의 사회조건이 따라주지 않는 것도 있었다. 대표적인 정책이 화폐유통책과 공법(농사의 작황에 따라 세액을 정하는 것이 아니라 매년 일정한 양을 세로 받는 법)이었다.

　화폐유통책은 상업발달이 따라주지 않아서 화폐가치가 쉽게 폭락했으며, 공법은 당시의 농업수준이 따라주지 않아서 작황에 관계없이 일정한 세금을 낸다는 것이 불가능했다.

　그래도 세종은 이 두 법이 통용되는 사회에 대한 매력에 깊이 빠졌다. 화폐유통을 위해 저화를 써보기도 했고, 부족한 동(銅)을 있는 대로 끌어모으고 절의 동종까지 녹여가면서 동전을 만들었다.

　세종 7년 동전 유통을 위하여 시장에서 물물교환을 금지하는 엄한 법을 내렸다. 그리고 세종의 신하 중에서도 인정없고, 융통성 없기로 소문났고, 법은 아무리 가혹하고 억울한 일이 있어도 글자 그대로 지켜야 한다고 맹신하던 유정현을 시장의 감독관으로 내보냈다. 과연 유정현은 빈민이 쌀 한두 되를 가지고 생필품을 바꾸는 것까지 적발하여 처벌했다.

광흥창 마을 사람이 한두 말의 쌀을 가지고 매매하다가 붙잡혀 장 100대를 맞고 재산을 몰수당했으며 군역 중에서도 가장 고된 수군역에 충당되었다. 그가 군대로 잡혀가자 어린 아들딸이 며칠 동안 성 위에 올라가 솔밭에서 통곡하였다.

어떤 사람이 수군으로 충당되어 가다가 도중에 자살했다. 그의 아내는 이 소식을 듣고 남산 솔밭에서 목을 매어 죽었다.

그래도 세종은 강력하게 이 정책을 밀어붙였다. '조선 공사 3일'이라고 지금까지 화폐유통책이 실패한 원인은 오직 정부가 끝까지 밀어붙이지 않아서 백성이 화폐가치를 신뢰하지 않았기 때문이다는 것이 그의 소신이었다. 그러나 국가의 정책만으로 사회를 변화시키는 것은 한계가 있다. 세종은 이 부분을 너무 과신했다.

세종 8년 2월 서울에서 대화재가 발생했다. 하필 시전의 행랑 109칸을 태우고, 민가 2,170호를 태운 대재난이었다. 이후로도 약탈을 노린 고의방화와 대도시 정전사태 때와 같은 주민난동이 이어졌다. 그제서야 왕은 백성의 분노가 너무 심하다 하여 통화대책을 완화시켰다.

5. 고독한 군주

부지런한 세종은 어찌 보면 장인이나 기술자의 영역에도 깊이 관여했다. 세종대에 이룬 과학기술이나 예술, 수공업 상의 발전은 괄목할 만한 것이었는데, 이 하나하나마다 세종의 감독과 지시, 그리고 후원이 절대적인 요인으로 작용했다. 세종은 신하와 장인에게 참 많은 것을 요구했고, 꼭 필요하다고 생각하는 사업은 수십 년이 걸려도 포기하지 않았다.

세종 치세에 인쇄속도는 10배로 성장했다. 화포도 괄목할 만한 발전을 했다. 태종 말년에 화포의 사거리는 겨우 200~500보(370~950m)였다. 그것도 포탄이 아니라 철탄이나 화살을 쏘는 포였다. 무과에서 활을 쏠 때 표적과의 거리가 180~240보 정도였고, 화포는 발사속도가 매우 느린 것을 생각하면 이런 사거리로는 화살보다 나은 점도 없었다.

그나마 화약의 소비량은 많고 품질이 균일하지 않아 일제사격을 하면 절반 이상이 수십 보도 못 가 떨어졌으며, 한 번에 여러 발의 화살을 쏘는 기술은 끝내 성공하지 못했다.

세종은 끝까지 화포개발에 매달려 개량에 개량을 거듭했다. 그리하여 세종 27년에 화약소비량을 극히 줄이고도 포마다 사거리를 50~150퍼센트 이상 향상시키고 균일화시켰으며, 한 번에 전(箭)을 4발까지 쏘는 4발화포를 실용화시켰다. 사거리가 가장 긴 천자화포의 경우 1전만 쏠 때는 1,300보(약 2.5km), 한 번에 4발의 전을 쏠 때는 1,000보(약 1.9km)까지 날아갔다. 이 정도면 충분한 실용성이 있었다.

물레방아처럼 돌아가면서 논에 물을 대는 기구인 수차(水車)와 수레의 일종인 강축(江軸)은 끝내 보급에 실패했다. 수차는 우리 나라 토양이 중국이나 일본과 달라 물을 머금고 있지 못하기 때문이고, 강축 역시 산이 많고 도로가 구불구불하여 사용하기 힘든 구간이 많았기 때문이다. 그러나 거듭된 실패와 대신들의 반대에도 불구하고 세종은 끝까지 이를 보급하려는 노력을 그만두지 않았고 지속적으로 개량하고 시험했다.

끈기와 집념이라면 박연이 담당했던 음악 부분도 빼놓을 수 없다. 악(樂)이란 유교사회에서 제사나 연회뿐만이 아니라 유교의 교화정책에서 필수적인 물건이었다. 그러나 우리 나라에서는 기준음을 몰라 악기를 제작하지 못했고, 여러 악기를 한 번에 연주하면서 하모니를 맞추는 일은 더욱 더 불가능했다.

고려 예종 때 송나라 휘종이 제악에 쓰는 종과 편경, 거문고, 비파, 생황·우(竽)·퉁소·관(管)을 보내주었다. 이 악기들은 홍건적의 난 때 거의 분실되었다. 다만 늙은 악공 한 사람이 종과 편경을 연못 속에 던져 겨우 보존했다. 명나라 태조와 태종이 모두 악기를 보내왔으나 기존 악기들과 소리가 서로 맞지 않아 팔음(八音 : 여덟 가지 재료로 만든 악기라는 뜻으로 제악에서 사용하는 모든 악기를 완전히 갖추는 것을 말함)을 갖추지 못하고, 편경의 경쇠는 기와로 대신하고, 종도 역시 섞어 달았다.

세종은 박연을 시켜 절대음을 찾고 여기에 맞추어 악기를 제작하여 완전한 국악오케스트라를 구성하도록 했다. 그런데 악기를 제작하려면 적절한 재료를 찾아야 했다. 편경 같은 것은 규격이 맞아도 돌의 재질에 따라 소리가 달라진다. 그 돌을 찾기 위해 전국을 뒤졌고, 겨우 남양에서 경석을 찾았다.

그러나 악기를 제작하려면 먼저 절대음을 내 주는 기구를 만들어야 했다. 고전에는 기장 낟알의 크기를 황종율관(黃鐘律管) 치수의 기준으로 했다. 기장 한 알의 폭이 1푼, 10알의 길이가 1촌, 9촌이 황종율관의 길이가 되었다. 해주에서 기장을 구하여 황종관을 만들었으나 실패했다. 곡식 낟알이야 아무리 작아도 개중에 크고 작은 게 있으니 음간의 비례가 맞을 수가 없었다. 박연은 밀납으로 모조 기장을 만들어 기장 낟알을 균일하게 한 후, 여러 번 실험한 끝에 드디어 기준 수치를 복원하여 황종관을 만들어서 기준음을 찾는 데 성공하였다.

이 사업은 도량형의 기준을 정하는 데도 기여했다. 황종관의 길이는 척의 기준이 되고, 이 곳에 담는 물의 무게가 중량의 기준이 되었다.

대단한 성과였지만 그래도 음이 묘하게 변하였다. 대나무관이나 동관이 모두 날씨와 기온에 따라 수축, 팽창하는 원리를 몰랐기 때문이다. 그나마 여름에는 음이 높아지고, 겨울에는 낮아진다는 현상적인 진리를 터득하는 데도 6년 이상의 세월을 소모해야 했다.

세종은 해시계, 물시계같이 각종 시계를 만든 일로도 유명하다. 시간을 정확히 알리는 일도 이 시대에는 어려운 난제였다. 매일 담당자가 밤새도록 별을 관측하고, 물시계를 지켜보고 하면서 종을 쳐서 알리는데,

당번하는 사람의 노고가 심할 뿐 아니라 심하면 두세 시간씩 틀렸다. 그러면 온 국가의 일이 엉망이 된다. 삶의 기준을 바로잡기 위해서 세종은 여러 시계를 만들고 마침내는 자격루라고 해서 기계장치에 의해 인형들이 시간마다 종을 쳐주는 시계까지 만들었다. 사람들의 노고와 인간의 졸음이나 실수에 의한 오차를 줄이기 위해서였다.

장영실의 걸작품으로 전설처럼 되버린 이 자동시계는 만든 사람은 장영실이지만, 아이디어는 모두 세종의 지시에서 나왔다. 세종은 후세에 이 기계가 없어지거나 할 때를 대비해서 이 기계에 대한 자세한 설명서를 글로 남겼다. 형식상 이 자격루기는 김돈이 쓴 것으로 되어 있지만 그 이전에 세종이 이 내용을 꼭 실어야 한다고 자격루에 대한 상세한 보고서를 꼼꼼하게 적어 넘겨주었으므로 막상 김돈이 쓴 것은 별로 없다고 한다.

자격루는 당시 일반 장인의 수준을 넘어선 기계였다. 때문에 장영실이 죽자 손볼 사람을 구하기가 힘들어 한동안 세워 둘 정도였다.

이처럼 세종은 당시의 보편적인 기술 수준을 넘어선 주문까지 하였다. 그래서 어떤 것은 성공하고 어떤 것은 실패했지만, 어느 것이 성공할 는지는 해 보기 전에는 누구도 모르는 일이었다. 미리 주저앉는 사람들을 다그치면서 세종은 끝까지 외로운 노력을 경주하였다.

이런 선구자적인 면모 때문에 많은 사람들이 세종을 너무나 존경하고, 또 존경한다. 그러나 한 번 생각해 볼 필요가 있다. 도대체 그리 바쁘고 지존한 국왕이 왜 이런 문제에까지 아이디어를 제공하면서 매달려야 했을까? 역사적으로 보면 이런 노력의 배경에는 슬프고도 우울한 사회현실이 놓여 있다.

15세기 조선사회에서는 자유상업이 그다지 발달하지 않았다. 종로통의 시전은 반관영상업이었고, 권력을 배후로 독점적인 영업을 하니 시장 개척이나 상품개발에 관한 욕구가 없었다. 행상과 노점상은 있으나 자유시장이나 대규모의 상인, 시장에 물건을 대기 위해 열심히 생활하는 수공업자는 발달하지 않았다. 농업 위주의 정책은 사회를 안정시키는 데는 장점이 있지만 빠른 성장을 유도하지는 못한다. 상인이든 수공업자든 돈이 되는 일이 있고, 경쟁이 있어야 기술개발에 목숨을 걸고 달려드는 것이다. 그렇지 않은 곳에서는 그저 현상유지나 하면 그만이다.

그러니 기술개발이 정체된다. 또 기술발전에는 관련 기술이 발전하면서 서로 보완하여 발전하는 경우도 많은데, 상업이 발달하지 않으므로 수공업자도 꼭 필요한 생산품 제조로 제한된다. 그러니 다양한 작업이 불가능하다.

세종은 여러 번 개량을 거듭하여 말년에 우리 지형에서도 상당히 실용성있는 강축을 개발하는 데 성공했다. 실험을 거쳐 전국에 보급하려 하자 다시 제동이 걸렸다. 지방에는 수레가 고장나면 고칠 기술자가 없다는 이유였다. 유통업이 발달하고 시장이 번성하면 수레의 경제성도 높아지고, 시장에는 수레나 신발을 전문적으로 고치면서 먹고 살 수 있는 사람이 생기게 될 것이다.

그러나 번화한 시장과 유통망이 없으면 일부러 수레 고치는 사람을 육성해서 관리해야 한다. 상품수송이 없으므로 특별한 역사나 집을 지을 때, 전쟁 때 정도에나 수레가 필요하니 수레 고치는 일만 해서는 먹고 살 수가 없다. 다른 기술자나 노비에게 겸임시키면 기를 쓰고 도망갈 것이다. 상업사회에서는 한 가지라도 더 기술이 있으면 유리하지만, 역으로 징발하여 잡아다 쓰는 사회에서는 재주가 많을수록 손해다. 여기저기 끌려가서 할 일만 많아지기 때문이다.

혹 텔레비전 캠페인에 나오는 장인정신을 기대하는 분이 있을지도 모르지만, 시간이 돈이라는 개념이 없는 사회에서는 가능한 한 시간을 편하게 보내는 게 최고다. 혹 그런 사람이 있다고 해도 자금과 이익이 보장되지 않는 상황에서 기술개발에 투자할 돈과 자료와 시간도 없었다.

이 시대에 가장 많은 자본과 수공업에 대한 수요를 지닌 기구는 정부였다. 정부와 지방관사에는 자체의 공장까지 있었지만 지금처럼 입찰경쟁을 하는 것도 아니고, 일반 장인을 잡아다가 일정 기간 무상으로 사역하였다. 어느 정도 특혜도 주고 그랬지만 이런 구조에서는 정성어린 작품이나 신기술 개발을 기대하기 힘들었다.

우리 나라의 수공업품이 마무리가 좋지 않은 것이 많다고 한다. 세종도 우리 나라 장인들은 꼼꼼하지 못하다고 한탄했고, 중국에 보내는 물건 중에 기껏 아름답게 잘 만들어 놓고도 엉뚱한 실수를 하는, 예를 들면 봉황수를 잘 놓고는 눈이나 발톱을 빼버리는 식의 사고가 많다고 주의를 준 적도 있다. 어떤 분은 이를 민족성 탓으로 돌리지만 민족성 때문이 아니다. 자유시장과 자유생산이 없고, 봉급도 안 주면서 오직 명령과 감독에 의해 억지로 만들기 때문이다.

한 마디로 이들에게는 동기 유발을 촉진할 요인이 없었다. 세종의 불행은 그의 시대에는 자신만큼 발전과 개량의 필요성을 절실히 느끼는 사람을 찾을 수 없다는 사실에 있었다. 왕은 강하고 안정된 나라를 건설하고 이를 후손에게 물려주어야 한다는 사명감이 절실했지만 일반 장인에게는 다만 하루를 무사하고 편안히 보내는 것이 중요했다. 이런 그에게 신기술은 해가 되면 되었지 전혀 도움이 되지 않는 것이었다.

장인은 그렇다 치더라도 그럼 그 훌륭하신 관료는 어땠을까? 후손과 나라를 생각하는 애국적인 관료는 많았을 것이다. 하지만 이런 일이 짧은 임기 동안에 성공할 일도 아니고, 실패하면 들어간 돈과 노력에 책임을 져야 한다. 가만히 있어도 출세하는데 왜 모험을 하겠는가?

이런 형편이었기 때문에 이 영역에서 세종은 평생 동안 겨우 몇 사람의 동지를 찾았다. 대표적인 인물이 박연이었다. 역시 예술의 영역에나 들어가야 세상의 이해를 넘어서 '예술을 위한 예술', 예술 그 자체의 완성도를 추구하는 사람을 만날 수 있는가 보다.

  박연이 임금이 알아줌을 만나 뽑혀 쓰이게 되어 관습도감 제조로서 오직 음악에 관한 일을 맡았다. 그는 앉아서나 누워서나 양 손을 가슴 밑에 없어서 악기를 다루는 시늉을 하고 입으로는 소리를 울려 소리를 짓고 한 지 십여 년에 비로소 이룩하였다. (『용재총화』·『필원잡기』)

세종은 그와의 만남이 얼마나 고마웠는지 그를 몹시 총애했다. 말년에 세종과 흉금을 터놓고 이야기하는 신하는 황희와 박연 등이었다고 할 정도이다.

6. 마지막 시도

세종의 신하들

세종 후반기에 들어서자 몇 가지 좋지 않은 징조들이 나타났다. 아무리 좋은 제도를 만들고, 종으로 횡으로 법규를 그어 놓아도 규정만으로는 한계가 있었다. 인간은 지혜가 있어 어떤 규정이라도 악용하거나 왜곡할 수 있는 능력이 있다. 처음부터 우려했던 대로 집권층의 사적인 결속과 폐해가 점차 늘어갔다.

세종이 사망한 직후인 문종 즉위년에 집현전 학사의 리더격이었던 박팽년은 현재의 수령은 대개가 권세가의 자제나 친척, 친구 내지는 사적인 수하들이라고 비판하는 상소를 올리고 있다. 이런 현상은 고위직도 마찬가지였다. 다만 그래도 세종의 제도가 위력을 발휘해서 귀족가문의 자제라도 중요한 관직에는 아무나 앉히지 않고 개중에 능력있는 자들을 선정했다. 능력만으로 출세할 수 없는 것이 단점이었지만 가문만으로도 출세할 수는 없었다.

세종은 이제 정치문제에 있어서는 새로운 법규를 만들기보다는 운영의 묘를 살리는 방식으로 이런 현상에 대응했다.

세종은 인재도 많이 등용했지만 중반 이후로 정가의 핵심 관직에서는 오히려 인물의 운영폭이 좁다. 세종은 자신의 지향을 이해하고, 관료집단보다는 국왕의 권익에 충성하는 인물들로 친위그룹을 형성하기 시작했다. 특히 재상급에는 전체 관료층의 의견을 대표하는 인물이 아니라 황희, 허조, 맹사성같이 기존의 명문대가 출신이 아니고 국왕의 논리에 충성하는 인물이나 유정현, 남지, 신개, 노한 등과 같이 명문가 출신이라도 왕가와 혼인관계가 있으며, 일반 관료와 대립하면서 국왕의 정책을 지지하는 인물을 배합하여 구성하는 방법을 썼다.

세종의 이 그룹에 속할 수 있는 세번째 조건은 박연과 같은 전문성과 자기 분야에 대한 예술가적 열정이었다. 이런 분위기에 편승하여 집현전 학사 출신으로 다방면으로 학식과 능력이 뛰어났던 정인지, 신숙주 등이 세종조에서 두각을 나타냈다. 두 사람 다 명예욕과 출세욕이 강한 사람이었지만 그렇기 때문에 그만큼 자신을 갈고 닦으며, 궂은 일을 마다하지 않았다. 그래서 정인지는 만년에 조선 최고의 갑부가 되었고, 두 사람 다 세조에 충성하여 특별한 부귀영화를 누렸다.

세종은 도학자의 이상과 달리 전인이 아니라 충성과 일면의 재능을 중시하기 시작했다. 개개인이 부족한 면이 있더라도 전체적인 조화와 균형을 유지하면 되는 것이었다. 이제 노골적으로 한 전문가가 20~30년씩 장관을 하는 중국의 제도가 부럽다고 말하기 시작한 세종은 작은 실수와 잘못으로 이들의 자리를 흔들지 말라고 경고하기까지 하였다.

소수의 친위그룹을 만들고 첫번째, 두번째 조건을 중시하는 것은 사실 대부분의 왕이 쓴 방법이었다. 세종의 위대성은 세번째 조건의 비중을 높였던 데 있다. 그리하여 세종의 내각과 정부에는 조선시대의 어떤 내각보다도 의지와 성취욕이 강하며 개성이 뚜렷한 인물들이 활약했다.

황희는 세종 13년부터 31년까지 무려 19년 동안 영의정을 역임했다. 세상에서 회자되듯이 그가 청백리이고 무골호인이어서 그 자리를 지킨 것은 아니다. 오히려 그는 정반대의 인물이었다. 본인도 비리에 깨끗하지 않았고, 세 아들은 유감동의 간통사건을 비롯하여 온갖 비리를 쉬지 않고 저질러 세종을 곤혹스럽게 했다.

　황희의 장점은 대국적인 시각을 가졌다는 점이다. 젊은 관리와 유생들은 제도에 조금만 문제가 있으면, 고치자, 새 법을 만들자고 떠들었다. 황희는 세종이 좋아하는 개혁적인 의지나 실험정신은 많지 않은 사람이었다. 그는 법으로 해결할 일과 운영상의 묘를 발휘해야 할 일, 꼭 고쳐야 할 일과 폐단으로 감수해야 할 일을 구분하는 데 탁월한 능력을 지녔다.

　법제에 관한 세종의 열성은 이미 말했지만, 황희만이 이 세종의 복잡한 두뇌와 완벽을 향한 질주를 조절하고 진정시켜 줄 수 있었다. 이렇게 하면 이런 문제, 저렇게 하면 저런 문제가 있다는 식의 끝이 보이지 않는 논의가 끝나고 나면 대개 결론은 황희의 안으로 귀결되었다. 그러니 세종조에 영의정을 할 사람은 그밖에 없었다.

　유정현은 명문 출신으로 태조의 이복동생인 이원계의 사위였다. 세종의 즉위를 도왔으며, 그 공으로 초대 영의정을 했다. 늘 국왕편에 서서 강경한 정책을 좋아했으므로 관료들과 사이가 좋지 않았다. 세종의 장인 심온의 처형도 그가 지지했다. 강력한 원칙주의자여서 법집행, 조세징수에 인정이 없고 박하다는 비난을 많이 받았다. 아들에게 쌀을 나눠줄 때도 되와 말로 되어서 주었고, 빚을 못 갚은 자는 하나 남은 밥솥까지도 빼앗아가는 지독한 구두쇠에 고리대업자였다.

　허조는 예학의 전문가였다. 박연이 음악에 빠진 만큼 그는 『주례』의 정신과 법도에 외곬이었다. 말끝마다 『주례』를 찾아서 별명이 주공(주나라의 재상으로 주례의 편찬자로 알려져 있다)이었다. 하루는 세종에게 찾아와 『주례』의 규정에 따라 새 법령은 청동판에 새겨 공고해야 한다고 주장했다. 원전을 근거로 우기니 세종도 당할 수가 없어 동의하고 말았고, 허조가 물러간 뒤 왕은 바로 승지를 불러 "앞으로 허조가 왕명을 받았다고 하는 얘기는 무엇이든 나에게 물어 다시 확인하라"고 말했다는 일화까지 있다.

심지어 자제가 잘못하면 허조는 반드시 조상의 사당에 가서 "모모가 이런 저런 잘못을 했으니 매 몇 대를 치겠습니다"라고 고하고 처벌했다. 항상 제일 먼저 출근해서 제일 늦게 퇴근하며, 원칙, 복색, 예의 이런 것을 심하게 따지니 젊은 관료들이 제일 싫어하는 인물이 그였다. 용모도 이러한 성격과 어울리게 젊을 때부터 바싹 여위고 등이 굽어 별명이 수응(瘦鷹 : 여윈 매) 노인이었다. 매가 마르면 날 생각은 않고 새 잡을 생각만 한다는 뜻이다.

허조는 예조판서를 오래 맡았고 만년에 좌의정까지 올랐으나 그 성격 때문에 재상진급이 늦었다. 주로 교육사업과 의례 제정에 헌신했다. 세종의 마지막 작업이면서 가장 오랜 시간과 노력을 들인 작업이 오례(국가의 모든 의식을 규정한 의례) 편찬이었는데, 이를 도운 인물이 그였고 여럿의 반대를 무릅쓰고 『세종실록』에 세종의 오례의를 넣도록 하였다.

형 허주는 그보다 더 엄했다. 허조가 형 대신 제사를 집행하면서 하던 방식을 조금 바꾸자 이는 집안의 어른을 무시하는 행위라고 문을 걸어 잠그고 만나지 않았다. 허조는 며칠을 빌고 나서야 겨우 용서를 받았다. 그래서인지 벼슬은 허조보다 낮았다.

한편 세종이 총애한 신하 중에는 노력석으로 문제가 많은 경우도 있었다. 대표적인 인물로 이순몽과 황상이 있다.

이순몽은 병조판서를 지낸 이응의 아들로 무장으로서 대마도 정벌과 야인정벌에서 탁월한 공을 세워 세종의 남다른 신임을 받았다. 나중에 세종의 막내아들 영응대군을 양자로 삼기도 하였다. 첩의 딸을 차 죽인 일이 있다고 할 정도로 거칠고, 재물과 여색을 탐해서 여러 번 스캔들을 일으켰다. 관료들은 그를 몹시 싫어해서 "무예도 별로인데 희한하게 가는 곳마다 공을 세웠다"고 평하고, 그의 음행과 비리는 실록에 빠짐없이 적어 두었다. 그러나 세종은 끝까지 그를 비호하며 최고의 대우를 했다. 관료들이 그를 싫어한 것은 난폭한 행실도 행실이지만 국왕의 개인적인 총애로 그처럼 성장하는 무장의 존재가 자신들이 지향하는 관료제 운영상과 맞지 않고 좋지 않은 전례가 된다고 생각했기 때문이 아닌가 한다.

황상은 개국공신 평해군 황희석의 아들이다. 황희석은 원래 중이었다가 태조 휘하에서 장수로 출세한 미천한 집안 출신이었다. 황상은 무예가 뛰어나고 용기는 있었지만 성격이 거칠어서 사고를 자주 쳤다. 태종 7년 대호군 시절에 기생을 두고 총제 김우와 다툰 적이 있는데, 종로통에서 김우가 보낸 갑사 10명 및 부하 20명을 상대하여 난투극까지 벌였다. 그래도 국왕에 대한 충성 하나로 계속 승진하여 세종 때 병조판서까지 지냈고 이 때 무명의 하급관리였던 이징옥을 발굴하여 함경도의 맹장으로 키웠다.

세종 10년에 대마도정벌 때부터의 동료였던 이순몽이 황상의 모친상 중을 틈타 그의 기생첩 월화봉과 사통했다. 사통현장에 나타난 황상은 이순몽을 붙잡더니 둘의 머리를 빡빡 깎고 옷을 벗기고 구타했다. 그 바람에 이순몽은 이 날 왕의 어가를 호종하는 임무를 수행하지 못해 처벌을 받았다. 이 때는 왕도 용서하지 않아 황상 또한 상중에 기생과 사통한 죄로 축출하였다.

이처럼 세종은 도덕적으로 흠이 심한 신하는 멀리하였을 것 같지만 그렇지 않았다. 특히 무장일 경우에 재능과 사적인 충성관계를 중시하였다. 중세의 체제가 지니는 한계였다.

왕실을 위하여

세종 20년대 중반이 지나면서 정국은 새로운 국면을 맞이하였다. 세종이 왕자와 종친을 적극적으로 국정에 참여시키면서 왕가의 세력을 육성하기 시작한 것이다.

첫번째 이유는 자신이 추구하는 사업에 사명감을 가지고 적극적으로 참여할 수 있는 사람은 나라가 곧 자신의 집[家]인 왕가의 인물들밖에 없다는 자각이었다. 세종 27년 3월 바라던 화포개발을 달성한 후에 세종은 다음과 같은 감회를 피력하였다.

    태종 때부터 화포개발을 위해 애를 썼으나 화포로 발사한 화살이 겨우 200~300보를 넘지 못했다. 나도 일찍부터 제조(감독관 내지는 총책임자)를 골라두고 또 겸관을 두어 화포개발의 임무에 전력하게 했다. 그러나 오랫동안 발전이 없었다. 이번에 임영대군(세종의 넷째 아들)과 금성대군(세종의 여섯째 아들)에게 개발사업을 맡겼더니 화살이 800~900보를 넘어가고, 혹은 천여 보에 이른다. 이 일로 보건대 내가 이전에 제조와 겸관을 둔 것은 벼슬만 낭비한 일이었다. 이 한 가지 일만 가지고도 나머지 일을 가히 알 수 있다. (『세종실록』)

  두번째는 보다 본질적인 이유로서 국왕이 공신과 문벌세가에 포위되기 전에 왕실, 종친과 왕가의 친인척을 적극 등용하여 국왕의 권력과 지향에 동조하는 세력을 만들자는 생각이었다. 그리고 이런 작업의 명분으로 위에 언급한 것과 같은 이유를 제시했던 것이다.
  세종은 당장 대군들에게 정치적 권력을 주기보다는 이 논거를 좀더 밀고 나가기 위해 대군 전원을 주요 사업에 투여했다. 세자 문종은 이미 섭정을 보고 있었고, 나머지 대군들은 서적편찬, 천문학, 훈민정음 연구, 화포 및 군사기술 연구 등의 사업에 지속적으로 참여했다. 또한 일반 관료도 왕가와 관련이 있는 인물들의 출세와 비중이 높아졌다.
  왕실, 종친의 권위를 높이기 위하여 이들의 범죄는 일반 사법부에서 심사하지 않고 왕실기구인 종친부에서 심의하게 했으며, 신하들이 왕자를 가볍게 여긴다고 비난하고, 왕자들을 우대하는 의례를 별도로 제정하라고 명령하기도 하였다. 점차 세종은 틈만 나면 종친의 잘못을 상소하는 신하들에게 화를 내기 시작했고, 이들의 특별대우는 당연하다고 주장했다.

    "중국에서는 비록 우리 나라를 예의의 나라라고 하지마는, 우리 나라의 인심은 지극히 비루하다. 군왕의 형제가 범죄가 있으면 반드시 죄를 주려고 하여 조금도 용서함이 없으며, 왕자가 잘못했을 때는 감히 죄를 묻지도 못하니 내가 이를 매우 그르게 여긴다. 예로부터 제왕이 형제지간에는 비록 반역한 사람이 있더라도 반드시 덮어주고 죄를 가하지 않았다."

이런 감정은 슬슬 정책으로 표현되기 시작했다.

세종 25년에 세종은 원구단을 통해 왕이 하늘에 직접 제사하는 문제를 거론했다. 하늘 제사는 황제만이 할 수 있는 것이라 하여 조선조에 원구단 제사를 폐지했는데, 예법을 하늘같이 따르던 세종이 이런 말을 꺼냈다는 것은 보통 의미심장한 것이 아니었다. 물론 명분이 부족하므로 세종은 기우제라는 특별한 단서를 달아서 하늘에 직접 기우하는 것이 가장 효과적이다는 논거를 제시했다. 당시 가뭄이 몹시 심했던 것이다. 신하들도 질 수 없었으므로 정 하늘에 기우해야 한다면 의정부에서 백관을 거느리고 하겠다고 맞섰다.

이 싸움에서 세종이 이기지는 못했지만 이어지는 수는 점점 강수였고, 노골적이었다. 세종 26년 왕은 성이 다른 공신과 부마에게도 군(君) 칭호를 주는 우리 나라의 봉군법이 잘못되었다고 하여 종친에게만 봉군하는 법을 논의하라고 하였고, 26년 11월에는 왕실의 유복친(有福親 : 초상이 났을 때 상복을 입는 친족)을 서용하는 법을 만들었다.

무엇보다도 분명한 지표는 환관에 관한 시책이었다. 즉위 후 내내 환관의 세력을 억압하고, 왕의 명령을 환관이 전달하는 제도를 완전히 없애버려 청소나 잡무만 보게 했고, 왕실혼례 때 환관들이 사무를 보던 관행도 폐지했던 세종이 만년에는 거꾸로 환관의 비중을 높이기 시작했다.

세종은 왕의 물건이나 음식을 전달하는 환관에게 관원이 무례하게 굴지 말고 그들을 대접하라는 명령을 내리기 시작하더니, 문종이 섭정하던 세종 27년에는 화약의 원료인 염초제조의 일을 환관에게 맡기기까지 하였다. 화약제조는 군기(軍器)에 속하는 일이니 이건 정말 작은 일이 아니었다.

그러나 이런 각종 조치들은 대개 시도로 끝났을 뿐 결실을 보지는 못했다. 세종의 너무 신중한 성격 탓도 있지만 관료 중에서 동조세력을 얻기가 쉽지 않았을 것이다. 친왕파 대신들도 이런 정책까지 지지하기는 어려웠다. 이런 사정도 사정이지만 세종 25년 이후로는 세자의 섭정체제가 굳어지고 세종은 건강이 좋지 않아 겨우 열흘에 한 번 정도 정사를 보고받고 있었다. 이런 상황에서 전 관료군을 상대로 한 개혁을 진행하기는 쉽지 않았을 것이다.

어떻든 마지막에 벌인 세종의 시도는 너무 조심스러웠고 찔러 보기만 할 뿐 성과가 없었다. 이것은 여러 모로 좋지 않은 결과를 초래했다. 관료들은 긴장했고, 대책을 숙의하기 시작했다. 이런 긴장감 때문이었는지 세종이 사망한 후 신하들이 의논하여 올린 묘호는 의외로 '세종'이 아니라 '문종'이었다. 세종은 왕국의 문물제도를 정비하고 업적이 큰 왕에게 주는 묘호이고, 문종은 단지 덕만을 기리는 묘호이다. 세종 자신이 더 놀랐을 이 사건의 의미는 무엇일까? 관료들은 세종의 유산을 완결된 업적으로 인정하고 싶지 않았다는 뜻인지도 모른다.

반면 대군들은 너무 조심스런 부친의 방식에 의문을 품었다. 문종은 그래도 세종의 처신을 존경했지만, 세조는 답답함을 이기지 못했고 결국 부친이 하던 반대로 나갔다.

세종의 입장에서 보면 평생 동안 무수한 업적과 성과를 남겼지만 마무리가 잘 되지 않고 있었다. 비록 표면적으로는 조용하다고 하나 자신의 마지막 시도는 커다란 요동과 파장을 간직한 것이었다. 물밑에 잠긴 용의 꼬리와 같이 무언가가 다시 크게 움직이는 징조를 보여주고 있었으나 세종은 너무 쇠약해졌다.

세종의 만년은 확실히 음울한 그림자가 있다. 자신의 일생을 마무리하고 정리할 시기에 새로운 개혁을 추진해야 한다는 것은 쉬운 일이 아니다. 그리고 이 초조한 상황에서 건강이 그의 발목을 잡았다.

30대이던 세종 9년부터 그는 한쪽 다리에 풍질을 겪고, 종기로 고통받았다. 세종 13년부터 안질이 발병하여 23년경에는 어두운 곳에서는 걷기도 힘들 정도가 되었다. 이후 온천과 초정약수 등을 찾아다니며 요양을 했다. 효과는 일시적이었고, 신하들은 장기적인 치료를 해야 한다고 건의했으나 세종은 민폐가 심하다는 이유로 한 달, 길어야 두 달 이상 머무르려고 하지 않았다. 일에 욕심이 많았던 사람이었던 만큼 이런 식으로 연장하는 삶은 무의미하다고 생각했는지도 모른다. 하여간 안질로 요양하러 갔으면서도 책을 놓지 않았다.

세종 18년부터는 갈증이 나는 병과 등창에 걸렸다. 갈증이 심하여 하루에 물을 한 동이가 넘게 마셨다. 이 병이 낫지 않은 상태에서 세종 20년에는 임질(성병은 아니라고 한다)에 걸려 조금만 과로하면 피로가 몰려왔다.

이런 병들도 그의 의지를 꺾지 못했다. 세종 27년부터 세자가 일반 사무를 결재하는 섭정을 시작했지만 이 때도 자신이 추구하던 주요 과제는 하나도 놓지 않았고, 실명위기까지 가면서도 매일 새로 편찬한 책들을 하루에 수십 권씩 직접 검토하였다.

그러나 인간의 능력은 한계가 있다. 확실히 세종 후반부에는 그의 추진력이 떨어졌다. 게다가 본인의 건강도 좋지 않던 세종 26~28년 사이에 가정의 불행이 연거푸 다가왔다. 다 키워 놓은 자식인 5남 광평, 7남 평원대군과 소헌왕후가 연차로 사망해 버렸는데, 이 충격이 작지 않았다. 만년에 유생들의 엄청난 반대를 무릅쓰고 궁에 불당을 짓고 마음을 위로했던 것은 이 때문이라고 한다. 이 일이 마땅치 않았던 유자들은 실록의 말미에 왕이 향은 올렸어도 절대로 절은 하지 않았다고 힘주어 기록하였다.

마지막 2년 동안은 세자의 건강이 극도로 나빠져 한때 중태에 빠지기까지 했다. 그리하여 세종이 거꾸로 세자의 업무를 대신하는 일까지 벌어졌고 그들이 기획하던 사업은 더욱 정체되었다.
 세자의 위기는 세종의 유업에 대한 전망을 더욱 모호하게 만들었다. 똑똑한 왕이었던 만큼 자신도 이 불길함을 느끼지 못했을 리 없다. 이런 불길함과 불확실성이 세종의 운명을 더욱 재촉했던 것 같다. 재위 33년 만인 세종 32년 2월 임진(17) 세종은 미리 마련해 두었던 영응대군의 집 동쪽 별궁에서 사망하였다.

7. 삭풍이 부는 계절

 세종이 우리 역사에 남긴 빼놓을 수 없는 공로의 하나가 평안·함경 북부지방을 우리 영토로 확보한 일이다. 세계지도로 보면 작은 반도 안의 작은 지역이지만 이 곳을 확보하기는 쉽지 않았다. 이 땅은 세종의 집념과 수십 년 간에 걸친 군제정비 사업의 결실이었으며, 그 과정에는 수많은 사람의 피와 원망이 차갑게 엉겨 있다.
 15세기 전반 평안도와 함경도 북방지역에서는 우리가 인디언과 기병대가 출연하는 서부활극에서 보는 장면들이 빠짐없이 벌어지고 있었다. 다만 다른 점이 있다면 서부개척을 유발한 요인은 골드러시였지만 조선에서는 금 대신에 정부의 공권력이 이민을 주도했다는 사실이다.
 압록, 두만강 이남 지역을 우리 영토로 확보하겠다는 세종의 의지는 확고했다. 이 땅을 두고 벌어진 여진족과의 싸움은 조선 건국 이전부터 시작되었지만 세종의 정책은 수준이 달랐다. 그는 남부에서 대대적으로 개척민을 징발하여 이 지역에 이식시켰다. 이들을 보호하기 위해 양계(평안도와 함경도) 이남 지역의 군대가 대규모로 이 지역으로 이동했다. 국경의 요충지에 정착촌과 요새가 설립되었으며, 이 곳의 방어시설을 지속적으로 강화하였다.

이 지역은 갑자기 몰려든 낯선 인물들로 북적이기 시작했다. 개중에는 정부에 의해 강제로 징발되어 울며불며 끌려온 사람도 있었지만, 모험과 출세를 바라고 이 지역으로 들어온 사람도 있었다. 하삼도와 같이 텃세를 부리는 양반세력이 없는 반면, 빈 땅과 이민족이 있으니만큼 부와 권력을 일거에 획득할 수 있는 기회가 있었다. 조금 후에는 남쪽에서 추방당한 강력범, 액션과 모험을 추구하는 무사와 부랑자, 정부나 수령에게 항거했다가 추방당한 열혈남아, 자신의 운명에 항거하여 신역종사지에서 도망쳤다가 체포된 도망자들, 모리배, 이중간첩, 사고를 치고 쫓겨난 기생, 군대와 함께 온 뽐내기 좋아하는 귀족출신 청년장교, 고향으로 돌아갈 날만 꿈꾸는 징집병, 여진족 쪽에서 이쪽으로 온 망명객과 범죄자, 도망노비 등등이 차례로 몰려들었다.

서부개척시대의 인디언들처럼 서로 반목하고 성향도 다른 여러 부족으로 분열되어 있던 여진족들은 이 새로운 사태에 적지 않게 당황했다. 어떤 집단은 여진사회에서 배신자 소리를 들으며 조선쪽에 붙었다. 어떤 집단은 북쪽의 보다 투쟁적이고 꿋꿋한 부족에게로 떠나거나 전투적인 게릴라 집단이 되었다. 그리고 어떤 집단은 다혈질의 젊은이들을 억제하며, 공존을 위한 힘든 외교적 노력을 수행해갔다.

원주민에게나 개척민—사실은 강제 이주민이라는 표현이 옳지만—에게나 상황은 점점 파국으로 치달았다. 따뜻한 남쪽 나라에 살다가 겨울이면 영하 수십 도로 내려가는 한대지역에 내동댕이쳐진 이주민들은 첫해 겨울을 넘기지 못하고 반 이상이 죽어나갔다. 살아남은 자들은 밤에는 부라보 요새처럼 생긴 목책 안에서 생활하고 낮에는 활과 창으로 무장하고, 군대의 호위를 받으며 농사를 지었다. 며칠 후 무리에서 벗어났던 청년과 토끼를 잡으러 숲으로 들어갔던 소년이 시체로 발견되었고, 이웃마을이 습격을 당해 젊은 여인이 납치되었다는 소식이 들려왔다.

시간이 갈수록 두 민족의 감정은 평행선을 그리며 달려나갔다. 한쪽에는 가혹한 자연, 습격과 약탈의 위협에 시달리는 가난한 농부들의 애환이 있고, 한쪽에는 약소민족의 설움과 불만이 있었다. 결국 제로니모의 저항과 정부군의 반격작전이 시작되었다.

세종 15년 1월, 풍운이 감돌던 국경지대에 마침내 커다란 사건이 벌어졌다. 400여 기의 여진족이 여연군을 기습하여 조선군민 50여 명을 살해하고 70여 명을 잡아갔다. 여지껏 자질구레한 충돌은 많았지만 이런 큰 피해는 근래에 드문 일이었다. 약탈자의 복장과 인디언처럼 얼굴에 그린 그림으로 볼 때 북쪽에 사는 호전적인 부족인 홀라온으로 보였다. 이어 건주여진족 올량합의 추장인 이만주로부터 사냥을 나갔다가 우연히 조선인 포로를 끌고가는 무리를 보고 이들을 요격하여 조선인 64명을 되찾았으므로 이들을 돌려보낸다는 전갈이 왔다.

건주여진은 본위와 좌위, 두 부족으로 분리되어 이만주가 영도하는 본위는 파저강(혼강) 유역의 올미부에 거주했다. 이 곳은 과거 고구려의 근거지이던 졸본 지역으로 곧 지금의 환인 지방이다. 부근에 있는 올라산성(오녀산성. 초기 고구려의 근거지)이 이들의 요새였다.

동맹가첩목아가 인도하는 좌위는 알목하, 즉 함경도 회령에 거주했다. 동맹가첩목아는 이성계와도 교분이 있었고 비교적 조선과 우호관계를 착실히 맺었지만, 이만주는 영 껄끄러운 상대였다. 예전부터 이만주를 곱지 않게 보던 정부는 대뜸 이 약탈이 홀라온으로 위장한 이만주의 소행이라고 의심하였다.

여러 정보를 종합해 보면 이 약탈은 이만주가 주도한 것은 아니고 여진족 중의 일부 도적떼와 강경파가 연합하여 저지른 일이었다. 개중에는 이만주의 통제를 벗어난 호전적인 무리도 꽤 있었지 않았나 싶다.

사건이 터지자 이만주도 조선 못지않게 당황했다. 노련한 지도자였던 그는 조선과 정면대결할 마음은 전혀 없었고, 이런 경박한 모험주의가 되려 조선측에게 정벌의 빌미를 준다는 사실을 알고 있었다. 이만주는 술수를 써서 이 사건을 홀라온의 짓으로 돌리려고 했다. 하지만 조선쪽에서는 홀라온이 아니었다는 증거와 목격자를 잡아냈다.

세종은 강력하게 정벌을 원했다. 이만주의 걱정대로 이 사건이 문제가 아니었다. 전부터 세종은 무사를 양성하고, 훈련시키면서 언젠가 벌여야 할 일전을 준비하고 있었던 것이다.

정벌에는 만만치 않은 반대론이 있었다. 당시 조선은 이만주가 거주하는 부락의 위치도 정확히 파악하지 못하고 있었다. 여진족은 분명 청야전과 게릴라전으로 나올 테니 큰 성과도 없이 국위만 손상시킨다는 것이었다. 하지만 세종은 대마도 정벌과 마찬가지로 군대를 파견하여 토벌전을 한다는 자체가 중요하다고 생각했고, 이 거사를 밀어붙였다.

세종 15년 4월 10일에 평안도 군사 만 명과 황해도 군사 5천을 동원하여 압록강을 넘었다. 최윤덕, 이순몽, 최해산, 이각, 이징석, 홍사석 등이 각각 3천에서 1,800명 정도씩 병력을 나누어 인솔하고 파저강가의 여러 근거지를 소탕하였다.

전달에 조선은 사신을 보내 지난번 사건을 홀라온의 짓으로 믿는다고 말하여 이만주를 안심시켰다. 그러나 이만주 체포에는 실패했다. 여진족의 주력은 미리 낌새를 채고 주민을 소개시킨 후 집과 농토를 불태우고 도주했으나 약 500명의 여진족이 참수당하거나 사살당했다. 조선군의 피해는 수십 명 선이었다. 이 덕분에 여진족은 식량부족으로 고통을 겪었다.

정벌은 소기의 성과를 거두었지만 한편으로 이 침공은 이 땅에 사는 조선과 여진의 숙명적인 미래를 제시한 결과가 되었다. 이후 이만주는 강온양책으로 나왔다. 공물을 바치고 조선에 사신을 계속 파견하는 한편, 보다 호전적인 부족이던 올적합, 홀라온을 충동하여 조선의 변경을 침입했다.

이만주의 진심은 확실하지 않다. 그는 홀라온이 침입한다는 정보를 조선에 미리 통보하기도 했다. 정말로 그는 가능한 충돌을 막으려고 노력했으나 그의 통제 밖에 있던 여진족들이 계속 사건을 저질렀을 수도 있고, 교묘하게 조선에 복속하는 척하면서 이들을 이용하여 조선의 강경책이 더 심한 저항을 낳는다는 점을 상기시키려고 했던 것일 수도 있다.

어쨌든 국경의 분위기는 악화일로였다. 세종 17년 1월에는 2,700여 명의 홀라온이 여연성을 공격했다. 나중에 함길도 도절제사까지 오른 유능한 장군 김윤수의 분전으로 100여 명 이상을 사살하는 전과를 올렸다. 하지만 이들의 공세는 누그러들지 않았다. 여연에만 6월과 7, 9월에 계속적인 공격과 약탈을 감행했다.

영토분쟁은 본격적인 무력충돌 양상으로 발전하고 있었다. 이렇게 작은 싸움을 지속적으로 벌이다가는 수비쪽이 지치고, 서로 원한만 깊어갈 것이었다. 기왕 강공을 시작했으니 차제에 재정벌을 해서 여진족의 기를 확실히 누르자는 의견이 여러 차례 제기되었으나 세종은 신중론을 폈다.

여진족이 절대로 정면으로 대응하지는 않았기 때문에 재정벌을 감행해도 대승을 거두기는 어려웠다. 세종은 기왕에 무력시위 차원의 정벌이라면 조선의 군사적 능력을 확실히 과시해야 할 필요가 있다고 생각하였다. 그의 머리 속에 있는 생각은 전투의 승리가 아니라 여진족 땅에 출현할 새롭고 강력한 군대였다.

한때 이성계의 협력자이기도 했던 여진족은 조선군의 표현을 빌면 갑옷도 없고 대오도 없는 믿는 것은 기마와 화살뿐인 군대였다. 민간인에 대한 기습과 약탈, 게릴라전에는 능했지만, 정규전과 공성전에는 한계가 있었다. 조선군도 활에는 일가견이 있었으므로 일단 기습을 면하고 성이나 목책 안에서 갑옷과 투구로 무장한 병사들이 대응하면 여진족들은 손해보는 장사를 하기 일쑤였다.

그러나 조선군도 약점이 있었다. 조선군 역시 기마와 활이 장기여서 수적 우위를 빼면 별다른 강점이 없었다. 수적 우위라는 것도 전체 병력이 그렇다는 것이지 적이 한 성채를 기습하면 오히려 병력이 딸렸다.

외형상으로 조선은 여진족과 달리 정규군을 유지하므로 보병과 기타 병종을 활용하는 체계적인 전투를 벌일 수 있었다. 하지만 보병이 거의 징집병이라 백병전에 약하므로 실전에서 진형의 장점을 살릴 수 없고,

특히 공격력이 시원치 않았다.

　기병과 기병이 싸우면 전력이 유사하므로 손해보는 쪽은 공격하거나 추격하는 쪽이다. 그러므로 맞붙어 싸우려면 일단 병력수가 많아야 했다. 그러니 다른 지역의 구원병이 올 때까지는 꼼짝없이 수비만 해야 한다. 이런 약점이 잡히자 여진족에게 늘 히트앤드런의 기회를 주었고, 여진족의 습격과 약탈을 근절시킬 수가 없었다.

　맞붙어 싸울 때도 특별한 장점이 없었다. 진법을 펼쳐도 보기는 그럴 듯하지만 충격작전에 자신이 없으므로 밀집대형의 장점이 없고, 진격속도가 느렸다. 오히려 사격전이 벌어지거나 여진족이 히트앤드런 전술로 나오면 당연히 밀집대형을 이룬 조선군이 화살에 맞는 확률이 높았다. 남은 방법은 기병을 돌격시켜 맞붙어 싸우는 것뿐인데, 이렇게 하면 여진족과 똑같은 격투 수준의 전투가 되버리는 것이다.

　이런 문제에 봉착하여 세종 초반에는 보병에게 긴 나무방패를 주어 앞 열에 세우고, 뒤에 창쓰는 기병과 활쓰는 기병을 따르게 하는 전술을 사용했다. 이것은 보병의 도주를 막고 기병을 보호하면서 여진족에게 접근한다는 작전인데, 결과적으로 보면 보병은 보조적인 역할만 하고 기병을 풀어 적의 기병을 잡는 방식에서 벗어나지 못한 것이다.

　보병의 전투력을 획기적으로 증진시키지 않는 이상 이런 한심한 양상을 개선하기는 불가능했다. 그러나 그렇다고 사회의 안정을 희생하면서 전문 무사계층을 양성할 수도 없는 일이었다.

　이 약점을 해소하기 위하여 조선의 국왕과 장수들은 화포에 주목했다. 태종과 세종은 화포가 보유한 엄청난 변화의 잠재력을 일찌감치 깨달았다. 고려 말에 등장한 화포는 해전에서는 재미를 보았지만, 육전 그 중에서도 공격에는 별로 역할을 못했다. 이 때의 대포란 지금처럼 폭발하는 포탄을 쏘는 것이 아니라, 돌이나 화살을 날려 보내거나 화염을 토하는 것이었다. 해전에서는 가까이 접근해서 배에 구멍을 내거나 배 위의 병사를 공격하니까 목표는 크고 사거리는 짧은 반면, 목표의 이동성은 매우 제한적이다.

그러나 육전에서는 넓게 퍼져 말타고 달려드는 병사를 쏘아야 한다. 이들을 제압하기에 당시의 화포는 사정거리가 짧고, 화약은 지나치게 많이 들고, 따라서 반동이 너무 강하고, 한 발 쏘는 데 시간이 너무 오래 걸렸다.

세종은 특유의 집념으로 화포군 육성과 화포개량에 엄청난 노력을 들였다. 그의 치세에 화약제조량이 증가하고, 화포군이 조직적으로 육성되었다. 화포도 발달하여 14년에 마침내 한 번에 두 발의 화살을 쏘는 쌍전화포를 만들어서 15년의 파저강 정벌 때 재미를 보았다.

세종은 말 위에 싣고 다니거나 사람이 휴대하고 다니며 쏘는 화포-화약의 힘으로 화살을 쏘는 것이므로 화전 또는 세화포라고 했다-다시 말하면 총과 같은 무기도 구상했다. 아이디어는 좋았지만 사정거리가 짧아 세화포는 실용성있는 무기로 발전을 못했다. 그래도 한 사람이 10개에서 30개 정도를 휴대하고 사용할 수 있었으므로 나름의 효용이 있다고 하여 군사들에게 보급하였다.

2차 원정을 앞둔 조선의 화포기술은 이 정도였다. 이 당시에도 개발 중이던 화포는 많았으나 실전에서 쓸 만한 괜찮은 화포는 또 10년이 지난 세종 27년경에야 등장한다.

그러나 이 수준에서도 상당히 변화된 모습을 보일 수는 있었다. 비록 불완전한 화포지만 화포부대를 도입한 보다 위력적인 전투대형을 창출할 수 있었던 것이다. 세종 17년 6월에 대여진전투를 위한 전술을 새로 만들었다. 그 방법은 느리고 화살공격에 취약한 밀집대형을 버리고, 5인을 1조로 하는 항오를 기본단위로 하여 군대를 기러기 대형으로 좌우로 벌려서 넓게 적을 포위하는 전술이었다.

5인이 1항오(팀)가 되어 한 사람은 방패를 가지고 칼을 차며, 한 사람은 궁시를 차고 창을 가지며, 세 사람은 궁시를 차고 칼을 가진다. 보병전투 때는 한 명이 네 명의 말을 지키는데, 주장(主將)이 (상황에 따라) 말 지키는 사람을 적당히 더한다. 3대(隊)마다 그 사이에 화통 부대를 두되, 역시 5인으로 항오를 만들어서 한 사람은 방패를 가지고 칼을 차며, 네 사람은 화통을 가지고 칼을 차며, 말을 지키는 사람은 위와 같다.

적이 만일 흩어져 서서 나무와 돌에 숨어 싸울 때, 각(角)을 한 번 불고, 휘(麾: 군기)를 잠깐 눕혔다가 잠깐 일으키고, 북이 울리면, 방패를 가진 사람이 말에서 내리고, 활과 창을 가진 네 사람이 또한 말에서 내려 방패 뒤에 엄폐한다. 북이 급히 울리면 방패를 가진 사람이 빨리 달려 앞으로 나아가고, 뒤에 있는 세 사람도 역시 빨리 달려 앞으로 나간다. 말을 지키는 한 사람을 제외하고 나머지 세 사람이 활과 창을 번갈아 쓰면 여진족이 나무와 돌에 의지하여 버티지는 못할 것이다.

적이 패하여 달아나거든 좌우가 일제히 앞으로 나아가서 급히 치되, 적이 만일 말을 타고 달아나거든 우리도 또한 말을 타고 쫓으며, 쇠 소리를 들으면 그치고, 북과 각이 다시 울리면 앞으로 나아가서 다시 싸우되, 무릇 중익(中翼)의 고각(鼓角) 소리와 기휘(旗麾)의 움직임에 따라 좌·우익이 응하며, 싸울 때마다 반드시 기병(奇兵: 유격부대)이 있어 뜻하지 않은 때에 나와서, 혹은 앞에서 요격하고, 혹은 뒤를 끊고, 혹은 좌우를 공격한다.

전에는 방패군, 기병, 화통군이 별도의 부대로 편성되어 앞뒷줄로 서서 움직이므로 서로 제한적인 역할만 했었다. 그러나 새로운 방법은 5인 1조의 팀을 하나의 전투단위로 하고, 그 내부에 방패, 기병, 보병, 궁사를 모두 배치하여 서로 유기적으로 협조하게 한다는 것이었다.

이렇게 함으로써 기병전, 보병전, 사격전의 모든 경우에 대응하며, 5명이 1팀으로 수가 적은 여진족과 싸우므로 1조 대 1명의 싸움을 하게 된다. 또한 기병과 보병이 혼재하여 우수한 전사가 기병에 편중되어 있고, 보병의 전투능력이 떨어지는 단점을 개선할 수 있었다.

그러나 아무리 5인 1조라도 적의 진지나 주력과 맞부딪치려면 단병접전과 충격전술에 자신이 있어야 한다. 따라서 이 전법이 가능하려면 화포군의 지원이 필요했다. 그래서 3부대마다 1대씩 화포군을 두고 역시 5인 1조로 움직이며 화력지원을 하게 했다.

아쉬운 것은 이 때까지 화포의 성능이 만족스럽지 않고, 중량 때문에 운반이 쉽지 않아 위력에 제한이 많았다는 점이다. 그러나 이 정도로도 조선군의 완연히 달라진 모습을 보일 수는 있었다. 두번째 원정의 준비가 된 것이다.

한편 적정과 이만주의 근거지를 파악하려는 보이지 않는 노력도 계속되었다. 조선정부는 적의 기습을 미리 탐지하거나 압록 이북지역의 지리와 적세를 알기 위하여 적진에 투입하는 특수부대를 지속적으로 운영했다. 보통 5~10명 사이로 운영되는 이 부대는 당시 용어로 체탐자라고 불렸다. 이들은 적에게 사로잡히거나 사살되기도 하고, 길을 잃거나 맹수에게 희생되기도 하면서 영웅적인 활동을 폈다. 작은 땅이지만 4군 6진 지역을 확보하는 데도 이렇게 이름모를 많은 용사들의 노력과 희생이 있었던 것이다. 그들의 활약상을 전하는 기록 하나를 소개한다.

> 이산(理山)의 정탐꾼 김장 등 5명이 파저강을 몰래 건너서 곧장 올라산 북쪽 모퉁이에 있는 오미부로 갔다. 이 곳은 물 양쪽 언덕의 큰 들이 모두 개간되어 농민과 소가 들에 흩어져 있었고, 말은 보이지 않았으며, 인가 18호가 물가 언덕에 붙어 있었고, 산골짝에도 인가가 흩어져 있었다. ……김장 들이 정찰을 마치고 도로 한 고개 위로 오르자 여진족 5기가 밀림 속에서 나타나 고함을 치면서 쫓아왔다. 할수없이 이들은 나무에 숨어 활로 공격했다. 김유생이 한 적의 왼쪽 뺨을 맞히니 모여 서서 쫓지 않았다. 몰래 도망에 성공했을 즈음에 뒤를 돌아보고 군인 김옥로가 없어진 것을 알았다.

몇 년 간에 걸친 이들의 활동으로 이제는 건주위와 올미부의 상황을 비교적 소상히 알게 되었다. 의외로 이들의 세는 약해서 건주위의 군사는 겨우 300~400명 정도. 1차 야인정벌 이후로는 주민을 한 곳에 모아서 살고, 수확을 마치면 양식과 가족을 거느리고 모두 요새로 들어가는 생활을 하며, 이만주의 본거는 올라산성 남쪽 모퉁이에 있다는 사실까지 알아냈다.

그러나 세종 19년 9월 7일에서 16일까지 진행된 2차 원정도 전과 자체는 크지 않았다. 평안도 도절제사 이천이 지휘하는 7천의 병력이 올미부와 올라산성 주변을 토벌했다. 여진족은 긴장을 늦추지 않고 경계를 했고, 그 전달에 보낸 체탐자 두 팀이 모두 잡히는 바람에 정보가 샜는지 다시 기습에는 실패하였다. 여진족은 대부분 도주하였으며, 약간의 전투가 있었으나 대단하지 않았다. 정벌군은 주요한 마을과 논밭을 불태웠으며 죽인 자는 60명 정도였다.

나중에 우의정 노한은 죽인 자는 여진족이 아니라 안심하고 남아 있던 중국인들로 이천이 괜히 이들을 죽였으며 노약자와 부녀자까지 학살했다고 비난했다. 세종은 이 말을 듣고는 노해서 노한을 파면했다. 이렇게 대신을 즉각에서 파면하는 것은 세종으로서는 드문 일인데, 대신쯤 된 사람이 뭘 모르고 당장의 가시적인 성과만으로 대사업을 평가절하한 것에 화가 났던 것 같다.

이 원정 이후도 굵직한 침입과 전투가 몇 번 있었으나 2차 원정 이후로 세종은 대규모 원정보다는 방어시설과 지역방어망을 강화하는 데 주력하였다. 이 작업은 문종조를 거쳐 세조조에 이르기까지 꾸준히 계속되어 읍성을 석성으로 바꾸고 이전에는 목책이 많았던 주변의 보(保)들도 석벽과 녹각성(鹿角城 : 나무를 사슴뿔 모양으로 깎아 세운 장애물)을 두르고, 주요한 보와 기지를 연결하고 도로를 차단하는 행성을 요소요소에 쌓았다.

세종의 말년부터 4군 6진 지역은 비교적 안정되어 우리의 영토로 자리잡게 되었다. 세조 때에 세종의 개척선이 조금 후퇴하기는 하지만 평안, 함경의 북부지방이 우리 영토가 된 것은 세종의 집념이 낳은 성과였다.

문종

세종을 위한 변주곡

1414(태종 14)~1452(문종 2). 재위 1450~1452. 조선의 제5대왕. 이름은 향(珦). 자는 휘지(輝之). 세종의 맏아들이다. 시호는 공순흠명인숙광문성효대왕(恭順欽明仁肅光文聖孝大王)이다. 비는 권전의 딸 현덕왕후. 1421년(세종 3)에 세자로 책봉되었다. 세종의 건강이 나빠지자 1445년부터 즉위할 때까지 섭정을 하며 국왕수업을 했으나 중요한 안건은 모두 세종에게 보고하여 결재받았다. 효행이 탁월하고, 학문에 뛰어나 훌륭한 왕이 될 것으로 기대했으나 건강이 좋지 않아 재위 2년 4개월 만에 사망했다. 재위 중에 병법과 군사에 관심이 많아『동국병감』을 편찬하고, 전국의 군비와 군사제도를 정비했다. 또『고려사』와『고려사절요』최종본도 편찬했다. 1452년 5월 14일 39세로 사망하였다. 능은 현릉(顯陵)으로 구리시 동구릉 안에 있다.

1. 사모곡

　중국에서나 한국에서나 의외로 왕들의 수명은 별로 길지 않다. 지위와 영화가 극에 달하고, 보통 사람은 평생 먹어 보지도 못할 음식과 약을 매일 먹으며 살지만 그 자리에 오래 있기도 쉽지 않다. 조선시대 국왕의 거의 반 정도가 박정희 대통령만큼도 권좌에 있어 보지 못했다. 또 성종과 같이 워낙 어린 나이에 즉위했기 때문에 재위기간은 길어도 나이로는 40을 넘기지 못한 왕도 있다. 천수가 짧아 사망하는 경우도 있지만, 불의의 사고나 황음과 술, 긴장과 스트레스로 자신을 학대하다가 파멸하는 왕도 있다. 이런저런 사연 중에서도 참으로 아쉬운 왕이 문종이다.

　문종 하면 나약한 문생 이미지를 연상하는 사람이 많다. 39세의 나이로 요절했고, 몸이 약하여 병치레를 많이 했다고 알려져 있다. 하긴 세종도 문종을 가리켜 "강용한 기질이 없고 바탕이 순수하기가 부인과 같다"고 하였다. 그러나 이 말은 무인과 같이 호방하고 거친 기질이 없고 마음이 착하다는 뜻이지, 여성적인 인물이란 뜻은 아니다.

　문종은 외모에서부터 여성적인 백면서생과는 거리가 있다. 그는 부친을 닮아 몸이 비대하고 끈기와 뚝심이 있었다. 얼굴은 잘 생긴데다 관운장처럼 수염이 매우 길어 용모가 웅위(雄偉)했다고 한다.

　　　병자호란 뒤에 국왕의 초상 한 족자를 발견했는데, 조정에서 의논하기를 모두 인종의 화상이라고 했다. 신익성만이 그 화상의 인물이 수염이 매우 길다는 말을 듣고 홀로 문종의 화상이라고 주장했다. ……대신들이 믿지 아니했으나 표장을 고쳐 만들 때 이전의 배접을 벗기자 그 뒷면에 문종의 진(초상)이란 글자가 나왔다. (『하담록(荷潭錄)』·『연려실기술』)

　다만 부친과 똑같이 나가 놀기보다는 공부를 좋아하고, 동생 수양대군이나 금성대군처럼 말타고 사냥하는 것은 좋아하지 않았다. 그러다 보니 비만이 되어서 운동과는 더더욱 멀어졌다.

하지만 심성은 굳어서 의지가 있고 주관이 뚜렷한 인물이었다. 병서와 진법에 정통하고, 군비와 병사(兵事)를 잘 알았다. 야전에서 뛰어다니는 것은 좋아하지 않았어도 활은 아주 잘 쏘아서 노린 것은 반드시 맞추었다고 한다. 그만큼 집중력이 있고, 자신이 가치가 있다고 여기는 일에는 열중했다는 의미이다.

사실 문종은 세종이 심혈을 기울여 키운 작품이다. 고전과 경서의 가치를 신봉했던 세종은 어린 왕자를 양육하는 데도 교과서적인 노력을 했다. 자신의 능력과 자질에 대해서 만족을 모르던 왕이었던 만큼 뒤늦게 세자책봉을 받았던 자신과 달리 자기 아들은 어릴 때부터 세자로 책봉하고 완벽한 교육을 시켜 더 완전한 국왕을 만들어야 한다고 생각했을 게 틀림없다.

그래서 세종은 교과과정의 모든 부분에 직접 개입했다. 기록에서 분명하게 언급하지는 않았지만 오늘날로 말하면 교과과정, 교재선택과 교사, 강학내용까지 자신이 꼼꼼하게 챙겼던 흔적이 여기저기 보인다. 그리고 『주역』과 같이 당시 학자들도 잘 모르고 해설이 쉽지 않던 책은 자신이 직접 가르쳤다. 신하들의 반대를 무릅쓰고 일찍부터 정사에 참여하여 국정을 견학하게 했다. 하다못해 오늘날로 말하면 무술이라기보다는 일반 교양이고, 건강단련을 위한 필수 스포츠였던 활쏘기를 가르치는 데도 몇 살 때부터 어떻게 가르쳐야 하는가를 두고 대신들과 의논하며 고민을 했다.

문종은 이 쉽지 않고 융통성 없는 프로그램을 아주 충실히 따랐다. 어릴 때부터 반드시 하루에 세 번 서연(세자가 문신에게 경서를 배우는 자리)에 참석하여 공부하고, 부친에게 가서 경서와 국정을 배우고, 사이사이 시간에는 정기적으로 궁중의 어른들에게 문안했다.

이 빡빡한 하루 중에서도 제일 수행하기 어려운 것이 의례이다. 유학의 고전적인 이론에 따르면 공부란 책을 읽고 철학을 논하는 게 다가 아니다. 생활 속에서 예를 닦고 실천하는 훈련이 공부 못지않게 중요하다. 뭐 이론적으로는 지금의 학교교육도 그러하다. 그런데 이 때의 예라는 것이 인사 잘하고, 복장 단정히 하고, 공중도덕을 지키는 그런 정도가 아니다.

옛날 의례라는 게 종류도 많고 하나하나 여간 복잡하지 않다. 주기적인 제사와 행사, 궁중어른들과 일가친척의 생신, 혼인, 제사…… 그뿐인가 하다못해 일상적인 문안을 하거나 잔치에 참석하고, 서연에서 스승을 맞아 공부를 할 때도 다 정해진 의례와 규칙이 있다.

그 다양함과 복잡함이란 상상을 넘어선다.

한성판윤이 출근할 때는 예방서리(예방에 속한 아전)가 좌·우윤(한성부의 정2품관. 판윤 바로 아래의 관직)과 6방(중앙의 6조를 본뜬 6개의 부서)의 낭청(4~6품의 관리들. 중견간부에 해당한다)들에게 판윤이 등청한다고 보고하고, 판윤을 맞이한다. 이 때 본부 사령은 길가에서 엎드려 맞이하고, 낭청은 삼문(三門) 안에 있는 대석(臺石) 위에서 북쪽을 향하여 서서 허리를 굽히고 맞이한다. 좌·우윤은 먼저 청사의 남쪽 계단 돌 층계 위에서 북쪽을 향하여 서서 기다리다가 판윤이 도착하면 서로 읍(두 손을 포개고 마주보며 공손히 인사하는 것)한다. 판윤이 먼저 청사에 올라가 남향하고 서면 좌·우윤이 청사에 올라가서 서로 인사하고……낭청은 예방서리의 안내에 따라 판윤에게 한 번 절하고, 다음 좌·우윤에게 한 번 절한다. 그러면 이들은 다만 손을 들어 답례를 한다. 다음에 율관(법률해석을 담당한 관리)이……

이것은 무엇인고 하니 오늘날 서울시장격인 한성판윤이 한성부에 출근할 때 하는 의식이다. 그러니 매일 출근시간마다 한 번씩 이 의식을 하는데, 인용부분의 앞과 뒤로 의례가 계속 있어서 다 적으면 꼬박 한 페이지 분량은 된다. 그것으로 끝이 아니고, 판윤이 끝나면 낭청이 출근하는 예가 또 있다. 그리고 퇴근할 때는 이 역순으로 퇴근례를 거행한다.

이 의식은 그래도 매일 하는 것이라 쉬운 편이다. 제사의식 같은 것은 하도 복잡해서 읽기도 힘들고, 긴 것은 실록 번역본으로 몇 페이지 분량이 된다. 그러니 외우는 것도 큰 일이지만 그것만으로는 어림도 없고 예행연습을 해야 한다. 이 많은 것을 시간마다, 때마다 외우고, 연습하고, 거행한다고 생각해 보자. 텔레비전을 보면 왕과 조정 중신들이 궁에 출근하면 매일 정사를 토론하고 국가와 민족을 위해 고민하면서 보내는 장면만 나오지만, 사실은 이런 의식을 연습하고 시행하는 데에 엄청난 시간을 소모해야 했다.

어린 왕자는 이 지겹고 끔찍한 과정도 묵묵하게 헤쳐 나갔다. 그가 세자로 책봉될 때이다. 예행연습을 하는 날 하필 바람이 강하게 불고, 먼지가 심하게 날았다. 신하들도 연거푸 실수를 했으나 겨우 여덟 살 난 이 소년은 조그만 실수도 없이 엄숙하고 찬찬하게 과정을 통과하여 사람들을 놀라게 했다. 그 후에도 이 당찬 소년은 각종 행사에서 여러 차례 사람들을 감동시켰다. 중국에서 온 사신들도 국빈을 예우하는 자리에서 동궁의 빈틈없는 행동거지를 보고 칭찬을 아끼지 않았고 이 나라의 복이라고까지 치켜세웠다. 한 사신은 의식이 끝나자 동궁의 말타는 모습도 보고 싶다고 자신이 안고 나가기까지 했다.

사람들이 놀라고 감격한 것은 동궁이 똘똘하고 의젓했기 때문만이 아니다. 그 정도로 행동하기 위해서는 상당한 노력과 자제력이 필요하다. 그리고 자신에게 주어진 삶에 대한 방향성과 사명감이 투철해야만이 이를 감당해 낼 수 있기 때문이다.

이것이야말로 왕자에게 가장 절실한 자질이었다. 세종은 자신을 최고의 군주로 만들었던 그 사명감과 자질을 아들에게 넘겨주는 데 성공했다. 이것은 동서양의 많은 아버지들이 이루지 못한 성공이었고, 세종이 이룩한 몇 안 되는 완성품의 하나였다.

사명감과 책임감으로 무장한 왕자는 스스로 개구쟁이 어린 시절까지 포기하고 자신을 완성하기 위해 노력하고 노력했다. 그리하여 까다로운 부친이 만족할 정도로 이 과정을 잘 수행해냈다. 그의 행장에 의하면 어릴 때에도 장난을 좋아하지 않고 점잖고 자애로웠다고 한다. 공부에 전념하여 읽지 않은 책이 없고, 토론을 하면 노성한 학자도 당하기 힘들었다고 했다. 경서뿐만 아니라 천문, 음악, 지리, 군사, 역산(曆算)에서 각종 기예에 이르기까지 국왕으로서 필요한 자질이라고 인정되는 과목은 욕심사납게 습득했다.

문종의 일화 중에 그가 특별히 날씨를 잘 맞추었다는 이야기가 있다. 세종도 늘 날씨는 그에게 물었다고 한다. 어느 날 야외에서 군사를 사열해야 하는데, 마침 눈보라가 쳤다. 신하가 날씨가 좋지 않으니 사열을 중지하자고 간하자 문종은 오후에는 좋아질 것이라고 대답하고 행사를 강행했다. 정말로 오후가 되자 갑자기 해가 나더니 하늘이 맑아졌다.

옛날에는 천문이 사대부의 일반 교양의 하나였다. 기상학도 그 중의 일부인데, 일기예보가 없던 시절이므로 대신과 장수에게는 이 능력이 필수적이었다. 야외에서 중요한 행사를 하거나 군대가 계곡을 지나는데 폭우가 내려 버린다면 보통 일이 아니다. 기상예측을 잘못해서 수십 척이 한 번에 침몰해 버린 사건도 있었다. 그렇다고 시간과 식량에 제한이 있는데, 날씨가 조금만 이상하면 주저앉아 버리면서 안전운행을 할 수도 없다.

중세의 지도자는 기한에 늦어도 책임을 지고, 악천후로 피해를 입어도 책임을 져야 했으므로 기상을 볼 줄 알아야 했다. 때로 이 능력이 전쟁의 승패를 좌우하기도 한다. 그런데 이 능력을 갖추려면 이론만 습득해서는 되지 않고 매일 매일 기상현상을 관측하고 이전의 징조와 비교하면서 본인의 데이터를 축적하여 경험적인 지식을 쌓아야 한다. 책으로 하는 공부보다도 더 끈질기고 체계적인 관심과 노력이 필요한 것이다.

젊은 문종이 궁 안에 많은 사람과 관상감에 근무하는 전문 관료보다도 뛰어난 기상 파악능력을 지녔다는 이야기는 그가 하루하루, 시간시간을 얼마나 열심히 노력하며 살았는가를 말해 준다.

　어른이 된 그는 국왕수업의 범위를 덕목과 자세, 이미지 관리의 영역으로까지 넓혀갔다. 유학의 경서에서 가르치는 대로 점잖고 사려깊고, 아랫사람을 이해하며, 그러면서도 감히 범접하지 못할 위엄과 능력을 갖춘, 개인적으로 모든 면에서 신하보다도 뛰어나면서도 신하들을 신뢰하고 그들의 의견을 경청하는 군주가 그의 지향이었다.

　희로애락을 쉽게 나타내지 않고, 신하들의 의견을 경청하고, 지루한 이야기도 들어주고, 작은 일로 신하들과 논란하지 않았다. 일찍 일어나 늦게 자며, 법도와 의례와 원칙에서 조금도 흐트러진 모습을 보이지 않았다.

　또한 여색과 술과 수렵과 오락, 사치를 경계하고, 신하들에게도 "나는 천성이 이런 것을 좋아하지 않으니 권해도 잘 할 수가 없다"고 선을 그어 놓았다. 몸이 편하고 마음이 즐거운 것을 싫어하는 사람이 어디 있겠는가? 문종은 어린 시절부터 강한 사명감과 자제력으로 유혹을 이겨내며 살았던 것이다.

　그렇다고 그가 수동적이고 무조건 점잖기만 한 군주는 아니었다. 신하들과 대화할 때 보면 날카롭고 오만한 면모도 곧잘 보인다. 자신에게 적합한 카리스마를 창출할 줄도 알았고, 그것을 위하여 고민하고 관리와 연출도 행했다.

　호협한 남자다움이 자랑거리였던 수양대군(세조)은 모든 사람을 뻗게 만드는 엄청난 주량으로 혹은 오늘날 무협영화에 나오는 수준의 묘기를 펼치며 자신의 남자다움을 과시하곤 했다. 반면 문종은 문(文)적인 부분을 자신의 풍모로 삼았다.

　여기에 사용한 장기가 문장과 글씨였다. 이와 관련해서는 여러 가지 일화가 전한다. 국왕이 내리는 교서 초안을 읽어보다가 맘에 들지 않는 부분이 있으면 그 자리에서 죽 지우고 고쳐버렸다. 이런 초안은 아무나 만들지 않는다. 관료 중에서도 특별히 선별한 문사들이 고민하고 다듬어서 작성한다. 그것을 현장에서 단숨에 교정해 버린다는 것은 정말 별것 아닌 이야기가 아니다.

글씨도 무척 잘 썼다. 그는 전통적으로 우리 나라 사람들이 좋아하던 조자앙과 왕희지의 필법을 혼용한 서법을 사용했는데, 특히 해서에 뛰어났다. 많은 사람들이 그 글씨를 구하려고 했지만, 잘 주지 않고 혹시 쓴 것이 있어도 꼭 환관을 시켜 거두어 버려서 아무나 획득하지 못하게 했다. 대신 특별한 날에 기억할 만한 방법으로 보여주거나 하사했다.

> 임금이 세자 시절에 희우정에 나가서 금귤 한 쟁반을 집현전에 보냈다. 귤이 다 없어지자 쟁반 복판에 시가 나타났다. 왕이 친히 짓고 쓴 것으로 반초행서(초서는 흘려 쓰는 체, 해서는 정자체, 반초행서는 해서의 획을 약간 흘려 쓴 체)로 쓰기를 "전단향(旃檀香)은 코에만 향기롭고, 기름진 고기는 입에만 맞는다. 코에도 향기롭고 입에도 다니 동정귤(洞庭橘)을 가장 사랑하노라"고 했다. 시와 글씨가 다 절세의 보배라 여러 학사들이 그것을 본떠 쓰려고 했다. 그러나 쟁반을 재촉하여 거두어들이매 학사들이 쟁반을 부여잡고 못내 손을 떼지 못했다. (『용재총화』·『필원잡기』)

인고의 노력과 그 노력을 지탱할 수 있는 훌륭한 성품 때문에 그는 훌륭한 국왕의 자질을 갖추는 데 성공했다. 하지만 딱 하나 남은 조건, 운명이 그를 용납하지 않았다. 즉위한 지 겨우 2년 4개월, 문종은 희미한 자취만을 남긴 채 어둠 속으로 떠났고, 역사는 형에 대한 보조적인 자질밖에 지니지 못했던 동생 수양대군의 수중으로 계승되어 버린다.

모든 사람은 아니지만 이 시대의 많은 인사들이 문종의 죽음을 아쉬워했다. 기록에는 분명히 나타나지 않지만 어쩌면 그것은 우리가 상상하는 이상이었을지도 모른다. 그런데 그것이 단지 명군이 될 자질이 충분했던 훌륭한 국왕이 단명했다는 그런 슬픔만은 아니었다. 그의 죽음에 대한 슬픔과 사모곡에는 보다 깊고 현실적인 사연이 숨겨져 있다.

2. 세 명의 아내를 둔 홀아비

이야기의 순서상 그 사연을 살펴보기 전에 인간 문종의 삶을 좀더 살펴보아야 할 것 같다. 많은 사람들이 현명한 세자를 칭찬했으나 정작 세자의 내면은 고통스러웠다.

지나친 사명감은 지나친 부담이기도 하다. 가뜩이나 교육과정도 빡빡한데다 부친의 기대와 요구사항도 만만치 않은 상황이었다. 누군가 세종에게 이를 지적하는 사람이 있었다면 세종은 그러기에 군주는 아무나 하는 것이 아니라고 대답했을 것이다.

하지만 사실 세종은 교육에 대한 욕심이 지나쳤다. 엄격하다기보다는 지나치게 세심하고 완벽을 추구하는 게 그의 병폐였고, 유학과 경서의 이론은 너무 많이 알고 신봉해서 융통성과 여유가 부족했다.

하루는 세종이 서연의 관원을 불러 말했다. "세자가 늘 궁중에만 있고 한 번도 밖에 나가지 않으니 건강을 해칠까 염려된다. 요사이 조회에 참석하게는 하나 내가 때때로 교외로 갈 적에 함께 가지 않는 것은 혹시 실없는 구경거리에 마음이 쏠릴까 염려하기 때문이다." (『연려실기술』)

건강이 우려되지만 그렇다고 사냥터에 데리고 갈 수도 없다는 세종의 고민도 이해할 수 있는 것이 어린 시절부터 문종의 교육과정이 너무 과중했기 때문이다. 사람이 한 가지에 너무 억눌려 살면 의도적으로 반발하기도 하고, 늦게 배운 뭐가 더 무섭다고 사소한 재미에 홀딱 빠져 버리기도 한다. 그러니 더더욱 과잉보호를 할 수밖에 없다. 그래도 문종은 이 과정을 잘 이겨냈지만 인간의 능력은 한계가 있어서 속으로 누적되는 스트레스는 어쩔 수가 없다. 문종이 건강을 해친 데는 틀림없이 과중한 보살핌과 강요, 자기 억제로 인한 긴장과 스트레스가 원인의 하나가 되었을 것이다.

다행이다면 왕자는 결혼을 빨리 할 수 있고, 고르고 골라서 뽑은 미모의 여인을 몇 명씩 둘 수도 있다는 것이었다. 이성에 눈뜨는 사춘기를 지나 성인이 되는 동안 어여쁜 아내, 혹은 사랑하는 여인을 사귀고, 귀여운 아들을 둔다면 문종 정도의 성품을 지닌 사람이라면 스트레스의 상당 부분을 날려 보내고, 가장으로서 아버지로서 새로운 의욕과 책임감으로 무장할 수 있었을 것이다.

세종도 이런 생각을 했는지 아들의 결혼을 서둘렀다. 그런데 여기서 일이 꼬였다. 문종은 1427년(세종 9) 우리 나이로 14세 때 그러니까 중학교 1, 2학년 나이에 결혼을 했다. 물론 간택은 왕과 대신들이 했다. 세종은 아들의 배필에 여러 가지 배려를 해서 용모도 꽤 신경을 썼던 것 같다. 다이애나에 버금가는 행운의 여인은 김구덕의 손녀 김씨였다. 김구덕의 딸, 그러니까 세자빈 김씨의 고모는 또 태종의 후궁 명빈이었으므로 왕가와 인연이 있는 집이었다.

그러나 문종의 성격이 너무 까다로워서 그랬는지, 일상생활에 너무 스트레스를 많이 받아서 가정생활에서는 법도와 형식에 얽매이는 생활이 싫어서 그랬는지, 아니면 반대로 가정생활에서도 의례와 법도가 엄했는데 김씨가 그것에 적응을 못했는지, 그 외 부부간에 생기는 어떤 이유 때문이었는지는 모르겠지만 하여간 이 10대 부부는 금실이 좋지 않았다.

문종은 밖으로 나돌아 효동, 덕금이라는 두 시녀와 사귀었다. 이것만으로 단정하기는 어렵지만 아무래도 하루종일 긴장된 생활을 하고 생각이 많은 사람이었던 만큼 고분고분하고 편안한 여인이 좋았던 것이 아닌가 싶다. 반대로 세자빈의 입장에서도 보면 대갓집에서 귀하게 자라 자부심과 자존심이 강하고, 아직 어린 나이인데, 남편이 자신을 좋아하지 않고 다른 여성을 사귀는 것을 용납하기가 어려웠을 것이다.

결국 결혼생활 3년 만에 큰 사건이 터지고 말았다. 세자빈인 휘빈 김씨가 남편의 사랑을 얻는다고 일종의 요술을 행한 일이 발각되었다. 문종이 좋아하는 시녀들의 가죽신을 훔쳐다가 태워서 주머니에 넣어 차는 방법이었다. 그 시대에는 이런저런 비법이 많이 성행했던 모양인데, 남을 저주하는 술법을 사용하면 형사처벌을 받았다. 그러나 이런 유는 저주는 아니니까 민간에서는 그 정도까지로 심각하게 다루지는 않았던 듯한데, 하여간 세종의 표현대로라면 못나고 어리석은 여인의 행동이었다.

교과서적인 이상을 가졌던 세종으로서는 전 국민의 사표가 되어야 하는 자신의 집안, 자신의 귀한 아들의 가정에 이런 일이 생겼다는 것이 충격이었을 것이다. 그리고 아무래도 이 두 사람이 화목한 가정을 꾸미기는 어렵다고 생각한 것도 분명하다. 자식을 안정시키고 성군으로 키우기 위해서 세종은 이혼이라는 방법을 썼다. 김씨는 쫓겨났고, 휘빈에게 술법을 가르쳐 준 시녀 호초는 참수되었다.

자식도 없고 보기 싫은 부인이라고 해도 아내를 쫓아낸다는 게 작은 일이 아니다. 게다가 한창 자의식이 강한 사춘기 시절에 실패와 실망을 겪는다는 것은 더욱 이겨내기 쉽지 않다. 공부하고 노력하는 일은 의지와 사명감으로 할 수 있으나 이것은 감정의 문제이고, 자아의 문제이기 때문이다. 실록은 이런 사정에 대해서는 철저하게 침묵하지만, 문종은 작지 않은 충격을 받았고 성격과 행동에도 오랜 자국이 남았을 것이 분명하다.

세종은 서둘러 새로운 세자빈을 간택했다. 세종은 이 때 대신들에게 용모를 고려하지 않으면 안 된다고 강조했다. 이전부터 그랬던 것인지 문종이 김씨의 용모를 좋아하지 않았기 때문에 이번에는 특별히 강조한 것인지는 모르겠다. 하여간 세종은 세자가 안정된 가정생활을 하기 위해서는 이런 결혼에서 늘 따라다니는 정략적·정치적 고려는 최소화하고 문종을 사로잡을 수 있는 재색을 겸비한 미모의 여인을 선택해야 한다고 생각했던 것 같다. 그리하여 김씨를 축출한지 3개월 만에 봉씨(奉氏)를 두번째 세자빈으로 선정했다.

김씨에 비하면 봉씨는 요즘말로 좀더 튀는 스타일이었다. 용모에 자신이 있어서 그랬는지 성격도 당돌하고 자부심이 강한 소녀였던 것 같다. 그러나 결혼생활은 그녀의 이상과 다르게 진행되었다. 아직 어린 이 부부는 함께 처갓집에 인사하러 갔다가 무슨 일로 다투었고, 급기야 냉전 내지는 반 별거상태로 들어갔다.

실록에는 봉씨의 잘못을 지적하는 세종의 긴 증언만 실었지만 결혼생활의 파탄이 한쪽에만 책임이 있을 수는 없다. 두 번이나 이런 일이 일어난 걸 보면 아무래도 문종의 성격에도 문제가 있었다.

생각해 보면 문종은 너무나 많은 원칙과 원리 속에서 고지식하게 노력하며 살았다. 가뜩이나 나이도 겨우 이십 대니 아직 사고에 여유가 부족한 시기다. 게다가 궁중에서만 자라 세상에는 수많은 삶이 있고, 다양한 원리가 존재한다는 사실을 보고 느끼기는 더욱 어렵게 되어 있다. 전통유학의 교육에 따라 그의 사고에는 우주자연과 사회와 역사, 가정과 개인의 원리와 행동규범이 빈틈없이 연결되어 있으며, 그것을 맞추고 완벽하게 운영하기 위하여 혼신의 노력을 다하고 있는 중이었다.

어쩌면 그는 부인에 대해 지나치게 빡빡한 상을 가졌거나 원칙을 강요했는지도 모른다. 사소한 행동 하나에도 아내이며 며느리이며, 왕세자비로서 규범과 의식이 살아 있어야 하기 때문이다.

그러나 설사 그렇다고 해도 문제가 있다. 세상에는 정략결혼이고 서로가 맘에 들지 않아도 나름대로 결혼생활은 잘 유지해 나가는 사람도 많기 때문이다. 더욱이 왕들이야 다 반은 정략적인 결혼을 했다. 왕자로서의 책임감과 사명감이 투철했던 그가 정작 결혼생활은 형식적인 측면조차 전혀 유지하지 못했다는 것은 그의 성격에 어떤 문제와 한계가 있었음을 알려 준다. 하여간 그의 결혼생활은 또 반 별거 내지는 냉전상태로 들어가 버렸다.

한편 슬픔을 감추고 몰래 다른 여인의 고무신을 훔쳐 태우던 김씨와 달리 봉씨는 당당했다. 부부가 냉전상태에 들어갔을 때 세종과 소헌왕후가 몇 번이고 불러서 행동을 고치라고 타일렀다는 얘기로 미루어 보건대, 그녀는 그녀대로 문종은 문종대로 자존심 싸움을 벌인 모양이다.

젊은 부부의 자존심 싸움은 계속되었다. 세종의 충고로 겉모양은 많이 좋아졌지만 이 부부에게서 아이가 생기질 않았다. 그 후 문종이 여러 명의 후궁까지 두었지만 자녀가 많지 않았던 것으로 보아(장성하여 결혼한 자식은 1남 2녀뿐이었다) 자식이 없는 이유가 금실이 좋지 않아서는 아니었는데, 세종의 걱정은 여기까지 미쳤다. 아무래도 서로 등돌리고 자는 날이 많은가 보다고 생각한 세종은 1431년(세종 13) 세 명의 후궁을 들여 주었다.

세 명의 승휘, 권씨·정씨·홍씨는 모두 양갓집 딸이었다. 권씨는 권근의 집안으로 태종 때부터 사돈을 맺어 온 안동 권씨가의 소생이고 정씨는 세종 때의 명관 정갑손의 딸이었다. 홍씨 역시 조선시대의 명가인 남양 홍씨가로 부친 홍심도 정계의 중진이었다.

봉씨의 나이는 알 수 없으나 권씨가 이 때 14살, 홍씨는 좀더 적다고 했으니 10~13살 정도의 소녀들이었다. 문종은 콧대 센 세자빈보다는 이들을 좋아했고 특히 홍씨를 사랑했다.

세자빈은 초조해졌다. 가뜩이나 남편의 사랑을 얻지 못하는데 자식까지 없고, 세 명의 후궁은 세자빈이나 왕비로서 조금도 하자가 없는 소녀들이었다. 드디어 권씨가 먼저 딸을 낳자 세자빈의 초조함은 불안으로 바뀌었다. 그녀는 이 감정을 숨기지 못했고, 누구처럼 여우와 같은 지혜로 자신을 다스리지도 못했다. 아이를 가져야 한다는 생각은 커져 갔지만 그것은 남편에 대한 독점욕으로 나타나고, 세자에 대한 원망과 미움도 커져 남편을 대하는 일은 더욱 소홀해졌다. 세종은 봉씨가 환자들의 주머니 같은 일상용품은 직접 만들어 주면서 그 재미에 빠져 정작 세자에게 만들어 주어야 할 물품은 만들지 않은 적도 있다고 화를 냈다.

마침내 그녀는 가상임신까지 했다. 한 달 동안 궁궐을 떠들썩하게 한 그녀는 임신이 아닌 줄 알자 유산을 했다고 둘러댔다. 그러나 세종이 그리 호락호락한 사람인가. 사람을 보내 유산의 증거를 확인하게 했고, 거짓으로 부모까지 속였다고 화를 냈다.

20대의 성숙한 여인이 되어가면서 낙담과 고독감이 심해진 봉씨는 술을 찾게 되었다. 그녀의 성품으로 미루어 보면 가정불화만이 아니라 답답하고 사방에 감시의 눈이 번뜩이는 궁중생활에 적응하지 못한 감도 있다. 궁중에서 살아야 했던 사람들에게 가장 견디기 힘들었던 일을 묻는다면 엄하고 딱딱한 의례와 법도보다도 오늘날의 파파로치 버금가는 그 기막힌 정보망과 입방아를 꼽지 않을까 싶다. 도대체 정보원이 누구였는지는 몰라도 세종이 봉씨의 잘못으로 거론하는 얘기를 보면 뒷간 벽에서 밖을 엿본 일, 방 안에서 중얼거린 말까지 알고 있었다.
   하여간 그녀의 주량은 커져갔다. 항상 방에 술단지와 안주감을 상비해 두고, 큰 그릇으로 퍼마셨다고 한다. 취하면 시녀에게 업혀 마당을 돌아다니면서 소리를 지르기도 했다. 행동도 점점 거칠어져 궁녀를 때려죽일 뻔하기도 했다. 그녀의 부친이 사망하자 상중에도 술을 마셨다. 그녀야 고독감이 더 심해져 그랬겠지만 일반 관리 같으면 당장 파면당할 범죄행위였다.
   그러나 세종의 말대로 여기까지는 용서해 줄 수도 있는 일이었다. 궁중의 비사가 새어나오지 않아서 그렇지 조선왕조 500년 동안 이 같은 일을 경험한 사람이 이 부부만은 아닐 것이다. 다른 왕대에는 더한 일도 있었지만 이런 저런 정치적 이유로 공개되지 않았을 수도 있다.
   하지만 봉씨는 정말 심한 일을 저지르고 말았다. 소쌍이란 여종과 동성애를 한 것이다. 소쌍은 하필 그녀가 미워하던 권 승휘의 몸종과 소문난 레즈비언 관계였는데, 어찌하다 세자빈이 이 사실을 알게 되더니 거꾸로 성의 유혹에 넘어가 소쌍을 자기의 연인으로 만들었다.
   곧잘 통속적 이야기와 영화의 소재가 되지만 궁중이란 곳이 워낙 폐쇄적이다 보니 궐안의 여비와 시녀들 간에는 동성애가 오랫동안 만연했다. 금령이 있었지만 단속하는 입장에서도 발본색원하려고 노력하지는 않은 것 같다. 하지만 세종은 이를 몹시 혐오해서 이를 색출하는 전임 여관까지 두었고, 적발자에게는 장 70에서 100대라는 중한 형벌을 가했다. 그래서 기강이 잡혀간다고 생각하고 있는데, 세자빈이 레즈비언이란 소문이 궁중에 쫙 퍼져 버린 것이다.

    요사이 듣건대, 봉씨가 궁궐의 여종 소쌍을 사랑하여 항상 그 곁을 떠나지 못하게 하니 궁인들이 서로 수군거리기를, "빈께서 소쌍과 항상 잠자리와 거처를 같이한다"고 했다.
    어느 날 소쌍이 궁궐 안에서 소제를 하고 있는데, 세자가 갑자기 묻기를, "네가 정말 빈과 같이 자느냐"고 하니, 소쌍이 깜짝 놀라서 대답하기를, "그러하옵니다" 했다. 그 후에도 자주 듣건대, 봉씨가 소쌍을 몹시 사랑하여 잠시라도 그 곁을 떠나기만 하면 원망하고 성을 내면서 말하기를, "나는 비록 너를 매우 사랑하나, 너는 그다지 나를 사랑하지 않는구나" 했고, 소쌍도 다른 사람에게 늘 말하기를, "빈께서 나를 사랑하기를 보통보다 매우 다르게 하므로, 나는 매우 무섭다" 했다. 소쌍이 또 권 승휘의 사비 단지와 서로 좋아하여 혹시 함께 자기도 했는데, 봉씨가 사비 석가이를 시켜 항상 그 뒤를 따라다니게 하여 단지와 함께 놀지 못하게 했다.
    봉씨가 새벽에 일어나면 항상 시중드는 여종들로 하여금 이불과 베개를 거두게 했는데, 자기가 소쌍과 함께 동침하고 자리를 같이한 이후로는, 다시는 시중드는 여종을 시키지 아니하고 자기가 이불과 베개를 거두었으며, 또 몰래 그 여종에게 그 이불을 세탁하게 했다. 이러한 일들이 궁중에서 자못 떠들썩한 까닭으로, 내가 중궁과 더불어 소쌍을 불러서 그 진상을 물으니 소쌍이 말하기를, "지난해 동짓날에 빈께서 저를 불러 내전으로 들어오게 하셨는데, 다른 여종들은 모두 지게문 밖에 있었습니다. 저에게 같이 자기를 요구하므로 저는 이를 사양했으나, 빈께서 옥박지르므로 마지못하여 옷을 한 반쯤 벗고 병풍 속에 들어갔더니, 빈께서 저의 나머지 옷을 다 빼앗고 강제로 들어와 눕게 하여, 남자의 교합하는 형상과 같이 서로 희롱했습니다" 했다. (『세종실록』)

    세종은 다른 일은 다 용서할 수 있으나 이 일만은 용서할 수 없다 하여 폐출을 결심했다. 결혼 7년 만인 세종 18년, 세자가 이제 23세가 될 때의 일이었다.

  세종은 이외에도 봉씨의 행실에 관한 여러 가지 이유를 댔다. 그러나 내심으로는 봉씨에게 아이가 없다는 사실도 마음에 걸렸을 것이다. 세종은 봉씨를 내쫓자 바로 후궁 권씨를 승격시켜 세자빈으로 삼았다. 문종은 홍씨를 더 좋아했으나 세종은 권씨가 유일하게 딸을 두었으니 앞으로 아들을 낳을 가능성이 높다는 이유로 권씨를 선택했다. 이상의 일들은 모두 대신과 의논하는 절차를 거치기는 했으나 사실상 세종이 독단으로 결정한 일이었다.

  이런 일들을 보면 아이가 없으면 언젠가 쫓겨나리라고 통곡했다는 봉씨의 초조함도 근거 없는 걱정은 아니었다. 세종은 자신의 조부와 부친 사이에 생긴 일을 잘 알고 있었다. 자고로 후계의 문제는 조그마한 논란거리도 남겨 두어서는 안 된다. 세종의 성격상 그는 온갖 가정을 미리 던졌을 것이다. 후궁에게 먼저 아들이 생기고 뒤늦게 봉씨가 아들을 낳는다면? 봉씨는 아들이 없고 후궁 소생이 세손이 된다면? 이런 일로 왕가에 내분이 생긴다면······. 가뜩이나 봉씨의 인격에 회의가 큰 판에 세종으로서는 이런 난감한 상황이 잘 해결되리라고 기대하기가 어려웠다.

  이리하여 이혼 두 달 만에 권씨가 세번째 세자빈이 되었다. 이번에는 문종도 자기 의사를 개진하여 홍씨를 밀었다. 하지만 부친은 이를 부결시켰다. 앞에서 말했듯이 자식을 낳을 확률이 높은 여인이어야 했다. 홍씨는 이 때까지 자식이 없었다. 2, 3년 후에 딸을 하나 두지만 네 살 나던 해에 죽는다.

  아들을 기대했던 세종의 선택은 맞아떨어져 세종 23년에 권씨가 드디어 원자(단종)를 낳았다. 나중에 문종은 후궁을 더 들여 도합 5명을 두었고, 비첩이나 궁녀 출신의 후궁이 더 있었던 것 같은데, 그들을 통틀어 얻은 유일한 아들이었다.

  세종은 자신의 판단이 옳았으므로, 문종은 마침내 모든 일이 제자리를 찾게 되었으므로 기뻐했다. 하지만 이 기쁨은 단 하루, 정말 단 하루로 끝났다. 왕자를 출산한 다음날 권씨가 사망하기 때문이다.

우주는 다시 혼돈스러워졌다. 우울한 가운데 세종은 네번째 세자빈 간택을 위한 회의를 열었다. 이번에는 틀림없이 홍씨였으나 세종과 대신들은 결정을 주저했다. 찬찬히 지켜보면서 덕 있는 사람을 고르자는 명분을 내세웠으나 실제는 힘들게 얻은 아들이 있었기 때문이었음에 틀림없다. 홍씨는 이 때 20~23세 정도, 딸도 하나 두었으니 아들을 낳을 확률은 충분했다. 그러면 문제가 또 복잡해진다.

결국 세자빈 자리는 영원한 공석이 되었고, 문종의 즉위 후에도 홍씨는 묘한 견제를 받았다. 문종으로서는 정말 꼬이고 꼬인 셈이었다. 총애하는 여인은 아이가 없어 왕비가 될 수 없고, 아들을 낳은 부인은 일찍 사망하고, 아들 덕분에 그 여인은 또 왕비가 될 수 없다. 홍씨가 이후에 아들 하나만 두어도 사태가 어떻게 전개될지 알 수 없는 상황이었다. 권좌가 눈앞에 있으면 부자도 형제도 소용없다는 사실은 그의 선조가 이미 충분히 증명해 주었다. 이 복잡하고 미묘한 상황에서 후궁들의 경쟁이 치열했을 것은 뻔한 이치고, 여기에 시달리는 문종 역시 편했을 리 없다. 엄마 없는 외아들 왕자를 키우는 일도 걱정이었고, 외로운 아들에게 형제가 생겨도 문제였다.

14세 소년에게 시작된 결혼생활은 20대 후반에 이르러 겨우 이 상태로 정리되었다. 한 마디로 그의 사생활은 공인으로서의 삶 못지않게 쉽지 않은 역정으로 그를 괴롭혔던 것이다.

3. 안개 속의 거인

문종조의 미스터리

문종이 단명했기 때문에 문종조의 정책과 정치는 별다른 주목을 받지 못했다. 한 마디로 '특별한 일이 없었던' 아니 '특별한 일이 발생할 시간적 여유가 없었던' 시대라고 넘어간다. 비슷하게 단명했던 예종이나 경종 때에는 '남이의 옥사'나 '노론숙청' 같은 굵직한 사건이라도 있었으나, 이 때는 정계가 안정될 대로 안정되어 그런 사건조차 없었다.

설사 그렇다 하더라도 문종의 이상이나 포부 같은 것은 있었지 않겠는가? 그러나 이 부분도 만만치 않다.

1445년부터 즉위하던 1450년까지 문종이 세자로서 섭정을 했다. 신중하고 원칙론자였던 그는 이 때도 오직 행정적인 처리만 담당하고 결정해야 할 일은 반드시 세종에게 문의했다. 다시 말하면 자신의 정책성향을 전혀 드러내지 않았다.

즉위 후의 행보도 뚜렷하지가 않다. 우선 자신의 새로운 청사진을 펼치기에는 2년 4개월이란 재위기간이 너무 짧았다. 게다가 마지막 4개월 동안은 건강이 몹시 나빠져 일상의 정치를 행하기에도 바빴다.

짧은 기간이나마 그가 행했던 정책도 어찌 보면 평범하고 일상적인 것이었다. 하긴 세종 때에 워낙 많은 제도와 법령을 만들어 놓았으므로 특별히 혁신하거나 개혁할 분위기도 아니었다. 그것들을 실행해 보면서 제도를 정착시키고, 드러나는 문제점을 보완하는 것만도 작은 일이 아니었고, 또 충분히 가치있는 일이었다. 그렇기 때문에 혹 그가 오래 재위했다고 해도 그는 개혁형이 아닌 관리형 군주가 되었을 확률이 높다.

문종이 행한 사업들을 보면 이런 생각이 더욱 굳어진다. 그의 재위기간에는 기존의 정책을 보완하는 기술적이고 세세한 사업들이 많았다. 화폐 대용으로 쓰이던 면포의 치수를 새로 정한다든가, 도량형의 오류를 조정하고, 세종 때에 실패했던 강축(수레)과 수차를 새로 만들어 보급하는 따위이다. 여기에는 그 자신의 박학한 다식과 다양한 관심사가 십분 발휘되었다. 그러나 아무래도 작은 일이었다. 스스로 번거롭게 자질구레한 사업만 펼친다고 말하기도 했다.

문종이 개성있게 펼친 정책이 있다면 군사정책이었다. 즉위 초에 특별한 군사적 위협이나 원정계획이 없었음에도 문종은 군사문제에 상당한 노력을 했다.

역대의 전쟁사를 모은 『동국병감』을 편찬하고, 수양대군을 시켜 진법을 새로 정리했다. 궁정에서 정기적으로 활쏘기 대회를 열어 군사들의 사기를 진작시키고, 무예를 습득하게 했으며, 사열과 열병도 좋아했다. 전국의 성을 조사하여 기준에 미달하거나 해자(성벽 주위에 호를 파고 물을 흘려서 성벽공격을 어렵게 하는 시설)나 옹성(성문 주위에 보조 성벽을 둘러 성문을 공격하는 적을 사면에서 공격할 수 있게 한 시설. 서울의 동대문이 대표적이다) 같은 기본적인 방어시설을 갖추지 않은 성들을 적발하여 재축성하게 했고, 국경지대의 성과 방어시설, 동원태세를 점검하고 수정했다.

병기의 개량에도 힘을 쏟았다. 문종은 우리 나라 군대는 일반 병사의 갑옷이 없다고 하여 중국식 갑옷을 들여와 제조, 보급하려는 노력을 했고(이전에도 갑옷을 착용하기는 했지만 지갑이라 하여 종이로 만든 갑옷이 대종을 이루었다. 이것은 잘 무장된 군대같이 그럴싸해 보이게 하는 효과는 있으나 실제 방어력은 보잘 것 없었다. 이 때문에 진작부터 폐지하자는 논의가 있었다), 관에서 제조, 공급하는 환도의 크기가 들쑥날쑥 하다고 규격을 통일하기도 했다. 이 때도 대신은 사람마다 팔길이와 힘이 다르니 대략적인 규격으로 만들게 하고 각자가 편한 것을 선택하게 하자고 했다. 그 말도 일리가 있는데, 문종은 그런 꼴을 참지 못했다.

많은 노력을 쏟았던 무기개발에서 가장 획기적인 발명품이 화차였다. 화차는 임진왜란 때 변이중이 발명한 장갑차 같은 무기라고 어렸을 때 배운 기억이 있다. 그러나 화차라고 명명한 무기는 이전부터 중국에도 있었고 종류도 여러 가지였다. 문제는 우리 나라의 지형과 군사력에 맞는 실용적인 무기를 만드는 것인데, 이 때 문종이 고안하여 화차를 만들고 보급했다.

문종의 화차는 바퀴 달린 수레 위에 틀을 세우고 여기에 중간급 신기전(神機箭) 1백 개나 사전총통(四箭銃筒 : 4개의 화살을 동시에 쏘는 총통) 50개를 꽂아 두고 심지에 불을 붙여 연속으로 발사하게 만든 무기였다.

이제는 모형도 널리 알려지고 하여 되려 시시하게 느껴지는 감도 있지만, 이 시대의 군사적 관점에서 볼 때 이 화차는 조선군의 전통적인 약점을 보완하는, 그야말로 우리 형편에 잘 어울리는 훌륭한 발명품이었다.

조선군은 약점인 단병접전 능력을 배양시키기 위해 화포 개량에 노력했다. 세종대에 화포는 큰 진전을 보았으나 공성전이나 적진을 깨는 데는 아직 약점이 있었다. 중량 때문에 운반이 힘들어서 야전에서 사용하기가 어려웠고, 발사속도가 느려 단시간 내에 집중사격을 하기가 곤란했다. 화차는 바로 이 두 가지 문제를 해결해 주었다. 문종은 수레의 무게에 꽤 신경을 써서 인력으로 충분히 옮길 수 있도록 했다.

> 광화문에서 서강까지 차를 끌어 시험하니, 평탄한 곳에는 두 사람이 끌어서 쉽게 가고, 진흙 도랑 및 평지에 돌이 있거나 조금 높은 곳은 두 사람이 끌고 한 사람이 밀어야 하며, 높고 험한 곳은 두 사람이 끌고 두 사람이 밀어야 된다. (『문종실록』)

100 혹은 200발의 화살을 동시에 발사시켜 집중사격의 문제를 해결했고, 화살이 화약의 힘으로 날아가므로 일반 화살보다 강력했다.

> 허수아비에 갑옷을 입히고 방패를 가지게 한 후 70, 80보 거리에서 화차의 화살을 쏘니 방패와 허수아비를 모두 관통했다. 임금이 내금위에서 활을 잘 쏘는 자 5인을 골라 편전을 가지고 이것을 쏘게 하여 위력을 비교하니 화차 때와 같지 아니했다. (『문종실록』)

축성과 화차개발은 적지 않은 노력과 인원을 투입한 큰 사업이었다. 하지만 그렇다고 해도 성격상으로 보면 다른 일들과 마찬가지로 기술적인 개량과 기존 정책을 보완하는 범주에 속하는 사업이다.

그렇다면 우리는 문종의 치세를 다음과 같이 정의할 수 있을 것 같다. 문종은 세종의 업적을 정리·마무리하는 관리형 국왕을 지향했다. 혹 어떤 포부가 있었다 해도 재위기간이 짧아 미처 시도해 보지 못했다고 말이다.

그러나 어딘가 편안치 않다. 명군이 되기 위하여 어린 시절부터 그렇게 열심히 살아 온 문종에게 미안스럽기도 하다. 그는 오직 도덕적 이상만으로 그러한 삶을 살았을까? 부친은 그에게 막연한 사명감과 책임감만을 물려주었을까? 아니면 자신의 왕국에 대한 이루지 못한 청사진과 의무까지 넘겨주었을까? 답은 당연히 후자이다. 그렇다면 일면 평범해 보이는 그의 정책 속에는 어떤 시도가 숨겨져 있지는 않았을까?

투병 속의 개혁

세종은 자신의 체제가 가진 약점을 누구보다 잘 알았다. 굳이 세종이 아니라고 해도 혈연과 학연으로 뭉치고, 웬만한 죄는 처벌할 수도 없는 그런 특권층이 자신을 둘러싸는 것이 불안하지 않을 국왕이 어디 있겠는가? 현명한 임금과 어리석은 임금의 차이는 이를 깨닫고 못 깨닫는 데 있는 것이 아니라 이 문제에 대응하는 방식에 있다.

조선의 국왕들이 이 문제에 대응하는 방식은 참으로 다양하다. 재야의 세력을 조금씩 끌어들여 이들을 견제했던 왕도 있고, 이들을 보다 대규모로 끌어들여 정계개혁을 추구하기도 했다. 재야세력 대신 왕실과 종친, 외척과 측근, 직할의 무사를 키워 자기의 독자적인 세력을 늘리려고 한 왕도 있다. 이들의 약점을 파고들어 서로 분열시키고 싸우게 하는 순 정치적 수단만 사용한 왕도 있고, 이도 저도 귀찮으면 저들과 결탁해서 함께 이권 나눠먹기에만 열중한 왕도 있다.

세종이 대단히 조심스럽게 이 문제에 접근했다는 이야기는 앞에서 했다. 그는 이들의 편을 들어주면서 한편으로 왕실, 종친의 세력을 키웠다. 그리고 조금씩 대군들을 국사에 참여시켰다. 문종의 주변에 포진한 수양대군, 안평대군, 금성대군의 정치적 영향력은 그렇게 형성된 것이었다.

일단 문종은 세종 때의 정책기조를 이어 갔다. 세종 때의 대신 임명방식을 유지하여 꾸준히 황보인과 김종서를 의정부에 앉혔다. 왕실의 단합과 강화를 위하여 대군들의 정치적 역할을 지속시켰다. 진법 편찬은 수양대군에게 맡겼으며, 2년 4월에는 법과 관례를 무시하고 그를 관습도감 제조로 삼았다. 화차 제작도 임영대군에게 맡겼다. 왕실의 분쟁을 방지하기 위해 스스로 앞장서서 일가친척들을 보살폈다. 문종의 묘지문에서는 그의 일가에 대한 애정을 다음과 같이 기록했다.

여러 숙부들을 공경히 섬기며, 여러 아우들을 우애하여 모두 그들의 환심을 얻었다. 여러 조카들을 귀애해 어루만지기를 자기 아들과 같이 했다. 동생 광평대군 이여가 일찍 별세한 것을 슬퍼하여 그 아들을 거두어 궁중에서 양육하며 드나들면서 보살펴 기르시어 자애가 돈독하고 지극하였다.

그의 왕실강화책은 이렇게 아름다운 모습만 있었던 것은 아니다. 종실의 불법과 잘못을 감싸고, 종친, 외척들에게 가능하면 높은 작위를 수여하려고 했으며, 정년이 된 사람도 정년시키지 말도록 하였다.

지금까지 억압 일변도였던 대 외척정책도 수정하여 이들에 대해서도 관대했고, 공식적으로 그 위상을 높이려고 노력했다.

그러나 그는 이 수준에서 한 단계 더 나아갔다. 첫번째 시도는 환관 육성이었다. 세종은 사대부 관료들이 써 놓은 교과서대로 환관의 역할을 최대한 억제했지만 문종은 조금씩 이들의 역할을 키워서 자신의 눈과

귀, 손과 발로 삼아갔다.

문종의 행장에 세자 시절에 모든 결정은 세종에게 넘기고 자신은 행정적인 처리만 했다고 했지만 이 말에는 사실 문종의 새로운 시도를 인정하기 싫어했던 신하들의 바램이 약간 들어가 있다. 문종은 결코 아무 생각 없이 그 자리에 앉아 있지 않았고 신하들도 이를 모르지 않았다. 부친의 문제의식을 보다 구체적으로 발전시키기 위하여 그는 세자 시절부터 환관의 육성을 구상했다. 그리하여 환관의 기관인 사표국을 새로 만들고, 좌우응방을 또 두었다. 응방은 명칭상으로는 왕의 유희를 위해 매를 사육하는 기관이지만, 고려시대에도 그랬듯이 그것은 외형일 뿐이고 독자의 행정권과 재정권을 가진 기구이므로 전국을 돌아다니며 얼마든지 새롭고 창조적인(?) 사업을 벌일 수 있었다.

즉위 후에는 전에는 승지가 담당하던 왕명의 출납과 상소나 간언의 전달 같은 일도 승지가 다시 환관에게 전해서 들여오게 했고, 이들의 활동범위를 내사복·군기감·충호위까지 넓혀갔다. 즉 왕의 경호와 군수물자 관리 부분까지 내시를 파견한 것이다.

2품 이상의 고관 내시도 점차 늘어서 최측근이던 전균은 마침내 가선대부까지 받았다.

> 임금(문종)이 즉위해서는 환관을 관대하게 대우하고 책임을 맡기는 일과 상으로 하사하는 것이 매우 많았다. 특별히 사랑을 받은 사람은 은혜를 팔고 세력이 강성해져서, 법가(法駕)의 종자를 힐책하기도 하고, 혹은 낭관을 업신여겨 꾸짖기도 했다. (『문종실록』)

이 불길한 사태에 직면하여 신하들은 여러 가지로 폐단을 진술했다. 그러나 경전과 역사에 관한 지식과 지혜에서 전혀 밀리지 않는 문종은 끄떡도 하지 않았다. 환관 때문에 나라가 망했다는 중국의 고사를 끌어 이야기하면 왕은 이들에게 정권과 병권을 맡기지 않았으니 나는 그 사례에 해당하지 않는다고 말하고, 이렇게 서툴게 역사를 인용하는 신하를 멍청한 인간으로 간주했다.

누구는 세종은 그러지 않았다는 이유를 들었다. 그러자 문종은 "내가 어떻게 감히 선왕에 미치겠느냐"고 대답했다. 그리고 "어린 군주라면 환관들이 왕과 신하 사이를 이간시킬 수도 있으나 나는 장성한 인물이니 그럴 염려가 없다"는 말로 입을 막았다. 정치가들의 말은 잘 새겨들어야 한다. 이 말 속에는 환관에게 놀아나거나 역사책에서 말하는 그들의 폐해가 발생하는 것은 왕이 어리석기 때문이라는 뜻이 들어 있다. 그러니 여기서 더 따지다가는 아차 하면 '문종 당신도 안심할 수 없는 수준'이라는 결론이 되기 십상이고, 자기 말에서 이런 꼬투리가 잡히면 재상이라도 그 다음 사태를 감당할 수 없다.

이어 그는 직할의 무사들을 양성하기 시작했다. 문종은 군비에 관심이 많았지만, 군제정비를 빌미로 한두 달이 멀다 하고 궁중에서 활쏘기 대회를 열었다. 포상이 작지 않았고, 말달리며 5발을 쏘아서 모두 명중시킨 자에게는 근무일수 50일을 주었다. 당시의 관료제는 근무일수가 차면 승진하는 방식이었다. 군직은 대개 항시 근무가 아니라 1년 동안 2~6교대로 근무하므로 50일 근무도장은 4교대의 경우 실제로는 200일이 지나야 얻을 수 있는 것이었다. 그러니 본인의 승진에 보통 유리한 것이 아니었다.

당연히 군인과 무사들이 다투어 응시했는데, 왕이 항상 직접 관람하고 포상했다. 이렇게 함으로써 그는 자신과 직접적인 연대관계와 교분을 쌓고 자신에게 충성하는 무사들은 늘려갔다. 무사들 중에는 일반 무인만이 아니라 명문대가 출신도 많았겠지만 문제는 이들의 출세가 동료나 집안의 후광이 아니라 자신과 국왕과의 개인적인 연대로 이루어진다는 데 있었다.

2단계 작업은 정치판의 물갈이였다. 이 부분은 참 조심스러운 부분이다. 문종의 생각이 어디까지 미쳤는지 단정하기도 어렵고, 문종의 시도 자체도 매우 조심스러웠기 때문이다. 부친 때에 심혈을 기울여 정리한 관료제도는 선발에서 승진에 이르기까지 기득권층의 편으로 기울어 있었다. 그리고 그것이 제도적인 단점인지, 제도는 무난하나 그것을 운영하는 집단이 워낙 편중되어 있어서 그런 것인지 판별하기도 쉽지 않았다.

문종은 제도를 손보기보다는 사람을 교체하는 방법을 썼다. 기존의 정치세력 중에서는 자신과 특별한 관계가 있는 사람을 양성하고 이들을 관계에 이식했다. 사실 어느 왕이나 즉위 초에는 이런 일을 한다. 그런데 문종은 여기에서 남다른 면이 있다.

조선시대 대부분의 국왕이 사용한 고전적인 방법은 즉위와 함께 자신과 운명을 같이할 특권층, 즉 공신을 창출하는 것이었다. 때로 이 일을 위해 애꿎은 역모사건을 만들어내기도 했다. 그렇게 함으로써 혁명동지회처럼 아예 공동의 원수를 가진 공동운명체가 되어 버리는 것이다. 공신에게 주는 갖가지 특혜, 살인과 역모가 아니면 처벌받지 않고—실제로는 살인도 적당히 넘어가거나 경미한 처벌을 받았다—웬만한 범죄는 다 감형을 받으며, 자제들에게는 벼슬길에 특혜를 주고, 국가가 토지와 노비를 지급하고 영구히 소유하도록 하는 것 등이 그저 국가에 큰 공이 있기 때문이 아니다.

국왕의 입장에서 보면 공신이란 한 배에 탄 혈맹의 동지였다. 이들은 공신회맹제(功臣會盟祭)라고 하여 매년 한 번씩 최후의 만찬보다 더 엄숙하게 혈맹의 의식—소 귀의 피를 짜서 피를 돌려 마시는 말 그대로 혈맹의 의식이다—을 베풀며 이 관계와 맹세를 상기시켰다. 이 동맹은 대를 이어 계속되므로 공신이 죽으면 그 후계자가 참석하였다.

문종은 이런 공신을 만들어내지 않았고, 외척과 결탁하지도 않았다. 대신 그는 즉위 후에 대규모로 사정작업 내지는 인물품평회를 열어 부패하고 무능한 관료를 도태시키고, 기존의 관료제와 부패구조에 비판적이고, 보다 원칙적인 국가 운영을 추구하는 인사들을 등용함으로써 자신의 동지를 창출하려고 하였다. 그 대표적인 집단이 박팽년, 하위지를 중심으로 하는 집현전 학사들이었다.

문종은 동궁 시절부터 집현전 학사들과 매우 친밀하게 교제하고, 각별한 관심과 은혜를 베풀었다. 어차피 즉위하면 자기만의 정치세력이 필요했던 만큼 이들을 자신의 심복으로 삼아야겠다는 생각을 일찍부터 했던 것 같다. 어쩌면 세종도 문종과 이들을 특별한 관계로 묶어 주기 위하여 자기 치세에 이들의 사환(仕宦)을 끝까지 허락하지 않았는지도 모른다.

문종은 이들과 자주 토론하고, 연구하였다. 아마도 이런 아카데미를 통해 그들 간에 공통된 지향과 방법을 모색하며, 공유하려고 했을 것이다. 물론 그는 현실정치의 문제와 함께 학사들의 단점도 알았을 것이다. 귤접시 바닥에 쓰여 있던 "코에도 향기롭고 입에도 다니 나는 동정귤을 가장 사랑하노라"라는 문종의 시구는 이들에게 보낸 그의 메시지는 아니었을까?

코에만 맞는 향은 지조와 절개, 이론만 고상하거나 이상에 치우친 것을, 반대로 입에만 맛있는 고기는 당장의 성과에만 집착하는 현실론, 현실적인 정치, 행정능력만을 갖춘 인물을 뜻하는 것은 아닐까? 그는 자신과 함께 새로운 시대를 이끌어 갈 인물로 문제의식과 대안, 지식과 능력을 함께 갖춘 인물을 구하니 집현전에서 원론적인 지식의 습득에만 치우치지 말고, 현실정치를 직시하면서 대안을 모색하며 살아달라는 뜻이었는지도 모른다. 물론 이러한 당부는 자신이 즉위하면 학사들을 등용하겠다는 암시이기도 했다. 그러기에 문종은 이 글을 귤접시 바닥에 적어 보여만 주고 회수했던 것이다. 눈치 없는 선비는 이 멋있는 세자의 문장과 글씨만을 아까워했으나, 어떤 이는 그의 뜻을 충분히 알아들었을 것이다.

자기 뜻에 맞는 훌륭한 신하들을 고른다는 것이 당연하고 뻔한 이야기 같지만 즉위 초에 공신을 책봉하여 평생동지를 만드는 대신 이런 방법을 사용한 국왕은 조선시대를 통틀어 문종이 거의 유일무이하다. 세종도 특별한 공신을 만들지는 않았지만 그 때는 태종이 직접 후원을 하면서 인수인계를 했고, 심씨가 숙청사건을 대신 일으켜 주었다.

사대부 국가의 관료제를 원론적으로 이해하고 구상하는 선비들이라면 문종의 시도에 높고 높은 점수를 줄 것이다. 하지만 불행하게도 당시 관계에 있던 기존의 관료들은 나중에 획기적인 공신우대책을 사용한 세조의 치세로 귀의하여 영달을 누렸고, 집현전 출신들은 거의 세조에 의해 처단되었으므로, 문종의 이 기념비적인 시도는 실록은 물론이고, 어느 관료의 회고록에서조차 찾아내기 어렵게 되고 말았다.

문종의 다음 정책은 정도전의 개혁 이후로 실종되었던 재야, 즉 지방의 사대부들을 정계로 끌어들이는 것이었다. 그러나 여기서부터는 벌써 안개지대이다. 그런 흔적이 있기는 하지만 단언하기가 쉽지 않다. 그리고 더욱 중요한 문제, 성종처럼 이들을 약간의 견제세력으로 이용하려 했는지, 자신의 힘과 지지세력을 확충한 뒤 제도개혁까지 구상했는지는 누구도 풀 수 없는 영원한 미스터리가 되었다. 문종의 영혼도 이 답을 줄 수는 없을 것이다. 왜냐하면 이런 개혁은 구상과 의지도 중요하지만 정계개편의 정도와 진척 상황에 따라 할 수 있는 개혁과 선이 결정되기 때문이다.

상상으로 너무 나가지는 말자. 문종이 실제로 행했던 정치는 실체와 성과도 불분명한 작은 행보에서 끝나고 말았다. 게다가 그의 방법이 아름다웠다고는 해도 효과적이었다는 보장은 없다.

공도 많이 들였고 비교적 실체가 분명했던 집현전 학사의 등용도 별로 성공작은 아니었다. 이들은 전체 관료군 중에서 아주 소수여서 그들만으로는 가시적인 변화를 일으킬 수도 없었다. 정계의 양심적·비판적 세력으로서 의미가 있었을지도 모르나 분명한 정치세력이 되지는 못했다. 이들이 당시 정계에 만연한 인사비리와 어찌어찌 이상하게 변해가기 시작하는 제도에 대해서 강한 비판의식을 가진 것까지는 좋았지만, 대안을 제시하는 데 있어서는 성향이 달랐다. 성삼문은 어느 정도 국왕의 전제권과 자율적인 영역을 용인하는 편이었지만, 시시비비가 면도날 같았던 하위지는 국왕의 모든 행동은 오직 사대부 관료들에 의해서만 집행될 수 있으며, 의정부가 국정 전반을 관리해야 한다고 주장하였다.

문종은 관료로서의 가치관과 행동강령이 보다 투철한 관료를 얻는 데는 성공했어도, 이들을 자기의 정치를 밀어주는 세력으로 삼을 수는 없었다. 집현전 학사들은 앞장서서 문종의 자기세력 확대에 반대하였다. 인간이 향기도 좋고 맛도 좋기도 쉽지 않지만, 맛이란 게 사람마다 기준이 다른 것이다.

문종의 현실은 여기까지였다. 그의 정치가 밝은 정치, 깨끗한 정치라는 포장을 겨우 벗겨낼 때쯤 해서 벌써 건강에 적신호가 울리기 시작했다. 그의 병은 증세도 다양하고 종류도 많았다. 세자 시절부터 안질과 치질이 있었고, 온천에 요양하러 갔다가 문에 부딪혀 허리를 다쳤다. 아마 디스크였는지 그 후로 자주 허리통증을 앓았다.

섭정 시절이던 세종 31년 10월 벌써 그의 건강에 심상치 않은 조짐이 보였다. 그는 4개월 이상 등창을 앓았는데, 종기는 길이가 한 자 가량 되고 넓이가 5, 6치나 되었다. 종기는 12월에야 곪아 터졌는데, 창근의 크기가 엄지손가락만한 것이 여섯 개나 나왔고, 또 12월 19일에 허리 사이에 종기가 났는데, 그 형체가 둥글고 지름이 5, 6치나 되었다고 했다. 이미 멀지 않은 죽음을 예감하고 있던 세종이 놀라 세자에게 맡겼던 일반 서무를 자신이 결재하고, 명산대천에 사람을 보내기도 하고, 죄수를 석방했다. 한때 운명을 하늘에 맡겼다고 할 정도로 증세가 심했다. 이렇게 고름이 터졌다, 재발했다 하던 종기는 세종이 사망할 때까지 지속되었다.

잠시 진정 기미를 보였던 종기는 재위 1년 중반부터 다시 그를 괴롭혔다. 종기 자체가 문제가 아니라 근본적으로 다른 병이 있었던 것 같지만, 종기도 허리, 등, 여러 곳에 번갈아 나면서 고통을 주었다.

재위 2년이 되자 그는 동궁(단종)의 배필을 구하려고 서둘렀다. 자신의 건강에 이상 조짐을 발견하고 동궁을 빨리 결혼시켜 그의 후원자와 동맹자를 만들어 두려고 서두른 것인지도 모르겠다. 4월에 간택령을 내리고, 대신들과 절차와 방법을 의논하는 단계까지 갔다. 하지만 5월로 넘어가자마자 문종이 병석에 누워 버렸다.

이런 것이 역사의 묘한 부분이다. 동궁의 혼인은 세자빈 1명만 간택하는 것이 아니다. 아까운 탈락자들은 후궁으로 들인다. 조정의 인물이 얽히고 설켜 있는 상황에서 이 결혼동맹의 위력은 상당하다. 그러므로 그가 조금만 더 살아서 단종을 결혼시켰다면, 수양대군의 쿠데타가 성공하지 못했거나 최소한 더 힘들게 진행되었을 것이다.

문학적인 상상력을 동원하자면 문종이 자신의 불운했던 결혼생활 때문에 동궁의 결혼에 그만큼 조심스러웠을지도 모른다. 만일 그렇다면 자신의 불행을 되풀이 하지 않기를 바라는 부모의 마음이 자식을 왕위찬탈과 죽음이라는 최악의 불행에 빠뜨리는 결과가 된 셈이 된다.

후회스럽고 걱정스러웠을 병석은 그리 오래 가지 않았다. 병석에 누운 지 열흘 남짓한 5월 14일 유시에 문종은 강녕전에서 사망하였다. 이때 나이 겨우 39세였다.

실록에서는 전날까지는 위독하지는 않았고 계속 호전되는 기미가 있었으나 이 날 갑자기 악화되어 사망했다고 하였다. 따라서 유언도 없었다. 왕의 회복을 위하여 죄수를 석방하자는 건의를 하자 겨우 불가하다고만 말했고, 이어서 곧 사망했다고 한다. 그리고 당시 의정부 대신들이 왕이 위독한데, 하급관리를 시켜 안부만 계속 물을 뿐 한 명도 왕을 면대하려 하지 않았다고 하였다.

이것도 어쩨 조작의 냄새가 난다. 유언도 없었다는 것은 국왕의 유훈에 대한 책임을 회피하고, 후계로서 단종의 권한을 약화시키려는 의도이다. 만약 그가 병석에서 대신과 수양대군을 불러 단종을 부탁한 일이 있다면 수양대군의 쿠데타는 그야말로 반역이 되기 때문이다.

기록은 반대로 그가 마지막까지 의식이 있었다는 사실을 말해 준다. 죽음의 그림자를 예감하는 상황이었지만 전날까지도 충분히 대화가 가능했다. 자식을 걱정하는 왕이라면 자신이 먼저 대신이나 누구를 불렀을 것이고, 문종의 성품상 혼자서 열흘씩 앓아 누워 있었을 리가 없다. 기록에는 당시 대궐의 안팎이 통하지 않아 대신들도 왕을 접견하지 못했다고 하는데, 만약 이것이 사실이라면 오히려 중간에 어떤 음모가 끼여들어 왕과 대신을 단절시킨 것이라고 생각할 수밖에 없다.

하여간에 문종의 요절은 조선의 정치사를 크게 회전시켰다. 그의 죽음은 자신의 문제의식은 물론 세종이 던져 놓은 미래의 종말이기도 했다. 이제부터 이 부자가 추구하던 왕국의 이상은 가파르게 방향을 전환하기 시작한다.

단종

자규새의 전설

　　1441(세종 23)~1457(세조 3). 재위 1452~1455. 조선의 제6대왕. 문종의 아들이며 비는 정순왕후 송씨(宋氏). 1448년(세종 30) 왕세손으로 책봉받고, 1452년 5월에 12세의 나이로 즉위했다. 1453년 10월 수양대군이 정변을 일으켜 정권을 장악했다. 1455년 수양대군에게 왕위를 넘겨주고 상왕이 되었다. 1456년 6월 사육신의 단종복위 음모가 실패하자 1457년 6월에 노산군으로 강등되어 강원도 영월로 유배되었다. 이 해 9월 금성대군의 역모사건으로 서인으로 강등되고, 10월에 죽임을 당했다. 이 때 나이 17세. 중종 11년부터 묘역을 정하고 간간이 사신을 보내 제사를 올렸다. 1681년(숙종 7)에 신원시켜 노산군으로 추봉하고 1689년에 다시 왕위를 복구했다. 이 때에 시호를 공의온문순정안장경순돈효대왕(恭懿溫文純定安莊景順敦孝大王)으로 하고 묘호를 단종으로 추증했다. 능도 단장하여 장릉(莊陵)으로 명명했다.

1. 슬픔의 땅

1995년 겨울, 우연히 EBS의 역사교양 프로에 출연하게 되어 단종의 유배지였던 영월에 가 보게 되었다. 첫번 방문지는 단종이 처음 머물렀던 청령포였다. 그 때 두 가지 사실에 놀랐다.

첫째는 청령포의 지형이었다. 청령포는 강 한가운데 생긴 작은 모래섬이다. 그러나 완전한 섬은 아니고 뒤쪽은 육지와 연결되어 반도처럼 되어 있다. 지형의 전체적인 인상은 꼭 목을 길게 빼고 엎드려 물을 마시는 초식공룡을 연상시킨다. 모래섬은 공룡의 머리에 해당하는데, 삼면이 물로 감기고 그나마 뭍으로 연결된 부분은 공룡의 목과 등처럼 가파르게 상승해서 그 뒤로는 좁고 험한 봉우리가 종대로 이어져 있었다.

지금은 그래도 아름드리 나무가 우거졌지만 그것은 왕이 계셨던 곳이라고 영조 때부터 사람의 출입을 금지시킨 덕이다. 당시에는 더욱 황량하고, 면적도 좁고 낮았으리라. 나룻배 위에서 사공 아저씨가 둑 위의 매표소를 가리키며 전해의 홍수 때 물이 저 곳까지 찼었다고 한다. 그쯤이면 청령포는 2/3가 잠겼을 것이다. 홍수의 위험은 둘째 치더라도 이 곳은 습기가 심해 살 곳이 못 된다. 『택리지』를 보면 옛 분들이 거주지를 택할 때 가장 신경을 쓰는 것이 이 습기이다. 이런 곳을 찾아 보낸 것도 신기했지만, 그 의도가 철저한 감시 때문이었는지, 빨리 세상을 떠나달라는 뜻인지 궁금해졌다.

청령포에 들어가면 비석이 하나 있다. 내가 어릴 때 읽은 잡지에서 이 비가 단종이 움직일 수 있는 경계를 표시한 금표비라고 소개했던 기억이 난다. 사실은 그 반대이다. 이 비는 영조 때에 일반인의 출입을 금지시킨 금표비이다. 별로 어려운 한자도 아닌데, 제대로 읽지 않고 넘겨짚은 탓에 이런 오해가 생긴다. 조선 후기에 단종을 복권하고 유적도 정비하였다. 이 때 청령포도 왕이 머물던 곳이라 하여 일종의 성소가 되었던 것이다.

영월의 민속과 전설은 거의가 단종과 관련이 있고, 그 수도 상당히 많다는 사실에 두번째로 놀랐다. 청령포에만 가도 그 곳의 나무와 돌과 물과 강변의 언덕과 바위, 구석구석에 전설이 얼려 있다.

청령포의 단종 거처 옆에 서 있는 노송은 그 때는 조그만 나무였는데, 단종이 갈라진 줄기 사이에서 놀았다고 한다. 그 덕에 나무가 장수했다는 의미도 있는 걸까? 뒤쪽 산으로 올라가면 단종이 왕비를 그리워해 동대문쪽을 보고 쌓았다는 돌탑이 있다. 측정해 보면 그 각도가 동대문 숭인동의 동망봉과 꼭 맞는다던가? 강 줄기 위쪽은 누가 음식을 띄워 보냈던 곳이라고 하고, 생육신 누군가가 찾아왔더니 호랑이가 태워주었고…….

그러나 역사적 사실은 냉정해서 전설의 재미를 반감시킨다. 단종은 전설의 수만큼 이 곳에 그렇게 오래 머물지 않았다. 단종이 유배된 때는 음력 6월, 곧 한여름 장마철이었다. 하필 이 해 유달리 큰 비가 내렸다. 그러니 아무래도 청령포는 홍수의 위험이 있어 곧 영월 관아의 객사로 옮겼다.

단종이 생을 마친 곳은 분위기 있는 이 곳 청령포가 아니라 객사이므로 그의 자취를 추적하려는 사람은 영월 시내로 들어가야 한다. 조선시대 지방관사는 표준 지침이 있어 기본적인 건물 배치는 거의 유사하다. 객사는 고을에 오는 관원이나 손님을 접대하는 곳으로 동쪽에 배치하고 동문으로 출입하게 한다.

영월 관아를 찾아가는 길은 우울했다. 조선시대에 군현은 전국에 330여 개가 넘었으니 관아의 수도 그 정도 된다. 그 외 도마다 있었던 관찰사의 감영 병마사영, 각 곳의 군사기지인 진 등을 합하면 수가 100단위 이상으로 불어나지만, 어이없게도 이 흔했던 관아가 제대로 보존된 곳은 거의 없고 일부나마 생존해 있는 곳도 얼마 되지 않는다.

이런 어처구니없는 사태의 가장 큰 주범은 일본이다. 의병전쟁 후 일제는 읍성을 모두 헐고, 관아건물도 거의 헐어 대개는 소학교를 만들었다. 그래서 관아 자리를 찾으려면 그 고장에서 제일 오래 된 초등학교를 찾아가면 된다는 소리도 있다. 하지만 아무리 그렇다고 해도 해방 후 우리의 보존의식이 부족했던 점도 반성해야 한다. 대부분 관아 자리가 시내 중심가 노른자위 땅에 있었던 것이 불행이었다.

단종을 추적하는 답사객에게는 그나마 다행으로 영월에는 옛 관아 건물 두어 채와 누각이 남아 있다. 오른쪽 건물은 옛 동헌 건물로 관풍헌이란 명판이 붙어 있다. 왼쪽 건물은 희한하게도 지금은 약사전이 되어 조계종 사찰로 사용되고 있었다.

이 날 촬영팀이 찾은 건물은 누각으로 관풍헌의 마당을 건너 길가에 접해 있다. 자규루(子規樓)는 조그맣고 평범한 누각이라 볼 것은 없다. 그러나 시심을 가지고 보면 피리소리와 애절한 소년의 눈동자가 떠오르는 곳이 이 곳이다. 전설에 따르면 객사에 안치된 단종은 이 누각에 올라 피리소리를 들으며 그의 심정을 달랬다고 한다.

    달 밝은 밤에 자규새 울면
    시름 못잊어 다락에 기대었네
    네 울음 슬퍼 내 듣기 괴롭구나
    네 소리 없으면 내 시름없을 것을
    이 세상 괴로운 이에게 말을 보내 권하노니
    춘삼월 자규루엘랑 삼가 부디 오르지 마소

자규새 곧 두견새는 쫓겨난 촉나라 임금 두우(유비의 아들)가 죽어서 되었다는 새이다. 이 사실을 알면 이 시의 의미를 새길 수 있을 것이다. 사실 단종은 10월에 살해되므로 이 곳에서 춘삼월은 구경하지도 못했다. 자규루도 그 때는 자규루가 아니라 매죽루(梅竹樓)라는 이름이었다고 한다.

하지만 뭐 그런 것이 중요하겠는가? 단종은 이미 역사의 영역을 지나 전설과 문학의 세계에서 살고 있다. 그를 기억하고 그 슬픔을 재현하려는 사람들에게는 운동장이 되지 않고 남아 있는 이 몇 동의 건물만도 고마울 뿐이다.

죽은 사람보다 더 안 된 사람이 살아서 남은 고통을 채워야 하는 사람이다. 내 생각엔 이 드라마에서 제일 불쌍했던 사람은 단종의 부인 송씨이다. 단종보다 한 살 연상이었던 그녀는 연애를 한 것도 아니고 15세 나이에 타의에 의해 왕비로 간택되었다. 다른 사람에게는 왕비가 된다는 것이 최고의 영예였겠지만 그녀의 집안에 날아온 이 소식은 처음부터 검은 통지서였다. 단종은 이미 실권을 상실하고 위태로운 나날을 영위하던 때였기 때문이다.

불안만 가득했던 결혼생활은 3년 만에 끝났다. 남편과 부모가 함께 살해되어 그녀는 사춘기 소녀였던 열일곱에 과부이며 고아가 되었다. 물론 자식도 없었다. 그건 차라리 다행이었다. 자식이 있었더라면 여생을 괴롭혔던 그녀의 꿈에는 피를 뒤집어 쓴 남편과 부모에 더하여 아무것도 모른 채 살해되어야 했던 피붙이까지 등장했을 것이다. 친가의 재산과 노비는 모두 공신들에게 분배되고, 여동생들도 노비로 분배되었다. 여동생들도 미인이었는지, 세조의 심복이던 좌찬성 윤사로가 동생을 자기가 차지하려고 사전 운동을 했다는 기록이 있다. 누구에게 배당되었는지는 모르겠지만 비첩으로 살아야 했을 것이다. 『연려실기술』에는 송씨도 관비가 되어 신숙주의 종이 되었다는 얘기가 돌았다는 기록이 있는데, 사실은 아닌 것 같다.

단종이 쫓겨나자 그녀도 서인(평민)으로 강등되었다. 그녀는 동대문 밖 숭인동에 초가 두어 칸을 짓고 소복차림으로 살았다고 한다. 송씨가 이 곳에서 시녀들과 옷감에 자줏빛 물감을 들이는 일로 생업을 삼으며 살았다는 얘기도 있고, 출가하여 여승이 되었는데 시녀들도 함께 출가하여 장작과 음식을 동냥하여 조달했다는 얘기도 있다.

웬만하면 친지의 도움을 받을 수도 있었겠지만 세조는 단종의 모친까지도 서인으로 만들고, 그녀가 꿈에 나타났다고 무덤을 파헤쳐 버렸을 정도니 세조가 살아 있을 때는 그녀 근처에 누가 얼씬도 못했을 것이다. 보다 못한 동네 부녀들이 집 근처에서 시장을 열어 채소를 거래하는 척 하면서 그녀에게 음식을 공급해 주었다. 그래서 이 곳이 나중에 부녀들만 모이는 부녀시장이 되었다는 전설이 전한다.

송현수(단종의 장인)의 가족들은 세조 4년에 노비의 신분에서 해방되었으나 완전한 복권은 되지 못했다. 후에 그녀는 단종의 생질로 문종의 유일한 혈육이었던 해평부원군 정미수(문종의 딸 경혜공주의 아들)를 양자로 삼아 그 집에서 거처하면서 도움을 받았다.

『성종실록』에 의하면 세조가 문종의 혈육이 아주 끊긴 것을 미안해하여 문종의 사위였던 정종(鄭悰)의 이름을 반역자 명단에서 빼고, 정종의 아들 정미수를 등용하라는 유언을 남겼다고 한다. 그래서 성종 때에 이들 일가는 차츰 사족의 신분을 되찾았다. 성종 4년에 성종과 대비가 신하들의 반대를 무릅쓰고 정미수를 복권시켜 돈령부(종친에 관한 일을 맡아보는 관서)의 관직을 주고 7년에는 정미수의 과거응시도 허락하였다. 송씨의 노비도 돌려주고 그녀의 동생인 송거는 내금위에 들어갔다가 과거응시도 허락받았다. 성종 스스로 송현수는 역모에 가담하지 않았고 다만 단종의 장인이라는 이유 때문에 벌을 받았다고 이들을 변호하여 주었다. 송씨가 정미수를 양자로 삼고 그 집으로 이거한 것은 대략 이 때쯤이 아닌가 싶다. 그렇다면 송씨는 숭인동 초가에서 근 20년간 살은 셈이 된다.

하지만 문종의 대는 끝내 끊겨서 정미수도 자식을 두지 못하고 그녀보다 일찍 죽었다. 국가는 그녀를 철저히 방치했다. 중종 11년에 겨우 단종에 대한 제사를 시행하면서 관에서 집에 제수를 제공하는 조치가 있었으나 나라에서 해 준 것은 그게 전부였다. 자식도 없는 외롭고 고통스런 삶이었지만 이상하게도 삶은 모질어 그녀는 중종 16년 6월 4일까지 82세라는 긴 삶을 살아야만 하였다.

그녀가 살았다는 집터가 지금의 동대문구 숭인동 3번지에 있는 정업원 터다. 현재 이 곳에는 그녀의 불행을 슬퍼하여 영조 임금이 세워주었다는 비석이 있다. 정업원은 조선시대에 양반집 여인들을 위해 만들었던 절이다. 조선시대에 불교를 억압했다고 하지만 왕족이나 양반가문의 부녀자들은 불교를 많이 신봉했다. 특히 과부들이 문제였는데, 외로운 처지의 그녀들이 종교에 의지하는 것을 막을 수는 없었다.

이런 인도적인 이유가 아니라도 조선시대 왕족과 사대부가의 여인들은 오늘날 우리가 아는 이상으로 대단한 힘이 있었다. 우리 나라에서는 전통적으로 여성의 재산상속권을 인정했기 때문이다. 조선시대 유명인물들의 가계를 조사해 보면 처가가 훨씬 더 세력이 있거나 부유한 집안인 경우가 의외로 많다. 이름난 정치가나 유학자 중에는 처가의 경제력에 의지하여 출세하거나 집안을 부흥시킨 사람이 꽤 된다.

그러니 재산과 효라는 두 가지 무기를 장착한 과부들의 힘은 클 수밖에 없었고, 이들의 불공과 불사 참여를 막기가 쉽지 않았다. 그래서 차라리 특별한 신분의 여인들을 위한 절을 아예 별도로 세웠다. 그 절이 정업원으로 도성 안에는 절을 세울 수 없게 되어 있음에도 불구하고 이 절은 의연하게 도성 안에 자리잡고 있었다. 이 절에는 과부가 된 왕비, 공주, 사대부 여인들이 많이 출가했으므로 주지는 꼭 왕실 출신 여인이 맡았다고 한다. 하지만 실제 정업원은 그녀의 집터가 아닌 지금의 중앙고등학교 근처에 있었다. 그녀의 불행을 동정하다 보니 어쩌다가 이런 착오가 발생한 것이다.

그 뒷산은 그녀가 올라가 동쪽의 영월을 쳐다보았다고 하여 동망봉이라고 한다. 지금 지하철이 지나가는 동대문에서 신설동, 청량리쪽으로 가는 큰 길가 왼쪽으로 좀 들어간 곳에 있는 조그만 동산이 바로 이 산이다. 청령포에 가서 뒤쪽의 산기슭을 올라가면 마찬가지로 단종이 한성쪽을 바라보며 쌓았다는 돌탑이 있어 긴 공간을 이어주고 있다.

2. 운명에서 전설로

조작된 실록

  비극의 주인공으로 널리 회자되고 있음에도 불구하고 정작 인간 단종에 대한 접근로는 완전히 막혀 있다.『단종실록』은 단종의 실록이 아니라『세조실록』의 예고편이다. 다른 실록은 그래도 정변과 관련된 주요 기록들을 수정했지만『단종실록』은 전체적으로 꽤 여러 가지를 고려하여 정리해 놓았다. 때로는 시점 자체가 세조쪽으로 가 있고, 그게 너무 노골적이어서 쓴웃음이 나올 정도이다. 세조가 수양대군 시절에 한명회를 어떻게 만났다느니, 수양대군이 집안에서 무슨 얘기를 했다느니 하는 기록까지 당당하게 실려 있는 반면에 단종에 대해서는 마지못해 적는다는 식이다. 심지어 실록의 서두에 두는 약전에도 단종의 용모나 성격, 어린 시절에 대해서는 일언반구 언급이 없다. 그야말로 언제 즉위해서 언제 떠났다로 끝난다.

  이 예고편의 주제는 한 가지다. 어린 왕이 즉위하는 바람에 황보인·김종서가 전횡을 하여 국가적 혹은 왕권 위기상황이 왔으므로 수양대군이 피맺힌 구국의 결단을 하여 나라를 구했다는 이야기다. 이를 위해 여러 가지 공작을 했다. 우선 말도 안 되는 거짓말이 꽤 있다.

  첫번째 거짓말. 문종이 죽을 때 양위하려고 수양을 불렀는데 신하가 숙원으로 잘못 알아들어 부르지 않았다고 하였고, 단종의 죽음도 자살로 되어 있다. 금성대군의 역모가 실패하자 양녕대군이 종사의 안전을 위해서 단종을 죽이라는 상소를 올렸고, 이 소식을 들은 단종은 스스로 목을 매 죽었다고 하였다.

  수양대군의 쿠데타 직전에는 김종서, 황보인, 안평대군이 모의하여 단종을 축출하려 했다는 기사를 적어 놓았다. 조부 태종도 써먹은 '상대의 선제공격에 의한 어쩔 수 없는 반격론'이다.

이 외에도 자질구레한 이야기가 몇 개 더 있지만 이런 기사는 굳이 논증을 할 필요도 없다. 조선시대의 학자와 관리들도 이런 이야기는 전혀 믿지 않았다.

그런데 참으로 이상한 것이 요즘에 와서는 수양은 수양대로 구국의 영웅, 결단력있는 군주가 되고, 김종서는 김종서대로 지고한 충신이 되었다. 그러다 보니 『단종실록』의 기사에 대한 평가도 편리한 대로 나뉘었다. 안평대군과 김종서의 쿠데타론은 김종서의 편을 들어 조작이라고 하는 반면 수양의 명분이 되는 내용들, 예컨대 대신의 전횡과 유약한 왕에 관한 이야기, 신권의 과도한 팽창 등등에 관한 이야기는 사실로 받아들인다.

그러나 『단종실록』은 『태조실록』이나 『태종실록』과 달리 총체적인 편집물이다. 정변 전야의 상황이 두 왕비의 아들들이 대립하고, 두번째 부인의 막내가 세자가 되는 태종의 사정에 비해 극적인 부분이 부족하고, 무엇보다도 단종 즉위기간이 짧고 특별한 정책도 없었으므로 사건기사만이 아니라 정국상황, 단종의 이미지까지 교묘하고 세심하게 정리해 놓았다. 가끔 세조가 등장하면 입에 침이 마르도록 칭찬해 놓은 우스울 정도로 유치한 부분도 있기는 하지만 말이다.

실록이 보여주는 단종의 이미지는 아무것도 모르고 오직 대신(김종서, 황보인)에게 모든 것을 의지하는 불안한 왕이다. 어린 나이에 즉위했고, 정확히 1년 6개월 만에 세조가 정권을 장악하니 특별히 소신있는 정책을 펴 보지는 못한 것이 사실이다. 하지만 실록에서는 이 시기의 위기를 강조하기 위하여 단종의 용모나 감정은 고사하고, 그의 말 한 마디 제대로 수록해 놓지 않았다. 안건이 올라오면 단종의 대화는 어김없이 '대신에게 상의하라'이다. 이건 정말 거짓 아닌 거짓이다. 태종과 세종도 이런 안건들은 늘 대신에게 상의하게 하는 절차를 거쳤다. 다만 그 전에 자신의 의견을 충분히 개진했고 실록에는 이를 기록해 놓았는데, 『단종실록』에서는 이 중간부분을 거의 삭제해서 아무것도 모르고 그저 대신에게만 의지하는 왕으로 만들어 놓았다.

하지만 지극히 간간이 비치는 면모를 보면 단종은 어린 나이에도 오기가 있고 호락호락하지도 않았다. 할아버지뻘인 원로대신들이 구구절절하게 이유를 늘어놓으며 결재를 청해도 끝내 허락하지 않고 "내가 충분히 알아들었소"라고 오만하게 버틸 줄도 알았다. 만으로 겨우 열 살짜리 꼬마치고는 보통이 아니다. 단종은 결코 아둔하거나 자기 의식이 부족한 인물은 아니었다. 좀 과감하게 추측하자면 오히려 그 반대로 성깔 있는 왕이 될 소질이 있었다고 느껴진다.

단종은 세종이 살아 있던 여덟 살에 왕세손으로 책봉되었다. 왕위계승에서 잡음을 없애려는 세종의 배려였다. 환경이 인간을 만든다고, 요즘식으로 하면 초등학교에 입학할 때부터 제왕수업을 받은 셈이다. 단종은 할아버지와 부친의 교육을 받아 학문을 좋아했고, 명군이 되어 보려는 의욕이 있었고, 왕실의 권위와 이권 보호에는 적극적이었다.

그는 결코 아무 생각 없이 대신들에게 의존하지 않았다. 실록에 기재된 안건들은 사실 일상적인 것들이었고, 간혹 대간들이 들고일어나는 결정들도 세종과 문종조의 관행과 다른 것들은 아니다.

단종시대 위축된 왕권, 위험하게 신장된 신권을 상징하는 대표적인 이야기로 황표정사(黃標政事)라는 게 있다. 여기서 말한 정사란 인사행정이란 뜻이다. 조선시대에는 매번 인사철이 되면 이조와 병조에서 왕에게 신임관리 후보자 명단을 올린다. 세종의 입법에 따라 이 때 한 관직당 3명의 후보를 적어 올리게 되어 있었다. 그러면, 최종 결재자인 왕이 마음에 드는 사람의 이름 옆에 붉은 먹으로 점을 찍었다. 그런데 단종은 어려서 관원을 알지 못하므로 재상들이 미리 낙점할 사람 옆에 노란 표식을 붙여 올렸고, 단종은 그냥 그것을 보고 결재를 했으므로 사람들이 이를 풍자하여 '황표정사'라고 했다는 것이다.

이렇게만 보면 영낙없는 허수아비 왕이다. 그러나 실제로 황표를 한 적은 몇 번 되지 않았다. 어린 단종이 황표를 금지시켰던 것이다.

또한 실록은 황보인과 김종서가 자식과 사위들을 벼락 승진시켰다고 비난한다. 이에 대한 비난이 올라오자 단종은 나도 다 알고 있고, 내가 결재한 일이라고 앞장서서 막았다. 여러 내용을 종합해 보면 이들의 승진은 꼭 황·김의 전횡이 아니라 단종도 의도적으로 밀어주었음을 알 수 있다. 앞에서 여러 번 얘기했지만 자고로 국왕은 즉위하면 자신과 특별한 관계가 있는 친위세력이 필요한 것이다. 공신도 없고 외척도 없는 단종은 이들을 지원했고 약간의 은혜를 베풀었다. 원칙적으로 보면 이도 올바른 것은 아니지만 당시의 관행에서나 다른 왕의 치세에서 볼 때 특별히 대단한 것도 아니었다. 세종도 비리투성이인 황희의 아들들을 몇 번이고 용서하고 등용했으며, 이 때가 위기상황이었다고 주장하는 세조는 이보다 훨씬 많은 측근과 공신을 엄청나게 밀어주었다.

두번째로 등장하는 이야기가 황보인과 김종서의 전횡이다. 그리고 이것을 신권이 지나치게 커진 이상징후라고 얘기한다. 그래서 왕권 위기상황이 왔고 이것이 수양대군의 구국의 결단의 이유가 되었다는 것이다.

이런 해석도 문제가 있다. 김종서와 황보인은 당시 정국을 주도하던 대신층, 또는 건국 이래 혹은 고려 때부터 누대로 권세를 장악해 온 서울의 명문세가들이 내세운 대표자가 아니었다. 오히려 그간의 전력과 행동을 볼 때 이들은 그들이 가장 싫어하고 경계하는 부류, 즉 왕당파에 가까운 인물이었다.

그러니 이 두 사람이 주도하여 왕을 무력화시키고 신하들의 세상을 만들려고 했다고 한다면 이들 스스로 자기 권력기반을 제거하고 반대편 산 위로 올라가 군림하려 했다는 뜻이 된다.

실록에서 비난하는 그들의 행동도 고급관료층이나 관료군의 총체적인 이권이나 권익을 신장시키려고 했던 행동이 아니다. 반대로 실록은 그들이 어린 왕의 치세를 틈타 개인적인 권력을 확충하려 했으며, 그 욕심이 지나쳐 안평을 옹립하는 쿠데타까지 모의했다는 식으로 이야기를 몰아간다.

조선의 인사제도는 말단관리에서 고위직까지 어떤 관직이든 간에 일단 고급관료와 대신층에 의해 한 번 걸러졌다. 여기에 집권층은 소수이고 서로 혼인·지연·학연으로 얽혀 있었다. 그러므로 이 때는 공정한 인사라는 게 이런 인연과 청탁을 완전히 배제한다는 뜻이 아니다. 이 때 그걸 배제한다고 나섰다가는 정의사회 구현을 외치는 것이 아니라 체제 전복자로 몰렸을 것이다.

정확한 통계는 없지만 정승쯤 되면 관리는 물론이고 각 군의 부장급과 수령, 서리 해서 수십 혹은 백 이상의 인맥은 보통으로 보유했을 것이다. 그러나 한 집안이 관직과 이권을 과다하게 장악한다거나 도저히 일을 감당할 수 없는 아주 무능한 인간에게 분에 넘치는 관직을 주어 전체를 위태롭게 하는 사태는 막아야 하는 것이었다. 한 마디로 팀플레이를 무시하거나 대체, 즉 전체적이고 거시적인 안목이 없이 자기 가문이나 자기 집단의 눈앞의 이익에 급급하여 과도한 욕심을 부리는 것은 막아야 했다.

실록에서 황보인과 김종서를 비난하는 내용은 바로 이 부분이다. 하지만 이것도 증거가 박약하다. 김종서와 황보인이 자기 사람을 심었다 해도 하위관직과 양계의 부장들 정도였고, 아들과 사위, 처형, 인척들 몇 명을 좀 빨리 출세시켰을 뿐이다. 옳은 행동은 아니지만 그 정도는 당시 대신급이면 누구나 했다.

그들은 고위관료군을 교체하거나 자기 사람 일색으로 정부를 채워 정권을 전단하려고 하지 않았고 할 수도 없었다. 실록에서는 이런 점을 부추기려고 꽤 노력했음에도 드러나는 것이 미미한 정도이다. 심지어 김종서는 다른 관료에 비해 행실이 엄정한 편이었다.『단종실록』의 편찬자도 이 사실을 인정하고, 김종서의 성격이 속된 말로 사람을 한 번 찍으면 끝까지 잊지 않기 때문에 두려워서 사람들이 주위에 몰리지 않았다고 둘러댔다. 하여간에 이 말은 그 주변에 사람이 많지 않았다는 뜻이 된다.

어느 날 허후가 황보인과 김종서에게 찾아가 "아들과 사위의 벼락출세에 대해 여론이 좋지 않다"고 말했다. 두 사람은 오랫동안 잠자코 있다가 말하기를 "우리가 죽을 때가 가까웠는데 앞날이 얼마 남았겠는가? 만약에 자손을 위하여 도모하지 않으면 누가 다시 그들을 쓰겠는가?"라고 대답하였다. 이 말은 두 사람의 처지와 입장을 잘 보여주는 말이다. 그들은 정가에서는 외로운 존재였고, 그저 이 정도의 소원을 가졌던 것이다.

혹은 어린 왕이 등장했다는 사실만으로 왕권의 위기를 생각하는 분도 있다. 하지만 조선의 체제 자체가 왕이 모든 것을 전단하는 그런 체제가 아니었다. 복잡한 얘기는 생략하고 이 물음에 대해서는 아주 간단하게 반증을 제시할 수 있다. 세조의 손자인 성종은 훨씬 더 강해진 공신집단에게 이중 삼중으로 둘러싸인 상태에서 겨우 13세에 즉위했지만, 조선의 전성기를 누리며 명군 소리를 들었다고 말이다.

역사만이 아니라 인문학 전체가 다 그렇지만 제일 조심해야 하는 해석방법이 유형론적 방법이다. 이것은 시간과 공간, 무대의 차이는 고려하지 않고 현상만 똑 떼어서 비교하는 방식을 말한다.

어린 왕이 등장하면 국가의 중심이 흔들리고 왕권이 약해진다는 것은 정말 단순한 유형론이다. 마키아벨리의 『군주론』이 가진 최대의 약점은 그가 이탈리아의 조그만 도시국가를 모델로 했다는 것이다. 그래서 그는 군주의 역할 자체를 과대평가했다. 거대하고 체계적인 조직을 지닌 국가는 군주의 역량에 따라 그렇게 쉽게 요동하지 않는다. 벌써 조선 건국 후 60년. 그 동안 만들어 놓은 체제 자체가 국왕 1인에게 좌우되는 것이 아니었다. 중앙과 지방의 지배층은 안정되어 있었다. 조그만 소요나 어려움이 있다고 해도 한 국가의 체제적인 위기가 그렇게 쉽게 오는 것은 아니다.

이러한 이해와 정반대로 상당수의 관료들이 우려했던 사태는 왕과 김종서·황보인이 결합하여 문종조의 정책기조를 계속 추진하는 것이었다. 문종이 살아 있었다면 극단적인 반발까지 일으키지는 않았겠으나,

상황이 바뀌었다. 정책기조는 전과 변함이 없으나 그 뒤를 받치는 힘은 달라졌다. 정치적 기반은커녕 총각이라 외척도 없는 어린 왕이 즉위했고, 그는 정가의 중추세력들과는 좀 이질적이고 생각이 다른 대신층을 이끌고 있다. 반면 문종이 권력의 파트너로 키워 놓은 수양대군의 세력과 야심은 만만치 않다. 예나 지금이나 정치가들은 자신의 이해에 민감하다. 권력의 이동, 정치가들의 이동은 생각보다 빠르게 진행되었다. 단종이 즉위한 초기에 벌써 고위관료들이 수양대군과 접촉하며 줄서기가 시작되었다.

한편 수양대군은 어쩌면 이미 세종의 치세 때부터 야심을 키워가고 있었을 것이다. 감히 문종을 제거할 생각은 하지 못했어도 문종이 즉위하기 전부터 건강이 심상치 않다는 사실은 모두가 아는 사실이었고, 세종 말년에 문종은 거의 죽을 고비를 넘긴다. 바보가 아닌 이상 문종의 사후에 벌어질 일을 생각도 않고 살았다는 것은 말이 되지 않는다.

설사 아무 생각 없이 살았다고 해도 문종이 사망하는 순간 그에게는 나름대로 극단의 상황이 놓여졌다. 문종과 함께라면 태종 때의 의안대군 이화나 나중 일이지만 자기가 중용한 구성군 준처럼 정승이 되어 혹은 종친세력의 리더로 살아갈 수도 있었겠지만, 어린 조카가 즉위하고 조정 중신들이 그의 야심많고 권력지향적인 성격을 다 아는 이상 그러기는 어려웠다. 설사 은퇴하여 조용히 산다고 하여도 그의 여생이 편안하리라는 보장이 없었다. 이미 국정에 깊이 개입했고, 정가의 인맥도 만만치 않다. 그러니 언젠가는 어떤 형태로든 음모나 숙청에 말려들 게 뻔했다. 사실 문종이 사망하는 순간 수양대군에게도 정상적인 정치적 생명은 끝난 것이었다.

영월에서의 죽음

1453년 10월 수양대군은 하룻밤 새에 김종서와 황보인 등을 살해하고 자기가 영의정이 되었다. 이것이 계유정난이다.

 세조가 한명회·권람 등과 더불어 10월 10일에 거사하기를 약속하였더니 일이 자못 누설되어 더러 걱정하였다. 세조는 "설사 계획이 누설됐더라도 저편에는 모의하는 자가 9명이나 되지만, 종서만 죽이면 나머지는 문제가 안 된다"라고 하였다. ……석손 등이 세조의 옷자락을 잡고 말리니까 세조가 노해서 "너희들은 모두 가서 고발하라" 하고 드디어 활을 집어들어 일어나 그 말리는 자를 발로 차면서 나갔다. ……
 세조가 성문 밖으로 나가 종서의 집에 이르니 종서의 아들 승규가 신사면·윤광은과 함께 문앞에 앉아 있었다. 세조가 승규를 통해 종서에게 연락하니 조금 후에 종서가 나오기는 했으나 물러서서 다가오지 않고 세조가 들어오기를 청했다. 세조는 해가 저물고, 성문이 닫힐 것을 이유로 들어가지 아니하고 다만 "종부시(왕족에 대한 여러 업무를 관할하는 관청)에서 영응부인의 일을 탄핵했으니 정승이 지휘해 주셔야겠소" 하였다. 세조가 일부러 사모뿔을 떨어뜨리니 종서가 급히 자기 것을 뽑아 주었다 (다른 책에는 승규가 좌우를 떠나지 않으므로 세조가 사모뿔이 빠졌으니 정승의 것을 빌려달라고 해서 승규가 안으로 들어간 틈에 종서를 쳤다고 하였다). 이 때 신사면·윤광은 등이 물러가지 않으므로 세조가 "비밀의 논이 있으니 너희들은 물러가라"고 하였다. 신사면 등은 그래도 멀리 피하지 않았다. 세조가 또 "부탁하는 편지가 있다"고 하였다. 종서가 그것을 받아 달빛에 비춰보는데, 세조가 임운을 재촉하여 종서를 철퇴로 쳐서 쓰러뜨리고 승규가 놀라 쓰러진 아버지 위에 엎드리니 양정이 칼로 찔렀다. (『해동야언』·『동각잡기』)

 이 기록이 전하는 장면은 완전히 믿을 것은 못 된다. 그런데 진상이 어떻든 암살자들이 서툴러서 김종서는 죽지 않았다. 암살자 일행이 떠난 후 정신을 차린 그는 돈의문의 파수병에게 통보하여 내금위를 동원하려고 했다. 하지만 이미 4대문의 파수와 순졸들에게 수양이 손을 써 놓았으므로 명령이 통하지 않았다. 김종서는 수양과 맞대결하기 위해서는 어떻게 해서든 도성으로 들어가야 했다. 그는 여장을 하고 가마에 탄 후 돈의문, 서소문, 숭례문 세 문을 모두 돌았으나 끝내 들어가지 못했다.

설사 들어가는 데 성공했어도 대세를 바꿀 수는 없었을 것이다. 실록에서는 괜히 엄살을 떨었지만 수양의 세력은 막강했다. 그 날 순청(巡廳)을 맡았던 홍달손을 통해 순청과 순졸을 모두 장악했다. 이들을 시켜 도성의 길목을 모두 막고, 중심부를 군대로 에워쌌다. 궁궐의 당번 내금위도 그의 편이었다. 이 날 입직한 별시위와 갑사, 총통군도 간단하게 거느렸다.

할수없이 김종서는 아들 김승벽의 처가에 가서 머물렀다. 뒤늦게 이 사실을 안 수양대군측은 의금부 군사들을 보내 연고를 수색했다. 김종서는 쉽게 발각되어 그 자리에서 살해되었다.

한편 세조는 바로 군사를 이끌고 궁으로 가서 단종을 제압하고 군대를 장악한다. 이어 왕의 명령서를 내어 대신들을 입궁시켰다.

> (수양대군은) 친히 순졸 수백 인을 거느려 남문 밖의 가회방 동구 돌다리 옆에 주둔하고, 서쪽으로는 영응대군 집 서쪽 동구에 이르고 동쪽으로 서운관 고개에 이르기까지 좌우익을 나누어 사람의 출입을 절제하고, 또 돌다리로부터 남문까지 마병·보병으로 문을 네 겹으로 만들고, 역사 함귀·박막동·수산·막동 등으로 제3문을 지키게 하고, 영을 내리기를, "이 안이 심히 좁으니, 여러 재상으로서 들어오는 사람은 하인을 제거하고 혼자 들어오도록 하라" 하였다.
> 조극관·황보인·이양이 제3문에 들어오니, 함귀 등이 철퇴로 때려죽이고, 사람을 보내어 윤처공·이명민·조번·원구 등을 죽이고, 삼군진무 최사기를 보내어 김연을 그 집에서 죽이고, 삼군진무 서조를 보내어 민신을 비석소(현릉의 비석을 제작하던 곳. 민신은 이 때 비석제작을 감독하고 있었다)에서 베고 또 최사기와 의금부 도사 신선경을 보내어 군사 1백을 거느리고 안평대군을 성녕대군의 집에서 잡아서 압송하여 강화에 두었다. (『단종실록』)

이 때부터 벌써 세조의 치세였다. 정권을 잡은 후 세조는 단종에게 결혼을 강요하였다. 단종으로서는 부친에 대한 3년상도 끝나지 않은 상태였는데, 이조차 무시하고 세자를 빨리 보아야 한다거나 세종의 후궁이며 단종의 유모였던 양빈의 소원이라는 등 어거지를 써서 왕비를 간택하고 다음 해 1월에 결혼시켰다.

왜 갑자기 단종의 결혼을 서두른 것일까? 그래도 형의 자식인데, 미안한 마음에 가정이라도 꾸려서 삶의 위안을 삼아 보라는 삼촌의 배려였을까? 글쎄? 자고로 정치가들의 꿍꿍이속을 보통사람의 심성으로 짐작해서는 안 된다. 결혼이 끝나자 세조측에서는 기왕 예제를 무시하고 결혼했으니 부친에 대한 거상도 빨리 끝내야 한다고 주장했다. 결국 세조의 즉위날짜를 빨리 당기려는 것이 이들의 꿍심이었다. 아무리 쿠데타라도 왕조 자체를 부정하는 역성혁명은 아니었던 만큼 자신의 형이기도 한 선왕의 상도 끝나기 전에 단종을 쫓아내고 자신이 즉위할 수는 없었던 것이다. 하긴 아무리 양 날개가 잘렸다고는 해도 단종이 왕위에 있는 시간이 길어진다는 것은 이들로서는 위험한 일이었다.

수양대군으로서는 칼을 뽑은 이상 꾸물거릴 필요가 없었다. 1455년 6월 수양대군은 금성대군과 화의군을 위시하여 단종의 궁인과 신하들을 유배시켜 버렸다. 우회적인 협박이었다. 결국 단종은 이 해 윤6월 11일 숙부를 불러 정식으로 왕위를 넘기겠다고 선언하였다.

입궐할 때부터 예상하고 있던 사실이지만 역사의 기록을 의식했는지 수양은 엎드려 사양하였다. 실록에서는 좀더 진하게 서술하여 울면서 사양하고 옥새를 주어도 받지 않고 엎드려 버텼다고 하였다. 설마 그렇게까지야 했으랴만 적당히 사양하는 말을 하기는 했을 것이다. 뻔한 연극을 보면서 주위의 신하들은 행여 다칠라 입을 꼭 다물고 빨리 끝나기만을 기다리고 있었다. 이 때 왕 옆에 있던 승지 성삼문이 옥새를 끌어안고 울음을 터뜨렸다. 사양의 말을 반복하던 세조는 순간 고개를 번쩍 들더니 성삼문을 무섭게 노려보았다고 한다.

단종은 상왕이 되어 창덕궁으로 이거했다. 세조는 단종을 상왕으로 모시고 주기적으로 문안하겠다고 선언했다. 실제로는 한 달에 한 번쯤 바쁘면 빼먹는 것으로 해서 규칙을 만들었고, 사냥에 불러내기도 했다. 그러나 벌써 단종은 그에게는 혹에 불과했다. 단종도 어릴 때부터 세손으로 책봉되어 자란 몸이니 자부심과 분노가 함께 어우러졌던 모양이다. 세조가 즉위식을 마친 후 문무백관을 거느리고 상왕에게 문안했을 때 단종과 왕비는 오기를 부려 알현을 거부했다. 세조는 아마 싸늘하게 웃었을 것이다.

다음 해 성삼문·박팽년·하위지 등 사육신이 주동한 세조 살해 음모가 발생한다. 마침 중국에서 사신이 와 그를 접대하는 잔치를 창덕궁에서 벌이게 되었다. 거사를 논의하던 이들은 잔칫날 성삼문의 부친 성승과 유응부를 검을 차고 왕 앞에서 시위하는 운검으로 배정했다. 유응부가 왕과 세자를 베고, 다른 사람들이 검을 숨겨 들어가 신숙주 등의 심복을 벤 후 군사를 끌고 경복궁을 점거한다는 계획이었다.

겉으로 보아서는 그럴듯한 계획이었지만 눈치 빠른 한명회가 초를 쳤다. 마침 날씨가 무덥고 연회장인 창덕궁 광연전이 좁다는 이유를 들어 세자는 경복궁에 남기고, 운검도 세우지 않게 했다.

단종을 사랑하는 많은 사람들이 이를 안타까워한다. 하지만 일이 이렇게 틀어진 것은 꼭 한명회의 지혜가 뛰어났거나 세조의 운이 억세었기 때문만은 아니다. 겉모습과 달리 이 계획에는 처음부터 무리한 면이 있었다. 양위하는 날의 사건도 그렇고 성삼문 등은 이미 블랙리스트에 올라 있었을 게 분명하다. 세조는 즉위 후 바로 성삼문을 예방승지에서 제일 한적한 부서인 공방승지로 경질했다. 성승의 운검 임명도 세조측에서 한 것이 아니었다. 그러니 그가 운검이란 사실이 아무래도 못마땅했을 것이다.

거사를 보다 확실히 하려면 세조가 신임하는 사람을 포섭하여 운검으로 세우거나 세조가 그들을 신뢰하도록 평소에 철저히 자신을 단속하고 위장했어야 했다. 그러나 대갓집에서 노비들을 거느리며 고지식하게 자라고, 명분론이 엄격한 성리학을 준수하는 사람일수록 사소한 일도 대의명분과 우주·자연의 질서체제까지 생각해서 행동해야 하므로 낯빛과 목소리를 감추기가 힘들다. 성삼문이 단종이 양위할 때 통곡했다지만 그뿐이 아니었을 것이다. 사석, 술자리, 어쩌면 집무실에서도 여러 가지로 티를 냈을 게 분명하다. 그러니 그런 인물의 부친이 뒤에서 칼을 차고 서 있다고 하면 막 쿠데타로 집권한 쪽에서 어찌 안심하고 술이 넘어가겠는가 말이다.

성승과 유응부가 연회장으로 들어가려 하자 한명회가 막았다. 일단 물러난 이들은 현장에서 대책을 논의했다. 무관인 유응부는 이런 거사에서 제일 중요한 가치는 신속이다. 지금 이런 저런 문제가 있더라도 오래 끌면 안 된다. 그러니 지금 한명회를 베고 들어가 세조를 치자고 하였다. 그러나 리더격인 성삼문과 박팽년은 세조를 살해해도 세자가 경복궁에서 군사를 일으키면 성패를 알 수 없게 된다. 다음에 왕과 세자가 함께 있을 때를 노려 백 퍼센트 완전한 상황이 되었을 때 거사하자고 끝까지 말렸다.

성삼문·박팽년은 모두 집현전 학사 출신들이다. 세종이 그런 인물들을 요구하기는 했지만 문신들 중에서도 제일 가는 이론가고 원칙주의자들이다. 집현전 학사 시절부터 원론과 원칙을 있는 대로 따지고 완벽을 기하려는 습관이 몸에 밴 사람들이었다. 나중 일이지만 거사가 실패한 후 세조가 이들을 인두로 지지며 고문하자 사육신의 한 명인 이개는 그 와중에도 이런 고문은 법 규정에 없다고 따지고 들었다.

이런 이론가들의 단점은 상황은 백지 상태에 두고 모든 방법론과 이론들을 비교, 분석하여 완전한 것을 찾는다는 것이다. 이런 방법은 연구실에서 하나의 이념형을 만들거나 정책의 기본틀을 제공하는 데는 적절하지만, 현장에서 이것을 그대로 써먹어서는 안 된다. 이런 이념형을 기초로 상황을 먼저 분석하고 거기에 적합한 인물과 원리, 얻을 것과 버려야 할 것을 선택해야 하는 능력이 필요하다. 하지만 이들은 그러지를 못했다. 태종이 한 몸에 지니고 있었던 재능이 이 팀에서는 여러 사람에게 분산되어 있었던 것이다.

결국 거사는 무기 연기되었다. 그런데 성삼문도 유응부도 전문적인 음모가라면 우선적으로 염두에 두었을 기본적인 철칙 하나를 생각하지 못했다. 고려시대 만적의 난에서 그랬고, 중국의 역사책에도 무수하게 등장하는 철칙이 하나 있다. 이런 모의를 할 때 기일을 너무 끌거나, 만전을 기한다고 연기를 하거나, 주변 상황이 불리해지면 반드시 배신자가 발생한다는 사실이다. 달리 그런 것이 아니라 음모에 가담한 사람들이 극도로 불안해지기 때문이다. 삼국지에 나오는 조조 암살음모같이 하인배 등에게 누설되는 경우가 많은 것도 불안하니까 쑥덕공론을 많이 하거나 불필요하게 회합을 많이 하는 탓이 크다.

공부도 많이 해서 경서 못지않게 역사책도 많이 읽었을 사람들이 왜 이 간단한 사실을 생각하지 못했을까? 어쩌면 이들이 너무 도학적인 사고에 매몰되어 역사책을 읽으면서도 백지상태에서 인간과 사회에 대한 냉철한 지식을 넓혀 간 것이 아니라, 군자와 소인을 나누어 평가하고, 주어진 교훈을 되풀이하여 상기하는 공부를 했기 때문인지도 모른다. 그랬기에 자신들의 그룹에서는 이런 소인이 나타나지 않을 것이라고 믿게 되었는지도 모를 일이다.

하지만 너무 박하게 나무라지는 말자. 중국 근대혁명의 아버지라는 손문도 무창봉기가 성공하기까지 이런 실수를 수도 없이 되풀이했다. 다행히 그는 외국에 체류하면서 봉기를 조종했으므로 체포를 면해서 시행착오가 가능했을 뿐이다.

자고로 인간의 현실은 냉혹해서 이런 법칙에는 예외가 없다. 거사가 기약없이 연기되자 가담자의 한 명이었던 김질이 심장의 고동을 참지 못하게 되었다. 그는 장인인 정창손에게 달려가 사실을 털어 놓았다.

세조는 이들을 체포한 후 살벌한 고문을 가했다. 유응부는 실패가 너무나 원통했던지 국문장에서 성삼문들을 돌아보면서 "사람들이 말하기를 서생과는 이런 일을 함께 꾀할 수 없다고 하더니 과연 그렇다. 너희들의 그놈의 만전의 계책 때문에 일이 이렇게 되었다. 너희들은 사람이라도 꾀가 없으니 짐승과 무엇이 다르냐"고 혹독한 질책을 하였다. 이어 "나는 아는 게 없으니 잘난 재네들에게 물어보라" 하고는 입을 굳게 다물었다. 악랄한 고문이 이어졌으나 그는 끝내 말 한 마디 하지 않았다고 한다.

판결은 엄했다. 본인은 물론 친아들까지 다 죽이고, 가족과 친척들은 노비로 만들었다. 전례대로 부인과 첩, 딸들은 공신들이 나누어 차지했다. 세조는 자신의 조카인 금성대군의 딸까지도 예외없이 종년으로 만들어 이들에게 나누어 주었다. 단종도 이 모의를 알고 있었다고 하여 창덕궁에서 금성대군 집으로 내쫓았다가 다시 장인 송현수가 역모를 꾀한다고 조작, 노산군으로 강등하여 영월로 유배했다. 동시에 이미 사망한 단종의 모친 현덕왕후도 서인으로 만들었다. 단종을 유배하는 교지를 보면 마치 국가와 민족을 위하여 큰 결단을 하는 듯하다.

> 지금 인심이 안정되지 못하고 반란을 선동하는 무리가 뒤를 이어 쉬지 않으니, 내가 어찌 사사로운 정의로 큰 법을 굽히어 하늘의 명령과 종묘사직의 중함을 돌아보지 않을 수 있는가? (『세조실록』)

이후에도 사건은 숨가쁘게 돌아간다. 9월에는 순흥에 안치되었던 금성대군이 역모를 꾀하다가 누설되는 사건이 터졌다.

> 유(금성대군)가 순흥에 이르러 매양 이보흠(당시 순흥부사)과 만나면 문득 눈물을 흘렸다. 비밀리에 남쪽 인사들과 결탁하여 노산군을 복귀시킬 계획을 했다. 하루는 유가 좌우를 물리치고 보흠을 불러서 격문을 쓰게 하고 장차 순군사와 남쪽에서 모의에 참여한 자를 동원하여 계립령을 넘어 순흥에 옮겨 모시고 영남을 호령하여 조령과 죽령 두 고개를 막고

복위할 계책을 세웠다. 순흥 관노가 벽 속에 숨어서 엿듣고 금성의 시녀를 사귀어 격문을 훔쳐 가지고 서울로 달려 올라갔다. 기천(지금의 풍기) 현감이 그 말을 듣고 말을 서너 마리 갈아타면서 빨리 쫓아서 그 격문을 빼앗아 가지고 먼저 서울로 들어가서 고발하여 공을 얻고 금성대군과 이보흠은 모두 잡아 죽였다. (『병사록』·『논사록』)

금성대군이 처음 귀양왔을 때 순흥에서 누가 무예가 있다는 말을 들으면 금은을 싸서 비단 주머니에 넣어 집으로 보내고, 그 사람이 와서 사례하면 책에 이름을 적게 하여 심복을 삼았다. 일이 발각된 뒤에 조정에서 이 명단을 찾으려고 순흥 읍내 근처의 땅을 팠으나 끝내 찾지 못했다. (『노릉지』)

실록의 기록은 조금 달라 풍기의 관노 이동이란 자가 고변하고 비밀이 누설되자 이보흠도 고변하였다고 한다. 금성대군은 이보흠을 설득하여 순흥의 군사를 동원하여 풍기와 안동을 차례로 점령하는 계획을 세웠다. 안동 부근에는 금성대군의 땅과 노비가 많아 이들로도 2천 병력은 만들 수 있다고 장담했다고 한다.

세조는 이 사건을 구실로 단종을 폐하여 평민으로 만들고 다음 달에 사람을 보내 살해하였다. 전설에는 강제 자살이었다고도 하고, 단종을 모시던 통인(하급 아전)이 활줄에 긴 줄을 이어서 목을 매어 앉게 한 뒤 창구멍으로 당겨 죽였다고도 한다. 시체도 그냥 내 버려둔 것을 영월 호장이던 엄홍도가 거두어 장사지냈다. 이 때 시체를 강에 던진 것을 몰래 거두어 장사지냈다는 말도 있고, 거적으로 덮어 둔 것을 한 중이 짊어지고 도망쳤다는 얘기도 있다.

세조는 아주 철저해서 이 참에 앞서 귀양보냈던 화의군, 유모인 양빈과 두 아들, 단종의 장인 송현수 부부를 모두 죽이고, 이들을 종친명단에서 삭제했다. 순흥부도 아예 없애 주변 군현에 나누어 붙였다.

이 때부터 단종의 이야기는 전설의 세계로 들어간다. 수백 년 동안 유전되고 채집된 이야기들은 사실이 어떻게 채색되고 보태져서 전설이 되고, 신화로 바뀌어 가는가를 보여준다.

　　단종이 영월 객사에 있을 때 맑은 새벽이면 대청에 나와 곤룡포를 입고 걸상에 앉아 있었다. 관내가 가물 때 향을 피워 하늘에 빌면 곧 비가 쏟아졌다.
　　단종이 사망하던 날 추익한이란 사람이 관아로 가다가 곤룡포에 익선관을 쓰고 백마를 타고 가는 단종을 만나게 되었다. 추익한이 머루를 바치고 어디로 가시는 길이냐고 물으니 단종이 "태백산으로 간다"고 하였다. 추익한이 관에 들어가니 벌써 해를 당한 뒤였다.

굳이 따져 보자면 단종은 이미 폐위되어 서인으로 강등된 상태였으므로 곤룡포를 입을 수도 없다. 하지만 전설의 문구에 대해서는 문자고증을 하는 게 아니다.

단종은 태백의 산신령이 되었다고 하여 지금도 영월과 태백산 일대의 절과 서낭당에는 단종을 신으로 모시는 곳이 많다. 전설은 계속 보태져서 추익한도 급히 단종의 뒤를 따라 태백산에 들어가 같이 신령이 되었다고 한다. 나중에는 장사를 지내준 엄흥도까지 신령이 되었다. 또 조금 흔한 형태지만 이런 전설도 있다.

　　단종이 죽은 후로 영월군수로 갑자기 죽는 사람이 많아(7명이나 죽었다) 세상에서 흉한 땅이라고 하였다. 박충원이라는 자가 다른 데서 쫓겨나 영월군수가 되었다. 곧 제물을 갖추어 단종묘에 제사 지냈더니 마침내 무사하였다. 다른 책에서는 그 날 밤에 죽었다가 다시 깨어났다고 하였다. (『유천차기(柳川箚記)』)

따지고 보면 단종이 영월에서 살았던 기간은 5개월이 채 안 되는데, 그 후 500년간 영월 주민의 마음까지 점령해 버린 셈이다. 국왕이란 자리가 이렇게 신비하고 경외의 대상이었나 싶다.

3. 에필로그

　단종이 태백의 산신령이요 영월의 수호신처럼 된 데는 약간의 세속적 이유도 있다. 고려·조선시대에는 군현의 격이라는 것이 상당히 중요했다. 그것은 단지 명예의 문제가 아니다. 법으로 규정한 것은 아니지만 힘이 세거나 격이 높은 군현은 조세나 부역, 공물을 낼 때 자기들의 부담을 떠넘기거나 유리하게 배당할 수 있었다. 그 외 각종 특혜나 행정에서도 우선순위를 유지할 수 있었다. 이를 판정하는 데는 물산과 인구뿐만 아니라 그 고을에서 배출한 인물, 혹은 왕실과의 관련 같은 것도 좌우를 했다. 예를 들면 왕비의 고향이라든가, 태실(왕자의 태를 묻는 곳)이 있다든가, 충신·명장의 고향이라는 이유 등으로 고을의 격이 승격하거나 주현과 속현(수령이 없고 주현에 예속된 군현)이 바뀌기도 했다. 국가는 이런 기준을 사용함으로써 지방민들 간의 경쟁을 유발하고, 충효경쟁, 인물 배출경쟁 등을 통해 이들의 행동과 사고를 제도권 내로 묶어 놓을 수 있었다. 그러므로 경내에 왕의 무덤과 그의 슬픈 운명, 그에 대한 주민의 흠모와 사랑의 이야기를 담고 있다는 것은 큰 힘이 된다.
　그러나 너무 각박하게 생각하지는 말자. 전설이란 오랜 세월 관습과 인정 속에서 나오고, 그러기에 이런 세속적인 이유를 초월하는 순박함과 아름다움이 있는 것이다.
　단종과 주변 인물에 대한 신원은 대단히 늦게 이루어졌다. 중종 때에 단종에 대한 제사를 지낼 것을 결의하고 사신을 영월에 파견하여 단종의 무덤을 물색했다. 지금은 장릉으로 깨끗하게 단장되어 명승지가 되어 있는 단종의 무덤은 이 때 찾은 것이다.

　　(우승지 신상의 보고에) 본 고을의 고로(古老) 전 호장 엄주의 손자 엄속과 양인 지무작과 관노 이말산이 말하기를, "군 북쪽 5리 동을지에 동향한 고분이 실지로 노산군의 산소인데, 묘가 길가에 있어서 무너지고

깎여서 높이가 겨우 두 자쯤 되고 여러 무덤이 옆에 늘어 있는데, 읍 사람들이 전하여 임금의 산소라고 합니다. 어린아이들이라도 모두 알아내고, 또 여러 무덤은 모두 돌을 옆에 늘어놓았는데, 이 묘만은 없다고 하였습니다."

아마 처음에는 마을의 공동묘지 혹은 엄씨가의 선산에 매장했던 것 같다. 장례도 목숨을 걸고 했으니 표지가 있을 리 없고 관리도 제대로 되지 않았다.

이렇게 치제는 했으나 완전한 복권에는 아주 조금씩 상당한 시일이 걸렸다. 중종 16년 부인 송씨가 사망하자 특별히 대군부인의 예로 장사 했다. 선조 때는 군수 김늑이 엄홍도의 후손을 수호인으로 책정하였다. 광해군 2년에 단종을 위한 사당을 세워주었다. 숙종 때 비로소 노산군으로 복권했다가 다시 단종으로 복권하는데, 이 때도 숱한 논란 끝에 겨우 시행되었다.

왕호를 회복시킨 후 단종의 묘역도 정비하여 장릉이라고 명명했다. 덕분에 지금 장릉에 가 보면 위의 보고서에서 느끼는 초라하고 쓸쓸한 분위기는 찾을 수 없다. 왕릉 지정 이후로 벌목을 금지했으므로 주변 산들은 오래 된 해송이 울창하고, 왕릉 주변은 공동묘지는 고사하고 보기 싫은 바위 조각 하나 없이 잔디로 깔끔하게 단장되어 있다. 길가에 있다는 위 기록과 달리 현재의 왕릉은 능선 위쪽 좋은 자리에 있는데, 길가라는 것이 나무꾼이 다니는 능선의 산길을 말한 것일 수도 있고, 나중에 좀 좋은 위치로 이장한 것인지는 모르겠다.

조선 전기에는 그를 복권하는 것이 세조의 잘못을 인정하는 것이 되어 국왕의 권위를 떨어뜨린다고 생각했던 것 같다. 반대로 조선 후기가 되면 국왕과 정부의 권위가 떨어지고, 사회가 동요함에 따라 한때의 국왕이 서인이 되어 초라하게 누워 있는 것이 거꾸로 백성에게 산 교훈(?)이 될지도 모른다고 생각했던 것 같다. 그리고 정의와 명분이 어떻든 반란을 일으키거나 항거하는 것은 무조건 나쁘다는 생각을 더욱 강요하게 되었다. 대신 충성과 효는 무조건 강조하여 숙종 때 엄홍도에게도 공조참의를 주었다. 영조는 종2품에 공조판서를 증직하고 시호까지 내렸다. 지금 장릉 입구에 그의 비각이 있다.

단종의 옥사는 모친 현덕왕후에게까지 미쳤다. 그녀는 단종을 낳은 다음 날에 죽었다. 능을 안산에 두고 소릉이라고 불렀는데, 어느 날 세조가 꿈에 현덕왕후를 보고 가위에 눌렸다. 전설에는 왕후가 꿈에 나타나 세조의 몸에 침을 뱉었는데 그 후로 세조의 지병인 종기가 발생했다고도 하고, "네가 죄 없는 내 자식을 죽였으니 나도 네 자식을 죽이겠다"고 말했다고도 하는데, 정말 세자(예종의 형으로 성종의 아버지. 나중에 덕종으로 추존)가 급사했다고 한다.

세조도 양심의 가책을 받았을 테니 악몽을 꾸었을 가능성이야 충분히 있다. 그러나 꿈이 아니더라도 현덕왕후를 폐서인 했으므로 능도 폐하는 게 당연한 순서였을 것이다. 그러나 세조는 정말 꿈 때문인지 정도가 지나쳐 소릉을 강등하는 데 만족하지 않고, 아예 능을 파헤치고 관을 꺼내 안산 바닷가에 평민의 예로 다시 묻었다. 이 사건과 관련해서도 여러 가지 전설이 있다.

능은 옛날 안산 어느 마을에 있었고 재사(사당)가 있었으며, 앞으로 큰 바다를 굽어보았다. 정축년(소릉을 파헤친 해) 가을에 사(祀)에 있는 중이 밤중에 듣자니 부인의 울음소리가 바다 가운데로부터 점점 산 아래까지 이르러 그쳤다. 새벽에 가 보니 (옻)칠한 관이 물가에 떠와서 있었다. 중은 너무도 놀라고 괴이쩍어 곧 풀을 베어 관을 덮고 바닷가 흙을 끌어올려 끼얹어서 자취를 가리웠다. 그 뒤로 조숫물에 밀려온 모래가 쌓이고 모여 육지가 되었는데, 수년이 못 가서 풀이 나고 언덕이 되었다. 본디 묘의 형상은 없고 흙이 높이 쌓인 곳을 가리켜 관이 들어 있는 데라고 했다. (『연려실기술』)

중종 때에 다시 긴 논쟁을 거쳐 왕후로 복위하고, 왕후의 관을 발굴하여 문종 능 옆으로 다시 옮겨 묻었다.

처음 능이 헤쳐지고 해변으로 옮겨 묻은 뒤로는 제사와 수묘가 끊어진 지 수십 년이라 주민들이 근근이 알아내어 다만 둔덕 하나가 그 곳이라고 전하나 또 이설이 있어 사람을 의혹케 하였다. 천장할 때 흙을 깊이 팠으나 관이 보이지 않아 어쩔 줄을 몰랐다. 이 날 밤 책임맡은 관리가 졸고 있는데 꿈에 왕후가 나타나 "너희들이 고생하는구나" 하였다. 잠을 깨어 이상히 생각하고 날이 밝은 후에 두어 자 더 깊이 파니 손바닥 넓이만한 옻칠한 관조각이 삽날에 찍혀 나와 드디어 관을 발견했다. (『연려실기술』)

수십 년, 수백 년 후의 이러한 소동이 산 사람의 불행에 어떤 의미가 있는지는 모르겠다. 생전의 핍박이나 사후의 복권도 다 정치적 타산과 이해관계를 떠나서 행한 것이 아니었기 때문이다.

이쯤에서 감상의 세계를 빠져나와 세조의 쿠데타와 단종의 불행이 지니는 역사적 의미를 정리해 보자.

앞 장에서 살펴보았듯이 세종이 끝내 해결하지 못한 고민은 국가운영의 주도권이 중앙의 권문세가 중심으로 굳어 있다는 점이었다. 세종은 이 문제를 보완하는 방법의 하나로 왕실의 세력확대를 추구하였다. 국왕은 국왕이면서 또한 왕실 자체가 하나의 강력한 가문이 되려고 하였다. 그러나 바로 이 부분이 엉뚱한 결과를 낳았다. 세조의 쿠데타에 희생된 사람들은 자기 형제를 포함하여 건국 이래 명문의 자제와 대신들이었다. 다시 말해서 왕실과 권문세가가 같은 형태의 정치세력이 되면서, 세종이 기대한 대로 여러 권문세가 위에 군림하는 것이 아니라 왕실의 여러 인물을 정점에 두고 기존의 그룹이 여러 갈래로 줄서기를 했고, 그 일부분이 길게 찢겨져 나간 결과가 된 것이다.

또한 세조의 집권은 이 체제 아래서 포용할 수 있는 정치세력이 지극히 좁다는 것, 그래서 국초처럼 토대가 다른 이질적인 정책대결도 없이 기득권 세력이 분열하고 서로 죽일 수 있다는 것을 보여주게 되었다. 이제 정국은 세조와 소수의 공신들이 장악하게 되었는데, 어떤 방식이든 이 문제를 해결할 필요가 생기게 되었다.

세조

제왕의 꿈

1417(태종 17)~1468(세조 14). 재위 1455~1468. 조선의 제7대왕. 이름은 유(瑈). 시호는 승천체도열문영무지덕융공성신명예흠숙인효대왕(承天體道烈文英武至德隆功聖神明睿欽肅仁孝大王)이다. 세종의 둘째 아들이며 문종의 친동생이다. 왕비는 정희왕후 윤씨(尹氏)로, 본관은 파평이다. 1445년(세종 27) 수양대군으로 봉해졌다. 학문과 무예, 천문, 수학, 음악, 의술, 점술에도 뛰어났다. 대군시절부터 국정에 참여하여 규형, 인지의를 제작하고, 전제상정소의 책임자가 되었다. 악제정비, 불경 번역을 관장하고, 『치평요람』·『역대병요』·『의주상정』을 찬술하고, 음운서인 『운회』를 한글로 번역했다. 1452년(문종 2)에는 관습도감 제조가 되었다. 1453년(단종 1) 계유정난을 일으켜 정권을 장악하고, 1455년 단종의 양위를 받아 즉위했다.

강력한 국왕권을 표방하여 경연을 정지하고, 원구단을 복구했다. 문·무의 과거를 자주 시행하여 자신의 친위세력을 만들었다. 불교를 부흥시켜 간경도감을 설치하여 불경을 번역, 간행했다.

개국 이래 법제를 다시 정리하여 『경국대전』을 편찬했다. 과전을 폐지하여 직전법을 시행하고, 호패법, 면리법, 오가작통법도 만들었다. 북방영토 확립을 위해 사민정책을 실시하고, 보법을 실시하여 양반가의 노비와 학생들도 군역을 지도록 했고, 전국의 군사체제를 재정비한 진관체제를 확립했다. 1467년에 이시애의 난을 평정하고, 건주여진을 정벌했다. 1468년 52세로 사망했다. 능은 광릉(光陵)이다.

1. 경회루의 곤장소리

　세조는 조선의 문물제도를 다시 한 번 정비하고, 단종대에 약화된 왕권을 재확립한 중흥의 군주라고 불린다. 그의 묘호 '세조'도 이런 뜻을 담고 있다. 원래 중국에서는 '조(祖)'라는 칭호는 아주 귀해서 왕조의 창립자에게나 붙이는데, 세조의 공은 창업과 맞먹는다 하여 '조'로 한 것이다. 이후 조선에서는 무공이 있거나 중흥의 공덕이 있다고 하면 '조'를 붙이는 묘호 인플레 현상이 발생했다. 그래서 영조나 정조는 중흥의 군주라고, 선조와 인조는 임진왜란과 병자호란이란 국난을 극복한 무공이 있다고, 심지어 순조는 홍경래의 난을 극복했다고 '조'를 붙였다. 따지고 보면 이런 현상도 세조로부터 비롯한 셈이다.

　『세조실록』도『태조실록』의 체제를 모방하여 첫 부분에 기나긴 총서를 붙였다. 건국 이전의 혁혁한 전공을 기록한 태조의 총서에 비하면 채울 내용이 딸려 뒤가 좀 우습게 되기는 했지만, 세조 자신이 스스로 태조와 세종의 공을 함께 이루겠다는 의식을 가지고 살았던 것은 사실이다.

　우리 현대사가 쿠데타로 얼룩져서 그런지 세조에 대해서는 세간의 관심도 높다. 그런데 이상하게도 관심의 초점이 대개는 그의 정변을 어떻게 평가할 것인가, 그는 양심의 가책에 고통스러워한 선한 인물이었는가, 권력에 눈이 먼 잔혹한 인물이었나에 집중되어 있다. 그러다 보니 영화나 드라마에서도 그를 권력에 눈먼 비도덕적인 인물로 통렬하게 비난하거나, 위기의 나라를 구하기 위해 작은 희생은 개의치 않은 결단력있는 영웅으로 미화하는 극단의 과정을 반복한다.

　어느 쪽으로 평가를 내리든 간에 그 동안의 이 같은 접근법은 세조가 도덕성에 흠은 있지만 능력은 뛰어났던 왕이란 인식을 만드는 데 크게 기여했다. 혹간에는 세종이 수양대군을 세자로 책봉하려 했으나 자신이 큰 형을 물리치고 왕이 된 게 마음에 걸려 차마 그러지 못하고 문종을 왕으로 세웠다는 그럴듯한 얘기까지 나돈다. 진실은 어느 쪽을 가리키고 있을까? 그가 능력있는 인물이었다면 도대체 어떤 능력이 있었을까? 이 편에서는 세조의 인물 분석부터 시작해 보도록 하겠다.

세조가 즉위한 직후 날을 잡아 양녕대군과 종친, 공신을 모두 모아 성대한 파티를 열었다. 더할 나위 없이 뜻 깊은 잔치였던 만큼 분위기도 그만이었다. 양녕대군이 몸소 비파를 뜯자, 세조가 일어나 춤을 추었다. 그리고 다시 임영대군의 집으로, 다시 궁으로 하며 2차 3차가 이어졌다. 그쯤 되자 총애받던 병조판서 이계전(이색의 손자)이 조용히 세조에게 다가가 속삭였다. "전하 오늘은 술이 과하신 듯하니 이제 안으로 들어가소서." 세조는 벌컥 화를 내었다. "내 몸을 내 맘대로 하는데 네가 감히 나를 가르치느냐?" 세조는 공신 홍달손을 시켜 병조판서의 머리채를 꺼둘러 뜰 아래로 끌어내게 하고는 곤장을 쳤.

조선의 법에 6품 이상의 관리는 역모나 살인죄, 뇌물수뢰죄가 아닌 이상 체형이나 구금을 당하지 않는다. 대개 보석금을 내거나 종이 대신 벌을 받았다. 이런 경우라도 왕이 즉석에서 판결해서는 안 되고, 반드시 사법기관에 넘겨 정식 재판을 거쳐야만 가능하며 현행범이라도 왕의 허락을 받아야 구금이나 심문이 가능했다. 하물며 판서는 정2품관으로 지금까지 말한 대우보다 더 특별한 대우를 받는 재상급이다. 재상을 이렇게 함부로 다룬 국왕은 역사상 세조밖에 없다.

이전 잘못까지 들추어내며 너는 간사한 놈이니 판서직을 해임하겠느니 하며 길길이 뛰던 세조는 갑자기 "내 평일에 너를 사랑하기가 비할 바가 없었는데, 너는 어찌하여 내 마음을 헤아리지 못하느냐"라고 말하더니, 용상에서 내려와 이계전의 손을 잡고 마주 서서 술을 나누고, "오늘 내가 이계전에게 생각하지 못할 욕을 보였으니 생각하지 못한 은전을 베풀 것이다"라고 어루었다.

얼마 후 또 파티가 열렸다. 잔치가 질펀해졌을 때 세조는 신하를 둘러보며 오늘 하고 싶은 말이 있으면 마음놓고 하라고 하였다. 며칠 전에 그런 꼴을 보았는데, 누가 감히 무슨 말을 하겠는가. 잘해야 본전이라고 모두 묵묵부답인데, 세조로부터 제갈공명이란 소리를 듣던 머리 좋은 양성지가 술이 과하시니 이제 그만하시라고 일전의 이계전과 똑같은 소리를 했다. 세조는 껄껄 웃더니 "나를 사랑하는 신하는 너뿐이다"라고 칭찬하고는 그 자리에서 양성지의 품계를 1자급 올려주었다.

어느 날은 신하 한 명이 잔치 석상에서 간언을 했는데, 술에 취해 횡설수설하였다. 짜증이 난 세조는 그냥 내보내도 될 것을 종친을 시켜 머리채를 꺼둘러 끌고 나가게 하고는 다음 날 관작을 하나 올려주었다.

이상의 이야기는 그래도 술자리에서 있었던 일이라고 봐줄 수도 있다. 나중에 단종복위 모의에 가담했던 하위지는 예조참판 시절에 의정부서사제(육조의 업무를 의정부에 먼저 보고하여 처리하게 하는 제도)를 건의했다가 곤장을 맞고 머리채를 잡혀 끌려나간 적이 있다.

이렇게 제멋대로 혹은 살벌하게 신하를 구타하고 희롱하거나 겁을 줬다, 상을 줬다 하는 일화는 얼마든지 있다. 그는 평소에도 카리스마적인 지도자를 좋아했고, 과격한 행동 자체에 매료되는 경향이 있었다. 가끔 거친 행동과 남자다운 행동을 구분하지 못하는 사람을 보는데, 세조가 꼭 그런 인물이었다. 어느 날은 역사책을 읽다가 송나라 태조가 도끼자루로 신하를 때려 이빨을 부러뜨린 고사를 읽고는 송태조를 칭찬했다. 이유는 그 사람 평생에 유일하게 행한 과감한 행동이었다는 것이었다.

공포 분위기를 조성하는 대신 회식도 자주 열어 종친과 공신에 대해서는 거의 매달 잔치를 열었다. 잔치 때면 으레 활쏘기나 놀이를 하는데, 활쏘기도 과녁만 쏘는 것이 아니라 현장에서 쥐, 거미, 나뭇잎 등 온갖 것을 내걸고 저걸 맞추면 자급을 올려주겠다거나 귀중품을 상품으로 걸고 놀았다. 아마 자신은 혼내고 어루고, 풀었다 조였다 하면서 부하들을 대단히 잘 다룬다고 생각했을 것이다.

이런 스타일의 인물이 흔히 그렇듯이 세조는 과시욕도 강하고 자화자찬도 곧잘 했다. 그는 자신이 제왕의 풍모를 지닌 영웅이라고 믿어 의심치 않았으며, 기회가 있을 때마다 왕자와 신하들에게 이를 과시하고 상기시켰다.『세조실록』총서에는 그의 무용담을 보여주는 일화가 지리할 정도로 잔뜩 실려 있는데, 그 중 상당수는 자신이 평소에 수차 과시하고 그리고도 맘에 안 들어 직접 정리해 둔 것이다.

그나마 그 내용이란 게 겨우 하루에 노루를 수십 마리 잡았다는 식의 이야기다. 불행하게도 태조처럼 전쟁터를 누빌 기회가 없어서 그랬겠지만, 명포수가 명장이 된다는 보장은 없고 명군이 된다는 보장은 더욱 없다. 그럼에도 세조는 이 이야기를 자기 아들들에게까지 계속적으로 떠들었다.

세조는 왕자 시절부터 자신의 카리스마적인 이미지를 과시하기를 좋아했다.

> (대군 시절에) 늘 소매 넓은 옷을 입었으므로 궁중사람들이 모두 웃었다. 다만 세종이 말씀하시기를 "너와 같은 용력 있는 사람은 의복이 이만큼이나 넓고 커야만 할 것이다" 하였다.

어느 책에서는 세종의 이 말은 용력이 특출한 사람은 이렇게 행동에 불편한 옷을 입어 스스로를 자제해야 한다는 뜻이라고 해설해 놓았다. 그 말이 사실이라고 해도 그것은 자상한 아버지의 옹호이자 재해석이고, 수양대군의 본 의도는 옷자락을 펄럭이며 자신을 과시하려는 데 있었을 것이다.

사냥이나 강무는 특별히 좋은 기회였다. 그는 체격이 크고 힘도 세었으며, 활도 태조처럼 아주 강궁을 다루었다. 사냥을 나가면 앞서서 말을 달리며 하루에 노루를 수십 마리씩 잡기도 했다. 그러나 이 정도로 만족할 수는 없었다. 그는 자신의 용맹을 보이기 위해 일부러 늙고 둔한 말을 타고 노루를 쫓았다. 말은 자주 넘어졌고, 그 때마다 대군은 말에서 뛰어내려 착지하는 묘기를 보임으로써 자기의 무용을 과시했다. 추운 날이면 일부러 반팔을 걷고 말 위에 앉아 우람한 근육을 과시하며 폼을 잡 곤 했다.

본인은 이런 행동에 자부심을 지녔는지는 몰라도 읽는 사람의 입장에서 보면 그야말로 애처롭게 보이기까지 한다. 이런 가식적인 행동의 배후에는 다분히 왕위계승을 둘러싼 형 문종과의 경쟁 내지는 반발의식이 깔려 있었다고 생각된다. 지금까지의 일화로 보듯이 그는 부친 및 형과는 정말로 정반대의 인물이었다.

좀 단순했던-본인은 날카롭고 결단력 있다고 생각했겠지만-성격대로 그의 눈에는 부친과 문종의 단점, 답답하고, 느리고, 질질 끌고, 단순한 문제를 지나치게 복잡하고 신중하게 끌고가는 그런 면이 불만스러웠을 것이다.

한심한 이야기를 왜 그렇게 점잖은 표정으로 듣고 있어야 하는가 말이다. 본인의 속이 타는 것은 물론이고 다른 사람이 나까지 멍청하다고 보지 않겠는가? 하긴 이런 생각이 일리가 없는 것은 아니다. 세종이나 문종이 모두 일처리가 지나치게 복잡했고, 그러다 보니 마무리짓지 못한 일이 많았다. 생각이 많다 보니 젊어서부터 과중한 스트레스와 병(스트레스로 인한 성인병과 증세가 유사한)으로 고생했고 장수하지도 못했으니 말이다. 그러나 그렇다고 그 반대가 진리라는 법은 없다.

하지만 세조는 그렇게 생각했다. 부친과 형의 모습에서 경험적인 진리를 체득한 그는 그들과는 반대로 행동했다. 자기 앞에서 말 안 되는 소리를 하면 걷어차 내쫓았고, 기분 나쁜 소리를 하면 매를 치고 내다던졌다. 아는 척, 점잖은 척만 하는 문신들에 대해서는 겁주고, 상주고 하면서 매와 사탕에 약한 그들을 마음껏 가지고 놀았다.

세조는 문종과 비교하여 자신이 진짜 문무를 겸비한 영웅이라고 확신하였다. 특히 병이 많고 동적인 운동에 약했던 문종에게 결여된 자질을 과시하기 위해서 이렇게 뻔한 수까지 써가며 눈물겨운 노력을 했던 것이다.

문무겸비가 자신의 자랑이었으므로 문(文)적인 부분에 관한 자기과시도 이에 못지않았다. 왕이 된 후에는 솔직히 별 시시한 행사도 괜히 한 나라를 세운 유방이나 당나라 태종의 고사에 비유하며 의미를 달기를 좋아했고, 자신과 그들을 비교하는 것도 좋아했다. 물론 자신이 더 훌륭한 임금이라고 판정했다.

신하와 국민에게 훈계하기도 좋아해서 설교조의 교서도 자주 내리고, 사서오경을 구결(한문책을 읽을 때 끊어 읽을 곳에 우리말로 토씨를 달아주는 것)할 때는 문신들을 불러모아 강론하고 자신이 해석해서 구결을 붙이기도 했다. 이런 저런 예를 들 것 없이 '승천체도열문영무지덕융공성신명예흠숙인효대왕'이란 엄청나게 긴 시호를 보아도 그의 분위기를 짐작할 수 있다. 시호는 그 왕의 인물과 업적에 대한 평가라는 의미를 담고 있는데, 첫머리의 '승천체도'(承天體道)'는 '하늘의 뜻을 이어 그 도를 실현했다'는 뜻이니 더 이상 다른 말이 필요 없다. 그 뒤로 붙은 말들은 굳이 번역하면 탁월한 문(烈文)에 영웅적인 무(英武), 지극한 경지에 이른 덕(至德), 융성한 공(隆功), 성스럽고 신명하고 명철하고 지혜롭고(聖神明睿) 인자함에 효심까지 갖춘 대왕이다.

다른 왕들의 시호와 비교해 보면 금새 알 수 있지만 다른 왕들은 좋은 말도 그저 한두 자씩만 사용했는데, 세조의 시호는 선왕들의 시호에서 좋은 글자는 다 빼 썼다.

물론 이것은 세조의 창작이 아니고 그의 사후에 예종과 신하들이 정한 것이지만 열매를 보면 나무를 알 수 있는 것이다.

하여간 그는 멋있는 행동과 멋있는 말로 치장하기를 좋아하는 임금이었다. 『세조실록』 총서의 후반부에는 세조가 일상 중에 소소한 깨달음을 얻으면 그 때마다 기록해 두었다는 그의 어록을 수록해 놓았다. 그렇다고 특별한 명언은 없다. "내가 남들에게 착하게 하면 남도 역시 나에게 착하게 한다", "사람이 나를 기리거든 반드시 아첨 여부를 살피고, 사람이 나를 헐뜯으면 그 충직 여부를 살펴야 한다" 등등 좌우명 수준의 교훈들이다. 그런데 간간이 이런 얘기도 나온다.

> 내가 다른 사람보다 지나치게 나은 것은 없다. 다만 어릴 때의 뜻을 변치 않았고, 금과 옥 등의 재산을 멸시하여 왔으며, 술과 여색을 좋아하지 않았고, 사람과 더불어 충신(忠信)으로 사귀어 왔다.
> 내가 남보다 지나치게 나은 것이 없다. 무릇 어떤 사물이 왔을 때 반드시 그 옳은 것을 본 후에 행하고 옳지 않은 것이 보이면 결단코 하지 않으며, 오직 의로운 것만을 좇고 이해에 동요되지 않았다.

그의 삶과 행적을 아는 사람이 읽으면 조금은 낯이 가려운 얘기이다. 이 글에서는 과거형으로 번역하긴 했지만 이게 이렇게 살아야 한다는 어느 날의 결심인지, 자신이 정말 그렇게 살아왔다고 믿고 있었던 것인지는 알 수 없다. 본인의 명예를 위해서는 전자이기를 바랄 뿐이다.

대군의 자기 과시욕은 왕이 된 후에는 국왕의 권위 높이기라는 정책으로 바뀌었다. 천자만이 하늘에 제사할 수 있다 하여 조선 건국 후 폐지했던 원구단 제사를 복구했고, 속리산 입구의 소나무에는 정2품 벼슬을 내렸다. 자신이 지나가자 나무가 가지를 들어 예를 표했다나. 사실은 이것도 중국의 고사를 모방한 것으로, 태종 집에 백룡이 나타났다는 얘기와 마찬가지로 하늘이 그의 왕위를 공인했다는 의미이다. 정2품송은 지금도 극진한 보호를 받고 있지만 조선시대에는 당당한 2품관으로 예우를 받아서 그보다 품계가 낮은 사람은 말에서 내려 예를 표하고 지나가야 했다.

오대산 상원사에도 세조와 관련된 전설이 여럿 있다. 그 중의 하나가 고양이 전설이다. 불교를 숭상했던 세조는 상원사를 크게 중창하고 중창식에 몸소 참여하였다. 이 행차는 몸에 난 종기를 치료하려는 의도도 있었다고 한다. 실제로 몇 해 전에 상원사의 문수동자 상 안에서 세조의 쾌유를 비는 옹주와 한명회, 정인지, 신숙주 등 대신의 기원문과 다라니

경을 적어 넣은 의복 등이 발견되었다.

　이 때 세조를 노리고 자객이 숨어들었다. 그러나 어떤 고양이 한 마리 때문에 자객의 매복이 들통나 세조는 죽음을 면했다. 세조는 이 일을 기념하여 경내에 고양이상과 비를 세우고, 고양이를 위한 밭까지 내려주었다. 지금도 상원사에 가 보면 적멸보궁 계단 옆에 아담하게 서 있는 비와 고양이상, 뜰에서 무리지어 노는 고양이들을 볼 수 있다.

　적멸보궁 안으로 들어가 보면 금을 입힌 문수동자상과 발견된 유물들이 전시되어 있다. 하필 문수동자상인 것은 세조가 상원사 계곡에서 목욕할 때 문수동자가 소년의 모습으로 나타나 세조의 종기를 치료해 준 사건 때문이라고 한다.

　문수동자상이야 신앙심의 표현이었다고 해도 고양이상과 밭은 과하다는 느낌이 든다. 정말 보은을 위해서였을까? 자신은 하늘이 돌보고 부처님이 돌보았던 인물임을 기억하라는 것일까?

2. 한여름의 화롯불

　지금까지 좀 비웃듯이 서술하기는 했지만 그렇다고 세조를 무시해서는 안 된다. 총평을 내리자면 세조는 보통 이상의 재능과 두뇌를 가졌던 인물임에는 틀림없다. 특히 예리하고 통찰력이 있고 상황판단이 빠른 점은 그의 특별한 장점이었다.

　재능도 다양해서 그는 학문과 무예뿐만 아니라 천문, 수학, 음악, 풍수지리와 점에 이르기까지 여러 기예에도 뛰어났다. 왕자 때부터 중요한 국책사업에 책임자로 임명되어 국정의 훈련과 경험을 쌓았다. 세종 때 규표를 바로잡기 위해 삼각산 보현봉에까지 올라갔다는 이야기는 유명하다.

그렇지만 그가 세종의 아들 중에서 가장 걸출한 인물이었다고 생각하고 싶지는 않다. 그가 정치참여가 금지된 왕자의 신분으로 여러 사업을 맡은 것도 꼭 탁월한 재능 때문만은 아니고 세종의 의도적인 왕실세력 확대책의 소산이었다.

그와 문종을 비교한다면 장자·차자의 서열을 고려하지 않았더라도 세종은 틀림없이 문종을 택했을 것이다. 이유는 간단하다. 문과 문무겸비라는 단세포적이고 산술적인 비교에서는 세조가 앞섰을지 몰라도 그 질을 비교하면 세조는 문종의 적수가 되지 못한다. 한 마디로 말하면 문종은 세종의 고민과 정책을 이해했고, 세조는 그러지 못했다. 이것은 그의 성격상의 결점에서 유래한다.

세조의 결정적인 단점은 사고의 깊이가 떨어진다는 점이다. 철학적으로 얘기하면 상황을 빨리 파악하는 능력과 복잡한 내용을 정리하고 간결하게 하는 능력은 있어도 모순을 포용하고 이해하는 능력이 결여되어 있다.

앞에서 그의 품성이 부친과 문종과는 정반대의 방향으로 나갔다는 이야기를 했지만, 이런 모습은 성격뿐만 아니라 상황판단과 정책결정에서도 그대로 나타난다.

예를 들자면 이런 것이다. 어떤 제도 하나를 가지고 복잡하고 지리한 논쟁이 벌어졌다고 하자. 세조는 그런 논쟁이 발생하게 된 근원적인 고민과 모순을 이해하기보다는, "저 문제는 이렇게 하면 간단하게 치료되는데, 왜 이렇게 복잡하게 떠드는가?", "저 논쟁의 결론은 A 아니면 B뿐이다. 저놈들이 제 밥그릇 싸움 하느라고 간단한 문제를 오래 끌고 간다"고 단정해 버리는 스타일이다.

밥그릇 싸움이 개재된 것이 사실이라고 할지라도 그것은 문제의 일면만 본 것이다. 세상에 완벽한 제도란 없고 하나의 제도는 여러 가지 모습을 가진다. 당장에는 큰 효과가 있지만 후대로 가면 해결 못할 큰 모순을 내재하는 경우도 있고, 장기적인 지향은 훌륭하지만 시행과정에서 큰 폐단을 낳을 수도 있다.

그러므로 하나의 제도나 정책을 결정하는 데 있어서는 목적과 장점을 선택하는 것 못지않게 방법과 과정, 미래의 파장을 생각해야 하고, 무엇을 희생하고 무엇을 감수할 것이냐도 따져야만 한다. 그래서 국가정책을 세울 때는 다소 낭비적으로 보이더라도 집현전과 같은 연구기관이 필요하고, 장기적인 안목과 연구, 토론이 필요한 것이다.

세조는 바로 이런 부분에서 부족했다. 세조의 치세를 보면 그는 언제나 중대한 착각을 하고 있는데, 항상 문제를 단순화하고, 현상 자체를 때려잡음으로써 문제를 해결하려고 한다. 세조 자신을 비롯하여 현대에 살고 있는 많은 사람들이 이런 모습에서 강력한 지도자의 매력을 느끼는 것 같다. 그러나 그것은 커다란 잘못이다. 현상이 단순하다고 그 문제가 간단하게 처리할 문제가 되는 것은 아니며, 표면에 드러난 현상을 때려잡는 게 해결책이 되는 것은 더더욱 아니기 때문이다.

세조의 집현전 폐지도 바로 이런 성격 때문이다. 많은 역사책에서 그 이유가 집현전 출신들이 단종복위 모의에 가담했기 때문이라고 해석하지만 그랬다면 사람이나 기관명을 바꾸는 것만으로 족했을 것이다. 하지만 세조는 집현전이 담당했던 제일 중요한 기능인 법제와 국정을 위한 기초연구 기능까지 없애 버렸다. 자기 치세에 기존의 법체제를 완전히 뜯어고쳤으니 이런 기구가 세종 못지않게 필요했음에도 말이다. 그는 집현전이 딱 하니 드러나는 제도 하나 만들지 못하면서 생각과 말만 많은 비능률적이고 낭비적인 기구라고 생각했을 것이 틀림없다. 그것은 일면 사실이기도 하지만 그래서 그가 세종의 고민을 이해하지 못했다고 하는 것이다. 그는 이런 비능률과 낭비의 가치를 이해하지 못했을 뿐만 아니라 답답하고 불필요한 것으로 간주하였다.

하지만 그의 가장 큰 결점은 자신의 단점을 단점이라고 전혀 의식하지 못했다는 점이다. 반대로 그는 자신의 성품을 아주 사랑했고 자신이 아주 예리하고 통찰력 있는 인물이라고 생각했다. 그가 제멋대로이고,

속된 말로 신하들을 희롱하고 가지고 놀기를 좋아했던 것은 이와 같이 심한 자기확신 내지는 약간의 자기도취 증세에 기인한다.

그는 철학과 사상을 논할 때도 여운과 꼬리를 남기기를 싫어했고, 간결하고 단정적인 결론을 좋아했다. 이런 성격을 단적으로 드러내 주는 사례가 다음의 대화이다.

> 옛 사람이 이르기를 왕조를 창업하기는 쉽지만 지키기는 어렵다고 하였다. 하지만 수성하기가 어려운 것이 아니다. 대저 수성하는 임금이 부귀에서 생장하여 편안하고 게을러서 근심하고 부지런하고 조심하고 생각할 줄을 알지 못하기 때문이다. 후세의 임금은 반드시 이를 알아야 한다.

세조의 지적이 틀린 것은 아니지만 더 중요한 문제를 간과하고 있다. 창업은 쉽고 수성 즉 나라를 보존하기가 어렵다는 것은 창업은 군사적으로만 승리하면 되지만, 수성을 위해서는 정치·경제를 위시하여 사회 전체의 문제와 부딪혀서 해결해야 하기 때문이다. 그러나 세조는 이런 측면은 도외시하고 수성을 단지 임금의 자질과 노력의 문제로 간주한다.

어느 날은 경연장에서 천인감응설에 관한 논쟁이 벌어졌다. 세조는 명쾌하게 "그것은 사실이 아니라 후세의 임금을 경계하기 위한 것에 불과하다"고 하였다. 백 퍼센트 맞는 말이지만 한편으로는 무의미한 말이다. 최소한 그의 아버지와 할아버지, 그리고 정계의 핵심인물들은 다 알고 있는 얘기이기 때문이다. 그러면서도 서로 속아 주는 척하고 살아가야 했던 이유는 앞의 태종편에서 이미 설명했다. 천인감응설에 대한 태종의 언행과 세조의 이 말을 비교해 보면 세조의 성격이 보다 분명해질 것이다.

그는 하나하나의 현상이 가지고 있는 가치를 분석하기보다는 몇 가지 중요한 가치를 설정해 놓고 현상들을 여기에 나누어 붙이는 스타일이었다. 그러다 보니 내용과 의미가 잘 맞지 않는 경우도 발생했다.

홍일동이 하루는 진관사에서 놀 때 떡 한 그릇, 국수 세 사발, 밥 세 그릇, 두부국 아홉 그릇을 먹고, 산 밑에 이르러 또 찐닭 두 마리, 생선국 세 주발, 생선회 한 쟁반, 술 사십 잔을 먹었다. 세조가 듣고 홍일동을 불러 "정말 그렇게 먹었느냐?"고 물었다. 홍일동이 그렇다고 사과하자 세조는 장사라고 칭찬하였다. 그러나 평상시에는 미숫가루와 독한 술을 먹을 뿐이요 밥을 먹지 않았다. (『필원잡기』)

임금이 한여름에 창문을 닫고 솜옷을 입은 채 화로를 방 가운데 벌려 놓았으며, 예문관의 문신들은 뜰 가운데 앉아 하루종일 뙤약볕을 쬐게 했다. 임금이 이르기를 "능히 춥고 더운 것을 견디어 본 후에야 가히 큰 일을 맡을 수 있으리라" 하였다. (『용재총화』)

홍일동은 폭식·폭음하는 나쁜 버릇이 있었을 뿐이다. 그것이 장사의 기준이 되지는 않는다. 두번째 예는 일종의 극기훈련인 셈인데, 요즘도 이런 것을 신봉하는 분들이 많아서 토를 달기가 거북스럽다. 이것이 뭐가 잘못되었느냐고 생각하는 분들은 이런 방식의 역사적 전통을 찾았다는 것으로 만족하시기 바란다.

3. 공신의 시대

대신의 머리채를 꺼두르고, 천자만 한다는 하늘제사를 거행하고, 위기에 몰린 왕권을 구하기 위해 정변을 일으키고, 세조는 대단한 왕권론자로 알려져 있다. 그러나 여기서 되짚어 보아야 할 물음이 있다. 그런 왕권의 실체와 기반이 무엇이었는가라는 질문이다. 국민 또는 전체 사대부층의 대표자로서 권세가를 억누르고 만인을 위한 제도와 공법을 시행하는 강력한 힘으로서의 왕권이었는가? 아니면 소수 권력집단의 수장으로서 제 마음대로 할 수 있는 특권이었는가? 국왕은 어느 정도씩 양쪽의 성격을 다 가지고 있으므로 이렇게 양자택일을 요구하는 것은 사실 억지이다. 그러나 세조가 보여준 강력한 왕권은 상당 부분 후자의 방식에 의존한 것이다.

그는 철저하게 자신을 옹립한 소수의 공신집단을 보호했고, 이들을 중심으로 정국을 운영했다. 물론 이들에겐 각종 특혜를 베풀고, 비리를 묵인하고 노비와 땅을 하사했다. 그는 비리에 소심하고 깐깐한 선비형 인물보다는 어느 정도 탐욕이 있는 인물들을 측근에 많이 두었는데, 이런 인물들일수록 이권과 특혜로 자기 심복을 만들기 좋다고 생각했던 것 같다. 그래서 한편으로 무자비할 정도로 법을 엄하게 하면서도 주변 인물들의 탐욕과 비리에는 대단히 관용스러웠다.

이들에게는 호탕하고 통크게 선심도 많이 베풀었다. 특별한 날이거나 기분 좋은 일이 있으면 관원들의 자급을 자주 올려주었다. 심지어는 대가제(代加制)라고 해서 본인이 받아 축적해 놓은 자급을 자식·손자·사위·조카 등에게 대신 줄 수도 있었다. 시골 선비가 과거에 급제해서 정상적으로 근무하자면 몇 년씩 걸려야 겨우 한 자급 올라가지만 집안 좋은 인간은 할아버지·아버지·삼촌·장인으로부터 몰아 받아 한 번에 몇 자급을 뛰어 올라갈 수도 있었다.

세조가 자기는 평생 충신으로 사람을 대했다고 한 말은 이들에 한해서는 틀린 말이 아니다. 원래 공신과 그 일가친척은 역모·살인 외에는 죄를 지어도 벌을 받지 않는 게 법이었지만, 세조는 그 특혜를 자식 있는 첩까지로 확대했다. 제 아무리 왕족·공신이라도 살인은 면죄대상이 아니지만 실제로는 사람을 죽여도 겨우 형식적인 처벌이나 받고, 신고한 피해자 가족을 무고죄로 옭아 넣기도 했다. 그러니 달마다 잔치를 벌이며 단합을 다지는 이들 그룹은 천하에 거리낄 것이 없었다.

공(홍윤성)은 성격이 매우 사나워서 공(功)을 믿고 멋대로 사람을 죽였다. 문 밖의 시내에서 어떤 사람이 말을 씻으매 사람과 말을 함께 죽였고, 자기 앞에서 말을 내리지 않고 타고 지나가는 자는 귀천을 묻지 않고 모두 죽였다. 일찍이 남의 논을 빼앗아 미나리를 심었더니, 늙은 할미가 울기를 "이 늙은 몸이 홀로 살면서 일생에 믿고 사는 것은 이 논뿐이니 그대로 순응하면 굶어 죽을 것이요, 반항하면 피살될 것이다. 이러나 저러나 죽기는 마찬가지니 가서 하소연이나 해보자" 하고는 땅문서를 가지고 갔다. 공이 할미를 보더니 한 마디 질문도 없이 할미를 돌 위에 거꾸로 매달고 돌 모서리에 찧어 죽였다. 시체를 길 곁에 두었으나 사람들이 감히 어떻게 할 수 없었다. 이런 사정이니 그의 노복이 사방에 다니면서 제 맘대로 행해도 누구 하나 말리지 못했다.

어느 날 전림이 그의 집에 가니 그가 마침 호상(중국식 침대)에 걸터앉아 여종을 뜰 아래 나무에 묶어 놓고 활을 메워 막 쏘려 하고 있었다. 전림이 꿇어앉아 까닭을 물으니 "한 번 불러서 대답을 하지 않기에 죽이려 한다" 하였다. 전림이 말하기를 "죽일 바에야 소인에게 주시는 것이 어떨까 하옵니다" 하였다. 공이 웃으면서 "그렇게 하려무나" 하고 풀어주어 전림이 종신토록 데리고 살았다. (『기재잡기(寄齋雜記)』)

재물 모으기를 힘써서 거만금의 돈을 간직했으며, 곡식은 그 배나 되었고, 물건을 실어서 집에 들이는 수레와 말이 길을 메우고……. 크게 저택을 일으켜 못가에 당(堂)을 세웠는데, 세조가 친히 경해(傾海)라는 두 글자를 써서 주었다. 선비들을 초청하여 잔치를 베풀지 않는 날이 없었다. ……손님들은 그의 위엄을 두려워하여 술을 가득히 마시고는 거꾸로 실려서 집으로 돌아갔으며, 광대와 기생의 화대로 주는 물건도 무수하였다. (『용재총화』)

봉석주는 탐욕스럽고, 포학하여 재물 불리는 것으로 일을 삼았다. 침공(바늘 만드는 장인)을 청하여 술을 먹이고 바늘 수십 매를 만들어서는 종들에게 주어 다른 지방으로 내려보낸다. 종들이 백성에게 바늘 한 개를 주고 각각 달걀 하나를 사서 다시 그 사람에게 돌려주고 가을이 되면 큰 닭으로 변상하게 하는데, 만약 말을 듣지 않으면 매질을 하고 독촉하는 등 못하는 짓이 없었다. 또 사람을 시켜 쇠못을 가지고 강의 상류에 보내어 사람들이 벌목해 논 나무가 있으면 몰래 못을 나무 머리에 박아 두었다가 벌목한 나무가 남강으로 흘러 내려오면 "이것들은 모두 내 나무다. 내 나무에는 모두 머리에 못이 박혀 있다" 하여 뺏은 것이 셀 수 없이 많았다. (『세조실록』·『용재총화』)

이건 당시에도 심한 예로 꼽히지만, 이런 포악한 행동이 아니라도 대신이 되면 권력과 부를 축재하는 길은 훤히 열려 있었다. 이젠 잘 알려졌지만 강남의 압구정동은 세조의 모사 한명회가 한강변에 지은 정자 압구정에서 유래한다. 압구정은 보통 생각하는 조그만 정자가 아니라 촉석루나 경회루 모양 기둥이 빙 둘러 서 있는 단층의 누각이었다. 그 아래는 그의 호화별장이 있었던 것으로 추정된다. 압구정은 중국에까지 알려져서 성종 때는 중국 사신이 꼭 보자고 요청하여 그 곳에서 연회를 열기까지 했다.

지금 여주의 금사면이 그 때는 천령현이었는데, 한명회는 이 현을 없애버리고 그 곳을 전부 자기 땅으로 삼았다. 물론 그의 농장은 이 곳 외에도 여러 곳에 있었다.

한명회뿐만 아니라 공신과 권문세가들은 다 전국 각지에 엄청난 땅과 노비를 가졌고, 이들 땅을 경작하는 농부들은 부역이나 조세도 잘 내지 않았다. 무역과 상업도 왕가와 대신가의 노비나 이들과 결탁한 상인이나 승려가 장악하여 시세의 몇 배나 되는 폭리를 취했다. 이 모양이니 전국에 산재한 이들의 노비들도 온갖 세도를 부렸다. 여기서도 홍윤성 집안이 압권이어서 그의 노비가 사족을 살해하기까지 했다. 조선시대에 가장 큰 사회범죄가 하극상이었다. 노비가 주인을 살해한다거나 자식이 부모를 살해한다거나 하는 일이 있으면 그런 사건이 발생한 군현을 아예 강등시켜 버릴 때도 있었다. 그런데 이 사건은 그 노비조차 처벌을 못하다가 세조가 온천에서 요양할 때 그 사족의 부인이 죽기를 각오하고 왕에게 상소하여 겨우 그 노비만 환열(수레에 매달아 사지를 찢어죽이는 형벌)에 처했다는 정도였다.

수령으로 나가는 자들도 대부분 권문세가의 자제거나 자제의 친구, 혹은 이런저런 줄이 닿은 인물들이었다. 이들은 현지에 부임하면 열심히 그 고을의 산물과 약재 등을 높은 양반의 집에 대주었다. 특별히 해산물이 풍부한 지역으로 가는 수령은 온갖 반찬거리를 쉴새없이 이들에게 보내야 했다.

추수 때 새경을 받기 위해서, 도망간 노비를 잡기 위해서 그 집안에서 보낸 사람들은 수령이 접대하고, 노자를 줘서 보내며, 혹 주인 없는 땅이 생기면 재빨리 서울로 연락해서 차지하게 하고 그러면서 공직생활을 했다. 한 대신이 매일 열 명 이상의 수령에게서 물품을 받고, 한 수령이 수십 명에게 주기적으로 상납을 했다. 그러니 매일 이런 것 마련하고 보내고 점검하는 일만으로도 벅찼을 것이다.

이런 관행이 이 때 생긴 것은 아니고 국초부터 시작해서 한말까지 지속되었지만 정계가 부패하니 수령으로 나가는 인물들도 더욱 저질이 되고, 이런 양상이 더 심해졌다.

중앙의 고급관리들도 다 명문가의 자제들이고 아버지, 아들, 백부, 숙부, 조카, 장인, 사위가 함께 벼슬을 하니 버릇없고, 무서움없고, 문제의식은 더더욱 없었다. 여기에 국왕의 총애와 비호가 유별나게 떨어지고, 공신 후손은 죄를 지어도 처벌이 가벼우니 기강 자체가 없어진다.『용재총화』에는 세조와 면담하러 온 신하들이 왕을 기다리는 동안 잡담을 하는 장면이 나온다. 여기서 오가는 얘기가 지방 출장명령만 받으면 신나게 놀고 기생을 건드릴 수 있다는 얘기, 관청 업무가 파하면 기생을 데리고 둘만의 장소로 간다는 얘기 이런 것뿐이다. 그 중 한 명이 자신은 자연과 벗삼으며 시간나면 독서를 하며 소일하는 게 낙이라고 선비다운 얘기를 하자, 다른 사람들이 이렇게 말한다. "옳긴 옳은 일이지만 남아가 세상에 나서 어찌 그같이 괴롭게 살아야 하겠느냐?" 이러니 잔치 석상에서 좀 얻어맞고, 가끔 욕을 먹고 희롱을 당해도 불만이 있을 리 없었다.

사회분위기도 홍청망청해졌다. 세조는 힘있고 돈있는 사람에게는 인생을 즐길 권리를 보장해 주는 정치를 폈기 때문에 서울 거리에서는 술판, 잔치판, 노래판이 홍청망청 벌어졌다.

> 금지령이 없어지니 도성의 남녀들이 떼지어 술을 마시는 것을 싫어하지 않았다. 매양 한 번 술자리를 베풀면 음악을 베풀게 되고 해가 저물어서야 헤어져 돌아갔다. 남녀가 노래를 부르고 춤을 추며 길거리에서 큰소리로 떠들면서 태평성대의 즐거운 일이라고 하였다. 귀한 가문의 부인들도 많이 본받아서 장막을 크게 설치하고 아들과 며느리를 다 모아서 호세와 사치를 준비하는 것이 매우 극진하였다. 두견화가 필 때 특히 많게 되니 이를 전화음(煎花飮)이라고 불렀다. (『세조실록』)

세조의 거리낄 것 없는 행동은 사실은 소수 권력집단의 거리낄 것 없는 국가운영 위에서 존재한 것이다. 그의 강력한 왕권은 권문세가를 제압하는 힘이 아니라 그들의 특혜를 용납하고 그 중 소수에 더 유별난 특권을 줌으로써 획득한 것이다.

그리하여 그의 체제는 세종이 생각했던 체제보다 더 협소해져서 중앙의 권문세족 중에서도 소수가 국왕과 결탁하여 국정의 핵심부분을 장기간 독점하는 과두체제에 가까운 것이 되었다. 혼인도 이들끼리 맺어 이중삼중으로 결합하여 명문에 명문가를 만들어갔다.

세조는 외척을 선정하는 데도 아주 특별한 방법을 썼다. 이전까지 국왕들은 가능하면 이집 저집과 혼인을 맺어 정가의 균형을 맞추기 위해 노력하고, 사돈가 중에서도 왕비의 집안은 주기적으로 숙청을 했었다. 그러나 세조는 정반대이다. 몰아줄 때는 화끈하게 몰아주는 그의 성격대로 대군들은 모조리 청주 한씨가와만 결혼시켰다. 큰 아들은 한확의 딸과 결혼했고, 둘째(예종)는 한명회의 딸과 결혼했다. 그녀가 일찍 사망하자 또 한백륜의 딸을 며느리로 맞았다. 우리 나라 정치의 큰 폐단인 외척의 득세가 바로 세조로부터 시작되었다. 그 이유는 간단하다. 정부 안의 정부인 소수집단을 강화해야 했기 때문에 외척가를 줄이는 대신 이들을 혈맹의 동지로 삼았던 것이다.

세조는 이들을 평생동지로 밀어주면서 이들 위에서 권력을 마음껏 행사했다. 그러나 이들의 권력이 지나치게 커진 만큼 혹 엉뚱한 마음을 먹으면 그만큼 쉽게 일을 벌일 수가 있다. 그렇기 때문에 한편으로는 한명회나 신숙주같이 군신이 아니라 친구처럼 지내던 인물에 대해서도 경계의 눈초리를 늦추지 않았다. 다음 일화는 실화라고 확신할 수는 없는 얘기지만 세조 치세의 이런 분위기를 잘 전해주는 이야기이다.

하루는 한명회와 신숙주가 함께 세조를 모시고 술자리를 벌였다. 술이 취하자 왕이 신숙주의 팔을 꺾으며 말하기를 "그대도 내 팔을 비틀라" 하였다. 신숙주가 몹시 취하여 소매를 걷으며 왕의 팔을 잡으니, 세조가 "아프다"라고 하였다. 마침 예종이 옆에 있다가 낯빛이 변하므로 왕이 예종에게 말하기를 "나는 해도 되지만 너는 안 된다" 하였다. 술자리는 매우 즐겁게 끝났는데, 한명회가 문지기에게 이르기를 "범옹(신숙주의 자)은 평소에 아무리 취해도 조금 깨면 반드시 일어나서 등불을 켜고 글을 본 뒤에야 자는데, 오늘은 그렇게 하면 안 될 것이다. 네가 가서 내 말이라고 하고 반드시 그만두게 하라"고 하였다. 문지기가 가서 보니 과연 신숙주가 글을 읽고 있었다. 밤에 세조가 깨어 내관을 시켜 가보게 했는데, 신숙주는 한명회의 말을 듣고 잠자고 있었다고 한다. (『소문쇄록』)

한명회가 신숙주와 사돈을 맺었다. 또 권람이 한명회에게 혼인을 청하니 거절하기가 어려워 신숙주에게 방안을 의논하였다. 신숙주가 말하기를 "그건 쉬운 일이다. 우리 3명은 서로 하나가 되어 모두 공신이 된 사람들이다. 이미 우리끼리 사돈을 맺었는데, 또 권씨가와 혼인을 하게 되면 왕이 우리 3명이 너무 친밀한 것을 의심할 것이다"라고 말하라고 하였다. 한명회가 이렇게 말했더니 권람이 놀라며 "나는 미처 그런 생각까지는 하지 못했노라"고 하였다. (상동)

세조를 강력한 군주로 보이게 하는 또 하나의 사실이 그의 강력한 법 집행이다. 그의 치세에 법은 점점 세어졌다. 심지어 강도나 소·말 도둑은 초범도 무조건 사형이라는 법도 시행했다. 어떤 분은 세종은 너무 자애로워서 차마 이런 법을 시행하지는 못했고, 그 때문에 도둑이 자꾸 늘어나는 폐단이 생겼다고 한다. 그러나 세조는 과단성있는 인물이었기 때문에 대를 위해 소를 희생할 줄 알았고, 이로 인해 도둑이 크게 줄었다고도 한다.

법이란 아무리 목적이 좋아도 보편타당성과 상식에서 벗어나서는 안 된다고 생각한다. 강한 법이 무조건 좋은 것이 아니며 효과가 더 큰 것도 아니다. 역사적으로 보아도 법이 상식선을 벗어나면 준법정신도 없어지고 실행력도 오히려 약해진다. 세조 때에 이런 법으로 강도와 소도둑이 줄었다는 이야기는 어디에도 없다.

세조 때에 소도둑이 극성한 것은 힘있는 가문의 부와 권력이 증가했기 때문이다. 조선에서 소는 농사에 긴요한 동물이라 하여 고기를 얻기 위한 도살을 금지했다. 굳이 금지하지 않아도 일반 농민은 소를 잡아먹을 생각을 못했다. 당시에는 소를 보유한 농가보다 소를 보유하지 못한 농가가 더 많았다.

그러나 돈있고 힘있는 사람들이 어떻게 풀뿌리만 먹으며 살 수 있는가. 고기는 먹어야 하고 합법적인 도살은 금지되어 있다. 그러다 보니 밀도살과 소도둑이 성행하게 된 것이다. 이렇게 훔친 소의 최대 소비처는 다름 아닌 서울이었다.

이 사실은 집권층이 누구보다도 더 잘 알았다. 양성지의 상소에 의하면 서울의 명문대가에서 소를 너무 잡아먹어서 서울에 소뼈로 만든 다리까지 생겼다고 한다. 자기들은 매일 상에 고기를 올리면서 소비층은 전혀 처벌하지 않고, 농업을 장려하고 상업을 억제한다는 이유로 정식 유통망도 만들지 않고, 다만 소도둑은 무조건 사형이라는 법을 시행하는 것은 아무리 신분적인 차별을 용인한 사회라고 해도 지나친 것이다. 세조의 강력한 법집행은 사실은 이런 모순적인 강력함이었다.

이야기를 정리하면 세조의 엄청난, 전제군주적인 왕권은 사실은 공신과 대신, 세조의 평생동지와 그들의 일족이 국가기구를 장악하고 있던 사정을 감안해서 이해해야 한다. 오히려 이런 상황이었기 때문에 그가 절대로 할 수 없는 일도 있었다. 이들 공신집단의 전횡을 억제할 수 없었고, 소고기 소비를 억제할 수도 없었다. 보다 거창한 표현을 쓰면 중앙의 권문세가들의 사회적 기반과 이들의 이해에 맞추어 돌아가는 국가기구의 운영을 보다 많은 사람들을 위한 국가로 바꾸는 개혁이 불가능했다. 그러므로 오늘날 부정부패를 억누르기 위해 독재가 필요하다는 말과 똑같이 신권을 억제하기 위한 세조의 전제왕권이란 도식은 전혀 맞지 않는 이야기이다.

그런데 세조의 정책 중에는 이와는 정반대되는 정책들이 있어 우리를 헷갈리게 한다. 서자 출신인 유자광, 서자이며 신 만드는 장인이었던 이양생을 중용하여 군(君)으로까지 책봉했다. 문과·무과를 직접 주관하여 친위세력을 만들고, 호패법과 보법을 시행하여 양반가가 숨겨둔 호구를 색출해내고, 노비들도 군역을 지게 하였다. 관료에게 땅을 주고 세습도 가능하게 했던 과전법을 혁파하여 재임중에만 토지를 관리하는 직전법을 시행했고, 1년 소용을 먼저 계산한 후 예산을 책정하는 합리적인 재정운용책을 만들었다. 어사를 파견하여 백성들로부터 직접 수령의 잘못을 청취하고 암행감찰도 내보냈다.

왕가의 세력도 파격적으로 증가시켰다. 조선에서는 종친의 정치참여는 엄격하게 규제했다. 종친은 명예는 높이고 실권은 주지 않는다는 내용이 법전에까지 규정되어 있을 정도이다. 특히 정승직, 인사권이나 병권을 담당하는 관직을 종친에게 맡기는 것은 극도로 경계했다. 그러나 세조는 이 관례를 깼다. 종친을 중용하여 구성군 준 같은 경우는 모든 금기를 무시하고, 27세에 병조판서 및 도총수가 되어 대군을 통솔했고, 37세에 영의정까지 되었다.

이런 정책들은 다 권문세가의 생각과 상반되고 이들의 특권을 제한하는 정책으로 이해되고 있어 지금까지 한 설명과 맞지 않는다. 세조는 신분제적인 특권을 축소시키고 모든 국민에게 부담을 고르게 지움으로써, 강력한 국가, 만민의 군왕으로서 강력한 절대군주를 지향했던 것이 아닌가라고 말이다.

이는 복잡하고 미묘한 내용이라 간단하게 설명하기가 어렵다. 하지만 서자나 천인 등용 같은 약간의 파격이 있다고 그것이 전체를 부정하는 것은 아니다. 종친의 중용도 실상은 세종의 구상과는 다르다. 세종의 구상은 대가문에 비견되는 하나의 세력으로서 왕가·종친집단이었으나, 세조는 쿠데타 과정에서 자신의 일가를 숙청했으므로 세종이 구상하던 왕가의 뿌리를 스스로 흔들었다. 결국 종친의 등용도 공신집단에게 한 것과 마찬가지로 왕실 중에서 일부를 편애하여 자신의 과두체제 안에 포섭하는 방법을 사용했다.

그리하여 그의 치세에 권력 핵심은 왕가와 권문 중의 소수, 신분을 뛰어넘은 무사집단으로 형성되었다. 이것은 정부 안의 소정부를 만든 것이지 체제개혁은 아니었다. 이 소정부도 처음에는 왕가·종친·무사와 같이 이질적인 몇 개의 집단으로 분할되었지만 얼마 지나지 않아 이들은 혼인·학연으로 얽혀가며 로열 패밀리를 형성했고, 그 외곽 역시 같은 방식으로 대를 이어가며 더욱 탄탄해지고 특혜를 키워가고 있는 권문세가로 채워지고 있었다.

그는 이 소정부를 이용해서 군주의 권한을 강화하고 권문세가와 양반의 특권을 제한하는 정책을 시도했다. 이것이 큰 착오였다. 제도가 지향하는 세계와 국정운영 방식 및 관료제의 구조가 보여주는 세계가 완전히 상반된다. 국가의 정책이란 크고 장기적인 법제일수록 수단 방법을 가리지 않고 목적만 달성하면 된다는 방식이 통하지 않는다. 시간이 갈수록 방법 자체가 결과를 규정하기 때문이다. 이 점이 세조의 체제가 지닌 해결할 수 없는 모순이었다.

세조가 바람직한 형태로 군주권을 강화하기 위해서는 사회의 신분, 계급구조를 바꾸어야 했다. 소수의 특권층 위에 군림하는 국왕이 아니라 전체 양반층 혹은 양반 상민의 구분을 없애고 이들을 양인층으로 통일하여 이들의 의무와 권한을 균일화하는 작업이 필요했던 것이다. 그러나 그것은 지난한 작업이었고, 건국 초에 혁신적인 인사들에 의해 제기되기도 했지만 보기좋게 실패하였다. 대신 세조는 자기의 독재적인 방식으로 이들의 특권을 제한하고 국왕의 권력을 높이려고 했던 것이다. 얼핏 이 방식은 대단히 효율적이고 효과가 있어 보였지만, 독재를 통해 민주사회를 이루겠다는 것과 마찬가지로 자가당착적인 한계에 부딪혔다.

법과 제도를 엄격하게 해도 상대적으로 특혜와 치외법권의 영역도 커졌다. 소·말 도적의 처벌을 강화했다고 하지만 밀도살이 늘어나는 근본적인 이유는 소비가 증가했기 때문이다. 소의 도살은 무조건 금지되어 있었지만 서울의 명문대가들이 매일 소를 잡아 잔치를 벌이는 실정이었다. 이들은 처벌하지 않으면서 백성에게만 초강경한 형벌을 적용한다는 자체가 불합리한 것이었다.

그러니 법제개혁의 효과도 일시적이고, 실상은 그렇게 크지 않았다. 예를 들면 재정문제는 세조가 군제와 함께 가장 심혈을 기울인 법제였다. 그는 모든 관사의 문서를 기습적으로 압수하여 일년 소요를 조사하고, 관사별로 지출과 수입을 세밀하게 책정한 후, 호조에서 이를 통제하고 관리하게 하고 횡간과 공안이라 하여 이를 위한 서식·문서를 만들었다. 이는 대단히 발전된 제도라는 평을 받고 있으며 조선의 기본법제가 되었다. 효과도 커서 조세부담이 1/3이나 줄었다는 평판을 얻었다. 세조 자신도 무척 검약해서 대궐에서 무명옷에 짚신을 신고 있었다는 일화도 있다. 사망할 때도 무덤에 석실과 사대석을 쓰지 말라는 유언을 했다.

그런데 문제는 이렇게 검약하고 줄여놓은 재정이 민생과 국고를 풍족하게 했느냐는 것이다.

세종 때에는 여러 창고의 공물을 단속할 줄 몰랐다. 궁궐 안의 음식물은 승정원이 오로지 관장하니 왕에게 올리고 남은 반찬은 다 먹을 수가 없어서 나누어 자기 집까지 보내었다. 연회가 있을 때면 예빈시에서 잔칫상을 베풀고 술을 담당한 관원이 술을 올리며, 창고의 아전이 기생에게 주는 화대를 주되, 쌀 열 섬 이하 정도는 마음대로 사람들에게 나누어 주었다. 하루에 쓰는 종이가 수백 권이요, 술은 수백 병이며, 다른 물건도 또한 이와 같았다. 관리로서 객지에 있는 사람이 낙정미(되질하다가 땅에 떨어진 곡식을 모은 것)를 창고관리에게 빌어 썼는데, 그 수가 적어도 몇 섬은 넘었다. 비록 낙정미라고 하지만 사실은 정곡이었다. 그릇을 관에서 빌어 쓰고 돌려보내지 않아도 관에서는 이를 묻지 않았다. 허비가 이렇게 많았는데도 공용이 군색하지 않았으니 어째서 이렇게 되었는지 알 수 없다. 세조 때부터 육전을 고쳐 횡간을 만들어 비록 적은 물건이라도 모두 보고한 후에 허락을 받아 쓰게 하니 이로부터는 사람들이 남용하는 일이 없었으나, 저축해 둔 것이 또한 없어서 국가가 항상 그 부족함을 근심하니, 어째서 이렇게 되었는지 알 수 없다. (『용재총화』)

이유는 간단하다. 원천적으로 새나간 것이 많았기 때문이다. 호패법을 시행해서 숨겨둔 호구를 적발해도 권세가의 농장과 노비로 들어가는 수가 더 많았다. 법으로 관사의 공물 징수액을 줄여도, 공물을 수납하는 과정에서 온갖 비리가 발달하여 몇 배를 수취해 갔다. 그 일을 하는 사람이 다 왕가와 권문의 사람들이고, 이들을 감독할 수령도 그들의 사람이고, 혹 고발하고 적발한들 대세를 바꿀 수 없었다. 따지고 보면 세조가 몸소 절약 캠페인까지 실천해야 했던 것도 당시 세상이 너무 사치스럽고 부가 편중되어 돌아가고 있었기 때문이라고 말할 수 있다.

그래도 세조가 살아 있을 때는 그와 공신들과의 관계, 세조의 개인적인 능력과 열정 때문에 이 이상한 조합이 유지되었고, 국왕의 권력은 한없이 강화되는 것처럼 보일 수 있었다. 하지만 그 소정부 안의 구성에서 종친만 제거하면 그리고 남은 이들이 전체 권문세가와 연합한다면, 국정은 쉽게 강력하고 거대한 공신집단에게 장악되는 것이었다. 그는 이렇게 훈구파라는 집단이 사상에 등장하는 토대를 만들어 주었다.

그렇게 되면 국왕은 전체 양반층의 수장도 아닌 중앙 권문세가의 수장이란 성격이 더 강해지고 왕권의 한계도 더욱 분명하게 될 것이었다. 본인도 이를 알았을까? 아니면 "권문세가는 나처럼만 다루면 되는 것이다"라고 뿌듯하게 생각했을까? 답은 없지만 그는 자신이 군주의 모범을 보였다고 생각하면서 살았던 듯하다.

하지만 세조를 너무 무시하지는 말자. 후대의 눈으로 비판하면 문제가 많지만 그럼에도 불구하고 그가 조선역사에 쌓아 놓은 업적은 작은 것이 아니다. 비록 국왕의 전제권 확보라는 부분은 자신의 기대와는 다르게 전개된 면도 있지만, 이후 400년이란 긴 세월을 이어가는 체제의 골격이 그의 치세에 정비되었다. 우리가 볼 때는 모순이 많고 소수의 이익에 편중된 체제지만, 문제는 그렇다고 이것이 허점이 많거나, 자기모순에 쉽게 붕괴하는 그런 체제는 아니었다. 반대로 지배층의 입장에서 보면 대단히 교묘하고, 정밀하고, 국가운영과 권력배분을 잘 이룬 체제였으며, 원칙과 운영방안이 극도로 교묘하게 배합된 체제였다. 그래서 그렇게 빠져나가는 구멍이 많고 갖은 부패를 용납하면서도 수백 년 간 민중의 저항을 방지하고, 허물어지지 않도록 운영할 수 있었던 신기한 체제였다.

4. 만령(蔓嶺)의 검은 달

태조의 후예들

이성계를 즉위시킨 무적군대의 기초는 함경도의 토호세력이었다. 조선이 건국하자 그들 상당수는 원종공신에 책봉되고, 일부는 자기 지역의 지방관이 되기도 했다. 이제 그들이 천하를 지배할 것만 같았다. 그러나 기쁨은 잠깐이었다. 역대의 국왕들은 이 땅을 다스리기 위해서는 잘하는 것은 싸움뿐인 이들이 아니라 세련되고 유식한 중앙귀족과 중·남부의 양반지배층들과 결탁해야 한다는 사실을 잘 알고 있었다. 그리하여 혁명 당일날 이 동북면의 군인들에게 쫓기고, 얻어맞고, 심한 경우는 일가의 여인이 겁탈당하는 모습까지 지켜보아야 했던 이들은 얼마 후 다시 고관이 되고 공신이 되어 천하를 주무르게 되었다.

반면에 정작 피흘려 싸워 온 동북면의 용사들은 소외되기 시작했다. 공신책봉을 받은 자들도 대부분 원종공신으로 이름만 공신이지 금새 많은 특혜에서 소외되었다. 지방사회에서는 큰 소리를 칠 수 있었지만 중앙정계에서는 천덕꾸러기가 되었다. 공신에게 주는 특별한 혜택들이 많았지만 여기에는 어김없이 "단 원종공신은 해당하지 않는다"는 꼬리표가 붙었다.

또한 지배조직과 사회체제라는 면에서 볼 때도 함경도는 후진지역이었고, 무력이 넘치는 위험지역이었다. 그러므로 조선의 정책은 이 곳의 전통과 기존질서를 우대하고 보호하는 것이 아니라 좋게 말해서 선진적인 타지역의 체제를 이식하여, 동북면 토호의 지배력과 군사력을 약화시키는 정책으로 나타났다. 조선이 건국한 후로 중앙에서 파견한 양반관료들이 이 땅으로 찾아오고, 토호들이 거느리던 사병과 백성들은 국가가 빼앗아갔다.

토호들은 그렇다 치고 이런 정책으로 거칠고 무식한 토호들의 사적지배에서 해방된 백성들은 행복했을까? 전혀 그렇지 않았다. 법제상으로 이들은 이제 성군이 다스리는 국가의 법치체제 안으로 들어왔지만 그러나 그것은 외피가 그렇다는 것이다. 동북면의 백성들은 국가에 세금을 내고 국가가 부과하는 군역과 각종 노력동원 때문에 이제는 서울이나 그 외의 먼 지역에까지 동원되어야 했다.

어차피 누구에겐가는 내어야 하는 세금이었던 만큼 그것만이었다면 그래도 괜찮았을 것이다. 국가의 지배에 편승하여 왕가나 중앙의 권문세가들이 땅과 노비를 먹어들어갔고, 몰락한 농민은 이들의 소작인이나 노비가 되었다. 결국 국가가 토호가 지배하던 땅과 농민을 색출하여 권세가에게 넘긴 꼴이 되었다. 그럴수록 세금을 내는 백성은 줄어들어가므로 남아 있는 백성들에게 더 많은 세금과 부역이 부과되었다.

이성계의 선조도 그렇지만 동북면의 토호와 백성의 상당수가 고려 말에 전란이나 가혹한 세금과 권문세가의 지배에서 탈출하여 이 곳으로 이주한 사람들이었음을 감안한다면, 이런 현상은 한 마디로 악몽의 재현이었다. 그뿐 아니었다. 세종과 세조 때에는 대대적인 사민정책을 펴서 남부지방의 향리와 주민을 강제로 이 지역으로 이주시켰다. 사민정책은 이 지역의 주민구성과 세력판도에도 큰 영향을 미쳤다. 게다가 남쪽에서 사민된 사람 중 일부는 흉악범들이었다.

토착민들의 불만도 대단했겠지만 사민당한 사람들의 처지도 끔찍했다. 남도 해안지역은 지금도 겨울에 겨우 영하나 되면 다행이고 평생 뽀드득 소리를 들으며 땅에 쌓인 눈을 밟아 보기가 힘들다. 그러나 함경도 지역은 영하 20~30도 이하로 내려가는 곳도 적지 않다. 의식주와 생활방식이 전혀 다른 이 곳에서 이들은 말 그대로 죽음의 신고식을 했다. 한대지역의 생활습관을 전혀 몰랐던 대부분의 사민자들은 첫번 겨울에 반 이상이 넘게 죽어갔다. 살아 남았어도 동상으로 불구가 되거나 팔다리를 절단한 사람에 대해서는 아예 언급도 없다. 이 시련을 한 번 넘겨야 비로소 함경도 주민이 되는 셈이었다.

이것이 건국 이후 1467년까지의 상황이었다. 이런 상황에서 세조는 호패법과 군액확장 정책을 강행했다. 이미 토지와 인민을 많이 상실했던 토호들은 이 법으로 또 손해를 보았다. 그나마 공정하게 시행되지 않아 권문세가의 땅과 노비·소작인은 무사하였으므로 백성들은 다투어 토호들의 지배에서 탈출하여 권문세가의 노비가 되거나 또는 이들의 농장으로 도주하였다. 토호들은 이삼중의 피해를 입었고, 남은 백성들에게 이 모든 상황은 앞으로 세금과 노동력 징발이 더 가혹해진다는 것을 의미하였다.

길주의 대토호이던 이시애는 사방에서 넘쳐나는 불만을 보면서 때가 무르익었다고 판단하였다. 이시애가 언제부터 반란을 구상하였는지는 알 수 없다. 그러나 봉기 이전에 이미 그의 조직은 두만강 유역의 6진을 위시해서 북청, 함흥, 홍원 등 함경도 주요 고을의 토호와 아전, 노비를 포섭하고 있었다. 그만큼 이 지역의 정부에 대한 반감이 깊고 폭넓었다는 의미이다. 사실 조직과 호응지역의 규모, 군사력의 강도로 본다면 이 반란은 1811년에 봉기한 홍경래의 반란보다도 더 크고 위협적인 것이었다.

이시애는 정통 개국공신 집안 출신이었다. 일찍이 이성계가 가장 신임했고 동료처럼 지내던 부하가 셋 있었다. 여진족 출신인 퉁두란(후에 이두란으로 바꿈)과 이원경, 중국인 장군 처명이다. 세 사람 중 여진족이었던 이두란 일가는 조선이 건국하자 일찌감치 낌새를 채고 자진해서 자신의 가별치를 국가에 반납하고, 조용히 살았다. 처명은 중국인 장수였으므로 더 이상 행적이 없다. 이원경은 이성계의 동녕부 정벌 때 휘하 수백 호를 거느리고 함께 귀부한 인물로 조선 건국 후 재상인 검교문하부사까지 되었다. 그는 이후 길주의 대토호로 대대로 거주하였는데, 이시애는 바로 이원경의 손자였다.

그러나 조선의 통치조직도 만만치 않았다. 불만도 많이 샀지만 조선왕조에 충성하는 인물들을 각계 각층에서 양생하고 있었다. 방법은 간단하다. 소위 말하는 제도권 인사를 만들어내는 것이었다. 중앙의 벼슬을 받거나, 이런저런 연고로 왕가나 권문과 연계된 인물에게는 각별한 특혜를 베풀었다. 어차피 조선에서 관료나 군인으로 작은 벼슬이라도 얻고 지방사회에서 행세하려면 실력만으로는 어렵고 가문이란 배경과 중앙의 줄이 절실했으므로 이들은 한 번 중앙정부와 맺은 관계를 소중히 하였다.

이들의 세력도 제법 되었다. 반란 중에 홍원의 이시합(이시애의 동생) 부대에 있던 차운혁·정휴명·조규 등은 수하와 함께 반란을 일으켜 이시합을 사로잡기까지 했다. 이들은 주로 종성, 회령 지역의 인물들이었다. 그러나 이들은 이시합을 묶어서 관군쪽으로 빠져나오다 이시애군에게 체포되었다. 이시합은 위기를 모면했지만 이 사건으로 홍원까지 진출했던 2천의 선발대는 해산되고 이시애군은 아직 관군이 미약하던 개전 초의 긴요한 시기에 큰 손실을 입었던 것이다.

정부편에 붙은 토호뿐만 아니라 이 지역에 정착한 중앙세가의 노비들도 상당수가 있었다. 이 중에는 반기를 든 사람도 있겠지만, 정부측의 눈과 귀가 되는 인물도 있었다. 왜냐하면 이들은 비록 노비라 하여도 주인의 권력에 의지하여 동네에서 일정한 힘을 행사할 수 있었기 때문이다. 심지어 왕가와 권문세가의 노비 중에는 한 지역의 토지와 노비를 관리하는 특별한 임무를 맡은 사람도 있었는데, 이들은 수령도 함부로 다루지 못했다. 국왕과 대신들은 이들을 통해 지방의 사정을 구석구석 파악하였다. 실록에는 이런 얘기는 잘 기록하지 않지만, 실제로는 아주 강력한 정보망이었다.

이제 본론으로 들어가 봉기 초기의 상황부터 살펴보자.

동양과 서양을 막론하고 중세의 반란에는 하나의 딜레마가 있다. 준비가 부족하여 초기 봉기가 미약하면 다음 단계로 발전할 세를 모을 수가 없다. 그러나 준비를 철저히 하다 보면 그만큼 새어나갈 위험도 커진다. 이시애의 반란도 봉기 직전의 사정은 좀 복잡하고 모호하다. 양쪽 다 무언가 잘못되고 있다는 낌새를 챈 모양이었다.

그러자 이시애는 대단히 교묘한 작전을 써서 몇 가지 소요사건을 일으킨 후 함경도 절도사 강효문이 반란을 모의하며, 중앙의 어떤 대신과도 연계되어 있다는 정보를 흘렸다. 조선은 군지휘관의 반란을 경계하여 중앙의 명령이 없이는 또, 관찰사와 절도사 양자에게 모두 명령이 오기 전에는 그 지역에 비상사태 선포나 병력동원령을 내릴 수 없게 만들어

놓았다. 그러므로 중앙정부가 강효문을 의심하게 만들어 미리 함경도 내의 관군이 집결하는 것을 방지하고, 정부에서도 내부의 적을 의심하게 하여 중앙정부의 대응을 늦추려는 작전이었다. 혹 강효문을 의심하여 교체한다면 군사령관에 공백이 생기게 된다.

이 계략은 제법 효과를 거두었다. 세조는 이 보고를 신뢰하지는 않았고 반란의 낌새도 눈치챈 것 같다. 그러나 이 의심많은 절대자는 만약을 염려하여 강효문에게 군사동원령 대신 직접 고을을 순회하며 군사시위를 하고 상황을 점검하라는 명령을 내렸다. 그리고는 관찰사를 교체하여 신숙주의 아들 신면을 새로 부임시켰다. 강효문의 배신과 반란 두 가지를 다 상정한 조치였다. 그래도 이시애는 적지 않은 소득을 얻었다. 이로써 그는 함경도 관군의 사전집결을 방지할 수 있었다.

5월 10일 강효문이 순찰차 길주에 들렀다. 이시애는 이시합의 첩의 딸인 관기 산비를 강효문의 침실에 들여보내 수청들게 했다.

강효문이 잠이 깊이 들자 산비가 몰래 문을 열었다. 정병(정규군 병사) 최자지가 들어가 강효문을 찔렀다. 강효문은 순간적으로 기척을 느끼고 최자지의 공격을 피하여 밖으로 빠져나와 달아났다. 그러나 자객은 재빨리 뒤쫓아가 강효문을 때려죽였다. 이시애는 강효문의 목을 베어 뜰의 나무에 매달고 강효문의 일행들을 모두 죽였다.

이어 이시애는 각 고을의 유향소에 격문을 보내 고을의 관리를 살해하자고 선동했다. 그 반응은 엄청났다. 10여 일 만에 함경도 21개 군현과 수많은 군사기지 중 남부의 7개 군현을 제외한 모든 지역에서 봉기가 발생하여 고을의 관헌을 처단하였다. 이시애가 강효문이 가지고 있던 발병부(군대를 동원할 수 있는 증명서)를 빼앗았으므로 신임 관찰사 신면은 이시애의 음모를 알면서도 병사를 동원할 수 없었다. 이시애는 이성계의 고향인 함흥에서도 동조자를 만드는 데 성공하여 마침내 토관과 품관들이 관찰사 신면까지 살해해 버리고 체찰사 윤자운을 감금하였다. 그리고 강효문이 반란하려 하여 자신들이 그를 죽였으며 한명회와 신숙주도 강효문과 내통했다는 보고를 올렸다.

이시애는 세조의 자기중심적이고 제멋대로인 성격을 잘 알았던 것 같다. 다른 사람이라면 몰라도 한명회와 신숙주까지 의심하리라고야 누가 생각했겠는가? 게다가 신숙주의 아들, 신면이 살해당한 상황이었다. 그럼에도 이 계략이 보기좋게 성공했다. 자기 일기장에 평생 신의로 사람을 대하고, 믿어 의심치 않았다고 써놓은 세조는 자기의 수족과도 같은 두 사람과 아들들을 감금했다. 그는 얼마나 철저했던지 내시를 몰래 보내 이들의 감금 상황을 염탐하게 하고는 칼을 느슨하게 씌웠다고 의금부 낭관 남용신을 저잣거리에서 환열에 처하였다. 만에 하나의 가능성이라도 신의 따위를 위하여 자신의 목숨을 걸지는 않겠다는 태도였다. 괜히 거칠고, 호방한 행동을 좋아하면서 자신이 문무를 겸비한 영웅인 척했지만, 이런 태도를 보더라도 그는 확실히 대국적이고 장기적인 안목이 부족하였다고 할 수밖에 없다. 진짜 군인이었던 태조는 이러지 않았다. 세종이었다면 토벌군의 지휘관으로 삼지는 않았겠지만, 구금하자는 신하가 있으면 그래서는 안 되는 이유를 조목조목 나열하며 상소자를 꾸짖었을 것이다.

이시애가 두 사람을 모함한 이유는 이 둘이 최고의 모사였고, 무엇보다도 대규모 군 지휘에 경험이 있었기 때문이다. 신숙주와 한명회는 각기 평안·함길도 지역을 다스리며 여진지역을 진압한 경력이 있다. 이런 인물들을 세조는 소문 수준도 안 되는 낭설에 말려들어 구금해 버렸다. 능력은 나중이고 이 두 사람까지 의심한다면 신하 중에는 지휘를 맡길 사람이 없다. 세조는 자신이 친히 나서겠다고까지 하였으나 수도를 비우는 것은 더 큰 모험이었다. 결국 세조는 절대로 믿을 수 있는 한 사람을 찾아내는데, 바로 임영대군의 아들인 구성군 준이었다. 준은 관리로서의 경험도 전혀 없었으며, 나이는 겨우 스물일곱이었다. 야사에서는 열여덟 소년이었다고도 하는데, 이는 과장이다.

　5월 18일 준의 지휘 아래 토벌군이 출발했으나 이 부대는 철령까지 진군하더니 꼼짝하지 않았다. 이성계가 맹활약한 고려 말은 물론이고 임진왜란 때까지도 함경도의 토병(土兵)은 조선 최강의 군대였다. 이성계에게 승리를 안겨다 준 전통적인 토호의 사병조직은 아직도 상당한 힘을 가지고 있었고, 일반 병사들도 반농반군으로서 조선 건국 이래 여진족과 일진일퇴의 공방을 거듭하며 이 지역을 사수해 온 억센 사람들이었다.

　임진왜란 초기 정규군이 일본군에 형편없이 패할 때도 함경도군은 일본군과 백병전을 벌여 대등한 전투를 벌였고, 때로는 일본군을 몰아세우기도 하였다. 그러니 군대에 가도 사역이나 하는 농사꾼에 약간의 전문 군관으로 구성된 중·남부의 군대로는 이들을 당할 수가 없었다. 군관들도 대개는 활이 장기여서 기마술과 칼·창으로 직접 부딪히는 단병접전에는 매우 약했다. 게다가 함경도 군대는 오랫동안 계속된 여진족과의 충돌로 실전경험이 풍부했으며, 국경지대라 총통, 화포와 같은 화약병기를 비롯하여 말과 병장기도 풍부하게 비축되어 있었다.

　이러니 준의 군대가 함경도 어귀에서 더 이상 진군하지 못하는 것은 당연한 일이었다. 일설에는 세조가 처음부터 이런 명령을 내렸다고 하는데, 타당성 있는 이야기다. 세조는 일단 신속한 대응을 보여 무력시위를 함으로써 함경도민의 동요와 결집을 막자는 것이었다고 생각된다. 그리고는 전국에서 군관과 병사를 모집하였다. 특히 포상과 신분해방을 반대급부로 던져 향리와 노비들의 참전을 유도하였다. 이 정책은 효과가 있었다. 정확한 수는 알 수 없으나 많은 향리와 노비들이 고된 운명에서의 탈출을 꿈꾸며 관군의 대열에 합류하였다.

　한편 평안도를 수비하던 강순을 비롯하여 어유소·허종 등 당대 최고의 명장들을 차례로 보내 병력과 무기를 계속 보강하였다. 함경도군과 함께 조선의 최강군을 형성하는 평안도 군사도 6천 명이란 대병력을 빼냈고 나중에 천 명을 더 징발했다.

이 작전은 확실히 성공했다. 커다란 결점이 있고 초반에 좀 당했다고 해도 세조는 호락호락한 인물이 아니었다. 관군의 신속한 출병 덕분에 전국 최강의 토호와 향토병이 살고 있던 이 지역의 주민과 여진족들이 이시애 휘하에서 일치단결하는 것을 방지할 수 있었다. 세조가 이시애의 계략에 완전히 넘어갔다거나 충분한 병력을 준비한다고 관군 출동이 지연되었다면 이시애는 함경도 전역을 차지할 수도 있었을 것이다.

그럼에도 불구하고 관군은 상당히 주저했다. 주력군이 합류하여 2~3만의 병력을 확보한 후에도 관군은 겨우 안변·함흥까지 진격했을 뿐 이시애의 주력이 있는 북청, 길주 쪽으로는 나갈 엄두를 내지 못했다. 준으로부터는 병력과 총포가 부족하다는 무전만(?) 계속 들어왔다. 세조는 유자광 등 뛰어난 무장을 선발하고, 지원병력과 물자를 계속 함경도로 수송했으나 관군은 여전히 움직이지 않았다.

현지 사령부가 군사작전을 주저한 데는 이 지역 주민의 반감이 예상 외로 강했던 것도 중요한 이유였다. 함경민의 적개심은 대단하여 곳곳에서 관군의 소부대와 호송대가 기습을 당했다. 이런 상태에서 함부로 진압작전을 펴다가는 역으로 토호와 주민들의 단결을 야기하고, 그 원한은 대를 이어 지속될 것이었다. 이시애도 이를 바라고 "남도군이 오면 이 지역 주민을 다 죽인다"는 소문을 이미 퍼뜨려 놓은 상태였다.

안변·함흥 지역에 조심스럽게 진출한 토벌군은 우선 선무공작과 회유정책을 써서 주민의 분열을 유도하였다. 효과는 있었으나 적을 와해시킬 정도까지는 되지 못했다. 그나마 거점인 안변·함흥 지역이 안정된 것을 위안으로 삼아야 했다. 하지만 이 지역에도 이시애와 내통하는 인물이 상당히 잠복해 있어 관군은 함부로 움직일 수가 없었다.

행동을 먼저 개시한 것은 이시애였다. 그는 군대를 남하시켜 북청을 잠시 점거했었고, 이성계의 무용담이 어린 함관령과 차관령에서 관군 수비대를 격파하고 수비대장인 군관 둘을 살해했다. 초전에 이시애의 기세가 오르자 인심이 다시 동요했다. 그러니 관군도 선무공작에만 의존하여 앉아 있을 수만은 없게 되었다. 날씨도 한참 무더워진 음력 6월 하순 관군 지휘부는 드디어 결전을 결심하고 진격명령을 내렸다.

북청 공방전

세조 13년 6월 22일(을묘일)

관군은 조심스럽게 내륙진격 작전을 폈다. 첫 목표는 함흥 북쪽의 첫 고을인 북청. 험준한 함경산맥 쪽으로 들어가는 어귀이다. 관군의 병력은 수시로 변하기는 하지만 약 2~3만. 관군은 이를 강순·어유소·허종 등이 포진한 전위부대와 준이 지휘하는 본대로 반분하였다. 하지만 본대의 전투력은 확연히 처지고 실제 전쟁을 수행한 것은 전위부대로 대략 1만에서 1만 5천 정도의 병력이었다.

6월 24일(정사일)

관군의 주력은 사실상의 야전 최고 사령관이었던 진북장군 강순의 인솔하에 북청읍에 입성하였다. 이 곳은 과거 이성계의 오른팔이었던 이두란과 그의 부족이 웅거했던 곳이다. 관군은 이 곳을 내지 진격의 교두보로 삼으려고 하였다. 그런데 불행하게도 북청은 방어시설이 형편없었다. 읍성조차 없었던 것이다. 관군 지휘부에서는 야영지 선정을 둘러싸고 논란이 벌어졌다. 허종은 관아를 중심으로 진을 치면 군사들이 주변의 곡식을 손상시켜서 백성의 원성이 높아질 테니 냇가에서 야영하자고 주장하였다.

지도를 보면 북청관아는 북쪽은 산이고 아래쪽은 두 개천이 Y자로 갈라져 흐르는 평지로 나타난다. 일제시대의 북청읍 사진을 보아도 이 지역은 대단히 평평하다. 아마도 조선시대에도 이 지역에 민가가 집중되었던 것 같다. 그래서 허종은 이 평야지대의 아래쪽으로 내려가 가옥이 드문 냇가에 진을 치자고 했다. 지도에서 보듯이 홍원에서 북청을 거쳐 이성으로 가는 도로는 이 냇가를 가로질러 지나가므로 V자 부분의 가운데로 들어가 냇가를 활용하여 진지를 구축하자는 구상이었다고 생각된다.

그러나 강순은 이는 위험한 발상이라고 반대했다. 그는 큰 일을 할 때는 작은 일에 매여서는 안 된다고 반박하고, 냇가는 사방으로 통하고, 울타리를 칠 나무조차 없으니 적병이 밤에 돌격해 오면 무엇으로 방어하느냐고 맞섰다.

요즘 세상에서도 대회전을 코앞에 두고 국민의 재산을 보호하기 위해 방어시설도 없는 개활지에 병사를 주둔시켰다고 하면 그를 훌륭한 장군이라고 할까? 아마 언론과 여론에서 난리가 날 것이다. 하물며 이 시대는 오늘날에 비하면 기본적 인권과 민중의 지위가 현저히 낮던 시대였다. 그럼에도 불구하고 허종의 의견에 장수들의 반은 동조했다. 양측의 의견은 팽팽해서 논쟁이 꽤 오랫동안 계속되었다. 한 장교가 나서서 관부 안에 있는 창고에 5만 석의 곡식이 있으니 이것을 베풀면 전투에 의한 곡식의 손상분은 충분히 보상할 수 있다는 제안을 하여 겨우 강순의 안이 통과되었다.

이렇게까지 인간미 넘치는 장수들이 많았다는 사실은 충격적이다. 정말로 우리 조상들은 남다른 애민정신을 지녔던 것일까? 하지만 너무 감격하지는 말자. 허종이 이렇게까지 민중의 동향을 염려해야 했던 이유는 그만큼 심각할 정도로 이 지역의 민심이 조선정부로부터 떠나 있었기 때문이다. 그 날 북청에 진입한 관군은 북청에 주민들이 한 명도 남아 있지 않다는 사실을 목격해야 했다. 전운이 팽팽하게 감도는 지역에서 주민이 피난하는 것은 당연한 일이지만 문제는 이들이 거의 이시애군의 진영 뒤로 이주하여 초막을 치고 거주하고 있었다는 사실이다. 실록에서는 이 현상을 이시애군이 본도 군사가 오면 주민을 모조리 죽인다는 소문을 내서 그랬다고 애써 설명하였다.

뭐 이시애군의 말이 근거없는 것은 아니었다. 이후의 일이지만 세조는 분명히 본보기로 학살을 자행하려는 계획을 세웠으니까 말이다. 문제는 이시애군의 선무공작이 있었다고 해도 주민이 제3의 지역으로 피난하지 않고 이시애군의 배후로 이주하였다는 점이다. 이 반란이 처음부터 농민의 봉기로 야기된 것은 아니라고 하여도 막상 전쟁이 벌어지자 함경도의 민중들은 적극적으로 이시애군에 가담하면서 전쟁의 방향을 하루가 다르게 변모시키고 있었다. 그래서 관군은 민중의 심정에 대해 이렇게까지 예민해지지 않을 수 없었던 것이다.

긴 회의로 시간마저 낭비한 관군은 서둘러 병사들에게 목책을 설치하라는 명령을 내렸다. 병사들에게도 불안감이 팽배했는지 대단히 열심히 작업을 했다. 그 날 밤이 되기 전에 북청 관아를 중심으로 경복궁 담장보다도 넓은 목책이 만들어졌다. 그리고도 여력이 남아 목책 밖에는 구덩이를 파고, 녹각성까지 설치했다.

그래도 이런 간이 진지에서 조선 최강의 무사들과 단병접전을 벌인다는 것은 관군으로서는 유쾌한 상황이 아니었다. 당시 관군의 주력은 강순 휘하의 3천 명의 평안도 병사였다(평안도 군사의 나머지 반은 한계미의 인솔하에 준의 본영에 배치되었다). 고려시대부터 평안도 함경도와 마찬가지로 특별한 군사지역이어서 전통적으로 강병을 양성하였다. 하지만 함경도만큼 토호적인 군사조직이 발달하지는 못했던 것 같다.

이 때까지 이시애군은 전혀 행동이 없었다. 하지만 실은 이시애는 관군의 주력을 일거에 소멸시켜 버린다는 대담한 계획을 세우고 있었다. 어둠이 깊어지자 과연 이시애군이 출현하여 관군을 수겹으로 포위하였다. 병력은 약 1만 6천. 이 대병력이 모두 전투병은 아니었을 것이다. 여기에는 보급대로 차출되었든, 맨주먹으로 뒤를 따라왔든 간에 상당한 수의 일반 농민이 포함되었을 것이다. 이시애군이 관군을 여러 겹으로 포위한 것은 장기전을 펴려는 의도가 아니었던 만큼 이들 병사의 성분에 큰 차이가 있었기 때문이다.

이런 것 정도야 당시로서는 상식이니까 관군이 몰랐을 리는 없다. 그러나 문제는 이들 중 전투병이 어느 정도나 되는지, 뒤에 붙어 있는 농민들의 전투 의지나 역량이 어느 정도나 되는지는 알 수 없었다는 점이다. 일반 농민들이라고 해도 막상 관군이 패주하거나 진이 무너지면 큰 위력을 발휘하게 되므로 이들의 수가 많다는 사실은 예사로운 일이 아니었다. 무엇보다도 관군에게 공포를 던져 주었던 일은 이시애군에 여진족 부대가 가담하였다는 사실이다.

반군이 토벌군의 주력을 포위 공격한다는 게 아무래도 주객이 전도되었고, 공격측이 된 이상 희생이 클 수밖에 없는 작전이었지만 이시애는 싸울 만하다고 생각했던 것 같다. 중앙에서 더 이상 지원부대와 물자를 증파하기 전에 관군의 주력을 한 번에 궤멸시켜 버린다면, 조선군은 함경도 지역에서 완전히 후퇴할 것이고, 다시 토벌작전을 시도하기에는 상당한 시간이 필요하거나 아예 엄두를 내지 못할 것이다. 그러면 이 때까지 눈치를 보던 함경도의 토호와 군민이 대거 이시애군에 합류할 것이고, 이 일전으로 최소한 함경지역의 분리독립이 가능할지도 몰랐다.

이시애군은 처음에 목책의 서쪽면 즉 이성현쪽이 아닌 홍원쪽에서 공격을 개시했다. 관군의 서쪽 진이 거의 무너지자 이시애군은 물의 상류를 막아 버리고, 관아 건물에 불을 놓고, 불화살을 쏟아부었다. 이어 포위를 압박하여 북을 치고, 고함을 치며 기세를 올렸다. 또한 사방에서 여진어로 떠들게 해서 여진족의 수를 과장하였다. 이시애는 호전적인 여진족에 대한 관군의 공포심을 이용해서 부하들의 반은 여진족 복장을 하고 여진어로 고함치게 했다고 하는데, 관군은 이 사실을 거의 전쟁이 끝나 갈 무렵에야 왕가 소속 노비의 첩보로 알아차렸다.

이시애군의 의도는 관군이 혼란과 공포에 빠지게 하여 수비대형이 혼란해지거나 섣부르게 목책 밖으로 뛰쳐나오게 하려는 작전이었다고 생각된다. 북쪽은 산이고 홍원쪽에는 이시애의 주력이 있다. 동쪽은 거꾸로 이시애 지역인 이성현으로 가는 길이고 길 양쪽은 산이 마주보고 서 있다. 그러므로 만약 관군이 공포에 질린다면 남쪽 평지쪽으로 뛰쳐나와 우회전하여 홍원쪽으로 퇴로를 열려고 할 것이고, 그렇다면 이시애군은 대단한 전과를 올리게 된다.

그 정도는 아니더라도 화재와 공포로 목책 내부가 혼란해지고 일부 부대가 방어선에서 안으로 도주하면 내부로 돌입하기도 쉬워진다.

그러나 관군은 뛰쳐나오지도 동요하지도 않았다. 강순은 군사들에게 말 입에 모두 재갈을 물리고, 다리를 묶어 날뛰지 못하게 하고, 꼼짝말고 자기 위치에서 진지를 사수하도록 하였고, 부하들은 이를 충실히 실행했다. 물을 끓었지만 화재가 심하게 번지지 않은 것으로 보아 사전에 화공에 대한 방비책도 충분히 해 두었던 것 같다.

관군의 진중이 전혀 동요하지 않고 말울음 소리조차 들리지 않자 이시애도 돌입을 망설인다. 어둠 때문에 목책 내부의 포진 상황을 알 수 없었고, 어떨 때는 소리도 형체도 없는 적이 더 무서운 법이다. 밤새도록 이렇게 대치상태를 계속하다가 이시애군은 끝내 돌격의 기회를 잡지 못했다.

날이 새자 이시애군은 작전을 바꾸어 정공법으로 목책을 향해 돌격했다. 이시애군은 목책 남쪽에 포진한 김교의 부대가 제일 허약하다고 파악하고 이 지역을 집중 공격했다. 그런 탓도 있지만 이 쪽이 평지이고 민가가 집중된 지역이므로 병력을 모아 대규모 공격을 감행하기가 수월했을 것이다.

관군은 목책 안에서 꼼짝 않고 오직 화살로 대응하였다. 방어선이 한 군데라도 뚫리면 그 다음은 백병전이고, 그렇게 되면 이시애군의 대량 살육전이었다. 금새 무너질 듯 무너질 듯한 전투가 이튿날 점심 때까지 10여 차례 넘게 계속되었다. 남쪽이 위태롭자 관군은 남이의 사자위와 이숙기의 맹패대를 이 곳에 투입했다. 이 부대는 규모는 각기 100명 정도에 불과했으나 전문무사로 구성된 특수부대였다. 앞서 태조편에서 말했지만 몸으로 부딪혀야 하는 옛날 전투에서는 이런 용사들의 활약이 대단히 중요하다. 일반병의 수준은 동북면의 토병들이 높다고 하여도 이런 특수부대 용사들은 아무래도 조직적이고 체계적으로 무사를 선발하고 관리할 수 있는 정부측 부대가 뛰어날 수밖에 없다.

몇 차례 위기가 있었으나 관군은 비장하게 진지를 사수했다. 사자위와 맹패대의 투입도 적절했다. 이들은 위태로운 지역마다 뛰어들어 맹렬하게 싸웠고 수비진영이 무너진다 싶을 때는 역으로 돌격까지 감행했던 것 같다. 선두에서 이들을 이끌던 남이는 화살을 4, 5대나 맞았으나 껄껄대고 웃으며 싸웠다고 한다.

예상외로 관군은 선전했으나, 이시애군도 끈질겼다. 마침내 관군의 화살이 다 떨어졌다. 빈총만 철컥철컥 소리를 내는 이류 서부극에 자주 나오는 그런 절망적인 순간이었다. 이런 때에 주인공이 죽지 않는 방법은 두 가지다. 때맞춰 나팔 소리와 함께 적의 후방에서 기병대가 나타나거나 그윽하게 생긴 인디언 추장이 나타나더니 용사들에게 칭찬의 말을 던지고 스스로 철수하는 것이다.

이런 영화가 있다면 평론가들은 리얼리티가 결여되고 유치하기 짝이 없다고 혹평하겠지만, 안됐지만 역사 속에는 의외로 영화 같은 장면이 많다. 되려 영화에서 너무 많이 써먹어서 사실이 영화가 되버렸을 뿐이다. 이 날의 장면이 바로 그랬다. 한 번만 더 공격하면 꿈이 이루어지는 줄을 모르고 이시애는 휴전을 제의하였다.

결과론적인 이야기지만 역시 이시애의 작전은 너무 성급했고, 과욕이었다고 할 수밖에 없다. 물론 그 내부에 또 말 못할 사정이 있었는지도 모른다. 결전을 피하고 수비 위주로 나가 지리한 대치가 계속되면 반군도 내부에서 이탈자가 생기고 결속력이 약화될 수도 있다. 그러나 유리한 산악지형을 버리고 평지에서 포위공격을 감행한 것은 아무래도 무모했다. 그들은 전투의지와 자신감에서 열등한 관군을 포위 공격함으로써 관군에게 결사항전의 의지를 불러일으켜 주었고, 관군이 가장 잘할 수 있는 전투방식으로 싸워주었다.

또한 기왕에 희생을 각오하고 도박을 벌였으면 끝까지 갔어야 했다.

의외로 손실이 크게 났기 때문에 이시애군 내부에서 반발이 일었는지 이시애의 판단 잘못인지는 알 수 없으나 이시애군으로서는 통한의 실수였다. 더욱이 이런 극적인 승리는 전투경험이 전혀 없던 풋내기 병사들을 일거에 고참병으로 바꾸어 주고, 부대원 간에 할 수 있다는 자신감과 신뢰를 심어주는 결과를 초래했다. 이건 어떤 훈련으로도 만들어 낼 수 없는 것이었다.

그러나 이시애측의 가장 큰 실수는 관군을 과소평가했다는 것이다. 이 군대는 조선 건국 후에 있었던 어떤 원정군보다도 우수한 장비와 조직으로 무장한 군대였다. 문자로 남은 증거는 없지만 함경도 용사들이 과거에 보았던 중·남부 병사에 대한 선입견, 병사 개개인의 전투력에 비중을 두는 전통적인 사고방식이 이런 결과를 낳은 것은 아닐지? 이런 집단이 흔히 그렇듯이 그들은 국가와 조직의 위력을 과소평가했을지도 모른다.

관군이 운이 좋았다기보다는 잘 조직되고 훈련된 군대의 위력을 십분 발휘했다고 보아야 한다. 사자위와 맹패대의 능력도 대단히 우수했다. 일반병들도 세종 때부터 닦아 온 군제정비와 세조가 공을 들인 꾸준한 진법훈련 덕택에 군기가 잘 들어 있고, 조직력이 좋았다. 급조한 목책임에도 이시애군이 탄복할 정도로 견고했고, 위기상황에서도 지휘관의 통제에 잘 따르고 사격군기도 잘 지켰다.

첫번 전투에서 강순의 평안도 부대가 보여준 침착성도 우연히 달성할 수 있는 수준이 아니다. 이시애군은 10여 번 이상 돌격을 감행했는데 중간에 사격통제가 조금만 제대로 되지 않아도 마지막 혹은 그 이전의 전투에서 실탄이 떨어졌을 것이다.

어떻든 이 날의 혈전은 일단 무승부로 끝났다. 죽었다 싶었던 관군은 속으로 안도의 숨을 쉬면서 큰 선심을 쓰는 듯 휴전에 동의하였다. 실록에서는 이시애가 무릎을 꿇고 항복을 청하고, 자신들이 퇴각할 수 있게 해달라고 애원했다고 하는데, 이것은 과장일 것이다. 그러나 이시애는 관군의 화살이 떨어졌다는 사정을 몰랐으므로 퇴각할 때 관군의 배후공격을 우려하여 어느 정도 제스처를 썼을 가능성은 있다.

이시애군이 돌아가자 강순은 북청 사수를 결심하고 도총사 준에게 물자와 병력을 빨리 지원해 달라고 요청했다. 그러나 이시애군도 금새 자신의 실수를 알아차렸다. 하지만 이시애군도 타격이 커서 바로 재공격을 감행할 수는 없었던 것 같다. 그들은 모략을 써서 반군이 3일분의 식량을 가지고 와서 다시 북청을 공략한다는 등의 정보를 흘렸다. 전날의 갑작스런 퇴각이 전투력이 고갈되어서가 아니라 관군을 가볍게 보고 충분한 식량을 준비하지 않았기 때문이었다고 은근히 암시하는 셈이었다. 동시에 이시애군이 북청을 우회하여 바로 홍원의 도총사 진영을 공격한다는 정보도 흘려 강순에게 허약한 구성군 준의 본대를 보호해야 한다는 후퇴의 명분까지 제공해 주었다.

어제까지만 해도 어떻게 해서든 북청을 사수하겠다고 비장하게 외쳤던 강순이었지만 이 정보에 접하자 당황했다. 도총사는 강순의 편지를 받고 바로 지원부대를 보냈으나 그들이 이시애군보다 먼저 도착한다는 보장이 없었다. 혹 지원대가 약간 늦었다고 했을 때 이들이 이시애군의 포위를 뚫고 북청읍내로 들어온다는 일은 더더욱이 불가능한 일이었다.

강순은 우물거리거나 공세보다는 수세를 좋아하는 소극적인 지휘관은 절대로 아니었지만, 신중하고 만전을 기하는 용병을 선호하던 장군이었다. 결국 그는 모험을 포기하고 후퇴를 결정하였다. 6월 26일(기미일) 관군은 황급히 길을 따라 홍원으로 후퇴하여 북청-홍원 간의 도로에서 홍원쪽 길목에 있는 요충인 대문령에 주둔하였다. 이시애군의 공격이 사실이라면 하루도 지체할 수 없는 상황이었으므로 5, 6만 석에 달하는 군량도 그대로 두고 내뺐다.

북청과 군량은 고스란히 다시 이시애군이 장악했다. 피 한 방울 흘리지 않고 얻은 멋진 승리였지만 이시애는 아마 땅을 쳤을 것이다. 관군을 궤멸시켰다면 함경도는 그의 차지가 되고 관망하던 토호와 백성, 여진족이 합세하여 그의 세력은 몇 배로 증가했을 것이다. 그러나 북청에서의 실수로 결과는 반대로 나타났다.

만령의 검은 달

북청 공방전 이후 전선은 다시 교착상태에 빠졌다. 홍원으로 전진했던 구성군 준의 본대는 함흥으로 다시 퇴각하고, 강순은 홍원으로 들어왔다. 관군은 북청 이북의 상황과 이시애군의 군세를 정확히 파악하지 못해 애를 먹었다. 한 번 부딪혀 보니 예상대로 동북면 군사들의 수준은 높았다. 반란에 대한 민중의 동조도 높아서 많은 백성이 그들의 세력권으로 이주하여 있었다. 그러니 여차하면 그들의 수는 급속도로 불어날 수가 있었다.

이런 사정 때문에 관군은 늘 이시애군의 병력을 과대평가하였다. 한 번 혼이 난 관군은 중앙에 증원부대의 파견을 요청하는 한편 동해로 수군을 북상시켜 함경도 해안을 따라 진공하는 작전을 요청하였다. 그 대답은 세조의 성난 목소리였다. 평생 태조와 같은 위용을 꿈꾸던 세조는 이번 증원부대는 자신이 직접 인솔하겠다고 나섰다. 서둘러 7월 2일을 출정날짜로 잡기까지 했으나 왕이 서울을 비우면 무슨 일이 벌어질지 모른다는 고려 때문에 그의 친정은 끝내 이루어지지는 않았다.

세조는 조급해졌다. 그 조급함에는 이유가 있었다. 우선 겨울이 다가오고 있었는데, 평안도 군사를 제외한 중·남부의 군사들은 이 곳의 추위를 이길 수 없을 뿐 아니라 4만 대군의 겨울 피복을 마련하는 것도 보통 일이 아니었다. 게다가 함경도에 비축한 식량은 3, 4개월분밖에 되지 않았다.

반란이 오래 계속되면 아무래도 소요가 확산될 우려가 있다는 점도 큰 문제였다. 만에 하나 다른 지역에서도 소요나 반란이 발생한다면 걷잡을 수 없게 된다. 게다가 가뜩이나 야인의 움직임이 심상치 않은데, 평안도 군사는 예비병까지 모조리 투입하다시피 하여 평안도에는 1천이 안 되는 수비병만이 남아 있을 뿐이었다. 이들을 교대해 줄 병력이 없었으므로 역시 3개월 이상 전쟁이 길어지면 이들의 불만도 치솟을 것이었다.

마침내 세조는 빠른 종전을 위하여 본보기로 고을 한두 개를 택해 살육해 버리려는 생각까지 하게 되었다. 다행히 현지 지휘부는 이 방침을 채택하지 않았으나 최악의 사태를 막기 위해서라도 빨리 전쟁을 끝내야 했다.

한편 이시애군은 1천 5백 명의 이명효(이시애의 매부) 부대를 북청에 주둔시키고, 함경도의 동서와 남북을 십자로 횡단하는 함경산맥과 마운령산맥을 방어선으로 삼아 지구전을 폈다. 그러나 형세가 애매하게 되는 바람에 중간에서 관망하거나 주저하는 토호들이 늘어났다. 이들을 끌어들이기 위해서는 무언가 기세를 올릴 필요가 있었다. 7월 중순에 그는 비밀리에 북청을 거쳐 홍원으로 부대를 전진시켜 길주·북청·홍원의 세 방향에서 관군의 전위를 포위, 관군의 보급과 현지물자 조달을 어렵게 하여 이들을 압박하려는 작전을 세운다.

그러나 북청과 홍원 사이에 있는 탕구령 고개에서 벌어진 사소한 전투에서 이시애군의 향리 석류가 강순의 부대에 사로잡혀 이 계획이 누설되었다. 이시애는 초조해졌다. 시간을 끌수록 관군은 증원되고 사람들의 불안감이 커질 것이므로 이시애는 지구전에 의존할 수 없었다. 제갈공명이 그랬듯이 가만 있어도 불리하고 나아가도 불리하다면 한 번 싸워보는 수밖에 없다. 결국 7월 20일경에 이시애는 출사표를 던진다.

이시애는 자신이 2천, 동생 이시합과 맹숭인이 각기 1천 명의 부대를 인솔하고 단천으로 집결하였다. 그리고 이들을 이끌고 북청으로 남하하여 이명효 부대 1천 5백 명과 합류하여 도합 5천 5백의 군사로 25, 26일에 홍원-함흥 통로로 진격하여 관군과 결전을 벌인다는 계획을 세웠다.

북청공격 때에 비하면 병력이 1/3로 줄어들었다. 북청전투에서 그렇게 많은 손실을 입었을 리는 없다. 아마도 이 5천 5백 명이 당시 이시애 군의 핵심세력이었다고 생각된다. 그간의 사태로 여진족이나 토호층 일부가 이탈했고, 이시애군이 관군에 대한 우세를 확실히 보여주지 못함으로써 일반 민중들의 참여도가 낮아지고, 정세를 관망하는 사람들이 늘어난 때문일 것이다.

이시애로서는 민중의 참여를 유도하여 병력수를 대폭 늘여야 할 필요가 있었다. 우선 공격에 앞서 이시애군의 모든 부대를 단천을 거쳐 북청으로 총집결하도록 했다. 최대한의 병력을 모아 기세를 과시하면서 일반 백성들의 호응을 끌어모으려는 작전이었다. 그러나 이것은 통상적인 수단이다. 국면전환을 위해서는 무언가 보다 자극적이고 충격적인 사건이 필요했다.

한편 7월 11일에 세조는 수단방법을 가리지 말고 살육도 불사하라는 명령을 내렸고, 이 직전에 이시애군의 공격계획을 탐지했던 관군은 더 이상 머뭇거려서는 곤란하다는 인식에 도달하였다. 노련한 강순은 구성군 준에게 선제공격을 강하게 요청하였다. 그는 적의 기습공격을 허용하게 되면 분산된 관군부대가 각개격파를 당할 수도 있고, 적이 기선을 잡으면 적의 병력이 기하급수적으로 불어날 수 있다는 사실을 인식하고 있었다.

7월 17일 관군은 군대를 정비하여 진공태세를 갖추었다. 전투를 담당할 전위부대는 3진으로 편성하였는데, 그 구성과 병력은 다음과 같았다.

1진 강순 3,000, 김교 628, 박사형 200, 남이 100, 정준 · 우공 총통군 600

2진 어유소 640, 허종 2,280, 김승해 1,200, 민효원 600, 정종 · 유흥무 총통군 600,

3진 선형 1,000, 오자경 1,000, 한계미 1,000, 이종 · 민발 총통군 600

이렇게 편제를 마쳤지만 21일까지도 관군은 진격을 주저하고 있었다. 25, 26일의 총공세를 앞둔 이시애는 파격적인 특공작전을 구상했다.

그는 부하장수 김말손에게 200명의 특공대를 주어 북청과 함흥 사이의 고개인 석장현에 주둔시켰다. 관군도 이 고개를 점거하려고 부대를 파견했으나 한 발 늦어 이시애군이 먼저 차지하였다. 관군은 30리 밖으로 물러나 진지를 구축하고 이들과 대치했다. 그냥 보아서는 평범한 수비대였다. 그러나 김말손은 밤이 되면 고개를 빠져나와 함흥성벽을 넘고, 미리 내통해 둔 함흥의 토관·아전·노비 들과 함께 합세하여 함흥성 내에서 봉기하여 관군의 심장부에서 소요사태를 일으키라는 밀명을 띠고 있었다.

그러나 김말손이 보낸 척후병 하나가 관군 진지에 근접했다가 붙잡히는 바람에 이 계획이 탄로났다. 놀란 관군은 7월 22일 900명의 부대를 급파하여 김말손을 석장현에서 몰아냈다. 그리고는 도총수 준의 본영과 강순 등의 전위부대 전부를 홍원에 집결시켰다.

북청의 이명효는 홍원에 관군이 집결하였다는 사실을 알았고, 이들이 24일경을 기점으로 길을 나누어 북청을 공격하려 한다는 정확한 첩보를 얻었다. 그는 이시애에게 이 사실을 통지하는 한편 북청으로 통하는 모든 고갯길에 목책과 방패를 설치하고 경계를 강화하였다.

7월 24일(정해)

관군은 홍원에 집결해서 북청과 마주보고, 이시애는 단천-이성 통로로 남하하면서 25일 내지 26일의 북청 합류를 추진하고 있었다. 이 때 홍원의 관군측에서 이시애의 공격계획을 입수한다. 아마도 이 때야 비로소 관군은 이시애군의 규모를 정확히 파악했던 것 같다. 상황은 명확했다. 꾸물거릴 틈이 없었다. 이시애군이 합세하여 불어나기 전에 공격을 감행해야 했다.

7월 25일(무자)

지금까지 조심스럽고 신중하게만 행동하던 관군은 갑자기 허물을 벗은 듯 신속하고 자신감있는 행동을 보이기 시작했다. 이시애의 북청 입성을 하루 앞둔 이 날 관군은 부대를 나누어 강순의 1진은 산개령을, 허종·어유소의 2진은 종개령을 각기 공격했다. 두 고개의 수비대는 각기 100명 정도. 관군의 공격을 탐지하고 방어시간을 벌기 위한 경계부대였다.

산개령에 도착한 강순 부대는 대병력을 동원하는 부산스런 공격을 하지 않고 남이의 레인저 부대를 돌격시켰다. 사자위는 이름 그대로 신속하게 목책을 부수고 돌격하여 2명을 죽이고 20여 명을 사로잡았다. 종개령에서도 똑같은 상황이 벌어졌다. 이 곳에서는 이숙기의 맹패들이 돌격하여 목책의 문을 부수고 들어갔다.

산개령, 종개령에서 패주한 수비대는 관군의 위력에 잔뜩 겁을 먹었는지, 북청읍내의 본대로 가지 않고 아예 전쟁터에서 멀리 도주해 버렸다. 무능했던 이명효는 관군의 공격계획에 대한 정확한 첩보에 접했으면서도 방어태세를 점검하기는커녕 매일 잔치를 벌이며 소일하였다. 이 날도 주연에 빠진 그는 관군이 읍에 도달할 때까지 산개령과 종개령 길이 열린 사실조차 모르고 있었다고 한다.

역사적으로 볼 때 이런 반군은 지휘부가 인맥을 따라 형성되다 보니 실력을 검증받지 않은 인물이 들어오게 되고, 조직의 통제력이 떨어지는 경우가 많다. 또 한두 가지 잘못을 해도 인물이 부족하고, 그가 거느리고 있는 병력이 있기 때문에 쉽게 처벌할 수가 없다는 심각한 약점을 안게 된다.

사실 이명효의 실수는 이번만이 아니었다. 북청을 회복했을 때 그는 도대체 무슨 생각을 했는지 관군이 설치한 목책과 방어시설을 모두 헐어버렸다. '꼴 보기 싫다'는 것이 이유였는지도 모른다. 그리고 자기 욕심 때문이었는지 이시애군의 집결을 대비해서 그랬는지 관군이 두고 간 5, 6만 석의 군량을 그대로 북청에 재워두는 큰 실수를 하였다.

관군은 너무나 쉽게 그리고 전격적으로 북청을 탈환했다. 이명효는 간신히 목숨을 건져 남은 부대를 이끌고 만령(마흘령)으로 도주하였다. 병력 손실은 많지 않았던 것 같으나 기세를 과시하여 주변의 토호와 농민을 끌어모으려던 이시애의 계획은 완전히 실패로 돌아갔다. 이제 공격과 수비는 확연히 바뀌었으며, 이시애군은 자신들의 정예병만으로 관군과 일전을 벌여야만 하게 되었다.

8월 4일(정유)

뒤늦게 이성현을 떠난 이시애는 북청이 아닌 만령에서 이명효와 조우하였다.

만령은 북청 동쪽 68리 이성현과의 경계에 있는 고개이다. 이 지역은 거산을 지나 이성으로 가는 주도로이면서, 함경도를 종단하는 마운령산맥의 끝부분으로 해안가까지도 산이 이어져 있다는 것이 장점이었다. 또한 고갯길을 가운데 두고 해안쪽에는 입석산, 북쪽에는 만령의 봉우리가 마주보고 가파르게 솟았고, 산들이 고갯길을 ⊐자 모양으로 싸고 있어서 공격군은 삼면의 적과 싸워야 한다.

이시애군은 이 곳을 결전장으로 택하고 약 5천의 병력으로 방어전을 폈다. 이시애는 만령을 중심으로 남쪽 해안에서 북쪽 산지까지 약 15리에 걸쳐 병력을 배치하였다. 그리고 자신은 2천의 병력으로 거산역을 내려다보는 중봉에 주둔했다.

북청 탈환 후 1주일 가량을 휴식한 관군은 최후의 결전을 준비했다. 모든 준비가 끝나자 마지막으로 관군은 전군의 비표를 새로 작성했다. 그 때까지 관군은 투구에 '관(官)'자를 써서 피아를 구분했는데, 이시애군이 이것을 모방하는 사례가 있었던 것이다. 새로 투구에 부착한 비표는 흰 종이에 그린 검은 달이었다.

8월 4일 새벽 미명에 출발한 관군은 전군을 몰아 이시애의 방어선으로 육박했다. 이시애의 방어선이 길었으므로 관군도 반군 진지마다 맞추어 부대를 배치하고 그 앞에 목책을 설치했다. 이시애가 포진한 중앙부는 역시 강순의 1진이 맡았고, 허종의 2진은 해안을 따라 내려가 이시애군의 좌측을 공격했다.

오전 11시경에 운명의 결전은 시작되었다. 이제 관군이 공격하는 차례가 되었는데, 이시애군은 역시 대단했다. 험한 지형과 강력한 저항으로 관군은 공격대형을 유지하며 진격하는 것이 불가능했다. 부대와 부대가 창검으로 부딪히는 충격전술을 쓰려면 반드시 대형을 유지해야 한다. 아무리 용감하고 걸출한 무사라도 동료들이 함께 뒤를 받쳐준다는 확신 없이 적진에 뛰어들 수는 없는 것이다. 가뜩이나 개별적인 전투력이 떨어지는 관군으로서는 대형이 흩어진 상태에서 적진에 충돌할 수 없었다.

관군은 총통군을 내보내 일제사격으로 적의 방어진에 구멍을 내려고 했다. 하지만 전문 총통병을 양성하지 않았던 탓에 이들은 전투경험이 적고 조작이 서툴렀다. 훈련 때는 어땠는지 모르지만 병사들은 막상 포탄이 터지고 머리 위로 화살과 돌이 나르는 상황이 되자 사격이 엉망이 되었다. 이 날 참전한 유자광의 보고서에 따르면 일제사격은 고사하고 적진으로 제대로 떨어진 포탄이 한 발도 없었다고 한다.

그러나 이 역시 밀집대형을 유지할 수 없었던 사정 탓도 크다. 요즘의 전쟁영화를 보면 주인공 병사들은 바위와 나무틈 새에 엎드려 멋있고 다부진 자세로 사격을 해댄다. 글쎄 다른 나라에서는 모르겠지만 우리의 산악지형에서는 그런 장면을 연출할 수가 없다. 군에서 고지전투 훈련을 해보신 분들은 잘 아실 것이다. 수목이 무성한 계절에 산악에서 그렇게 폼나고 안전한 자세의 사격은 불가능하다. 막상 산비탈에서 엎드려 쏴 자세를 해보면 자기 철모와 코앞의 나무와 돌밖에 보이지 않기 때문이다. 내가 적을 맞추려면 그만큼 몸을 세워서 상대에게도 똑같은 기회를 제공해 주어야 한다.

더욱이 이 때 총통은 총이 아니라 포였고, 위력이 떨어져서 반드시 일제사격을 해야 효과가 있다. 그러므로 적을 쏘려면 나폴레옹처럼 당당하게 상체를 세우고 전진해야 한다. 이시애군이 산 위에서 방패로 진을 세운 것도 일어서서 아래를 내려다보며 싸워야 하기 때문이다. 그러나 관군의 입장에서 보면 강력한 적군은 위에서 아래로 화살과 돌을 날리고 있었다. 포가 화살보다 사거리가 길지만 이 때는 양편이 산의 위·아래로 나뉘어 있어 화살이 오지 않는 먼거리에서 발사하는 그런 혜택을 누릴 수 없었다. 또 함경도 지역이 최일선이라 평소에 이 곳 군현에 꽤 많은 총통을 비축해 두었기 때문에 이시애군도 적지 않은 총통을 보유하고 있었다.

그래도 관군의 총통군은 장비와 수량면에서 우수했다. 마지막에는 화차까지 동원하였는데, 이것이 위력이 있었다.

결국 신시(4~5시경)에 1진의 총통군인 우공의 부대가 봉우리 하나를 점거하는 데 성공했다. 이시애군은 다음 봉우리로 후퇴하여 관군은 서쪽, 이시애군은 동쪽 봉우리에서 대치하게 되었다. 이시애는 이 곳 중봉에서 2천의 병력으로 삼중으로 방패를 벌려 놓고 강력하게 저항하였다.

관군은 주력을 모아 이 곳을 집중적으로 공략했으나 해가 저물 무렵까지도 이시애군은 성공적으로 방어전을 수행했다. 승패는 또 알 수 없는 상황으로 달려가고 있었다. 이 날 전투에서 이시애군의 토벌에 실패하면 총통과 화살을 소진한 관군은 물러서서 한동안 휴식기간을 가져야 할 것이다. 전선이 다시 교착상태가 되면 앞날의 전세는 또 예측할 수 없게 된다.

이러한 때에 이 날의 수훈 갑인 어유소가 특공작전을 폈다. 실전 지휘에 탁월했던 그는 해가 저물자 군사들에게 위장복을 입힌 후 배를 타고 방어군이 비워 놓은 해안 절벽으로 접근했다(이 작전은 허종의 명령이었다고도 하는데, 어유소의 제안을 재가한 것인지 허종의 창안이었는지는 알 수 없다). 발각되면 전멸이라는 위험을 무릅쓰고 특공대는 일렬종대로 절벽을 올라 적의 뒤쪽 윗봉우리를 점거하였다. 이 공격에 철벽같던 이시애군도 동요했고, 마침내 이시애의 좌측진이 무너지기 시작했다.

관군의 선두에 있던 맹장 이종생은 마지막 기회가 왔음을 알아차렸다. 그는 말에서 내리더니 나무를 뿌리째 뽑아 들고 병사들의 뒤에서 휘둘렀다. 이 무식한 행동에 병사들은 마지못해 전진하기 시작했다. 마침내 그의 부대가 적진에 도달하여 길을 뚫었다. 그리고 이렇게 방어선의 끊어진 부분으로 관군의 주력이 뒤따라 들어왔다.

만령에서 패한 이시애군은 이성을 버리고 마운령까지 포기한 후 단천으로 들어갔다. 뒤를 추적한 관군은 8월 8일에 영제원에 포진하여 이시애군과 강을 사이에 두고 대치하였다.

패전은 어떤 회유공작보다도 커다란 효과를 거두었다. 이시애군은 단천에서 군대를 정비하여 강을 두고 관군과 대치했지만, 그 내부는 이미 붕괴하고 있었다. 사실은 오히려 관군이 그간에 보여준 이시애군의 저력에 겁을 먹어 강을 경계로 지구전으로 가자는 결정을 내리고 있었다. 강순마저도 자신의 능력은 여기까지가 한계이니 여기서 결전을 하려면 다른 유능한 지휘관을 불러오라고 말할 정도였다. 이렇게 관군 지휘부가 비통한 작전회의를 하고 있을 때 수색 나갔던 장교와 반군귀순자가 무안한 정보를 가지고 왔다. 이시애군에 가담했던 토호 일부가 이시애를 배반했으며, 이시애는 벌써 길주로 도주했다는 것이었다.

반신반의하며 도강을 해 보니 이시애군의 진지는 이미 비어 있었다. 자멸한 이시애군의 뒤를 따라 관군은 단숨에 길주까지 진군했다. 이시애는 길주에 두었던 자신의 기지와 군량을 불태운 후 처자와 부하 수백을 거느리고 여진지역으로 도주하였다. 그러나 이시애는 길주를 떠나 얼마 가기도 전에 배신한 부하들에게 체포되었다. 길주 동쪽 명천현 북쪽 5리 지점에 있는 명원역에서의 일이었다.

허유례가 군관이 되어 허종에게 속했다. 허종이 허유례에게 말하기를 "너의 아비 허숭도가 지금 (이시애가 임명한) 길주 수령이 되었다고 하니 네가 가서 타이르라" 하였다. 허유례가 단신으로 길주에 몰래 가다가 길에서 이명효를 만났다. 이명효가 그를 죽이려고 하니 허유례는 "아버지가 길주 수령이 되었기 때문에 도망하여 나왔다"고 하였다. 이명효가 이시애에게 압송하니 이시애가 간첩이라 생각하여 결박하고 심문하였다. 허유례가 말하기를 "아버지를 보고자 하여 도망왔다. 만약 나를 죽이면 이 편으로 귀순하는 자가 없어질 것이다"라고 하니 이시애가 놓아 보냈다. 그 아비를 만나 회유하니 허숭도가 허유례와 함께 도망쳤다. 허유례가 비밀리에 이주를 포섭하고 이주와 함께 이시애의 진영에 들어가 우위장 이운로 등과 모의했다. 이운로도 형세가 다한 것을 알고 휘하 군사를 타이르기를 "이시애를 체포하는 자가 있으면 후한 상을 받을 것이다"고 하자 군사들이 그를 따랐다. (『세조실록』)

야사에서는 이 사실을 보다 극적으로 만들었다. 이시애는 여진족의 응원을 받기 위해 용성을 목표로 달아났다. 탈출에 성공한 그는 두만강 국경에 위치한 경성 운위원에 도착한다. 도강을 눈앞에 둔 이 곳에서 허유례를 만난 그는 차일을 치고 함께 술을 마셨다. 이 때 허유례가 이주 등을 포섭한 후 차일 줄을 끊고 덮어씌워 시애와 시합을 묶었다.

이것이 정사와 야사의 결정적인 차이다. 야사에서는 아무래도 말과 장면을 보태니까 이런 안타까운 장면을 연출한다. 하지만 『동국여지승람』에도 이시애가 사로잡힌 곳은 명천으로 되어 있다. 이시애・이시합 형제는 8월 12일 길주 임명역 앞 들에 세운 구성군 준의 진영에서 처형되었다.

조선정부는 이시애의 친족과 친족의 가노까지 색출하여 처형하였다. 일부는 잡히지 않고 여진족 지역으로 탈출하는 데 성공했다. 하지만 정부의 추적은 끈질겨서 성종 초반에 망명했던 이시애의 제수와 조카, 질녀 들이 국내로 들어왔다가 체포되어 처형되는 사건도 있었다.

군사강국을 꿈꾸던 세조는 생애의 말년에 짜릿한 승리를 맛보았다. 평소의 성격으로 볼 때 그의 뿌듯함이란 말로 표현할 수 없었을 것이다. 중도에 고을 한두 개를 도륙한다는 끔찍하고 무책임한 생각도 했지만,

순전히 군사적인 관점에서만 얘기한다면 그는 몇 가지 점에서 이런 기쁨을 누릴 자격이 있었다.

우선 장수 선발이 적절하였다. 철저하게 가문과 인맥으로 얽힌 사회에서 이처럼 능력 본위로 장수를 양성해 두고, 인선을 맞추기는 쉽지 않다. 또한 현지의 상황보고도 자신이 직접 챙겼다. 현지 상황과 전략에 대해 말하는 사람이 많았지만, 세조는 그 중에서도 객관적이고 정확한 시각을 갖춘 보고자를 골라내는 데 탁월한 재능이 있었다. 이 때 이 방면의 재주로 크게 성공한 사람이 유자광이다.

이런 정보력을 바탕으로 그는 자신의 의견을 전하면서도 이를 강요하지 않았다. 무엇보다도 그는 전쟁을 잘 알았으므로 주변의 신하들이 무어라고 하든 전쟁 중에 발생할 수 있는 여러 사건과 실수를 이해하였고, 지휘부의 행동을 존중하고 괜한 문책이나 무리한 명령을 내리지 않았다.

일례로 북청 공방전이 끝났을 때 함경도에서 보고차 돌아온 황사윤, 손소 등은 자신들의 식견을 자랑하기 위하여 이시애군의 패전상황을 과장하고, 이시애가 항복하겠다고 빌다가 물러갔는데 지휘부가 추적하지 않고 방관하였다고 보고하였다. 그러나 세조는 이런 이야기를 그대로 믿지 않고 여러 가지로 질문을 하면서 적군의 상황이나 무장, 전투 상황들을 자세히 빼내었다. 그리고는 잘난 척하는 이들의 말에 그것은 비겁한 짓이라고 맞장구를 치면서도 "병사(兵事)는 멀리서 제어하기 어렵고, 승세를 틈타 변화하니 한가지로 고집할 수 없다"고 말을 끊었다. 그리고 이런 보고들을 토대로 자주 편지를 보내기는 했지만 언제나 끝에는 "자신의 의견을 자세히 살펴 깊이 헤아리고 이 편지에 구애받지는 말라"라는 말을 꼭 붙여서 보냈다.

국왕의 이런 태도가 전쟁을 수행하는 현지 지휘부에 얼마나 큰 도움이 되었겠는가는 새삼 설명할 필요도 없다.

구성군 준의 등용도 커다란 성공이었다. 준이 어리고 경험이 없는 것이 오히려 장점이 되었다. 그는 사리가 분명했고, 자신의 역할을 분명히 알았다. 군사작전은 장수에게 맡기고, 중요한 사안은 회의제로 운영했으며, 장수들을 적재적소에 배치하여 잘 조율하였다.

전투형 장군과 관리형 장수들을 잘 배치했던 것도 관군의 큰 복이었다. 앞에서 북청 공방전 때 허종과 강순의 대립을 살펴보았다. 그 날 사건만 두고 보면 허종이 어리석은 것 같지만, 진압군의 목표는 전투에만 있는 것이 아니다. 허종의 이 같은 민심을 걱정하는 태도가 기록에 나타나지 않은 때 즉 평소에 행군하고, 주둔하고, 반군을 심문하고 재판할 때 얼마나 큰 역할을 했겠는가는 말로 설명할 수가 없을 정도이다. 허종은 이시애난을 진압한 후에도 주모자급이 아니면 가능한 한 많은 사람을 용서하는 관용을 베풀었고, 나중에 조정에서도 이를 그의 커다란 공로로 인정하였다.

이상의 일은 분명히 세조의 공적이었다. 이런 사실은 누구보다도 세조 자신이 가장 잘 알았을 테니 이런 분석을 할 때마다 정말 뿌듯했을 것이다. 그러나 사실은 자신도 이시애 못지않은 큰 피해자라는 사실까지도 알았는지는 모르겠다. 순수한 마음으로 이시애의 반란에 참여했던 농민들의 죽음이 헛된 것만은 아니었다. 이 반란은 조선정부의 함경도에 대한 정책 전반을 수정하게 했고, 세조의 무모한 군정(軍丁) 확장정책에 제동을 거는 결과를 낳았다. 세조 개인적으로는 자신이 평생을 바쳐 추진했던 자기 왕국에 대한 구상에 회복불능의 상처를 입었다.

한명회와 신숙주는 한 달 정도 연금했다가 풀어주었다. 상당히 난처한 순간이었는데, 이 때 세조가 예의 제스처를 발하여 스스로 자신의 여덟 가지 잘못을 책하고, 친히 그들의 손을 잡아 이끌어 올리며 복직시켰다는 설도 있고, 적반하장격으로 "경들은 대신으로서 경계하고 삼가지 못하여 흉악한 사람이 구실로 삼게 하였으니 경들의 잘못이다"라고 나무랐다는 기록도 있다. 세조의 성격으로 보아 후자가 더 사실에 가까울 것이다. 실제로 앞의 기록은 야사에 나오고 후자는 실록의 기록이다.

겉으로는 이렇게 넘어갈 수 있었지만 이 사건은 세조의 체제는 한명회와 신숙주까지도 하루아침에 제거할 수 있다는 사실을 보여주었다. 실제로 이 사건이 나기 전부터 세조 스스로 이들이 너무 강해졌다고 느꼈던 흔적이 있다. 한명회의 권세는 말할 것도 없고, 신숙주도 자기 의견이 받아들여지지 않으면 남들이 듣는 곳에서 이번 일은 주상이 잘못 처리했다고 불평을 늘어놓기도 했다곤 한다.

어쩌면 이시애의 난은 구실이고, 이 기회에 이들을 좀 눌러야겠다고 생각했는지도 모른다. 결박을 느슨하게 해주었다고 의금부 낭관 남용신을 처형할 때도 세조는 "내가 역모를 의심하는 것이 아니라 대신의 비위를 맞추고 왕명을 우습게 보았기 때문이다"라고 했는데, 그 말이 진심인지도 모른다.

난을 진압한 후 세조는 이 생각을 더 구체적으로 옮겼다. 다음 해에 구성군 준을 영의정으로 삼고, 강순·남이 등 자신이 신임하는 무장세력과 종친을 중용하였다. 이 같은 일련의 사태는 신하들에게는 하나의 분명한 메시지로 다가왔다. 한명회와 신숙주가 보기에도 세조는 선을 넘었다. 이 체제는 수정되어야만 했다. 그 구체적인 내용은 다음 예종과 성종편에서 살펴보기로 하겠다.

5. 올미부를 멸하다

이시애 군대에 일부 여진족이 참가한 것은 분명하지만, 그와 여진족과의 관계는 분명하지 않다. 그러나 당시 여진족의 심상치 않은 분위기도 이시애를 고무시키는 데 한몫 하였던 것은 틀림없다.

여러 여진 부족 중에서도 유달리 신경쓰이게 하는 집단이 노련하고 탁월한 지도자 이만주를 추장으로 하는 건주여진이었다. 세종 때의 두 차례 정벌도 이만주를 노린 것이었지만, 이 늙은이는 이 때까지도 살아

명과 조선, 여진의 접경지역에서 교묘한 처신을 거듭했다.

세력을 회복한 이만주는 조선 변경보다는 만주를 차지해야 한다고 판단했던 것 같다. 그는 조선에 유화정책을 써서 조공하고는 조선으로부터 압록강 이북의 4군을 철폐하고, 교역로를 여는 성과를 얻었다. 그리고는 마침 벌어진 명과 북원(몽고)의 대립으로 명의 국력이 북쪽으로 치중한 틈을 타서 과감하게 서진하여 요동으로 진출하려고 하였다. 이에 만주지배의 거점인 심양이 여진족에게 위협받게 되었다.

놀란 쪽은 명나라였다. 역사적으로 여러 번 주변 부족에게 중원을 빼앗겨 보아서 그런지 전통적으로 중국은 주변 부족의 잠재력을 두려워했고, 그들의 동향에 민감했다. 불씨는 자라기 전에 꺼야 한다. 이만주의 바램과 달리 그들은 신속하게 여진족에 대한 군사작전을 결정하였다.

겨우 난을 진압하고 이시애를 처형했던 1467년 8월 전란이 끝났다는 안도의 숨을 쉬기도 전에 명으로부터 건주여진을 공격할 테니 배후를 막든가 같이 협공하라는 칙서가 도착했다. 이미 상당한 군비를 사용해서 국고 부담도 컸고, 전혀 준비도 없었던 터이므로 다른 왕 같았으면 국경 폐쇄를 택했을 텐데, 세조는 진공을 명령했다. 그는 이시애의 난에 관한 보고서를 검토하여 최고의 능력을 보인 강순과 어유소, 남이를 공격군의 사령관으로 선발했다.

조선의 대군에 대하여 여진족은 절대로 정면대결을 벌이지 않았다. 이 점은 공격을 결정한 세조 자신이 잘 알고 있었다. 그러나 태조와 세종의 업적을 사모했던 그는 비록 빈 부락이나 태우고 돌아오는 원정이라 할지라도 자신의 역사에 정벌군 파견이란 대업을 한 페이지로 남겨두고 싶었던 것 같다. 하지만 생존의 기쁨을 누릴 틈도 없이 다시 전쟁터로 내몰려야 하는 병사들로서는 그야말로 날벼락이었다.

어떻든 파병은 결정되었다. 가을이 무르익은 9월, 1만 대군이 부르튼 발을 끌고 압록강을 건너 운명을 예측할 수 없는 미지의 땅으로 출발하였다.

9월 26일 불안한 심정으로 올미부까지 진출한 원정군은 믿을 수 없는 사실에 직면한다. 건주위의 본채가 태연하게 그대로 있었던 것이다.

엎드린 병사들의 눈에 새벽안개 속에 조금씩 움직이기 시작하는 마을이 들어왔다. 30년 전의 출병 때 흔적도 찾지 못했던 이만주와 그 일가가 전부 그 곳에 있었다. 공격명령! 마을은 불타고, 여진족사에 남을 만한 뛰어난 영도자 이만주와 그 아들들은 이 날 이 곳에서 최후를 맞는다. 기록이 상세하지는 않은데, 어유소의 부대가 이 날 결정적인 역할을 했던 것 같다.

명군의 동향에 경도되었기 때문인지 산전수전 다 겪은 이만주도 조선의 공격은 전혀 예상하지 못했다. 그것은 세조의 외교적 승리였다. 마침 이시애의 난을 진압하러 대군이 길주까지 진출해 있었던 것도 큰 장점이 되었다. 여진 공격만을 목적으로 대군이 출병하였다면 함경도에 들어서자마자 여진족에게 탐지되었을 것이다.

그러나 어떤 행운이 따랐든 간에 이 같은 대군이 여기까지 포착되지 않고 진출한 것은 기적에 가까운 일이었다. 이는 전적으로 야전사령관의 공로였으며, 당시 조선군의 조직과 훈련이 얼마나 우수했는가를 보여준 것이기도 하다.

얼마 후 이상하게 무기력한 여진족의 동향에 고개를 갸우뚱거리며 진격해 온 명군은 불탄 부락과 부락 중간 큰 나무에 쎄어 있는 글씨를 발견한다. "모년 모월 조선의 주장(主將) 강순과 좌대장 어유소가 건주의 올미부를 쳐서 멸하고 돌아가다." 야사에는 이렇게 멋있게 되어 있는데, 실제 문장은 "강순 등이 건주위를 공격하다"였다. 아쉬움이 남는 문구였으므로 야사에서는 좀 수정을 한 것이다. 명나라 황제는 이 보고를 받고 감동하여 장수들에게 은 오십 냥과 비단과 견직, 의복을 하사했다고 한다.

이 정벌은 조선조 500년 동안 거의 유일하다시피 한 성공적인 군사원정이 되었다. 그러나 조선군의 자존심을 떠나서 이 사건은 동아시아 역사에서 큰 의미가 있는 사건이었다. 이 일로 건주여진의 세력은 크게 약화되었고, 만주족의 흥기라는 역사적인 사건은 그 무대를 한참 후로 미루게 되었다. 그러나 100여 년 후 그들은 끝내 재기하여 세계사를 바꾼다. 청을 건국한 누르하치가 바로 이 건주위 출신이다.

6. 미완의 죽음

지금까지 세조에 대해 미안한 이야기를 많이 했다. 그러나 그렇다고 그의 지적인 수준과 경륜을 무시해서는 안 된다. 목표와 방법 간에 논리적인 괴리가 있고 장기적인 안목이 부족하기는 했지만, 특권귀족과 재벌 3세격인 귀공자들로 채워진 조정에서 그는 초인적인 정력과 추진력으로 자신의 왕국을 만들어나갔다.

세조의 장점을 이야기하자면 그는 국왕으로서의 자부심만큼이나 책임감도 강했다. 이 점은 분명히 인정해 주어야 한다. 명예욕이 지나치게 높았던 탓도 있지만 하여간 그는 국왕으로서 최선을 다했다. 온갖 사무를 자신이 직접 결재했고, 때와 장소를 가리지 않았다. 겨울이면 새벽에 관원을 깨워 감옥에 갇힌 죄수들을 규정대로 보살피고 있는지 불시에 검열했다는 일화도 있다. 물론 이런 때 잘 보이면 출세길이 보장되었다.

하지만 이 정도로 역사에 길이 남을 국왕이 될 수는 없다. 그는 야심차게 거대한 사업에 도전하였다. 바로 건국 이래 논란과 반전을 거듭해오고 있는 국가체제 정비사업을 재정립하는 것이었다.

이 사업을 위하여 그는 조선 건국 후 세종 때까지 만들어 놓은 법제를 재검토하여 새로운 법전을 만드는 작업을 시행했다. 그것이 바로 조선 500년의 기본법전이 된 『경국대전』이다.

그는 세종 못지않은 열성으로 이 일에 임했다. 법전체제를 완전히 새로 만들었고, 법조문은 일일이 친히 심사하여 결재했다. 그래서 호전과 형전은 세조의 작품이란 소리를 들을 정도였다. 세조 12년에 마침내 『경국대전』을 대략 완성하지만 검토를 위하여 간행하지는 않았다. 그러던 차에 이시애의 반란이 일어나고 이어 곧 사망함으로써 자신은 완본의 간행을 보지 못하고 말았다. 그러나 이 필생의 작품에 대한 자신의 평가는 예외 없이 남겨 놓았는데, 그것은 "내가 국법을 상정하여 빠짐이 없었으니 너(예종)의 치세에는 별 어려움이 없을 것이다"라는 것이었다.

불행하게도 세조가 편찬한 『경국대전』은 전하지 않아 내용상으로는 어떤 변화가 있었는지 알 수 없다. 물론 이전의 법을 싹 고친 것은 아니다. 단편적인 기록으로 짐작컨대, 국왕과 왕실의 정치적 지위를 높이고, 집권 대신층의 이익과 관련된 부분에서 구 법전과 많은 마찰이 있었던 것 같다. 그리고 전에는 관료들이 알아서 적당히 처리하던 것을 일일이 규정을 정해서 객관적인 기준을 강화했다. 이런 정도로 그가 꿈꾸었던 왕국의 구체적인 모습을 알아내기는 어렵지만, 추측컨대 중국 황제에 비해 초라하기 짝이 없는 국왕의 독재권을 강화하려고 했던 것만은 틀림없다.

그러나 자신이 생각했던 것처럼 빠짐없는 법전은 아니었다. 그가 사망하자마자 자신이 그토록 신임하던 대신들, 심지어는 사돈이 되버린 한명회와 제갈공명이라던 양성지까지도 법전 조문의 누락을 지적하며, 백 개 이상의 조문을 수정하거나 다시 집어넣었다. 이후 성종 12년에 최종본을 간행할 때까지 누락조문이 자주 거론되는데, 말 그대로 편찬상의 실수 때문에 누락이 생겼던 것만은 아니다.

세조는 법령을 수정할 때 고치거나 수정하는 방법과 함께 아예 빼 버리는 방식을 사용했다. 정말로 그다운 방식이었다고 할 수 있다. 하지만 법 조문이란 예나 지금이나 여기저기에 걸리고 유추와 추론의 근거를 제공하는 역할도 하는 것이다. 그 직접적인 내용만을 보고 불필요하고, 쓸데없는 것이라고 마구 잘라내 버리면 자신이 보기에는 깔끔하고 산뜻하게 된 것 같아도 결국 새로운 문제가 다시 발생하게 된다.
 이 점은 조문의 내용보다 두 법전의 체제를 비교해 보면 아주 적나라하게 드러난다. 체제상으로 볼 때『경국대전』은『경제육전』과는 완전히 다른 법전이다. 자신이 가장 존경한다고 하던 태조와 세종이 수십 년 간 심혈을 기울여 만들어 놓은 체제를 그는 일거에 부정했다. 덕분에 이전의『경제육전』이 가지던 체제상의 문제점이 단숨에 개혁되었다.
 예를 들면 이런 것이다.『경제육전』에서는 국왕의 수교문을 그대로 수록한다. 옛날 상소에는 용건만 간단히라는 원칙은 없다. 항상 서론이 길고 장황하여 어떤 상소는 서론이 본문보다 더 길다.『경제육전』에서는 이런 서론까지 삭제하지 않고 그대로 실어 놓았다. 그러니 우선 쓸데없이 길다. 본문도 법의 취지, 주내용, 실행방안, 보완조항, 위반자에 대한 처벌내용 등을 모두 수록한다. 이러니 조문 하나하나가 지겹게 길고 법전은 무한정 두꺼워진다. 불필요하게 중복되는 내용도 많고 한 조문에 온갖 내용이 섞여 있으니 새 법을 만들 때 기존 규정과 어긋나는 내용을 찾으려면 관련 조문만 뒤져서는 안 되고 처음부터 끝까지 모든 조문을 샅샅이 뒤져야 한다.
 세조의 성격상 관리들이 두꺼운 법전을 여기저기 뒤지고 물어보며 느릿느릿 사무를 처리하는 모습을 참아내기가 어려웠을 것이다. 그래서 그는 모든 것을 잘라버렸다. 수교문의 장황한 수식어를 잘라버리고, 조문의 핵심적인 뼈대만 남겼다. 단서조항이나 처벌조항, 실행방법 이런 것도 모두 잘라버렸다. 처벌 조항은 '장 100에 해당하는 죄는 무엇무엇이다. 장 80에 해당하는 죄는 무엇무엇이다' 하는 식으로 형전에 한데 모아서 형량별로 깔끔하게 재배치했다. 본문에서도 처리방법이 관행이 된 것이나 이젠 상식이다 싶은 일들도 모조리 지워버렸다.
 얼마나 산뜻하고 깔끔한가? 이렇게 해서 세계적으로도 독특한 조선의 법전체제가 그에 의해서 탄생한다.
 그러나 너무 독특하다는 것은 그만큼 검증하지 못한 위험도 많다는 뜻이다. 세조의 다른 사업들과 마찬가지로 여기서도 일도양단의 폐단 즉 이전의 문제는 깨끗하게 사라졌지만 못지않은 새로운 문제가 발생하는 폐단이 생긴다. 법전 조문으로 뼈 중의 뼈만 추려 주제별로 나누어 놓다 보니 후대가 되면 조문의 뜻조차 알기가 어렵게 되는 경우도 발생하고, 서로 연관되는 조문을 알 수가 없게 된다.

이전에는 관련 사안별로 모아 놓았던 조문을 무조건 조문 자체의 성격에 따라 6전 안에 재배치했다. 그러니 A라는 사건과 관련된 조문들이 하나는 이전 가항목, 하나는 호전 나항목에 있고, 보완규정은 호전 다항목에 있고, 처벌규정은 형전 라항목에 있는 식이다. 그나마 이런 관계를 알 수 있으면 다행인데, 그런 설명은 한 마디도 없다. 그러니 사건이 하나 발생하면 해당되는 조문들의 꾸러미를 추출하는 것이 보물찾기만큼이나 어렵다. 이것은 조문 내용간의 상관관계를 알아야 되므로 달달 외운다고 해서 해결할 수 있는 문제도 아니다.

그뿐인가, 단서조항과 상호 보완적인 규정이 아예 사라지거나 지나치게 불친절하게 되어 버렸으니 결국 법전을 뒤지는 시간은 더 걸리게 되고, 후대로 갈수록 도대체 이 법을 왜 만들었는지 어떤 상황과 관행을 전제로 한 것인지를 도통 모르게 된다. 그리하여 법은 그저 규정으로 끝나고 법과 관행이 따로따로 노는 사태가 발생하였다.

다행히 세조는 이 법전을 간행하여 시행해 보기 전에 사망하여 자신의 평가와 확신이 잘못되었다는 자책은 하지 않아도 되었다. 그러나 말년에는 자기 정책이 어딘가 잘못되었다는 점을 느끼기는 했던 것 같다. 이 깨달음에 결정적인 역할을 한 사건이 바로 이시애의 반란이었다. 이 반란은 기존의 체제와 정치, 국왕과 대신 양쪽에 여러 가지 반성을 던져 주었다. 세조도 이 점을 분명히 인지했던 것 같으나 이 문제에 대한 자신의 생각이나 정책을 새로 표현하지는 못했다. 문무겸비와 기력을 자랑하던 그가 전쟁이 끝난 다음 해 52세라는 그리 늙지 않은 나이로 사망해 버리기 때문이다.

재위 14년 7월에 세조는 지병이 갑자기 악화되어 병상에 누웠다. 겉으로 보아서는 종기 같은 것으로 이 때 벌써 5, 6년이 되었다고 한다. 옛날에 의술은 사대부의 기본교양인 육예의 하나로서 왕이나 대신 중에는 굳이 의원을 찾지 않을 정도로 의술에 통달한 사람이 많았다. 세조도 그런 인물 중의 하나였는데, 꼭 의술에 달통해서만이 아니라 의원을 경계했기 때문인지 그는 거의 의원을 부르지 않았다. 따라서 그의 지병도 이 때 갑자기 악화된 것이 아니라 오래 전부터 진행되어 온 것일 수도 있다. 하여간 그는 병상에 누운 지 며칠 만에 자신이 더 이상 살지 못할 것 같다고 말하게 된다. 죽음에 임박하여 그는 자기 치세의 잘못을 정리하는 말을 남겼다.

내가 차례를 어기고 외람되게 왕위를 이어받았으나 재주가 없고 덕이 없어 옛날의 정사를 변경한 것이 오히려 많았다. 군적과 호패와 사민한 일과 『경국대전』을 편찬한 일 등을 일시에 아울러 거행했고, 북정(北征 : 이시애의 난을 토벌한 것)과 서정(西征 : 건주위 정벌)으로 전쟁이 끊이지 않았으니 이것이 모두 백성들의 원성이 되었다.

세조도 임종이 임박하자 자신이 원한을 살 일이 많은 게 마음에 걸렸던 모양이다. 그러나 그렇다고 지난 일을 반성하고 잘못을 되돌린다거나, 피해를 갚아 준다거나 하는 그런 감상적인 일을 기대하지는 말자. 반대로 그는 죽음의 순간에 몰리자 경호상황을 친히 점검하고, 장수 명단을 확인했다. 죽음이 임박한 만큼 자신의 업적에 대해서도 조급해져서 병석에서 편찬중이던 『사서오경구결』을 점검하고, 문신들과 토론을 벌였다. 이시애의 난 평정기록을 빨리 편찬하라고 독촉하고, 군적 작성을 마무리하라고 지시했다. 하여간 죽기 직전까지도 업무를 보는 것은 평소와 다름이 없었다.

그런데 이렇게 자기 치세의 업적에 대해 미련이 많았던 사람임에도 불구하고 자신의 최대 업적인『경국대전』만은 간행을 서두르지 않고 미간의 상태로 두고 떠났다. 아무래도 무언가 부족하다는 인식과 미심쩍음이 남아 있었던 때문은 아니었을까?

최후의 순간까지도 최선을 다하던 그는 사망 하루 전인 9월 7일에야 비로소 세자를 부르더니 곤룡포와 면류관을 자기 손으로 직접 세자에게 넘겨주었다. 유언도 매우 간단해서 하늘과 신과 조상을 잘 섬기고, 절약하고 애민하라는 것이었다. 왕위란 누구도 손댈 수 없고, 누가 대신 전해 줄 수 없는 것이라는 그다운 발상 때문이었을까? 하여간 그는 마지막에 자신의 죽음을 '운이 다한 영웅'이라고 표현하였다. 그리고 이렇게 운이 다한 영웅은 다음 날 저녁 초경(밤 8시경) 무렵에 수강궁 침소에서 붕어했다.

최후의 순간까지도 그는 국왕의 존엄을 보이기 위하여 노력했다. 그러나 자신인들 알았을까? 그가 꿈꾸었던 국왕의 세계는 다름 아닌 자신이 지나치게 키워 놓은 심복들의 손으로 변형되기 시작한다.

예종

죽음으로 죽음을

1450(세종 32)~1469(예종 1). 재위 1468~1469. 조선의 제8대왕. 이름은 황(晄). 세조의 둘째 아들로 어머니는 정희왕후 윤씨이다. 비는 한명회의 딸 장순왕후. 그녀가 자식을 낳다가 사망하여 즉위 후에 다시 한백륜의 딸 안순왕후와 결혼했다. 세조 2년 형인 세자가 급서하여 세자로 책봉되었다. 즉위 초 한명회·신숙주·정인지·구치관이 원상(院相)이 되어 서무를 집정하였고, 어머니 정희왕후가 수렴청정하였다. 재위 직후에 원상 세력과 이시애 토벌 이후 급부상한 강순·남이 등의 적개공신 간의 세력다툼이 벌어지나 적개공신 쪽이 패하였다. 이것이 유명한 남이의 옥사다. 학문에 관심이 많고 역사에도 조예가 깊어 역대 정치의 득실을 논한 『역대세기』를 저술하는 등 의욕적인 출발을 했으나 자신의 정치를 해 보기 전에 스무 살의 젊은 나이로 사망하였다. 시호는 양도흠문성무의인소효대왕(襄悼欽文聖武懿仁昭孝大王)이다. 도(悼)는 요절했다는 뜻이다. 능은 창릉(昌陵)으로 고양에 있다.

1. 부전자전

열정적인 통치자였던 세조는 후계자 교육에도 신경을 많이 썼다. 중요한 정책과 사건에 대해서는 일일이 내용과 처리방침을 세자에게 일러주고 일기에 적게 했다. 개중에는 하루에 사슴 수십 마리를 잡았다는 등 교육인지 자기 자랑인지 모를 얘기도 섞여 있기는 하지만 하여간 이렇게 함으로써 통치교육도 시키고, 나중에 신하들의 말에 현혹되지 않게 했다.

이런 환경에서 자라서인지 예종은 많은 면에서 부친을 닮았다. 정사에 부지런하고, 중요한 사건은 자기가 직접 면담하고 심문했다. 노력도 대단하여 세자 때부터 매일 세 차례 강연받는 것을 한 번도 빠진 적이 없었다고 한다. 국왕이라는 지위에 대한 강한 자의식에 과시욕, 강경주의, 대를 위해 소를 아낌없이 희생하는 잔인성, 심지어 잔치를 자주 열고 자급을 내걸고 활쏘기 내기를 시키는 방법까지 부친으로부터 물려받았다. 예종이란 묘호가 부드럽고 문치적인 분위기를 풍기지만 그의 실체는 정반대이다. 예종은 세조보다도 더 전제적이고 냉혹한 임금이 될 소질이 충분했던 인물이었다.

태조와 세종을 합한 '세조'라는 묘호와 '승천체도(承天體道)' 운운 하는 기나긴 시호도 예종이 주장한 것이다. 대신들도 이건 심하다고 생각하여 반대했는데, 예종이 화를 내며 밀어붙여 관철시켰다. 국왕은 실록을 보지 못하게 되어 있었지만 범례를 본다는 핑계로 부친의 쿠데타 기록이 실린 『단종실록』을 보았고, 『세조실록』 편찬에도 꽤 신경을 썼다. 두 실록이 엉성하게 된 데는 그의 공도 적지 않다.

세조는 말년에 대신세력을 견제하기 위해 강순·남이 등 적개공신 그룹을 등용했다. 그러나 자신이 세상을 떠나게 되자 세자에게 이 구도는 맞지 않다고 생각했던 것 같다. 그는 사망할 무렵에 대신들을 의지하여 정치하라고 충고하였다.

예종이 즉위하자 한명회·신숙주·구치관 등 원로대신들이 승정원에 나가 상주하며 국사를 처리하는 원상 제도가 생겼다. 오늘날 식으로 말하면 청와대 비서실에 총리급 인사를 등용하여 국무회의와 행정부 기능을 통합해 버린 것이다. 세조는 자신이 즉위 초에 하였듯이 소수 대신그룹을 중심으로 일단 과두체제를 운영하면서 자기 세력을 만들어가도록 지도한 것이 아닌가 한다.

하지만 예종은 세조가 즉위했을 때와는 사뭇 다른 조건에 처했다. 세조는 쿠데타로 즉위했고, 몇 번의 정변을 겪어 종친과 대신 일부를 제거함으로써 자연스럽게 과두체제를 만들었지만 예종은 그런 것이 없었다. 그는 새롭게 자신의 친위그룹을 만들어야 했다. 그래서 예종은 정계에 만연된 부패를 숙정사업의 명분으로 삼았다.

그는 즉위하자마자 관직을 청탁하는 자는 종친·공신·재상을 불문하고 일족까지 죽이겠다는 명령을 내렸다. 나중에 극형으로 수정하기는 하지만 그것만으로도 세조 때보다도 더 혹심하고 충격적인 명령이었다. 그리고는 청탁 혐의자로 체포된 자들을 노비까지 일일이 자기가 심문했다. 당연히 신숙주 등도 연루되었다. 그까지 처벌하지는 않았지만, 예종으로서는 필요하면 언제라도 휘두를 수 있는 무기를 쥔 셈이 되었다.

이어 대표적인 비리사업이며 권세가들의 중요한 축재수단이던 공물 대납(군현에 부과한 공물을 대납업자가 마련하여 납부하고 해당 군현에 가서 공물값을 받는 것. 실제로는 몇 배의 값을 받았다. 주로 왕실·재상가·권세가의 친인척이나 종이 대납업자가 되어 치부하였다)에 대해서도 똑같은 명령을 내렸다. 정말 그러지야 못했지만 신하들로서는 땀나고 짜증나는 과정이었을 것이다.

또한 자기 측근세력을 키우기 위해 청주 한씨(韓氏)로 일원화된 자기 외척을 중용하고, 환관을 우대하였다. 신하들의 반대로 실패하기는 하지만 환관 유한에게는 무반 종2품직인 중추부 동지사를 제수하려고 했고, 여러 환관에게 군(君) 칭호를 내려 주었다. 다만 즉위 초여서 그랬는지 외척세력의 등용은 자제한 편이었다.

예종의 성격을 아주 잘 보여주는 사건이 예종 1년 4월에 발생한 민수의 사초 사건이다.『세조실록』을 편찬할 때 실록 원고인 사초에 작성자의 서명을 하라는 방침이 떨어졌다. 민수는 한명회·양성지·홍윤성 등 집권대신의 비리를 쓴 게 겁이 나서 이미 바친 사초를 친구를 통해 빼내어 고쳤다. 그렇다고 엄청나게 고치거나 아예 지운 건 아니고 말을 좀 부드럽게 하거나 그 때 술에 취해 그랬다고 토를 달아주는 정도였다.

사건이 발각되어 공모자를 추적하자 원숙강도 고친 것이 드러났다. 사초를 고친 죄는 귀양형에 자손금고(자손이 벼슬길에 나오는 것을 제한하는 것) 정도였는데, 예종은 민수는 제주의 관노로 만들고 강치성·원숙강은 처형했다. 이렇게 과한 형을 내린 것은 사초 수정 때문이 아니라 왕이 심문하는 데 정직하게 고하지 않았다는 죄 때문이었다.

이전에 원숙강이 언관으로 있으면서 사초에 사관이 서명하는 것에 반대하는 상소를 올렸었다. 예종은 생각이 예리해서 무슨 속셈이 있지 않은가 추궁했었는데, 과연 이런 사건이 벌어졌다. 예종은 원숙강이 정직하지 못하고 간사한 인물이라고 판결했다. 그를 심문하면서 왕은 "너는 왕의 허물은 쓰면서 재상의 허물은 삭제했으니 이유가 뭐냐"고 따섰고, 결국은 몇 해 전에 세조가 한명회·신숙주의 칼을 느슨하게 해 준 일로 의금부 낭관 남용신을 처형할 때와 똑같은 죄목, "재상은 받들어 섬기고 임금은 경멸했다"는 죄목을 달았다. 그래서 사형이었다.

강치성도 사초를 내준 죄밖에 없었으나 그게 불법인 줄 몰랐다는 등 계속 거짓말을 하며 빠져 달아나려고만 했다. 예종은 왕에게 정직하지 못했다는 죄로 사형을 선고했다. 그는 이런 방식으로 재상과 신하들에게 자기의 메시지를 보냈다.

일반 정사에서도 세조의 유업과 경향을 그대로 계승했다. 이미 세조 때부터 사형이 늘어 형벌의 균형이 맞지 않게 되었는데, 예종은 더 나아가 세종조에 많이 약화시킨 연좌제까지 도입하였다. 살인강도는 처자까지 교형(목에 줄을 묶은 후 양쪽에서 잡아당겨 죽이는 형벌)에 처하고, 소나 말을 훔친 도적은 처까지 함께 처형하게 했다. 관찰사에게는 법령을 어기는 자는 공신이건 왕가친척이건 간에 중앙의 재결을 기다릴 것 없이 바로 처리하라는 명령을 내렸다.

예종대에 원상제가 도입되어 왕권이 위축되었다는 해석이 있지만, 이처럼 예종은 강경 일변도로 기세를 잡아나갔다. 그리고 예종대의 원상은 신하들의 대표기구가 아니라 세조가 만든 과두체제의 후신이었다. 이 때 최고 실권자는 세조의 모사요 외척인 한명회였다.

그렇지만 이 같은 예종의 기세에도 불구하고 변화는 일고 있었다. 이 때 세조의 필생의 사업인 『경국대전』의 교정사업을 진행했다. 총책임자는 한명회였다. 하지만 세조의 모사였던 그도 세조의 뜻을 그대로 따르지는 않았다. 몇 가지 법령은 권문세가나 전체 양반층의 이해에 맞추어 수정하였다. 특히 양반층의 노비소유를 줄이고 양민을 늘리려던 노비종부법(노비의 신분을 부친을 따르게 한 것. 이전에는 양친 중 한 명만 노비면 노비가 되었다. 이렇게 하면 노비 숫자가 절반 이상으로 줄어들게 된다)을 폐기한 것은 중요한 변화였다. 이외도 세세한 변화가 있었는데, 대체로 세종 때의 법령으로 회귀한 것으로 원상들도 세조의 체제에 대한 반성과 비판이 있음을 보여주는 징조였다.

2. 팡파레는 울렸지만

독재자와 함께 일할 때나 프로 스포츠팀의 감독이 될 때는 일회용품이나 소모품이 되는 것을 경계해야 한다. 이에 관해서는 문자가 생긴 이래 수많은 충고가 있지만, 그래도 말리기 힘든 것이 권력욕과 명예욕이다. 그래서 정치사에는 언제나 억울하고, 원통한 영혼이 줄지어 서 있다.

세조가 갑자기 사망하고 원상제가 시행됨에 따라 난처하고 곤혹스런 입장에 빠진 사람이 종친과 무반으로 구성된 적개공신 그룹이었다. 세조 말년에 이들은 전례를 깨고 과도하게 출세하여 구성군 준과 강순은 영의정까지 되었고, 남이는 26세에 병조판서로 임명되었다. 구성군 준은 정치참여가 금지되어 있는 종친이다. 강순은 갑사 출신으로 음사(蔭仕)로 관직에 들어섰다. 혹 사망한 후에 추증하는 사례는 있어도 이처럼 종친과 무관이 현직 영의정이 된다는 것은 극히 드문 사례였다.

병조판서도 마찬가지다. 요즘은 반대로 되어 국방부장관은 군인 출신이 맡지 않으면 당장 큰일나는 것처럼 생각하는 사람이 많지만 중세에는 병조판서와 군대의 최고 지휘관은 문관이 맡는 게 상례였다.

더욱이 이들은 국왕의 총애를 입어 벼락출세를 했으므로 대신들의 눈에 거슬리는 행동도 많았다. 이들 중에서도 제일 먼저 표적이 된 사람이 남이였다. 남이는 태종의 충신이던 남재의 증손자이다. 태종은 원경왕후 소생의 네 딸 중 막내인 정선공주를 남재의 아들 휘에게 시집보냈다. 일반적으로 남이는 이 정선공주의 아들로 태종의 외손자라고 알려져 있는데, 이는 오류이다. 그는 정선공주의 손자였다.

어쨌든 일등공신가의 후손이고, 또 공주의 후예니 최고 중의 최고 가문이다. 여기다가 남이는 또 권근의 손자인 권람의 딸과 결혼하였다. 권근의 안동 권씨가도 권근의 아들 권규가 정선공주의 바로 윗언니인 경안공주와 결혼함에 따라 의령 남씨가와 똑같이 일등공신이요, 태종의 사돈집안이 되었다. 그러니 남이의 결혼은 이 쌍둥이 가문의 결합인 셈이었다. 게다가 장인 권람은 한명회와 절친한 친구로 한명회와 함께 세조의 한 쪽 팔 노릇을 한 인물로 세조대에는 실세 중의 실세였다.

앞서 세조편에서 살펴보았지만 세조는 권력강화를 위하여 왕가, 종친과 반정공신을 중심으로 한 소수의 공신그룹을 총애하였다. 남이의 혈통과 인맥은 이 양대 세력의 중심에 걸쳐 있었다.

남이는 이 같은 화려한 배경에 더하여 당당하게 실력까지 보유하였다. 그는 열일곱 사춘기 소년시절에 무과에 장원으로 급제했다. 활솜씨가 뛰어나고 대단한 강궁을 다루었다. 하루는 중국 사신을 맞아 베푼 연회에서 사신이 조선의 활이 강궁으로 유명하니 한 번 솜씨를 보여 달라고 요청했다. 세조는 남이를 불러 시사(試射)를 시켰다. 중국 사신은 남이의 활을 보더니 중국에도 이런 강궁을 다루는 사람은 없다고 감탄하였다.

이시애의 난 때는 특공부대를 지휘하여 여러 전투에서 대단한 공적을 세웠고, 건주여진 정벌에도 강순, 어유소와 함께 대장으로 참전하였다. 이러니 세조의 총애를 받지 않을 수가 없었다. 그는 26세라는 나이에 무장, 젊은 나이라는 핸디캡을 모두 극복하고 병조판서가 되었다.

그럼에도 불구하고 인간 남이에 대한 당대의 평가는 별로 좋지 않다. 젊어 출세했고, 자라난 환경이 그래서인지 성격이 거칠고 오만했다고 한다. 사실 남이의 가정환경은 외형만큼 복된 것은 아니었다.

부친에 대한 기록은 없는데, 조부 남휘는 태종의 부마였지만 성격이 방탕하고 거칠었다. 대체로 이렇게 부마가 된 인물들은 일류가문 출신의 똑똑한 청년들이지만 정작 중요한 관직은 차지하지 못하고, 관료들의 견제와 눈총을 받으며 살아야 했다. 말 그대로 지위는 높아 무서울 것이 없고 재산도 많지만 딱딱한 의례와 제사, 질펀한 각종 잔치에 참여하는 것 외에는 사회적으로 할 일이 없는 사람들이었다. 그러다 보니 여색을 밝히고, 술버릇만 고약해지는 경우가 많았다.

남휘도 그런 인물이었다. 공주와 결혼했지만 둘 다 귀한 집에서 자란 자존심 높은 남녀들이어서 그랬는지 잉꼬부부는 아니었던 것 같다. 공주는 21세의 나이로 일찍 죽었는데, 남휘는 부인이 중병에 걸려 있는데도 놀기에 바빠서 부인이 병든 줄도 몰랐다고 한다. 칠원부원군 윤자당이 죽자 장례도 끝나기 전에 그의 첩이었던 윤이라는 여인을 간통하여 자기 첩으로 삼았다. 손버릇도 나빴는지 나중에 그녀가 언니집으로 도망가자 그 집으로 쳐들어가 언니와 언니 남편을 때려 거의 죽게 만들었고,

중앙관료를 구타한 사건도 있었다.

남이도 오만하고 자기중심적인 인물이었다. 당연히 나이 든 대신들과 잘 사귀지 못했고, 무슨 일 때문인지 예종한테도 눈 밖에 나서 세자일 때부터 미움을 샀다. 자고로 지나친 복은 그 자체가 불행이 된다. 최고의 가문에서 자라나 소년 시절부터 최고의 무예와 전공으로 이름을 날렸으니, 그 눈에 별 볼일 없는 인간들도 많았을 것이고, 자기 감정을 억제하기도 힘들었을 것이다. 역설적이지만 차라리 그가 자신의 화려한 배경만으로 출세한 인물이었다면 삼가고 조심했을지도 모른다.

예종이 그를 싫어한 이유도 이 때문이 아닌가 한다. 남이도 뻣뻣했을 것이고, 예종도 자존심이라면 누구 못지않은 사람이니 두 젊은이가 서로 어울리기는 힘들었을 것이다.

세조가 사망하자 당연히 적개공신 그룹은 위기감을 크게 느꼈다. 예종은 즉위하자마자 남이의 병조판서 임명을 취소하고 경호부대이긴 하지만 국왕의 말을 관리하는 부대인 겸사복의 대장을 삼았다. 리더격인 강순과 남이는 사석에서 우리가 당하기 전에 무슨 수를 써야 하지 않겠느냐는 식의 아주 직설적인 얘기까지 한 모양이다. 하지만 강순은 이미 노령이어서(『기재잡기』에서는 이 때 그의 나이가 70이 넘었다고 했다) 말과 행동을 조심하기라도 했는데, 남이는 전혀 그러지를 못하여 간신배들이 창궐하니 내가 해를 입을지도 모르겠다는 식의 얘기를 술자리에서 많이 하였다.

아무튼 예종이 즉위하고 그의 정치색이 점점 노출됨에 따라 뚜렷한 대책도 없이 숙청의 불안감만 커지고 있었다. 노인 강순은 불안하여 움츠러들고, 남이는 여기저기서 울분만 터뜨리고 있을 때, 이들과 달리 사태를 냉정하게 주시하고 있는 적개공신이 한 명 있었다.

그는 남이와 강순과는 출신부터 다른 사람이었다. 그러기에 남보다 더욱 노력했고, 더욱 열심히 뛰었다. 서얼이라고 멸시와 천대를 받았지만, 덕분에 자신을 멸시하는 다른 사람들처럼 체면과 명분과 그 밖의 모든 관습과 사고구조에 얽매이지 않았다. 물론 그들에 대한 애정도 털끝만큼도 없었다. 그래서 그의 판단은 정확하고, 현실적이었으며, 생각과 행동은 철저히 자기중심적이고 냉혹하였다.

주변에서 일어나는 일을 보면서 귀족의 아들들과 달리 이 사나이는 어렵지 않게 전화위복의 방안을 찾을 수 있었다. 예종 즉위년 10월 24일 밤 풍운의 사나이 유자광은 궁으로 달려가 남이가 역모를 꾸미고 있다고 고발하였다. 자신을 찾아와 거사하기에는 창덕궁이 좁으니 왕을 경복궁으로 옮기게 해야 한다는 등 운운하며 역모계획을 말했다는 것이다. 예종은 이 말을 쉽게 믿었다. 속았다기보다는 왕 자신도 남이를 의심하고 있었거나 제거할 기회만 노리고 있었던 것 같다. 눈치 빠른 유자광이 제때에 맘에 드는 행동을 해 준 것이다.

예종은 보고를 받자마자 증거를 확보하기 위해 며칠 동안의 남이의 행적을 수소문했다. 영순군 부(溥)가 7, 8일 전에 남이가 종친의 숙직 상황을 물었다고 했다. 숙직날을 물어보는 거야 일상적인 일인데, 예종은 기다렸다는 듯이 그것은 남이가 형편을 엿본 것이며 명확한 역모의 증거라고 단정하였다. 왕은 즉시 한계순 등에게 병사 100명을 주어 남이를 체포해 오라고 명령했다.

병사들은 남이의 집을 포위하고 급한 입궐명령이 내렸다고 속였다. 마침 첩인 기생 탁문아와 동침하고 있던 남이는 직감적으로 무엇을 느꼈는지 하인을 시켜 자기가 집에 없다고 말하라고 하고 칼을 차고 담을 넘어 동산으로 달아났다. 병사들이 뒤따라 바짝 쫓아오자 남이는 칼을 뽑아 대항하려 했으나 미처 칼을 뽑기 전에 여러 병사들이 덮쳐 잡아 묶었다. 달아나고 왕명을 받들고 온 병사에게 대항했다는 자체가 그의 역심을 증명한 것이 되었다.

국문장에는 여러 사람이 끌려왔다. 어떤 이는 끝까지 부인하였으나, 분위기가 험악해지면서 얼마 전부터 남이가 밤마다 활과 칼을 들고 어디론가 돌아다녔다거나 만나서 이상한 소리를 했다는 등의 불리한 진술이 나오기 시작했다. 정작 결정적인 진술은 첩인 탁문아에게서 나왔다. 매에 못 이겨 그랬는지 정말인지 모르지만 탁문아는 남이가 자신의 천인 신분을 면하게 해주겠다고 했고, 갑옷과 무기를 수선하게 했고, 잘 때도 활을 옆에 놓고 자며, 며칠씩 행적없이 돌아다녔다는 진술을 하였다.

남이는 자신이 갑옷과 무기를 수선하고 사람을 만난 것은 당시 조정에서 있었던 북벌논의를 듣고, 자기가 사령관이 되리라고 예상했기 때문이라고 주장하였다. 그 말이 사실일 가능성이 크지만 처음부터 진실은 중요한 것이 아니었다. 고문이 시작되자 귀하게 자라난 남이는 고통을 견디지 못하였다. 그는 자포자기한 심정이 되어 술 한 잔 주고, 포박을 늦추어 달라고 하고는 그들이 원하던 진술을 하기 시작했다. 『기재잡기』에는 고문으로 다리뼈가 부러지자 "내가 자복하지 않은 것은 뒷날에 공을 세우기 위해서인데, 이제 병신이 되었으니 살아서 무엇하리오" 하고는 진술을 시작했다고 한다.

주모자를 묻는 질문에 남이는 강순이라고 고변하였다. 무서운 것 없이 귀하게 자라난 사람일수록 의외로 생각은 단순하고 다른 사람 생각은 전혀 하지 않는 경우가 있다. 이 때의 남이가 꼭 그런 경우다. 죽을지도 모르는 마당에 밑겨야 본전이라는 생각으로 그는 그들이 원하는 대답을 해 주었고, 순진하게도 이제 귀양 정도로 할 수는 없겠냐는 식의 언질을 흘렸다.

강순이 억울하여 남이를 향해 "내가 언제 너와 도모했냐"고 따지자 남이는 "너는 이미 정승이 되었고, 나이도 늙었으니 죽어도 후회가 없을 것이다. 나는 나이가 이제 겨우 스물여섯이니 진실로 애석하다"고 하고 "영웅의 재주를 잘못 썼다"고 중얼거렸다. 강순도 빠져나갈 길이 없음을 알고 "내가 젊은 놈과 친하게 지낸 죄로 죽는다"라고 탄식하였다.

예종은 즉시 이들과 부하들은 모두 저자에서 환열하여 죽이고 7일 동안 목을 걸어 두었다. 남이의 모친도 죽이고, 모자가 상간했다는 소문까지 퍼뜨렸다. 야사에서는 이후 그의 집은 폐허가 되었는데, 분명 명당이었을 이 집터에 사람들이 아무도 살지 않아 명종 때까지도 채소밭으로 남아 있었다고 한다. 그러나 사실은 남이의 집은 유자광에게 넘어갔다. 이 집이 채소밭으로 변해 버린 것은 남이 때문이 아니라 그 후에 패망한 유자광 때문이 아닌가 싶다(혹 남이의 집이 여러 채였을 수도 있다).

예종은 남이가 자복한 명단에 없어도 남이의 부하·심복으로 있던 자들은 다 찾아 부자까지 죽이고, 처첩·손자·형제·삼촌·조카를 모조리 노비로 만들어 공신에게 분배하거나 귀양보냈다. 『해동잡록』에서는 남이의 집을 수색하여 남이에게 명함을 바친 막료들은 다 부하로 간주했다고 한다. 만약을 대비해서 불평과 원한을 남길 만한 자는 놔두지 않겠다는 것이었다. 예종 자신도 무고한 사람이 죽는 것을 알았지만 세조의 아들답게 "죽음으로써 죽음을 방지하는 게 옳다"는 말로 이 사태를 정의하였다.

남이의 옥사는 미심쩍은 부분이 많다. 그 고변자가 타고난 음모가요 모략가였던 유자광이어서 더욱 그렇다. 그러나 이런 사건은 진상을 알 수 있는 게 거의 없다. 하지만 결과는 아주 분명하다. 이 사건으로 적개공신 그룹은 제거되고 한명회·신숙주·한계순 등 세조의 총신들은 익대공신의 호를 받아 다시 예종과 혈맹의 동지가 되었다. 말 그대로 피의 의식을 거친 피의 동지였다. 이들은 함께 손에 피를 묻힘으로써 한배를 탄 공동운명체가 된 것이다.

예종은 이렇게 보기 싫은 인간을 없애고 자기의 공신그룹을 만들어냈다. 축제가 끝나자 죽은 자들의 가산과 가족이 전리품으로 배분되었다. 남이에게는 딸 하나만 있었는데, 그녀는 한명회가 거두어갔다. 남이는 한명회의 둘도 없는 친구였던 권람의 사위였으므로 딸은 권람의 외손녀가 된다. 한명회로서는 죽은 친구에 대한 배려였을 것이다. 그러나 한명회가 수를 썼는지, 왕도 권람을 배려했는지 남이의 딸은 바로 풀어주었다.

유자광도 이 일로 공신이 되고 군으로 책봉됨으로써 이시애의 난 때 이루지 못한 소원을 이루고 드디어 정계의 주요인물로 발돋움하였다.

이렇듯 예종의 치세는 즉위 초부터 심상치 않은 분위기를 풍기며 도도하고 거세게 나갔다. 사실 그의 치세는 상당히 재미있는 양상으로 전개될 소지를 충분히 머금고 있었다. 국왕으로서의 풍모와 정치적 방법에 대해서 그는 부친 세조의 충실한 추종자였다. 하지만 한편으로 그는 세조 치세의 문제, 국가기능의 확대와 이를 운영하는 왕실, 종친과 소수 특권집단의 지나친 성장을 의식하고는 있었던 것도 분명하다.

이 모순을 그는 어떻게 헤쳐 나가려고 했을까? 혹 그의 치세에 극적인 갈등과 다이내믹한 충돌이 발생하지는 않았을까? 불행하게도 그 해답은 누구도 알 수 없게 되었다. 즉위한 지 1년 3개월 만인 1469년 11월 28일에 예종이 급사해 버리기 때문이다.

예종은 어릴 때부터 발에 헌 데가 있어 추위가 심해지면 아프다고 했다. 이 발병으로 가끔 정무를 쉬었다. 옛날에는 항생제가 없어서 그런지 왕들은 다 종기나 염증과 관련된 병으로 고생을 했다. 그러니 그것이 그냥 습진인지, 다른 병으로 해서 나타나는 현상인지는 알 수 없다. 그래도 허탈할 정도로 급작스런 죽음이었다. 평소에 몸이 약하다는 이야기는 없었고, 겨울이 되면서 감기와 지병인 발병으로 병치레를 하는 날이 늘기는 했지만 특별한 중증을 보이지는 않았다고 한다. 몸이 불편했지만 죽기 전날까지도 정사를 볼 수 있을 정도였고, 대비에게 드리던 문안도 거르지 않았다.

그런데 저녁에 앓아 눕는가 싶더니 다음 날 바로 사망해 버렸다. 패기만만하던 스무 살의 젊은 국왕으로서는 허무한 죽음이었다. 예종의 행장에서는 세조의 상중에 지나치게 슬퍼하여 몸이 쇠약해진 때문이었다고 하였다. 말을 바꾸면 결정적인 사인을 찾아내지 못했다는 말이다.

혹시 독살이었던 것은 아닐까? 그는 세조와 같은 쿠데타 동지도 없는 가운데 종친과 집권대신까지 적으로 돌리며 성급하고 가혹하게 전제권을 추구하였다. 그것이 궁중과 최고 집권층에게 실망과 불안감을 안겨주었을 가능성도 있기는 하다. 만약 이들이 연합하여 일을 저질렀다면 사서에 흔적을 남겨 두었을 리가 없다.

그러나 이것은 정황증거에 의한 작은 유추에 불과할 뿐이다. 조선시대의 국왕 중에는 정조와 고종같이 암살당한 것이 분명해 보이고 어느 정도 증거도 있는 왕들이 있기는 하다. 그러나 따지고 보면 국왕은 권력의 정점에 있는 인물이고, 최측근 집단이라고 하여도 양자 간의 이해관계에는 항상 대립적인 측면이 있는 만큼 이런 식으로 의문을 던지기 시작하면 꽤 많은 사람이 명단에 오르게 된다. 재미있는 소재이긴 하지만 역사에서 이 문제를 판정한다는 것은 사실 불가능하다.

이상하게도 세조의 두 아들은 약속이나 한 듯 모두 20세에 급사하였다. 죄값을 받은 것일까? 단종의 모친 현덕왕후의 저주라는 소문이 돌 만도 했다. 그러나 정말 저주였다고 한다면 세조에 대한 진정한 복수는 이제 시작이었다.

예종의 아들은 너무 어렸으므로 왕통은 세자 시절에 죽은 예종의 형(나중에 덕종으로 추증)의 후손으로 다시 넘어갔다. 그러나 첫째 월산군은 병이 있어 둘째 아들 잘산군이 선택되었다. 잘산군은 겨우 12세 소년이었으므로 세조의 부인인 정희왕후가 수렴청정을 시작했다.

그녀는 세조도 칭찬한 것을 보면 사리가 밝고 정치적 감각도 있었던 것 같지만 어디까지나 아내요 내조자로서 그렇다는 것이다. 당시의 상황으로 볼 때 정희왕후가 아무리 탁월한 능력이 있다 하여도 그것은 관리자로서의 역할이지, 미완의 개혁을 이어갈 수 있는 처지는 아니었다. 또 그녀는 언문은 알았으나 한문은 알지 못했다고 한다.

실제 정치는 한명회, 신숙주, 구치관 등 세조의 심복대신들로 원상을 구성하여 이들을 중심으로 운영되었다. 이들은 세조의 혁명동지들이지만 그 이전에 조선왕조 초기 집권가문의 인물들이기도 했다. 그들은 누구보다도 세조의 정치를 잘 이해했고, 그만큼 조선 국가의 기구와 권력구조에 대해서도 잘 알았으므로 이 체제가 개정되어야 한다는 사실도 누구보다 절실하게 깨닫고 있었다.

　세조의 체제를 만들고 지탱해 온 세조라는 거목은 쓰러졌다. 혁명의 시기는 지나간 것이다. 세조 시절의 영화는 아름다웠지만, 좋은 시절의 추억에 사로잡혀 현실을 망각할 만큼 그들은 어리석지 않았다. 그래서 그들은 세조의 이상과 미완의 꿈에 대해 미련이나 의리를 보이지도 않았다. 반대로 세조 시절에 쌓아둔 권력을 밑천으로 그들은 중앙집권층의 보스가 되어 그들의 이익과 이해를 대변함으로써 자신들의 지위를 보존하고자 하였다.

　이렇게 하여 역사는 세조와 예종이 제일 우려하던 상황으로 발전한다. 어린 국왕의 즉위를 기회로 그들의 이상이었던 국왕의 전제권을 보장해 주던 소수 과두체제는 깨어지고 공신·외척·대신층을 중심으로 한 대연합이 탄생하는 것이다.

임용한

마포고등학교 졸업
연세대학교 신과대학 신학과, 연세대학교 문과대학 사학과 졸업
연세대학교 대학원 사학과 석사, 경희대학교 대학원 사학과 박사
현재 경희대학교 강사, 충북대학교 중원문화연구소 전임연구원
경기도 문화재 전문위원

논 저

『조선국왕 이야기(2)』,『전쟁과 역사 삼국편』,『조선전기 수령제와 지방통치』
『경제육전 집록』(공저),『한성판윤에서 서울시장까지』(공저)
『경기문화를 빛는 사람들』(공저)
「조선초기 한성부의 기능강화와 주민재편작업」,「여말선초의 학교제와 과거제」
「조선초기의 효렴천거에 대하여」,「경제육전의 편찬기구」
「조선초기 법전 편찬과 편찬원리」,「경제육전속집상절의 간행과 그 의의」
「고려후기 수령의 사법권 및 행형범위의 확대와 그 의의」 등

홈페이지 http://limyonghan.netian.com

조선국왕 이야기

임용한 지음

초판 1쇄 발행·1998년 5월 9일
초판 5쇄 발행·2003년 12월 3일
발행처·도서출판 혜안
발행인·오일주
등록번호·제22-471호
등록일자·1993년 7월 30일
121-210 서울 마포구 서교동 326-26
전화·3141-3711, 3712
팩시밀리·3141-3710

값 9,000원

ISBN 89-85905-55-4 03910